Todo lo que debe saber sobre el Antiguo Egipto

Todo lo que debe saber sobre el Antiguo Egipto

LUIS GONZÁLEZ GONZÁLEZ

nowtilus

Colección: Historia Incógnita
www.historiaincognita.com

Título: Todo lo que debe saber sobre el Antiguo Egipto
Autor: © Luis González González

Copyright de la presente edición: © 2011 Ediciones Nowtilus, S.L.
Doña Juana I de Castilla 44, 3º C, 28027 Madrid
www.nowtilus.com

Responsable editorial: Isabel López-Ayllón Martínez
Diseño de cubierta: VISUAL
Diseño de colección: eXpresio estudio creativo
Imagen de portada: Capilla de la diosa Hathor descubierta en el templo Djeser-Ajet del faraón Thutmosis III por Edward Naville en1906. Thutmosis ofrenda libaciones e incienso ante el dios Amón-Re. Museo Egipcio de El Cairo.

ISBN:978-84-9967-178-9

Para Helena, por ser la luz que me guía.

Agradecimientos

Las primeras páginas de un libro siempre suelen estar destinadas a los elogios que el autor hace a todos aquellos que le han prestado su ayuda, por mínima que esta sea. Puede sonar a tópico, pero es la pura verdad. Detrás de estas páginas están muchos buenos amigos que las han hecho posibles. Sin el apoyo y la ayuda de estos compañeros de armas, jamás habría podido llevar a cabo este proyecto. A mi querido amigo Carlos Fernández, por todo su apoyo y sus grandes ideas. A Francisco y a Teresa, del Instituto de Estudios del Antiguo Egipto, por haber contestado pacientemente a todas mis preguntas y no haber sucumbido en el intento. Al fotógrafo canadiense Keith Schengili-Roberts, por las buenas confidencias de todos sus viajes y porque amablemente me cedió algunas de sus mejores fotografías. A Nacho Ares, buen amigo y el mejor maestro que jamás habría podido tener, que me ha permitido aprender al amparo de su infinito talento, un auténtico compañero, el cual no sólo me ha cedido la gran mayoría de las fotografías expuestas en la obra, sino que en estos últimos meses me ha sufrido pacientemente y me ha ayudado muchísimo en los momentos en los que el desánimo hacía aparición. A todos aquellos que me han prestado su colaboración, gracias eternas.

No puedo olvidarme de tres personajes que han marcado profundamente mi vida, que me enseñaron cosas muy importantes y me hicieron descubrir un mundo excitante y maravilloso. Un trío de ases que cambió mi vida para siempre: Juan Antonio Cebrián, Jesús Callejo y Carlos Canales, gracias.

Índice

Prólogo
Historia y egiptomanía

La primera vez que fui a Egipto acababa de cumplir veintiún años. Viajaba solo y me adentré en la aventura que desde hacía años había soñado. Cuando con apenas trece me había picado la oca de Amón leyendo el libro de C. W. Ceram *Dioses, tumbas y sabios,* que me inoculó el veneno para siempre, comenzó para mí una suerte de camino vital que con el paso del tiempo se ha convertido en una forma de vida. Todo lo que gira a mi alrededor se vincula con el mundo de la egiptología. Mis libros, mis trabajos de investigación e incluso esos pequeños detalles decorativos que ilustran la biblioteca de mi casa, absolutamente todo, está relacionado con el antiguo Egipto.

Tampoco me confieso un obsesionado por ello. Los que me conocen saben que no hay cosa que más odie que, fuera de los circuitos convencionales, alguien me pregunte por cuestiones de Egipto en mi vida social.

La egiptomanía, tal y como la entendemos en la actualidad, que en mi caso no tiene, ni mucho menos, un ejemplo claro, es el entusiasmo que siente una persona por todo aquello relacionado con el mundo de los faraones. En su vertiente más moderna, nace casi a la par que la expedición de Napoleón al Valle del Nilo en 1798, cuando los sabios que lo acompañaban trajeron en sus barcos un acopio de datos imborrable que fue capaz de hacer olvidar la terrible derrota contra los ingleses.

En realidad esa egiptomanía siempre ha estado presente en la historia de Occidente. No creo que se haya perdido el recuerdo de esa cultura ancestral que desarrolló a lo largo de casi tres mil años una etapa de nuestro pasado, quizá, de las más brillantes. Tanto a finales de la Antigüedad con Roma como en la Edad Media, en el Renacimiento y, por supuesto, en los últimos siglos de nuestra historia más cercana, Egipto siempre ha tenido una presencia muy clara que justifica que de alguna forma esa egiptomanía siempre haya estado en boca de todos desde hace casi cinco mil años. Porque ya cuando se unificó el país hacia el 3000 antes de nuestra era de la mano de un faraón misterioso, llamado Menes o Narmer —todavía no está claro—, la fascinación, admiración, respeto, desconcierto e incluso miedo que generaba Egipto en sus vecinos han sido algunos de los ingredientes que han acompañado su historia desde una fecha tan antigua.

Y es que Egipto es todo y nada al mismo tiempo. El reflejo de su cultura en nuestra sociedad es tan impresionante que en ocasiones me sorprendo de hasta qué punto ha marcado la huella de su glorioso pasado en nuestro entorno. Nadie hace comentarios de los emperadores romanos, más cercanos a nosotros en el tiempo e incluso con un vínculo quizá más directo. Sin embargo, Nefertiti, Ramsés o el inefable Tut-Anj-Amón son personajes que se han colado en nuestras casas, en nuestra vida, como uno más de la familia.

La pregunta es: ¿pero quiénes fueron? Es cierto que el conocimiento de la historia de Egipto es relativamente pobre, si bien nadie puede negar que sus protagonistas, como los que acabo de mencionar, son muy populares.

Hace poco tiempo, participando en un programa de radio en Burgos, pregunté a un joven del público si sabría decirme algún dato histórico del Cid Campeador, ídolo y estandarte de la ciudad y la historia de la región. Pues bien, el muchacho no supo dónde meterse, ignorante de cualquier dato que le pudiera sacar del apuro.

No voy a hablar aquí del problema que tenemos en nuestra educación en materia de humanidades (y de tantas otras cosas). Pero para eso están los libros. A mí me da igual que un profesor enseñe la historia de este u otro pueblo en clase, o que se incluya Egipto en los programas de enseñanza. Lo realmente importante es que a esos jóvenes se les inocule la inquietud suficiente para sentir curiosidad y leer. Ahí está la clave. Y este libro es una de esas fuentes que puede ayudar, seguro que lo hará, a conocer la historia de la cultura faraónica desde sus comienzos hasta la llegada de Roma.

Los sucesos acaecidos en Egipto durante casi tres mil años, muchos de ellos apasionantes, no son fáciles de resumir y sobre todo de presentar de una forma clara y atractiva. Pero Luis González lo ha conseguido. Dejándose llevar en su justa medida por el entusiasmo que acompaña a todo enamorado de Egipto, nos propone un viaje en el que vamos a aprender por qué un pueblo, aparentemente primitivo, que vivía en un espacio geográfico yermo, supo resurgir como el ave Fénix de sus cenizas para construir uno de los mayores imperios de la Antigüedad, cuya huella, fuertemente grabada en el suelo de nuestro pasado, continúa lanzando ecos, aunque ya sean casi dos mil años los que nos separan de su último aliento de vida.

Nacho Ares, 13 de noviembre de 2010

Capítulo I
Los albores de la civilización

LOS PRIMEROS PASOS

Cualquiera que haya visto una sola vez la Gran Pirámide no cesa de asombrarse ante esa magnificencia que fue levantada por el hombre, tal vez, en pro de un servicio divino. Si se hace una rápida panorámica a los monumentos que erigieron los faraones de la IV y V Dinastía, es inevitable preguntarse: ¿cómo y por qué? ¿Cómo consiguieron los faraones de la IV Dinastía tanta destreza en sus obras si la civilización egipcia tan sólo tenía quinientos años de vida? Pero antes de esta Edad de Oro Egipto ya era sin duda una tierra muy antigua, lugar de reposo divino donde los dioses habían materializado sus caprichos. Egipto es una tierra tan vieja que ya en los años del Imperio Romano era antiquísima. Su última reina, Cleopatra VII, murió con treinta y nueve años, dejando atrás su amado Doble País, que ya contaba con más de tres mil años de vida y desarrollo.

El viento del norte ha ido transportando las leyendas de orilla en orilla, de aldea en aldea y de nomo en nomo. Y contaban los más antiguos del lugar que cuando el Valle del Nilo terminó de excavarse y las primeras pisadas humanas arribaron más allá de las fronteras del desierto, surgieron unas migraciones de nómadas que entraron en Egipto desde dos puntos fundamentales: el norte y el sur. A estos dos puntos se los llamó el Bajo País y el Alto País respectivamente. Estos términos acompañarán a Egipto desde que el hombre habitó en sus tierras. El país se dividió en *nomos,* gobernados por un personaje llamado *nomarca.* Desde el Bajo País, zona que podríamos situar desde el Delta del Nilo hasta la región de Menfis, llegan asentamientos de tribus asiáticas, y por el Alto País, zona que podemos extender desde Menfis hasta la primera catarata, arriban clanes procedentes de Nubia y Sudán. Llegado un punto de su historia, un hombre, Menes, unifica los dos extremos del Nilo, formándose así las Dos Tierras. Dejaremos para más adelante el dilema de adjudicar la unión del Alto y del Bajo Egipto al rey Menes o al rey Narmer y diremos que la jerarquía egiptológica da por sentado que con este rey, Menes, se inicia el desarrollo de la tecnología, la escritura, la arquitectura, la astrología, la medicina, el sistema jurídico y tal vez lo más importante: la educación de las Casas de la Vida.

Pero el inicio prefaraónico nos conduce a un mundo salvaje, cruel, vil, déspota y totalmente anarquista. Era un momento de la vida del hombre en que los ritos caníbales estaban a la orden del día, momentos oscuros en los que la barbarie era la imperante para el dominio de una tribu sobre la otra, de un pueblo sobre el otro. Días nublados de la historia humana en los que de repente, casi por casualidad, surgió un individuo que cambió la historia.

Casi al unísono, en esta franja del planeta surgen movimientos que inauguran la prosperidad, asentamientos multitudinarios, grandes moradas para las divinidades; el flujo humano de un lugar a otro con el afán de intercambiar materia prima. Había nacido el comercio. A todas luces, la evolución del hombre ha sido seguida por la ciencia en pro de una mejor comprensión y de poder llegar así a saber el secreto de nuestra existencia. Aunque, eso sí, de vez en cuando aparecen cosas increíbles que dan al traste con más de una teoría, por muy científica que esta sea.

Hace unos años, una expedición de arqueólogos franceses halló en Siria los restos de un santuario que limitaba una antigua ciudad. Al principio, todo apuntaba a que dicha estructura podía situarse en la misma franja temporal en la que se colocaron las murallas del santuario de Jericó, alrededor de unos diez mil años atrás. Sin embargo, a medida que la excavación avanzaba, el asombro se apoderó de los arqueólogos. En un principio pudieron constatar que sus ruinas podían haber sido erigidas alrededor del año 9000 a. C., pero estas reposaban a su vez sobre otra edificación mucho más antigua, datada sobre el año 11000 a. C. La excavación reveló unas murallas totalmente pétreas, con diseños geométricos muy avanzados. Los restos de decoración todavía eran visibles en algunas partes, así como una gran cabeza de toro dibujada. Con los datos que estos arqueólogos tenían, surgió la hipótesis de vincular este santuario a otro muy similar hallado en Turquía, colocado en la misma franja temporal. Además, la construcción de Siria parece haber sido erigida como un lugar de culto al toro, igual que en el caso turco. La conclusión era clara: los asentamientos no se limitaban a la zona del Tigris y el Éufrates, sino que todo indicaba que desde finales del Neolítico se habían asentado en esta zona grupos de comerciantes que se expandían mucho más allá de lo que se había sospechado. Impresionante descubrimiento que deja al descubierto lo avanzado de esta sociedad compuesta de siervos, criados, nobles, clases administrativas, clases sacerdotales y, por supuesto, un gobernante en la cúspide de esta pirámide. Las notas que estos arqueólogos iban tomando presagiaban que podía haber incluso sistemas de alcantarillado y otros métodos de higiene.

Con todos estos datos, veían que las fechas del despertar humano se iban retrotrayendo ya seis mil años atrás de lo que se han datado las tres pirámides de Gizeh. Pero, ¿qué tienen que ver las pirámides de Gizeh con este santuario hallado en Siria? La respuesta nos la ofrece el geólogo Robert Schoch, que en los años noventa del siglo pasado recibió el encargo de datar la Esfinge de Gizeh. Las conclusiones fueron escandalosas, ya que el geólogo americano halló pruebas que situaban al guardián de las pirámides entre el año 5000 y 7000 a. C. Sin adelantar los acontecimientos, podemos decir que los resultados de Robert Schoch son claros y dejan ver una hipótesis de trabajo nada desdeñable, que ya venían ofreciendo varios investigadores desde hacía ya unos cuantos años, y era que, siempre según Schoch, los hombres que tallaron la Esfinge de Gizeh lo habían hecho varios miles de años antes de lo que la egiptología oficial lleva afirmando desde hace décadas.

Sin embargo, dicho trabajo nos lleva a una importante cuestión. ¿Dónde están los restos de esa poderosa civilización que erigió la Esfinge en el año 5000 a. C. a orillas del Nilo? Los restos arqueológicos datados en esas fechas no muestran semejante evolución, sino más bien asentamientos bastante rudimentarios. Y asimismo, nos preguntamos qué clase de cataclismo climatológico pudo ejercer semejante acción sobre la gran

Vista de la cubeta de la Esfinge, erosión analizada por R. Schoch.
Fotografía de Nacho Ares.

Esfinge de Gizeh. ¿Acaso el mítico Diluvio Universal? ¿Qué sucedió en esta franja del planeta hace tantos años que supuso el cimiento de una auténtica y gigantesca morada de conocimiento? Para estos casos, siempre me gusta utilizar aquella frase de Juan Antonio Cebrián, un increíble divulgador de radio, escritor y periodista fallecido a finales del año 2007, que solía decir muy a menudo, con gran atino por cierto: «algo sucedió hace diez mil años que cambió para siempre la faz del planeta».

Las investigaciones y excavaciones que se perpetúan en Egipto nos permiten imaginar que a orillas del Nilo se pudo dar una cultura con una amplia gama de conocimientos. Podríamos llamarlos los precursores de los egipcios que gobernaron en el Valle a lo largo de tres milenios. Antes de que Egipto fuese poblado, la franja del norte de África estaba habitada por todo tipo de criaturas, animales y vegetales. Este paraíso sufre un brusco cambio climático. El agua escasea, los períodos secos se prolongan

24

cada vez más en el tiempo y con ello aumenta la temperatura de la zona. El desierto se abría camino y el cambio era inevitable. Con todo esto que el planeta estaba sufriendo, llegan los primeros moradores que huyen de la sequía y se encuentran con una zona determinada, atravesada por un gran río que anualmente se desborda con magnificencia y generosidad. Por si fuera poco, a ambos márgenes de aquella fuente de generosidad se extienden fértiles campos de cultivo capaces de proporcionar grandes cantidades de alimento. Pese a estar rodeado por miles de kilómetros de desierto, aquel valle era el lugar idóneo para comenzar una nueva etapa, con un clima mucho mejor. Para hacerse una idea de cómo debía de ser antes Egipto, basta con decir que se han hallado en la cima del Valle de los Reyes fósiles marinos que nos retrotraen a estos días.

Llegados desde el sur, se asentaron en las zonas verdes del río y poco a poco fueron haciéndose cada vez más numerosos, lo cual condicionó la formación de grandes familias y de una sociedad. Aparecen los clanes y tribus, cada uno de ellos con sus normas y sus hábitos de conducta. Pero todos estos clanes tienen algo que los une: el Nilo.

Este milagro divino, como así fue para los egipcios, dio pie a la civilización faraónica. No en vano el historiador griego Heródoto llegó a decir que Egipto era un don del Nilo. Sin embargo, sí hay un punto en el que deberíamos reflexionar llegados a este tramo. Heródoto escribió que ningún campesino de otra parte que hubiera visitado con anterioridad recibía con más facilidad el fruto de la tierra. Nada más lejos de la verdad, tal y como podremos comprobar más adelante.

Pero sí que podemos decir que el Nilo debería catalogarse como una perfecta máquina de irrigación, y tiene sus orígenes muy lejos de Egipto. Este milagro es posible gracias a la conjunción de dos grandes ríos: el Nilo Azul y el Nilo Blanco. El Nilo Azul nace en las tierras de Etiopía, mientras que el Nilo Blanco tiene su origen en las tierras de Ruanda.

El monzón tropical abastece al Nilo Blanco con las fuertes lluvias torrenciales, que se unen al gran caudal de agua que porta el Nilo Azul, que proporciona la mayor parte del agua. A partir del solsticio de verano, el río bajaba crecido durante cien días. En el mes de junio, la crecida llegaba hasta la primera catarata, y en julio ya había alcanzado el Delta. Las tierras permanecían anegadas hasta el mes de septiembre, y en noviembre los terrenos estaban ya impregnados del fértil limo negro. De aquí viene el nombre que los antiguos egipcios dieron a su país, *Kemet,* que significa 'Tierra Negra'. Pronto se haría necesario el poder medir las crecidas para controlar el cauce del río y prevenir la generosidad de la riada. Así nació el «nilómetro», unas instalaciones que permitían conocer el tamaño de las crecidas. Sin embargo, entre las décadas de 1960 y 1970 se construyó la presa de Aswan, en la que España colaboró y recibió a cambio El templo de Debod, actualmente en Madrid. En aquellos años España estaba en una privilegiada posición que bien pudo aprovechar para crear una cátedra de egiptología, algo que todavía en pleno siglo XXI incomprensiblemente no tenemos. Con la construcción de la presa las crecidas dejaron de sucederse, aunque sí es cierto que el paisaje del Nilo apenas ha variado. Los campesinos actuales emplean todavía métodos de irrigación que proceden de los días del Imperio Nuevo. Se sigue utilizando el adobe como método de construcción de viviendas, y todavía los lugareños rinden tributo al dios Hapi cada 18 de junio, fecha en la que antaño el Nilo iniciaba su crecida.

Hacia el año 4500 a. C. se confinan varios grupos en la región de Asiut, como así lo atestiguan las necrópolis halladas, lo cual hace sospechar que los asentamientos humanos no deberían estar demasiado lejos de las mismas. En diversos lugares de Egipto se han encontrado restos aquí y allá, pedazos de la historia diseminados por el desierto que nos hablan de aquella cultura llamada Amraciense, más conocida como el Período Naqada I. En este momento, se producen muchos cambios sociales y Egipto da muestras de evolución con la aparición de la figura del gobernante. Este hombre, tal vez el más inteligente del clan o, por qué no, el más fuerte, se yergue como la gran opción y se atestigua a sí mismo como heredero directo de los dioses, con un poder inimaginable que transforma el momento y da lugar a las primeras paletas votivas, antes de que Menes unificara el Alto y el Bajo Egipto. Leones humanos del Alto Egipto derrotan y despedazan a los habitantes del Bajo Egipto, terribles escenas de toros descomunales aplastando a sus enemigos.

Con la llegada del Período Gerzeense, conocido como Naqada II, se produce un gran cambio en los asentamientos. Se inicia una serie de intercambios comerciales que dan como fruto la marcación de las fronteras. Estas líneas de separación entre los territorios son los que forman el Período Dinástico Temprano, y esta etapa de Naqada II explota con toda su generosidad sobre estos hombres, impregnándolos con un sinfín

Enterramiento predinástico, Museo de El Cairo, Egipto. Fotografía de Nacho Ares.

de descubrimientos y adelantos evolutivos. Es este un momento fundamental para el desarrollo de las primeras dinastías, ya que se crea una
serie de rutas comerciales al tiempo de que la población se extiende y
funda grandes urbes. La demarcación trae finalmente un comercio en
toda esta área, desde Djebel Silsila hasta Jartum, que era la región más
al sur habitada por la cultura nubia. Es entonces cuando aparecen los primeros soberanos del Alto Egipto.

Bien pudiésemos pensar que esta figura del rey aparece a un tiempo en
las dos partes del país, pero no es así. Lo cierto es que los primeros indicios
de este gobierno central se hallan en las necrópolis predinásticas de Abydos. Las extraordinarias piezas con forma de maza ritual, paletas votivas o
los *serejs*[1] allí hallados así lo atestiguan. En el final del Período Naqada II

[1] El *serej* es la forma primigenia del cartucho real, donde iban grabados los nombres de los
reyes. Tenía la forma de un palacio, sobre el que se colocaba la figura del dios Horus.

emergen una serie de reyes que gobiernan una buena parte del país. En este Período Naqada II aparece un importante centro urbano: la ciudad de Nejen.

Nejen, la Hieracómpolis de los griegos, hunde sus raíces en lo más profundo de la historia de Egipto. Estaba patronada por el dios Nejeni, el cual se asimiló rápidamente al dios Horus; de hecho se descubrieron en esta ciudad la Paleta de Narmer y la Maza del Rey Escorpión en 1898, justo debajo del Santuario de Horus. Los restos hallados aquí señalan que la mayoría de las piezas descubiertas son muy anteriores a estos dos reyes del Alto Egipto.

Esta ciudad, que en los días de su máximo esplendor contó con unos setenta y cinco mil habitantes, mantuvo contacto directo con regiones tan lejanas como Uruk, la ciudad más importante de este período en Mesopotamia. Nejen poseía una buena economía y provocó la aparición de las comodidades sociales. Fabricaba cerveza en grandes cantidades, tanta que sabemos que en un día se elaboraba líquido para más de doscientas personas. La población se extendió, los contactos con la parte baja de Nubia crearon señoríos y enormes extensiones de terreno y se formaron grandes caravanas de comerciantes que viajaban desde el sur hacia el este, lo que provocó el poder adquirir mercancías exóticas procedentes de lejanas tierras. Se comenzaron a explotar los desiertos del este y los minerales se comercializaban aquí, en Nejen. Los restos de la ciudad son tan antiguos que es necesaria una representación hipotética para imaginar su aspecto en la antigüedad. Sabemos que estaba rodeada por un gran muro de ladrillo de adobe muy ancho. En su interior, se erigió un gran santuario, y aquí se empezó a forjar el espíritu teológico que regiría el futuro Egipto de los faraones. Este templo ocupaba gran parte de la ciudad, y estaba rodeado de altares donde se llevaban a cabo rituales y sacrificios. Un anillo de talleres artesanales lo culminaba, donde se fabricaban todo tipo de utensilios, desde armas de sílex a objetos de marfil. Y como es en Nejen donde se halla esa paleta y esa cabeza de maza, daremos paso a estos dos personajes desde aquí, en la Ciudad del Halcón.

En 1898 se descubre en Nejen una cabeza de maza o clava, que pertenece a un enigmático rey conocido como el Rey Escorpión. Sin duda, todos tenemos la imagen del musculoso actor «The Rock», protagonista de *El Regreso de la Momia* y *El Rey Escorpión*. Si retrocedemos en el tiempo, cuando el Egipto de la I Dinastía aún no había sido diseñado por

Cabeza de maza del Rey Escorpión, Museo Ashmolean, Oxford.

los dioses, nos hallamos ante unos antiquísimos textos que nos relatan una unificación, digamos que predinástica. Hubo un momento de la historia en el que las Dos Tierras se vieron unificadas, aunque parece ser que el sueño duró más bien poco.

Otros antiquísimos textos son los *Textos de las Pirámides*, que hunden sus raíces en el más absoluto origen de esta etapa predinástica. Son un compendio de fórmulas mágicas, que, como podremos ver más adelante, no fueron escritas hasta finales del Imperio Antiguo. Estos textos nos hablan de un carismático personaje: el Rey Osiris.

Existe una leyenda que no nos habla del Osiris dios y señor del Más Allá, sino de un Osiris que reinó realmente, y que fue un rey benévolo, y por supuesto de ascendencia divina. Lo que más llama la atención de este Osiris, que conoceremos un poco más adelante, no es la historia familiar y sus conflictos, puesto que en más de un momento de la historia faraónica la Corte Real se ha visto inundada de conspiraciones y traiciones en contra de su faraón. El extraño suceso que rodea a este Osiris rey es el siguiente: los textos nos hablan de que gobernó el Doble País con mano tierna y sensible. Nos dicen que también enseñó a los hombres a explotar las riquezas de la tierra y a recoger el regalo que el Nilo les ofrecía: la inundación. Les enseñó a cultivar el trigo, la cebada y el vino. Este Osiris era un mensajero divino, absolutamente pacifista y que desprendía majestuosidad por todo su ser. Si tomamos estos textos al pie de la letra, hallamos al menos una curiosa similitud entre este Osiris y el Rey Escorpión.

Los egiptólogos no han alcanzado un consenso en lo que concierne a la figura de este emblemático Rey Escorpión. Y es que, parece ser que, a lo largo de todo este tiempo que vendremos a conocer como el predinástico, hay ciertos indicios que señalan que es posible que hubiera dos reyes con este mismo nombre.

El aspecto más enigmático del primer Escorpión tal vez sea su auténtico nombre. Es conocido su denominativo por el grabado que se halla en la cabeza de maza[2]: un rosetón y un escorpión. Esta conocida cabeza de clava está dividida en tres bandas, igual que las representaciones dinásticas, y nos narra una curiosa escena: dicho rey, Escorpión, aparece con una azada en sus manos. Lo precede un portaestandarte, lo cual sugiere que el monarca anuncia a su país el comienzo de una obra. El sacerdote que lo acompaña recoge en un capazo la tierra que el rey excava con la azada. El rey está inaugurando un canal, como así lo indica el símbolo acuático sobre el que se yergue en la paleta. Este hombre, como el objeto nos indica, enseña a sus súbditos como labrar las fértiles tierras y aprovechar el agua que el río ofrece. Además, existe constancia de que desarrolla la metalurgia y la carpintería, que durante sus años se comienzan a elaborar los rasgos de la escritura jeroglífica y los ritos fúnebres ya no se basan en depositar el cadáver envuelto en una estera, sino que se comienza a elaborar el sarcófago de tierra cocida y de tablas. Aunque el Rey Escorpión no reinase más que en el Alto Egipto, no excluye un hecho indiscutible: Escorpión parece haber sentado la base fundamental de la civilización egipcia. El rey es el pilar básico del pueblo, una comunión indisoluble que, por necesidad, toma carácter divino. No conocemos el lugar

---

[2]Las mazas son un instrumento importante en la vida de un monarca egipcio, pues se hacen representar con ellas destrozando los cráneos de sus enemigos vencidos.

donde se hizo enterrar este mítico rey, pero sin embargo en Abydos se halló la morada para la eternidad del segundo Rey Escorpión. Desconocemos si se trata del mismo hombre, aunque las pruebas de datación separan estos dos nombres por unos cientos de años. Es muy posible que en realidad se trate del mismo hombre, y tal vez los objetos fuesen reutilizados por reyes posteriores.

Pero si una faceta de este hombre debe sorprendernos es la de la ideología, que trajo consigo una serie de ideogramas que fueron dotados de significado en la vida cotidiana: el jeroglífico. Se sostiene que el jeroglífico proviene del cuneiforme, introducido en Egipto desde Mesopotamia, y el hecho es que las pruebas de carbono 14 realizadas a unas etiquetas halladas en Abydos en la morada para la eternidad que se atribuye al segundo rey que utilizó el nombre de Escorpión, y en las que se ven representadas montañas o serpientes, las datan en una antigüedad que nos lleva hasta el año 3200 a. C., lo cual sitúa la escritura jeroglífica como el método de comprensión más antiguo del mundo. Con todo esto, no es seguro que Escorpión ideaese el idioma jeroglífico, pero desde luego algo está claro: existía la necesidad de dejar constancia de registros escritos, de que el emisor y el receptor tuviesen la posibilidad de comunicarse entre ellos a través de la distancia; y desde luego esto sólo podría hacerlo un hombre que tuviera el poder y los medios para ello, porque este hecho implica una estructura interna a todos los niveles, cosa que hasta esa fecha no se había visto. Aunque dicho modelo de escritura hubiese nacido de la noche al día, es un paso que separa la prehistoria de la propia historia consumada. Todas y cada una de estas etiquetas contienen un agujero en su parte superior, y se supone que serían las etiquetas de objetos de impuestos o tributos. Escorpión gobierna pues, un Alto País rico y próspero, ¿pero cómo se llegó a este punto?

Djebel Tjauti es una importante ruta comercial, a caballo entre Abydos, Nejen y Qena. Aquí se ha hallado lo que se conoce como el Retablo de Escorpión. En una de las paredes de una gran roca hay unos toscos grabados, casi prehistóricos, pero totalmente legibles. He aquí un ejemplo demostrativo de lo que la escritura significaba para aquellos hombres, pues no tallaron sobre la roca unos signos al azar, no realizaron un dibujo porque sí. Nada en Egipto sucede por casualidad. Lo que representa la escritura sobre la piedra es el deseo de vencer al tiempo, plasmar para la eternidad un evento, un pensamiento, un deseo. Nos encontramos, tal vez, con la primera representación de un halcón, un Horus que está justamente sobre un escorpión. Se trata pues, de una especie de prototipo de *serej*, el emblema de Horus Escorpión, y es esta una representación que se usará durante los tres mil años siguientes, pues los futuros faraones no olvidarán añadir su nombre de Horus a su lista de títulos reales. Nos hallamos ante un hombre que es una especie de oficiante con un bastón, que viste una especie de túnica. Al sacerdote le sigue un hombre maniatado con una cuerda, y tras el prisionero aparece un personaje que sujeta con una mano el extremo de la cuerda y con la otra sostiene una maza. Debemos entender, puesto que no se han hallado restos algunos que muestren un acto semejante con anterioridad, que Escorpión asestó el golpe definitivo para reunir bajo su mando a los clanes y familias locales de un área, se piensa, bastante extensa. Este Retablo de Escorpión es el primer documento histórico de carácter real que existe en Egipto. Las bases de la civilización faraónica son sentadas por Escorpión, y parece existir una similitud entre ese Osiris Rey y el Rey Escorpión.

Así pues, con todo, tenemos derecho a incluir esta carta, que es el Rey Escorpión, en el amplio abanico que constituye la baraja que comprende la Dinastía 0 y el origen del mundo faraónico, sin poder concluir de forma definitiva una u otra opción. Este póquer de ases es utilizado por tahúres y demás jugadores de índole dudosa que no hacen sino adjudicarse ciertos méritos que parten de la raíz mitológica de los antiguos egipcios. Así, vemos como existen numerosos iluminados que nos ofrecen la visión de naves extraterrestres que llegaron desde el otro lado de la galaxia para levantar las pirámides de Gizeh o insisten en ver la huella de la Atlántida en los restos arqueológicos que nos legaron estos grandes reyes del Imperio Antiguo. Y lo cierto es que, asombrándonos ante tanta magnificencia, los restos arqueológicos no hacen sino demostrarnos lo contrario. Conociendo un poco tan sólo de los hallazgos vemos como se produce esa evolución desde el Neolítico egipcio hasta la construcción de la primera pirámide: no vemos huellas de hombres heraldos de una ciencia que no es de este mundo, sino que vemos la progresión humana con sus defectos y carencias, una evolución que desea ardientemente abandonar la oscuridad y abrazar el conocimiento, si bien es cierto, por otro lado, que los diferentes hallazgos arqueológicos en todo el planeta nos demuestran que el despertar del hombre se produjo mucho antes de lo que se creía. En el caso que nos atañe, debemos dar gracias a Manetón de Sebenitos por la obra que en su día realizó, y que nos sitúa el origen de esta civilización en un momento concreto.

Manetón fue un sacerdote egipcio que vivió durante los reinados de Ptolomeo I y Ptolomeo II. Había nacido en Sebenitos, la capital de Egipto en esta dinastía, y era el sacerdote del Santuario de Serapis. El faraón Ptolomeo II estaba ansioso por conocer los orígenes de Egipto y encargó al sacerdote la misión de viajar por todo el país y recopilar de las bibliotecas de los santuarios aquella historia que comprendía tres milenios de antigüedad. Fruto del trabajo de Manetón nació la *Aegyptiaca*, el resultado de la unión de antiguos textos que en aquellos días solapaban la realidad y el misticismo, dando como resultado una visión un poco desenfocada. Esta obra divide los reinados en treinta dinastías, aunque sí hay que decir que tuvieron que ser escritas nuevamente, porque nos legaba más lagunas que hechos certeros. Manetón se limitó a recopilar los datos que existían en las bibliotecas de los santuarios y, sin duda, tuvo acceso a la información que también se recogió en lo que hoy conocemos como el Papiro de Turín. Este papiro, que fue encontrado en el siglo XIX, fue redactado por un escriba de Ramsés II en el reverso de un documento administrativo. Este escrito nos narra el reinado de nueve dinastías anteriores a los reyes predinásticos, entre los que se hallan los Venerables de Menfis, los Venerables Del Norte y los Shemsu-Hor, que gobernaron la friolera de trece mil cuatrocientos veinte años, hasta la llegada de Menes.

Los autores clásicos comenzarían copiando detalles de la *Aegyptiaca* y autores posteriores copiarían asimismo estas copias,por lo que el embrollo está servido. Llegados a este punto, debemos hacer referencia a los distintos expertos que han hecho múltiples cálculos para situar temporalmente el reinado de un faraón con una fecha acorde a nuestra manera de entenderlo. Así, podemos ver en unas tablas cronológicas como el rey Ahmosis inaugura la XVIII Dinastía en el año 1549 a. C., mientras que en otras obras o tratados veremos fechas como la de 1570 a. C. Las fechas que expondremos a lo largo de estas páginas están tomadas de la obra actual más completa que existe acerca de este tema: *Las familias reales del Antiguo Egipto*, de Aidan Dodson y Dyane Hilton. Asimismo, emplearemos los nombres en su forma más parecida al nombre original y no la adoptada del anglosajón con su entonación «kh», de forma que, frente a lo que algunos entienden por Hotepsekhemwy, nosotros emplearemos Hotepsejemui. Asimismo, cabe aclarar que las fechas que vamos a barajar de ahora en adelante serán todas antes de Cristo, a no ser que se indique lo contrario.

El tratar de colocar las primeras gentes del Valle del Nilo o sus raíces en un perímetro más allá de los oasis son absurdas especulaciones; sería un insulto a la inteligencia de los antiguos egipcios. El origen es mucho más sencillo si cabe, pero si para desarrollar una civilización cuasi perfecta se necesitó un milenio, ¿cómo pretendemos descubrir el secreto tan sólo en un siglo y medio? Lo que sí se puede asegurar con rotundidad es que durante el quinto o séptimo milenio algo sucedió en Egipto, algo que sentó las bases de la mayor civilización del mundo, e incluso de la que nos rodea hoy día. Podría haber sucedido en cualquier otro lugar, pero sucedió en Egipto, en el país de las Dos Tierras. Así pues, ¿cómo no rendirnos a la evidencia de que realmente Egipto fue el capricho de los dioses? ¿Cómo podemos atrevernos a dudar, siquiera un instante, de que Egipto es en verdad el sueño de Dios hecho realidad? Pero no adelantemos acontecimientos, porque debemos conocer al hombre y la ciudad que dará origen a la I Dinastía.

MENES Y LA FUNDACIÓN DE MENFIS

Los egipcios, con el paso de los siglos, jamás perdieron de vista sus raíces. Los más brillantes faraones fueron siempre grandes amantes de su historia y, lo más importante, fueron conocedores de sus antepasados. Por ello, el gran faraón de la XIX Dinastía, Seti I, mandó elaborar una lista real en la ciudad más santa de todo Egipto: Abydos. Llegados a este punto, la historia de Egipto se bifurca, puesto que los egiptólogos avanzan en la historia a partir de este Narmer, pero, como hemos visto, los antiguos egipcios la inician a partir de Menes.

La aparición del rey Narmer o Menes, nos viene dada por la conocida representación que lleva su nombre, la «Paleta de Narmer», hallada en las ruinas de la ciudad de Nejen en 1898, a escasos nueve metros de la Maza del Rey Escorpión. En ella se relata la unión de las dos mitades del país de forma muy significativa. Dicha paleta está elaborada en pizarra verde, muy bien tallada y decorada en sus dos partes, el anverso y el reverso. Para describir las acciones que Menes había realizado, el artista se sirvió de un modelo peculiar: un registro a tres bandas que será modelo a imitar por generaciones y generaciones de artesanos. La primera escena nos muestra dos cabezas de vaca que encarnan a la diosa Hathor[3] y es esta la gran y bella diosa madre de las madres, sin igual en el cielo y apreciada y amada en todo Egipto. La representación de Narmer nos muestra a un hombre ciñendo la corona blanca, con un rabo de toro atado a su cintura

Anverso y reverso de la Paleta de Narmer, Museo de El Cairo, Egipto.
Fotografía de Nacho Ares.

---

[3]El nombre de Hathor está formado por las palabras *Hut* y *Hor*, lo que podría traducirse por el «Santuario de Horus».

que sostiene una maza ritual como la de Escorpión, y se dispone a golpear con ella a un enemigo vencido que está derrotado bajo el emblema de Horus. El rey está representado a tamaño mayor que el resto de los personajes, resaltando así su condición de Grande. En la banda inferior vemos a varios enemigos maniatados.

El reverso de la paleta tampoco nos deja indiferentes. Ahora porta la corona roja y se dirige hacia la contienda. No nos narra la batalla sino la victoria, puesto que los enemigos yacen sin vida. En la banda central, dos individuos entrelazan los cuellos de unos animales, simbolizando la unión de las dos partes del país. En la última banda, nuevamente aparece un toro derribando las murallas de una fortaleza. Los supervivientes padecen bajo las pezuñas del toro, enfurecido y rabioso. Ha comenzado la aventura, se ha dado paso a la I Dinastía. Para realizar esta hazaña, parece ser que se contó con la ayuda inestimable de 'Los diez grandes del sur'[4]. Este grupo de hombres tendrá importancia durante varios años.

Ignoramos la fecha exacta en la que Menes aparece en escena, siendo pues, las cronologías que se citen una aproximación histórica. Según la lista real de Abydos, el primero de los gobernantes de un Egipto unificado fue el rey Menes. Decir que Narmer y Menes fueron la misma persona es algo que hoy día está completamente aceptado por la gran mayoría de egiptólogos. Pero sin embargo existen algunos datos que nos incitan a pensar lo contrario. Por ejemplo, la Piedra de Palermo, una gran losa de basalto negro que data de la V Dinastía, nos habla de Narmer, de Menes y de Aha. ¿Tres nombres bajo la piel de un solo hombre? No lo sabemos. Sin embargo, no termina aquí el debate de si nos hallamos ante el nombre de Nebti o el nombre de Horus. Y es que este es otro problema que hay que pasar a la hora de intentar colocar a estos hombres en su lugar correcto de las páginas de la historia:

- El nombre de Horus es un título que los reyes utilizaron honrando al dios Horus para poder asentar su reinado. Este nombre atestigua el carácter divino del rey.

---

[4]Los Diez Grandes Del Sur eran unos príncipes del Bajo Egipto que venían heredando el poder en las ciudades de la mitad sur del país.

- El título de Nebti es el nombre que otorgan las Dos Señoras, y el cuenco que se halla bajo ellas es el símbolo jeroglífico *neb*, que significa 'Señor', en femenino. Así se refiere a las diosas Nebjet y Uadjet.
- El nombre de Horus De Oro era la unión de dos jeroglíficos, 'oro' y 'halcón'. El oro expresa la carne de los dioses, y da al faraón la divinidad del dios sol.
- El nombre de *Nesu-Bit* daba al rey la legitimidad sobre las Dos Tierras. Su traducción sería 'Señor del Alto y del Bajo Egipto'. Es llamado el título *praenomen*, y es el nombre de trono. Aunque es el cuarto en la lista tiene sus orígenes en los primeros reinados de la I Dinastía. La caña y la abeja son los signos hieráticos del Norte y del Sur.
- El *nomen* es el título que convierte al rey en 'Hijo de Re', *Sa Re*, que es su verdadero nombre. Desde el Imperio Medio se ligó al título de *Nesu-Bit*, nomenclatura de protocolo. Con el poder del verbo y de la palabra encerrada en el interior del cartucho real, que regenerará su potencia durante la eternidad, el 'Señor del Alto y del Bajo Egipto' sostiene con firmeza sus cetros de poder.
- El nombre de Aha nos llega gracias a un *serej* y una etiqueta de marfil hallada en la morada para la eternidad de la reina Neith-Hotep, probablemente su esposa. La lectura del jeroglífico de la etiqueta de marfil ha hecho deducir a muchos egiptólogos que Aha y Menes podrían llegar a ser la misma persona. En otra etiqueta hallada en Abydos, donde Aha se hizo construir su mastaba, se muestra una serie de hechos ocurridos en Kush (Nubia) o Sais. En otra etiqueta, se nos narra una ceremonia denominada como «Recepción entre el Sur y el Norte».

Otros anales registran una serie de hechos acontecidos bajo el reinado de Menes. como que en su año decimoprimero de reinado se celebró una gran fiesta en honor del dios Anubis. En el año decimosegundo celebró una fiesta del Toro. En su año decimotercero celebró un festival de nacimiento. En el año decimoséptimo o decimoctavo de su reinado organizó un festejo para conmemorar el nacimiento de Anubis. En el año decimonoveno se sabe que tan sólo reinó los primeros seis meses y siete días.

El nombre de Menes podría traducirse como 'El que permanece', 'El que queda'. Casi con toda seguridad nació en la ciudad de Tinis, localidad cercana a Abydos y lugar de nacimiento de los soberanos de las primeras dinastías. Menes gobernó un Egipto unificado durante sesenta y dos años. En este tiempo, aplastó las rebeliones internas y llevó sus ejércitos más allá de las fronteras naturales para la grandeza de su país. Finalmente, sería un hipopótamo el que pusiese fin a su vida. Pero sin duda, el mayor logro de Menes fue la creación de una capital para controlar el país y, para ello, ideó la magnífica ciudad de Menfis[5], 'La balanza de las Dos Tierras'.

Su nombre egipcio era Ineb Hedj[6] y fue la primera gran capital de Egipto. Se la denominó 'La balanza de las Dos Tierras' porque desde allí se tenía un control absoluto de todo el país, sin estar demasiado lejos ni del sur ni del norte. A partir del Imperio Medio se la llama Anj-Tawi, 'La que une a las Dos Tierras'. Su localización era, sobre todo, fronteriza.

Desde su capital, Menes preparó su cometido. Realizó obras para canalizar el agua de las crecidas y procedió a la creación de las ramas administrativas para gobernar las dos mitades del país. Ineb Hedj se convirtió en el centro administrativo más importante de Egipto, siendo modelo a imitar por todas las ciudades del Mundo Antiguo. Menes levantó un edificio digno de un rey, al cual llamó 'La Gran Morada'[7]. El departamento que más floreció en la antigua Menfis fue un gigantesco núcleo religioso, de donde surgieron las diferentes teologías egipcias. El patrón de la ciudad era el dios Ptah, y para él se levantó un gran santuario al que se llamó Het-Ka-Ptah que podría traducirse como 'Los dominios del *Ka* de Ptah'. Los griegos tradujeron el nombre de este templo como *Aiguptos,* que derivaría en el nombre *Aegyptus* y finalmente en el de Egipto. Podría decirse que en estos días se da inicio a la técnica de construcción, si bien en estos momentos todo se construye en madera o barro. Sin embargo, los artesanos comienzan a aprender los secretos de sus oficios. Eran precisos ensamblajes de madera que fueran resistentes para obtener un edificio que durase el máximo tiempo posible. Se plantaron árboles de sicómoro, acacia, palmeras, tamariscos, sauces

---

[5]El nombre de Menfis deriva de una inscripción que se halló en la pirámide de Pepi Men-Nefer, al que los coptos llamaron Menfe. Los griegos la llamaron Menfis.
[6]Ineb Hedj significa 'El muro blanco' y fue la capital de Egipto hasta el Imperio Medio.
[7]De su nombre en egipcio, Per Âa, derivaría muchos años más tarde la palabra Faraón.

y otras maderas para satisfacer las necesidades de las clases altas. Llegó un momento en el que se hizo necesaria la creación de los nomos.

Menes creó los distintos distritos e ideó para cada uno de ellos un signo jeroglífico que representaba un rectángulo con cuadrículas, simulando una extensión de terreno y sus acequias. No sabemos exactamente cuántos nomos creó el rey, pero sí sabemos que a finales del Imperio Antiguo existían treinta y ocho nomos en Egipto. En el esplendor del Imperio Nuevo existían cuarenta y dos, número que coincidía con los jueces que presidían el Tribunal del Más Allá.

La evolución de la ciudad condujo a una avalancha de comodidades, como estuches y enseres de maquillaje: sillas, cofres, armarios de madera y utensilios labrados en piedra para perfumes; se perfecciona la técnica del tejido creándose elegantes vestidos. Pero, sobre todo, destaca el trabajo de los joyeros. El oro y la plata, tan preciado en nuestro mundo, solía emplearse como moneda de cambio entre los pobladores del Sinaí, que a cambio conseguían turquesa y lapislázuli. Desde las minas de Afganistán llegaba a Egipto esta última piedra preciosa, el lapislázuli, que se distribuía a través de unas antiguas rutas comerciales que tenían como destino el mundo mesopotámico. De los días de Escorpión y sus más inmediatos antecesores nos han llegado magníficos collares de cuentas a los que se había dotado de un poder que prolongaba la vida. Las cofradías de los joyeros fueron adquiriendo cada vez más destreza y no tardaron en surgir piezas de imitación de los más variopintos colores. Con la aparición de Menes y el comienzo de la I Dinastía, comienza a emplearse la fayenza[8]. Prontamente se asimila a los cultos funerarios y permanecerá arraigada a estos ritos de manera casi indisoluble hasta los últimos días.

La herramienta para la escritura avanzó rápidamente. El papiro era una planta que crecía en el Bajo Egipto y simbolizaba la unión de las Dos Tierras. Su uso abarcó múltiples funciones, pues se ingería, se hacían cestos, sandalias e incluso se empleaba para la fabricación de muebles. Pronto llegó a convertirse en el soporte vital de los escribas reales, y el empleo del papiro como medio de escritura perduraría durante siglos. El último documento escrito en un papiro es un texto árabe que data del

---

[8]La fayenza egipcia es un material de cerámica al que se le ha proporcionado un esmalte a base de cuarzo machacado, cal, natrón y ceniza.

siglo XI d. C. Sin embargo, en estos inicios del Egipto Dinástico el uso del papiro como documento estaba destinado a ser utilizado únicamente por el rey. Avanzada la técnica del arte, los papiros inspirarían las descomunales columnas papiriformes que sostienen las techumbres de construcciones impresionantes como la del complejo de Karnak.

A pesar de todo, desconocemos demasiados aspectos de la antigua Menfis. Sí sabemos que su área de influencia comprendía las regiones de Zawiet el-Aryan, Dashur, Saqqara, Abusir, Gizeh y Abú Roash. Era una gran ciudad con sus pequeñas administraciones extendidas a su alrededor. Es más, se sospecha que la ciudad como tal podría haber ido cambiando su situación de norte a sur y viceversa. La inmensa mayoría de textos que nos hablan de esta gran urbe son del Imperio Nuevo. La ciudad recibe una herida mortal con la llegada del cristianismo y se tambalea durante unos pocos cientos de años, en los que las piedras que cantaban la magnificencia de su milenaria historia iban siendo desperdigadas aquí y allá. Desmembrada y diseminados sus miembros, padeciendo el mismo destino que el dios Osiris, su muerte llegó a manos de los musulmanes en el año 641 de nuestra era. Un viajero que llegó a Egipto en el siglo XII dijo acerca de Menfis: «Las ruinas ofrecen al que las contempla la posibilidad de imaginar la más extremada belleza que ha podido crear una mente inteligente. Ni siquiera el hombre más sabio o mas elocuente podría jamás expresarse de forma tan asombrosa y maravillosa». Es imprescindible resaltar el nombre de don Pedro Martín de Anglería, un embajador español que los Reyes Católicos enviaron a Egipto para prever cualquier tipo de ayuda que los mamelucos pudieran ofrecer a los árabes expulsados de Granada. Pues bien, este hombre fue el primero de los investigadores que ubicó de forma correcta a la ciudad de Menfis y realizó uno de los primeros estudios científicos de las pirámides.

Una vez llegados a este punto, comenzaremos a conocer el nombre de la primera de las mujeres importantes de este reinado, la reina Neith-Hotep. Las reinas jugaron un papel fundamental en la cultura egipcia: la dualidad tuvo mucha importancia en la política del país. Algunos estudiosos de estos primeros años sostienen que esta mujer era originaria del Delta del Nilo. Esta deducción nos viene dada del empleo del nombre de la diosa Neith. De ser cierto, tal vez nos hallásemos ante el primer matrimonio político, concertado y entablado para sellar un pacto entre Menes y la familia más poderosa del Norte, sin duda, para que los combates cesaran y el estado faraónico pudiera comenzar su andadura. Se señala a Neith-Hotep como la iniciadora de una saga de mujeres que acuñó con sus actos las dos potencias creadoras que dieron estabilidad al país en este proceso de unificación. Desgraciadamente, de estas remotas épocas son muy pocas las informaciones que nos han llegado.

Durante el mandato del rey unificador, los nobles y los reyes se construyeron sus mastabas en Saqqara. La tumba de Menes es un macizo de ladrillo de grandes dimensiones, que comprende tres estructuras catalogadas como B10, B15 y B19. Se trata de un sistema de compartimientos con una cobertura de madera. Allí se hallaron restos de treinta y tres enterramientos subsidiarios, una costumbre bastante bárbara y casi prehistórica que consistía en enterrar junto al rey su cohorte de sirvientes personales, que podían llegar a ser más de trescientos, como lo atestiguan varios casos. Lo cierto es que esta absurda costumbre continuó hasta la II Dinastía. Junto a ellos, se enterraron también siete jóvenes leones. Esta primera estructura ya demuestra la evolución que Egipto había adquirido, sobre todo, en lo que concierne a la escritura. Y es que a pesar de que, como hemos visto, la escritura ya hace aparición con Escorpión, se hace necesario un desarrollo de la misma para que se pueda aplicar a la arquitectura. El concepto numérico, que podría haber existido con anterioridad, debe aplicarse al plano de la construcción que se va a realizar. Sería absurdo pensar que los arquitectos y constructores de la I Dinastía realizaron la mastaba de Menes dejando al azar todo lo que ello implica. De la misma forma, la arquitectura en sí no es sino un concepto numérico, un conjunto de medidas y distancias que van cobrando forma según van avanzando las obras. Como podremos ver, por ejemplo en la mastaba del rey Den, la aparición de losas de piedra a modo de suelo ya muestra una evolución en la forma de concebir el objeto que se va a realizar, y esto sólo era posible mediante un sistema numérico. A pesar de que muchos autores sostienen que el número en sí carecía de importancia, la medida que podía tener un codo real ya implicaba un punto de referencia que equivalía el sistema numérico. Y aquí debiéramos mencionar el papel de las Casas de la Vida, aunque trataremos ampliamente este apartado en el capítulo siguiente. Este extraño nombre estaba destinado a los lugares donde se impartía la sabiduría. Aquí se aprendía el oficio de escriba, se daban las nociones básicas de álgebra, matemáticas, ciencias, astronomía y un largo etcétera.

La sociedad dio un paso gigantesco con el reinado de Menes, una evolución en todos los aspectos, pues, como hemos visto, si ya la agricultura en Egipto despuntó con Escorpión, Menes debe llevar la sociedad al siguiente escalón que su gobierno se extiende a todo el país, y en Egipto hay zonas donde abunda la caza y otras donde esta es prácticamente inexistente.

HORUS DJER

Tras la muerte de Menes aparece su sucesor, Horus Djer, y aquí es donde hallamos uno de los datos que arrojan luz sobre el dilema de si Menes y Aha llegaron a ser el mismo hombre. Y es que Djer es hijo de Aha, pero, asimismo, Djer es colocado en las listas reales justo tras el reinado de Menes. El hecho es que este hombre, Horus Djer, se convierte en el heredero de un linaje de hombres dioses que han sido colocados para garantizar la prosperidad de un Egipto que acaba de ver la luz.

Podemos pensar que Djer gobernó Egipto durante cincuenta y siete años. Esto nos viene dado por las tabletas de madera y de marfil que se han hallado en Saqqara y en Abydos. En estos momentos en los que el gobierno no está asentado por completo, el monarca debe enfrentarse a varios problemas. Para poder superarlos, Djer tiene que comportarse como un verdadero rey, y para ello se asegura de que su presencia en las principales ciudades sea regular. Así, Buto y Sais son dos puntos que visitará con frecuencia. En Saqqara se ha hallado una etiqueta de madera que nos muestra cómo Djer asiste como primer personaje para celebrar un extraño enterramiento que conlleva un sacrificio humano. Durante su reinado, Djer pretende consolidar su autoridad, y para ello inicia una campaña militar en Nubia, donde se asegura la perfecta ejecución de los cargamentos de mineral. Pero su pensamiento vuela más lejos, y uno de sus años de reinado será recordado como «El año que se golpeó violentamente la tierra de Setjet[9]», y aprovechó la ocasión para extender sus alas sobre las montañas del Sinaí. Libia tampoco escapó a las pretensiones de Djer, asegurándose así varios protectorados que fuesen leales a la figura del monarca

---

[9] La tierra de Setjet correspondía a la franja sirio-palestina.

egipcio. Las campañas militares que llevó a cabo durante su reinado son las primeras registradas más allá de las Dos Tierras.

Su morada para la eternidad en Abydos se sitúa un poco al norte de la de Horus Aha. Es considerada como una de las tumbas más grandes que se construyeron en esta I Dinastía. Alrededor de su mastaba nos encontramos con trescientos treinta y ocho enterramientos subsidiarios para la comodidad del Rey, siendo halladas junto a los cuerpos estelas que llevaban sus nombres grabados. Si bien esta práctica nos horroriza hoy día, durante el reinado de Djer se iba perfeccionando esa humanidad, puesto que ya se habían abandonado los ritos de canibalismo y el desmembramiento de cuerpos que estaban a la orden del día durante el Período Naqada II. El complejo funerario comprende un área de doscientos ochenta metros cuadrados y también se encontraron diversos objetos funerarios, tales como un brazo que se utilizó como medida por los joyeros reales y cuatro pulseras de oro y de turquesa. Con todo lo que su reinado trae consigo, nos deja como legado un intento de convertir la nación de Egipto en un proyecto de lo que no tardará mucho en ser; pero para ello será preciso aún que toda la I Dinastía imprima su huella sobre el Alto y el Bajo País. Se acepta que el sucesor de Djer fue Djet Uadji, probablemente su hijo, pero existen razones para pensar que antes su esposa Merit-Neith gobernó sobre el Valle del Nilo, probablemente por la corta edad de su hijo. Un sello real hallado en Abydos parece confirmarlo.

MERIT-NEITH

En este momento de la historia de Egipto, nos hallamos con uno de los escasos reinados en los que el trono de las Dos Tierras fue detentado por una mujer: Merit-Neith. Su nombre puede ser traducido por 'La diosa Neith está en paz'. El universo egipcio se rigió desde sus albores en un intento de mantener un equilibrio cósmico. Entramos aquí en una compleja teología, pues Neith es viento e inundación al mismo tiempo, es la enorme extensión de agua de la que nace la vida, la que se ha creado de la nada, que creó los seres y las divinidades. Es madre, dios y diosa a un tiempo. La dualidad del rey y su consorte real se consolida sobre la base de que el hombre desempeña el papel de mujer, y al contrario. Como los antiguos textos nos relatan, Neith creó el mundo con siete palabras y se dio a luz a sí misma. Ocurre pues que bajo la protección de esta diosa, una mujer se convierte en independiente y autónoma, y más cuando el rey la califica de «potencia divina de cuyas orientaciones vivimos, padre y madre, única y sin igual». Por este hecho en las estelas atribuidas a Merit-Neith no está presente Horus, protector del faraón. A la reina Merit-Neith podemos aplicarle el mismo papel que a nuestra anterior fémina, la reina Neith-Hotep. Algunos autores señalan la necesidad imperiosa que en estos días todavía existía de formar alianzas con las grandes familias. Desgraciadamente, casi nada se sabe de ella, y sus moradas para la eternidad poco aportan, sino más abismo entre ella y nosotros. La que se hizo erigir en Abydos, como los grandes reyes, mide 19 x 16 metros. Fue construida en el fondo de un pozo, y sus paredes son de ladrillo. Es una de las mejor realizadas en esa época. Entre las paredes hay ocho capillas donde se depositaban objetos rituales. El suelo es un entarimado de madera y tiene varias estelas en honor a su figura. Tanto en Saqqara como en Abydos la morada para la eternidad de Merit-Neith está rodeada por las moradas de los funcionarios y setenta y siete sirvientes. Desde cierto punto de vista, Merit-Neith no es más que una sombra invisible, pero esta sombra encarna, sólo con su nombre, la grandeza de una civilización: diosas encarnadas en reinas.

HORUS DJET

Tras Merit-Neith es su hijo el que reina, y realmente el rey Djet se nos presenta con más interrogantes que respuestas. La posible paternidad es dudosa, si bien también su maternidad resulta un tanto ambigua. Y es que Merit-Neith había tomado la doble corona dada la corta edad de su hijo, pero nos encontramos con que Djet también se casa con una mujer llamada Merit-Neith. Desconocemos completamente si es la misma mujer o si por el contrario era una hija de esta. Otra hipótesis nos lleva a pensar que Djer tal vez estuvo casado con su hija, y que esta asimismo contrajo matrimonio con su hermano cuando sube al trono. Aunque esto, como casi todo, es tan sólo una especulación. Realmente es muy poco lo que sabemos de este rey. Durante su reinado no hubo conflictos importantes, posiblemente gracias a las

Estela de la reina Merit-Neith,
Museo de El Cairo, Egipto.

Estela del rey Djet,
Museo del Louvre, París.

acciones realizadas por Djer en Nubia, Libia y la franja sirio-palestina. Envió una expedición al Mar Rojo y explotó las minas de turquesa.

Su morada para la eternidad fue hallada en Abydos por Flinders Petrie, el cual le dio el nombre de Tumba Z. Situada al oeste de la de Djer, contenía ciento setenta y cuatro enterramientos subsidiarios de sirvientes. Parece ser algunos pertenecían a la familia real, pero la gran mayoría fueron depositados allí junto con el cuerpo de su rey para servirlo en la vida del Más Allá. También fueron halladas varias estelas que contenían el *serej* con su nombre escrito en jeroglífico. Poco más se sabe de este gobernante de la I Dinastía, exceptuando que su tumba, al igual que la de otros de su tiempo, fue quemada en la antigüedad, y que posteriormente fue reconstruida y asociada al culto de Osiris.

HORUS DEN

El cuarto rey de esta I Dinastía, Horus Den, es uno de los mejor conocidos. Sabemos que era hijo de Djet y Merit-Neith. Las Dos Tierras son aún precarias, un lugar donde los sacrificios humanos aún están a la orden del día. Pero, en su conjunto, la base del próspero Egipto ha sido ya plantada. Una de las contradicciones de este rey es la duración de su reinado. Manetón de Sebenitos le otorga un reinado de veinte años; pero sin embargo existen pruebas que atestiguan una fiesta *Heb-Sed*[10]. Era uno de los eventos más importantes en la vida de cada monarca. Dicha fiesta parece tener relación con el tiempo de duración de la vida y del reinado, agotar el tiempo que marca una generación de treinta años. Una vez terminado este período de tiempo, era indispensable realizar una regeneración. Así pues, la primera *Heb Sed*, salvo excepciones, se realizaba en el trigésimo año de reinado.

Uno de estos momentos culminantes era la coronación. Una vez el soberano se había revitalizado, tenía lugar una carrera ritual como prueba de su fortaleza y rejuvenecimiento.

Dado que dicho rito se celebraba cada treinta años, la egiptología le concede a Den un reinado de cincuenta años. Parece ser que es el primero en añadir el nombre de *Nesu-Bit*, lo que significa 'Rey del Alto y del Bajo Egipto', que era *Jasti*. Es casi seguro que su reinado fue bastante agitado y próspero. Durante estos años hallamos lo que se podría interpretar como el deletreo de lo que llegaría a convertirse en los *Textos de las Pirámides*, una serie de fórmulas mágicas que garantizaban la supervivencia del difunto en el Más Allá, y cuyo origen se atribuye al más remoto predinástico. Sin embargo, el uso de estas fórmulas estaba destinada a la persona del rey; para que el pueblo llano acceda a ellas todavía deberán pasar muchos años. Sabemos que el legado de Horus Den perduró en la memoria de los egipcios a lo largo de las dinastías, ya que durante el Imperio Nuevo se transcribían fórmulas de medicina que se habían escrito bajo su reinado. Este hecho pone de manifiesto que, a todas luces, los médicos de esta época ejercían con una sabiduría que venía arraigada desde la noche de los tiempos.

---

[10]Ritual que consistía en regenerar la fuerza del rey, considerado como un hijo de los dioses. Sólo los ritos mágicos garantizaban la renovación de su fuerza vital.

Den tiene una importante misión que llevar a cabo si quiere que la idea de un Egipto unificado continúe tras su reinado. La casta de altos cortesanos ha tenido muchos privilegios con el reinado de su antecesor. Es posible que incluso en el norte existiese una coalición en su contra. Así que Horus Den pone bajo su mando un ejército para disuadir cualquier intento de sedición. No sería la primera vez que esto sucediese y, como veremos, no sólo la casta de los nobles dará más de un quebradero de cabeza a los reyes. Pero sin embargo, Den parece comprender que su función no es la de un tirano y que el buen funcionamiento del estado no se alcanzará mediante la fuerza. Por ello incluso llega a calmar los intentos de traición mediante la diplomacia interna. Concede un título importante y, con ello, consigue un importante aliado. En el Bajo Egipto nombra a un hombre, Hemaka, 'Canciller del rey del Bajo País'. Hemaka se convierte en un amigo, y como amigo fue recompensado con la construcción de una morada para la eternidad en Saqqara. Gracias a él conocemos de primera mano el mobiliario fúnebre de estos personajes de la I Dinastía y algunos objetos que podrían catalogarse como sorprendentes, que analizaremos al final de este capítulo. Además, es precisamente aquí donde hallamos la evidencia de esa *Heb-Sed* de Den.

Pero el Señor de las Dos Tierras pronto tiene que poner un ejército en alerta. Gracias a una placa de marfil hallada en Abydos, vemos al rey representado en la postura clásica faraónica, portando la doble corona y con la maza erguida sobre su cabeza, dispuesto a destrozar el cráneo de un cacique extranjero. Nuevamente tenemos la escena que muchos años atrás había plasmado el Rey Escorpión. Estas incursiones se extendieron hasta la zona de Palestina durante su primer año de reinado. Los reinos asiáticos proporcionaron a Horus Den una cohorte de damas, las cuales fueron llevadas a Egipto. Ninguna de ellas llegó a convertirse en reina y desconocemos a ciencia cierta si ocuparon cargos importantes en la corte, pero estas alianzas mediante el matrimonio proporcionaban seguridad y estabilidad. La zona del Sinaí también fue vigilada por Den, que llegó a realizar alguna expedición para proteger las caravanas de las minas de turquesa que eran asaltadas por tribus beduinas. Egipto evoluciona a pasos de gigante. Formados esos protectorados, no existe peligro alguno de invasión, y Den ha conseguido que las disputas internas se alejen de su reinado.

Placa de marfil de Horus Den, Museo Británico.

Su morada para la eternidad se halla en Abydos y lleva el nombre de Mastaba T, pero también se hizo construir otra en Saqqara. Den dejó gran número de etiquetas y jarrones con su nombre inscrito. También inscripciones y sellos que relatan los acontecimientos de su reinado. Su morada para la eternidad de Abydos se nos presenta como impresionante, ya que es la primera en la que sabemos que se usó gran cantidad de piedra de granito rojo y negro de Aswan para pavimentar la cámara funeraria.

Contiene un elemento innovador que hasta ese momento no se había empleado, una escalera para descender al interior del monumento funerario, y en su día la techumbre era de madera. Tenía una gran puerta, también de madera, con un sistema de barreras para los ladrones. Contuvo lo que podríamos denominar un prototipo de *serdab* en el que se albergarían estatuas del propio Den. Su contenido probablemente fue desde objetos de marfil y ébano así como muebles de madera, recipientes de piedra, jarras de vino y de aceites. Lamentablemente también este rey contribuye a la herencia de los sacrificios humanos, y así son hallados ciento treinta y seis enterramientos subsidiarios. Un detalle muy curioso es que una de sus esposas fue enterrada en Gizeh, siendo su morada para la eternidad más grande que la de su esposo el rey. Sin duda, esta reina de Egipto, de la que desconocemos su nombre, tuvo que ser un personaje importante e influyente en la figura de Den. También esta esposa real fue acompañada al Más Allá por una cohorte de sirvientes sacrificados para su comodidad.

HORUS ADJIB

Tras la muerte de Den, el trono de Egipto es ocupado por su hijo Adjib. De este hombre apenas sí tenemos datos que nos expliquen el desarrollo de su reinado. Ocupó el quinto lugar en la lista real, allá por el año 2892 a. C. Si nos guiamos por las citas de Manetón, debemos otorgarle un reinado de veintiséis años. Sin embargo, los egiptólogos le conceden un reinado mucho más corto, basándose en que pudo haber existido una corregencia con su padre, Horus Den. A este dato otorgado por la egiptología ortodoxa se enfrenta una prueba arqueológica en forma de jarrón hallado en Abydos, que nos narra su *Heb-Sed*. En el jarrón puede leerse: «La protección de Horus le rodea». Parece ser que Adjib es el primer monarca que incluye en su titulatura el nombre de *Nesut-Bit*, o sea, 'el de la caña y la abeja', evidenciando así su poder tanto en el norte como en el sur.

Durante su reinado, los problemas se instauraron en el reino casi de forma continua. Las regiones del norte se sublevaban con demasiada asiduidad y fue necesaria la intervención militar contra las milicias rebeldes. La unificación de Menes era un hecho que costaba mantener y en ocasiones estuvo a punto de fracturarse. Sin embargo, la historia tomó otro rumbo. Parece ser que Adjib no tuvo la necesidad de enfrentarse a un opositor ya que este, directamente, lo asesinó. Su morada para la eternidad se halla también en Abydos, y fue catalogada como Mastaba X. Su condición fue más bien pobre, de muy pequeñas dimensiones y de una estructura enteramente de madera. Incluso los enterramientos subsidiarios de sus sirvientes fueron muy escasos, sesenta y cuatro. En Saqqara, uno de sus funcionarios, Nebitka, se hizo construir una mastaba que lleva como número la Saq. 3038, donde se hallaron varias inscripciones con su nombre. En esta precisa mastaba algunos egiptólogos ven el avance que culminaría en la Pirámide Escalonada. Con la muerte de Adjib aparece pues un oscuro personaje llamado Semerjet.

HORUS SEMERJET

Es tan oscuro este Semerjet que de él sabemos muy poco, por no decir nada. Su nombre sería traducido por el de 'Amigo pensativo' y el motivo por el cual apenas sabemos nada de él parece estar claro, y es que los estudios apuntan a que Semerjet dio un golpe de estado, asesinando a Adjib. Parece ser que antes de gobernar había sido sacerdote y, por lo tanto, miembro de la familia real. El hecho debió conmocionar a la sociedad, que sin duda habría de tener partidarios de un bando y de otro. Las Dos Coronas peligraban, y los pasos dados hasta entonces se diluían en medio de las arenas del desierto. Egipto parecía un sueño en medio de las luchas triviales de los bandos enfrentados. El país se tambaleó y, por ello, Semerjet jamás sería incluido en ninguna de las listas reales. Sin embargo, aparece citado en la Piedra de Palermo con un reinado de dieciocho años. Parece ser que aquel refrán de «quien a hierro mata, a hierro muere» era

también conocido por los egipcios de la I Dinastía, ya que es Qa'a quien pone fin al reinado del usurpador. Semerjet fue enterrado en Abydos, y su morada para la eternidad está catalogada como Mastaba U, siendo tanto en calidad como en tamaño superior a la de su antecesor y su sucesor, un detalle curioso, teniendo en cuenta la naturaleza de dicho reinado.

Estela de Horus Semerjet,
Museo Británico, Londres.

HORUS QA'A

El último rey de la I Dinastía es Qa'a, el cual, según apuntan los indicios, llegó al trono de igual forma que Sejemjet, de forma dudosa. Y de hecho, se volvió a una nueva etapa de progreso: las dos coronas volvieron a ceñirse sobre la frente de un hombre justo y recto. Durante su reinado la escritura jeroglífica evolucionó notablemente. Este detalle nos viene dado por dos estelas. Tanto Merka como Sabef fueron funcionarios al servicio del soberano. Se hicieron elaborar estas dos estelas en las que los jeroglíficos fueron grabados mostrando la evolución del trazo de escritura. Esto es también una evolución social que a fuerza necesita un reinado de paz y prosperidad, ambas cosas necesarias para el enriquecimiento de un país. El rey adquiría nuevamente la figura del semidios encargado de comulgar con los dioses a favor del hombre en esa serie de banquetes divinos que comprendían la teología del Antiguo Egipto. Los países vecinos le rindieron tributo y de Siria y de Palestina llegaron a Egipto cargamentos de vasijas con aceites, resinas de árboles, bayas, maderas preciosas y por supuesto joyería.

Poco más sabemos de este hombre que volvió a encarnarse en la figura de Horus. Para evitar que tras su muerte regresaran los fantasmas del odio y las rencillas, asimiló y posiblemente gobernó sus últimos días al lado de su hijo Hotepsejemui, hombre justo, grande e importante que honrará el *Ka* de su padre en la capilla de Saqqara. Termina la I Dinastía, y comienza el camino hacia la Edad de Oro egipcia.

LA CIUDAD DE ABYDOS

Con Qa'a, los reyes de Egipto dejarían de construir sus moradas para la eternidad en la ciudad de Abydos. Y antes de emprender nuestro viaje y descubrir la II Dinastía, es necesario hacer un alto en la santa ciudad de Abdju. Esta ciudad cautiva tanto la imaginación que se han vertido ríos de tinta acerca de ella y del magnífico santuario que Seti I erigió en dicho lugar. Y todo lo que significa esta ciudad está marcado por la vida y muerte del dios Osiris. Podemos decir que, desde su alumbramiento, Osiris está destinado a gobernar el valle del Nilo, ante los envidiosos ojos de su hermano Seth. Así pues, decidido a cometer el acto abominable del asesinato, Seth encarga a uno de sus seguidores la elaboración de un ataúd de madera de sicómoro con aspecto momiforme, con las medidas exactas para que tan sólo Osiris pueda caber en su interior. Y la noche misma en la que el sarcófago está terminado, celebra un gran banquete. Tras la cena, y cuando el vino ya había corrido lo suficiente, ofrece a los convidados un juego. Y propone averiguar quién de los presentes sería merecedor de un sarcófago de tal envergadura, tallado en madera noble y con encajes resplandecientes. Uno tras otro, los invitados se introducen en el sarcófago, pero ninguno encaja a la perfección. Ninguno, salvo Osiris, el cual, hallándose en el interior de su trampa mortal, no tiene tiempo de reaccionar. Es encerrado y el sarcófago arrojado al Nilo. A pesar de todo Seth no contaba con la astucia de Isis, la cual por medio de su magia logra hallar a su amado esposo muerto en el interior del catafalco de sicómoro. Y llora amargamente por no haber dado un hijo a Osiris que impidiese a Seth llevar a cabo su maquiavélico plan. Sin embargo, y a pesar de que el pene de Osiris había sido devorado por una perca del Nilo, Isis emplea una magia poderosa y tras una noche de pasión logra engendrar un heredero, el infante Horus. Seth, al enterarse de tal hazaña, temiendo la posible resurrección de su hermano, lo descuartiza y entierra los pedazos a lo largo del país. Y exactamente, según creían los propios egipcios, la cabeza del dios Osiris fue enterrada en Abydos. Esta es, a grandes rasgos, la leyenda de Osiris, que a lo largo de los siglos tomaría otras paralelas dependiendo de la localidad. El hecho es que la búsqueda del lugar donde fue enterrada esa cabeza del dios Osiris fue llevada a cabo por los propios egipcios, y esto explica la peregrinación continua durante tres mil años a esta santa ciudad. Esto explica el motivo de que todo buen egipcio estaba dispuesto a acudir, al menos una vez en su vida, a Abydos y ofrecer a Osiris una vasija de aceite, vino o cualquier otra ofrenda de buen agrado.

La ciudad se hallaba a unos cien kilómetros al norte de la antigua Tebas, y jugó un papel importantísimo ya desde antes de la unificación del país. Mucho antes de que los soberanos de la I Dinastía excavasen aquí por vez primera su lugar para la eternidad, se celebraban en Abydos los ritos de culto al dios Jentamentiu. Osiris fue prontamente equiparado a este dios prehistórico, y asimismo desde muy antiguo se asimiló a Isis como su esposa. Así pues, desde siempre, Abydos fue para los egipcios lo que la Meca es para los árabes o lo que Santiago de Compostela es para los cristianos. Es por esto que los alrededores de la ciudad están repletos de fragmentos de cerámica, mudos testigos de los millones de peregrinos que acudieron allí a solicitar los favores del dios de la resurrección. De esa forma, y como era costumbre, si uno no podía viajar por causa de una enfermedad o por cualquier otra desgracia, un familiar realizaba el viaje en su nombre, porque había que visitar Abydos al menos una vez en la vida. En el santuario de la ciudad se celebraba la fiesta de Osiris Unnefer[11], donde se recreaba el asesinato y resurrección de Osiris a modo de obra de teatro. Los actores eran sacerdotes del santuario o cualquiera que desease encarnar un personaje de la trama. Incluso en las inmediaciones del santuario era posible adquirir un amuleto del propio dios, de madera, cera o yeso, y vasijas de aceites o perfumes para ofrendar a la divinidad que se fabricaban en el propio recinto, para luego volver a quedar allí depositados como ofrenda. Era, sin duda, un negocio redondo.

La leyenda del enterramiento de Osiris en Abydos subyugaba la imaginación de los primeros excavadores que llegaron a Egipto. Así, en el año 1895 llegan a esta localidad egipcia arqueólogos dispuestos a hallar esa fabulosa morada para la eternidad. Emprenden una cruenta masacre con el paisaje y en cuatro días excavan ciento sesenta sepulcros. Finalmente, muestran al mundo un cráneo destrozado y, afirmando que es el del mítico Osiris, recogen sus bártulos y desaparecen. Eran días en que todo valía para obtener un tesoro, sin importar todo aquello que destrozaran en su camino. Pero entonces llegó a Egipto William Matthew Flinders Petrie, un joven de veintisiete años del cual hablaremos posteriormente. El hecho es que cuando llega a Abydos, comienza a excavar en serio, haciendo su trabajo con un exhaustivo orden. Basándose en técnicas de elaboración, clasificó cuarenta y nueve tipos distintos de alfarería, desde el más tosco al mejor logrado. Fechó las moradas para la eternidad alrededor de la I Dinastía, pero aseguró que incluso podrían existir tumbas que eran anteriores a estos reinados. Sus trabajos en Egipto, que duraron sesenta años, se ven reflejados

---

[11]Unnefer es un término que se puede traducir como 'Osiris el Bello'. Se prolongaba por un espacio de cinco días.

en una sola frase: «Yo no me intereso más que en la publicación de mis libros, y en que todos durante decenas de años, o tal vez siglos, sirvan de fuente y referencia indiscutible».

A finales del siglo XX, un grupo de arqueólogos alemanes llega hasta Abydos para excavar. Surgen de pronto, prácticamente intactas, unas paredes de ladrillo de adobe. Es una morada para la eternidad de grandes dimensiones, sólo comparable a las mastabas de la I Dinastía. No hay sarcófago ni momia. Pero el hecho de que esta cámara se comunique con las otras, mucho más pequeñas, mediante unas aberturas en forma de puertas, nos lleva a pensar que el alma inmortal del rey podía acceder desde este punto a cualquiera de las habitaciones colindantes sin ningún problema. Muchas de estas cámaras más pequeñas contenían gran número de piezas de alfarería, y la gran mayoría no eran originarias de Egipto, sino de Palestina. Probablemente eran jarras de vino, que indican o bien la existencia de una ruta comercial o que había una buena relación entre los dos pueblos. En otra de las salas se halló un cetro de marfil y, tras una prueba de carbono 14, se llegó a la conclusión de que era la más antigua pieza hallada en Egipto. Es un cetro de poder, un bastón de poder con el cual el faraón pastorea el rebaño del Nilo: Egipto.

En otra sala se hallan varios objetos con dibujos grabados. Todos tienen unos símbolos en común: un rosetón y un escorpión. Se había hallado la morada para la eternidad del Rey Escorpión, pero todos los datos indican que este es el segundo rey que emplea el nombre de Escorpión. De su ajuar funerario apenas ha sobrevivido nada. Podemos adivinar que el valor de estas piezas no superaría el veinticinco por ciento de los tesoros hallados en la morada para la eternidad del joven rey Tut-Anj-Amón, pero es la primera evidencia de esta necesidad de recrear una vida de Más Allá lo más parecida posible a la vida terrenal. El deseo de la inmortalidad. En el suelo de la cámara mortuoria, cerca de lo que se supone fue el altar, se halló un conjunto de piezas de marfil, de ciento sesenta etiquetas exactamente, todas grabadas con toscos dibujos prehistóricos de paisajes, figuras y animales. La mayoría de las etiquetas contienen más de un símbolo o figura. Gracias a los restos hallados en Abydos, que pertenecieron a estos monarcas de la I Dinastía, podemos ir recomponiendo este rompecabezas que comprende, aproximadamente, un total de ciento setenta y nueve años. Egipto ha comenzado su andadura como pueblo, aunque restan todavía muchos obstáculos que saltar para realizar los logros que todavía hoy podemos comprobar. Sin duda, la ciudad de Abydos permanece inalterable, testigo mudo de un pasado glorioso que no quiere desvanecerse en el olvido.

LA II DINASTÍA, TRANSICIÓN HACIA LA PIRÁMIDE

La llegada de la II Dinastía es una clara transición hacia un período de prosperidad interna, que viene de sufrir las inclemencias de un reinado un tanto brusco que finaliza con la intención de asentar un nuevo monarca. Al final de cada dinastía nos encontramos con acontecimientos trágicos que sumen a Egipto en una era de caos y desorden. Estos son dos términos a los que los antiguos egipcios temían en demasía, aunque para controlarlos contaban con la ayuda de Maat[12]. Es de justicia que la vida se refleje tal y como es en cada uno de nuestros actos, y aquello de «no hagas a tu prójimo aquello que no desees para ti», encarna a esta diosa que se idealizaba con una pluma de avestruz. Maat está presente en el juicio de la Sala de las Dos Almas[13]. La II Dinastía representa, en cierta forma, un salto evolutivo en muchos aspectos. No sólo las mastabas se perfeccionan, sino que la sociedad en conjunto va evolucionando. El problema básico de esta dinastía vendría dado por la fuerza e importancia que tienen las diversas ramas familiares que se ven desplazadas del trono. Este hecho se repetirá sucesivamente siempre que a lo lejos se atisbe un período de incertidumbre. Esta forma de actuar pretendía no sólo acceder al poder, sino que ya se iba uniendo al modelo pensativo que imperó en el mundo antiguo, con la única intención de proclamarse y creerse en realidad hijo de la divinidad. La religión juega un factor determinante en estas sociedades antiguas, donde sobre todo la ignorancia de la mayoría del pueblo, verbigracia todas las clases medias y bajas, provoca esa especie de mutismo en el que están sumidos. Tampoco debemos pensar que, en el caso contrario,

---

[12]Maat es la divinidad femenina que representa la justicia, la rectitud y el orden. Al contrario de lo que pueda parecer, el término «orden» no alude tan sólo a los caracteres judiciales, sino que incluye cualquier tipo de actividad de la vida cotidiana.
[13]Sala donde el alma del difunto debe demostrar que su corazón es más ligero que la pluma, esto es, que no ha cometido delitos, ni ha mentido ni ha matado a un semejante.

los afortunados pudientes fueran conscientes de que habían creado un fraude que se repetiría hasta la saciedad en la historia del hombre. Sencillamente, durante la II Dinastía se va modelando el particular universo egipcio, donde realmente los dioses son los creadores de Egipto.

HOTEPSEJEMUI

Con esta forma de ver la vida se inicia la II Dinastía, y su primer rey, Hotepsejemui, sabe de primera mano las vilezas que el hombre puede cometer por llegar a tener el máximo poder. Sabemos que Hotepsejemui había heredado alguno de los enemigos de su padre, que habían sido partidarios y simpatizantes de Semerjet, aquel que había alcanzado el trono de Egipto mediante el derramamiento de sangre. Este personaje en cuestión parece que tenía el privilegio de haber reinado incluso antes que Qa'a. Pero el nuevo monarca, de nombre Hotep, hace honor a su nombre de Horus, Sejemui, 'El que satisface las energías', llamándose Hotepsejemui, 'El que satisface las energías está en paz'. Algunos expertos han querido ver en todo esto un reflejo de que tal vez este hombre apaciguó los ánimos de aquellos que buscaban prolongar los días de conflicto, aunque también se baraja la hipótesis de que con este nombre se hace una clara referencia al apaciguamiento ofrecido a los dioses Horus y Seth.

El hecho es que la carencia de restos arqueológicos obstaculiza el trabajo de los egiptólogos, que se esfuerzan por poner orden en este lío que comprenden las primeras dinastías. Lo que sí parece claro es que los poderes centrales y los estatutos económico y religioso se afirman cada vez más durante este período, que van convirtiendo el estado en un magno estatuto centralizado y ya instalado en la gran morada de Hotepsejemui.

Se le suele atribuir una duración de reinado que va de los quince a los veinticinco años. Sin embargo, tomando las transcripciones de Manetón de Sebenitos, su reinado sería de treinta y ocho años. Lo cierto es que, viendo la morada para la eternidad que se hizo construir en Saqqara, una superestructura subterránea que sin duda debió tener un considerable trabajo, la cronología de Manetón parece ser la que más se acerca a la realidad.

En Saqqara se hallaron unos sellos con sus títulos reales, muy cerca de la pirámide de Unas. Estos sellos se han asociado a una estructura subterránea con una serie de galerías. No se ha encontrado ninguna mastaba en Abydos que se le pueda atribuir, pero, sin embargo, en la mastaba de Qa'a se encontró uno de sus sellos con su nombre. Todo parece indicar que la dinastía familiar es la misma, que la regencia no se rompió, pero la ausencia de mastaba en Abydos demuestra que el poder central se volvió hacia Menfis y concretamente hacia la región de Saqqara. Entre los varios objetos que se han podido rescatar de las arenas del desierto, tenemos un *serej* con su nombre y varios tazones de piedra tallada con sus títulos grabados también fueron hallados en el complejo de la pirámide de Menkaure, en la meseta de Gizeh. En Badari, en un hipogeo que lleva el número 3112 se encontró un recipiente de alabastro que también llevaba su nombre grabado. Apenas si sabemos nada más de él, salvo que con su muerte se inicia la transformación del Egipto de las grandes pirámides.

RENEB

Conocemos el nombre de los tres primeros reyes de la II Dinastía gracias a unas inscripciones que un artista anónimo grabó en la parte posterior de la estatua del sacerdote Hotep-Dif. Hotepsejemui, Reneb y Ninetjer son, por desgracia, tan sólo tres nombres sin demasiada historia que contar. La traducción de su nombre podría ser 'Re es el Señor', o también se interpretaría como 'Señor del Sol'. Sabemos que su nombre de nacimiento fue el de Kakau. Este es un hecho que denota un reinado tranquilo sin las angustias que había sufrido su abuelo, pues tan sólo una situación de estabilidad podría proporcionar esta transición. La inclusión del nombre de Re a la denominación de la persona del rey también nos muestra la evolución teológica que se ciñe en torno a su divinización, y es que bien pudiera ser que aquí aparezca por vez primera Re como divinidad para fijar una señal de medida entre las disputas habidas entre los partidarios de Horus y Seth. De alguna forma, la naciente teología heliopolitana comenzaba a fijar un punto de partida hacia una prosperidad que se alejase de todos los conflictos internos que vivía el país. Sin duda, este es un hecho que, aunque no esté probado, nos deja una vía de investigación abierta hacia tal efecto, y nos mostraría un hecho fundamental, y es que no sería Djeser Netherijet quien se afirmase como heredero de ese linaje solar, sino que, en

Sacerdote Hotep-Dif,
Museo de El Cairo, Egipto.

Estela de Reneb, Museo Metropolitano,
Nueva York. Fotografía de
Keith Schengili-Roberts.

cierta medida, volvería su vista atrás, viendo el levantamiento de Re como divinidad suprema. También inició la adoración del Toro Sagrado en el Santuario de la Ciudad de Iunu[14]. Con este hecho, se fundó el complejo religioso más antiguo de Egipto, y Reneb convirtió a su país en una nación muy poderosa.

La antigua Heliópolis fue uno de los tres pilares del Antiguo Egipto, junto a Tebas y Menfis. Era la capital del XIII nomo del Bajo Egipto, y aquí

_____

[14]La ciudad de Iunu era la antigua Heliópolis griega.

se forjó la primera teoría de la Creación. Además, era centro del estudio de astronomía, ciencias o matemáticas. De este núcleo religioso partiría toda la herencia que los faraones irían heredando por muchas generaciones. La vida que se creó en Heliópolis no es de carácter individual, sino que articula todo un conjunto de seres, que forman el universo entero. Esta fuerza viva del cosmos era Atum, quien por sí mismo toma conciencia de su existencia y adquiere la capacidad de pensar, abarcando así todas las cosas creadas. La teoría de esta creación del universo, según los antiguos egipcios, no surgió al azar, pues se basaron en una forma predominante, observando la naturaleza, todos los seres animales y todos los seres vegetales. Las mentes que crearon este concepto de milagro formarían la casta sacerdotal.

Una vez que Atum se ha creado a sí mismo, se une con su propia sombra y realiza un acto de masturbación. Así se originan las divinidades destinadas a formar los pilares del cielo. Shu, el aire, es escupido por la boca, mientras que Tefnut, que simboliza la humedad, es vomitada. Ya ha sido creada la primera pareja divina, el inicio de una gran estirpe de dioses cuyo único objetivo es propiciar la estabilidad de Egipto. Se hace necesaria la creación del cielo y de la tierra, para que Shu domine el aire y para que Tefnut humedezca los campos. Así es como nacen Geb, la tierra, y Nut, el cielo. Todo lo que se mueve, arrastra o vuela pertenece a Geb, mientras que todo lo que brilla en la oscuridad, el manto estelar, es obra de Nut. La tierra, para poder unirse con el cielo, se incorpora sobre sí misma, con su pene en erección y proyecta su esperma hacia el cosmos, alcanzando el vientre de Nut. Una vez se ha preñado el cielo con la simiente de la tierra, la diosa Nut se dispone a alumbrar a sus cinco hijos. Cada uno de ellos nacerá en los llamados «días hepagomenales», los destinados a corregir el desfase del calendario egipcio, que contaba con trescientos sesenta días. El primer día hepagomenal nace Osiris y, ya desde su nacimiento, como hijo primogénito, está destinado a gobernar Egipto. Con él, Nut tiene un parto muy placentero. El segundo día nace Horus Haroeris, que en realidad habría sido hijo de Osiris e Isis concebido dentro del propio vientre de Nut. El tercero de los días hepagómenos nace Seth, que provoca grandes dolores a su madre, casi como una anunciación del caos que este dios traería al universo. El cuatro día nace Isis, señora de la magia, que calma así los dolores de parto producidos por Seth, y Nut tuvo un parto muy placentero. El quinto día nació Neftis, que en el vientre de su madre ya se había entregado a Seth. Así es como nace el conjunto de la Enéada Heliopolitanta, los Nueve Dioses que, por medio de Atum, darán forma y vida al universo. Este proyecto religioso es el reflejo de la práctica totalidad de las antiguas religiones. No por casualidad se toma conciencia de un universo, y la teología heliopolitana, la primera de la historia de la humanidad, marcó el devenir y el comportamiento social de los hombres de esta época. Sin embargo, a lo largo de la historia de Egipto, esta compilación sagrada expandió su abanico de influencia, una posibilidad para que las deidades de otras localidades tuvieran igualmente su función creadora. Este sería el caso del dios Thot, procedente de la ciudad de Jemenu[15], que fue asociado de manera necesaria para el desarrollo de la Enéada de Heliópolis. Esto sucede cuando el dios Re, celoso por la unión carnal entre Shu y Nut, ordena al padre de estos, Shu, que termine con este romance. Así es como el aire se coloca entre el cielo y la tierra, al tiempo que la desdichada Nut se ve obligada a tomar su postura arqueada que origina el nacimiento de la bóveda celeste. En semejante postura, Nut se ve incapacitada para alumbrar a sus vástagos, y aquí es donde entra el dios Thot, señor de la sabiduría. Sabiéndose más sabio que el propio Re, Thot reta a este a una partida de *Senet*, un juego que equivale al ajedrez de hace tres mil años. Thot gana la partida y consigue cinco días en los que Nut podrá tomar la postura de parto: serán los cinco días hepagomenales. Como podemos ver, la entereza del panteón egipcio es sólo superada por su complejidad, y aún más cuando dentro de la propia Heliópolis se conceden muchas variantes de la creación, textos reservados tan sólo a los iniciados y que contenían un alto valor simbólico, concebido para dar conformidad a los diversos hechos que se suceden en la vida. Por ejemplo, una de las variantes de la lucha entre Horus y Seth nos cuenta que una vez vencido el malvado tío por su sobrino, es atado a un poste. De forma increíble, Seth consigue zafarse de sus ataduras y embauca a Isis para copular con ella, huyendo después. Horus, al enterarse de este hecho, decapita a su madre. Aquí vemos a Seth representando al desierto que tras la crecida invade los pastos verdes. Isis es el Nilo, que ha perdido su fuerza por acción de la crecida, al tiempo que Horus es el halcón, el símbolo por excelencia del cazador, que con la lle-

---

[15]La ciudad de Jemenu era la antigua Hermópolis de los griegos.

gada de la sequía se desespera ante la carencia de alimento. He aquí una representación de uno de los momentos clave, año tras año, de la vida para Egipto: la crecida del Nilo. En esta teología podemos ver el patrón que los exegetas que compusieron el Antiguo Testamento tomaron a la hora de componer las Sagradas Escrituras, donde, igualmente, Dios tomó conciencia de sí mismo en medio del caos, creo el mundo y luego al hombre y a la mujer a su propia imagen y semejanza. Dios le dijo a Adán y Eva, «Creced y multiplicaos», que se ha de interpretar como que la nueva pareja ha de tomar posesión de todo el reino que Dios ha creado para ellos. Adán y Eva son la primera pareja de dioses creada en el Paraíso Terrenal, y de hecho hasta que Adán comió del árbol prohibido, su existencia era idéntica a la de un dios.

Los sacerdotes de la VI Dinastía eligieron Heliópolis para excavar sus moradas para la eternidad, y su herencia es incalculable. Sabemos que la edificación, en líneas generales, era fundamentalmente la de forma de *podium*, imitando una mastaba en la que se erigía un obelisco que era el símbolo del culto al sol. Sobre lo más alto del obelisco se colocaría un objeto cónico, cuyo nombre era *ben-ben*. Sabemos estos y otros datos gracias a restos hallados, como los que se encontraron en la pirámide de Amenemhat I. Este *ben-ben*, en especial, estaba recubierto de electro. Junto al obelisco, se colocaba un gran altar de piedra. Esta mesa de ofrendas estaba rodeada por cuatro bloques, también de piedra, que simulaban el jeroglífico *Hotep*[16]. Los cuatro estaban orientados a los puntos cardinales. Los egiptólogos han llegado a deducir que el altar recibía casi con seguridad el nombre de 'Re está satisfecho'. La importancia de la ciudad de Iunu prevaleció incluso durante el Imperio Nuevo, en los días en que Tebas era la capital del país, y su patrón Amón había sido nombrado Dios de dioses. En el año 525 a. C., la ciudad de Iunu fue arrasada y destruida. Tuvo un pequeño resurgir en los días grecorromanos, pero ya jamás volvió a ser aquel majestuoso centro teológico. Sus santuarios y obeliscos serían transportados a la bella Alejandría, y el resto de la ciudad se esparció por todo Egipto, ya que con la llegada del islam aparecieron también los ladrones de piedra, y el sueño se extinguió.

---

[16]El nombre jeroglífico *Hotep* podemos traducirlo como 'satisfecho' o 'en paz', pero también puede emplearse su transcripción como 'ofrecimiento'.

Sin embargo, en estos días del rey Reneb Iunu iniciaba su andadura. El nombre de este rey se halló en numerosos lugares de Egipto, en la citada estatua del sacerdote, en una estela en Menfis y en una mastaba de Saqqara. El hallazgo más importante del nombre de Reneb se halla en Armant, tallado en una roca situada en medio de una importante ruta comercial que comunicaba al Nilo con los oasis occidentales. Esto nos indica un gran flujo de actividad, lo cual implica un período de paz y prosperidad, ya que para mantener una ruta de comerciantes que mantengan un continuo ir y venir de mercancías es necesaria la organización de policías, milicias, puestos fronterizos y que las ciudades puedan intercambiar sus productos, hecho que a su vez exige una productividad interna de cierto nivel.

No sólo la vida de este monarca es un enigma, sino también su muerte. Ignoramos cuál fue su lugar de enterramiento. Sabemos que al menos los primeros reyes de esta dinastía construyeron sus moradas para la eternidad en Abydos, pero el hallazgo de sellos con el nombre de Reneb en Saqqara sugiere que tal vez escogiese esta necrópolis como su lugar de descanso para la eternidad.

NINETJER

Su nombre de Horus significa 'Divino', 'Lo que pertenece a Dios', y heredó un Egipto próspero y fructífero. No obstante, no por ello debemos pensar que tuvo días felices y gloriosos sobre el trono de las Dos Tierras. La Piedra de Palermo nos cuenta que este hombre reinó cuarenta y siete años y, a raíz de los hallazgos, todo parece indicar que fueron bastante ajetreados. En principio, son preocupantes los hallazgos que muestran una serie de pobres crecidas. Los restos hallados nos revelan un terrible dato, y es que en varios años las crecidas ni siquiera llegaron a media altura.

Con todo esto, Ninetjer creó una unión central con todos los bandos. Mantuvo el culto de Hotepsejemui, hecho que encerraba la importancia de conservar la tradición, y seguramente procuró satisfacer por igual a todos aquellos que mantenían cierto poder. Parece ser que el rey prestó mayor atención a la zona del Bajo Egipto, tal vez porque viese allí mayor peligro de disensión, o por el contrario porque la influencia teológica se movía en esta mitad del país. Al menos durante treinta y cinco años tenemos una serie de datos; por ejemplo, la presencia del rey en la región de Saqqara, celebrando un festival en honor al dios Soqaris[17], realizado al menos durante seis años seguidos. Entre el año noveno y decimoquinto de reinado, Ninetjer aumentó el culto al Toro Sagrado de Apis, también asimilado en esta región. En lo que se refiere a sus acciones sobre el Alto Egipto, sabemos que también llevó a cabo varios festivales para la congratulación de la diosa buitre Nejbet. Con estos festivales, el rey mantenía unidas las dos partes del país.

Sin embargo, los movimientos de tropas militares también se destacan en su reinado. Así, en su año decimotercero, se pone al frente del ejército y se dirige hacia «La tierra del norte» y la ciudad de Shem-Shem-Re, donde un grupo de insurrectos estaban llevando a cabo un levantamiento. Estos rebeldes planeaban tomar el control de algunas ciudades, así que el Señor de las Dos Tierras se ve forzado a ponerlos a raya, para mantener la seguridad de Egipto. Estas acciones militares nos vienen a decir que, llegados a este punto del camino, la estabilidad de Egipto aún no estaba totalmente afirmada, tal y como nos lo mostrará un personaje posterior, pero sí que el país funcionaba con eficacia.

Ninetjer llevó a cabo al menos un festival *Heb-Sed*, tal y como lo atestigua una figura de alabastro hallada en Saqqara. En esta imagen sedente del rey lo vemos ataviado con el típico traje de ceremonia y sobre su cabeza porta la corona blanca del Bajo Egipto. Otros hechos acontecidos tras su *Heb-Sed* también son registrados, como que en su año treinta y cuatro hizo el decimoséptimo censo de población, evento que se solía celebrar cada dos años.

La ubicación de su morada para la eternidad parece ser todo un misterio. En Gizeh fueron hallados cinco tarros con el nombre del rey, pero el hallazgo de más tarros similares en Saqqara induce a pensar que el rey confió su alma al dios Soqaris. Se baraja incluso la hipótesis de que muchos de estos restos diseminados fuesen reutilizados por los siguientes monarcas de la II y la III Dinastía.

Sin embargo, algo ocurre hacia el final de su reinado. Algo en este momento de la historia que nos deja como legado una confrontación de nom-

---

[17]Este dios era el guardián de la necrópolis de Saqqara.

bres que se suceden rápidamente. Aparece el nombre de Sejenib, aunque entre Ninetjer y este parece haber reinado un tal Nubnefer o Uadnes. Este hecho no está demasiado claro, pero la aparición de este hombre que se haría llamar Seth-Peribsen nos muestra que los conflictos entre los herederos de Horus y los herederos de Seth se prolongaron demasiado en el tiempo.

Este enfrentamiento no se llevaba a cabo sólo en la figura divina, sino que en el Valle del Nilo se había representado dicha escena en la batalla que dio como fruto la unificación del país.

SEJENIB / SETH-PERIBSEN

Para contar los pocos datos que tenemos de este rey, deberemos movernos sobre dos vertientes que nos ofrecen cada una un principio y final distinto. La primera línea de trabajo nos habla de una llegada normal de Sejenib al trono. Sin embargo, muy poco tiempo después de coronarse como rey realiza un movimiento que no se volvería a repetir en los dos mil años siguientes. El único caso similar sería el del rey Seti I de la XIX Dinastía, pero sin embargo ambos no son comparables, ya que Seti I en ningún momento renegó de su nombre de Horus. Sejenib cambia su nombre por el de Seth-Peribsen[18]. Egipto se había convertido ya en un gran estado, y llegó un momento en el que los reyes tuvieron más de un problema para administrarlo con eficacia y total autonomía.

Lo que sí parece estar bastante claro es que los hechos que rodean a esta dinastía se movieron en un mar de motivos teológicos, que años más tarde darán como fruto el declive y desaparición del Imperio Antiguo. No obstante, y sin adelantar acontecimientos, poco podemos decir de estos diecisiete años de reinado en los que Seth-Peribsen ciñó sobre su frente las dos coronas. Sabemos que construyó una mastaba en Abydos, pero ignoramos si hizo lo mismo en la necrópolis de Saqqara. Conocida como Mastaba P, fue antaño un hipogeo considerable, del cual hoy sólo sobreviven las ruinas.

---

[18]Algunos egiptólogos opinan que se trata de hombres distintos.

La segunda línea de trabajo, y la más fiable, realmente comienza con la muerte de Ninetjer. Hay que decir que esta parece ser la hipótesis que más se acerca a la realidad. El caso es que tras el fallecimiento de Horus Ninetjer sube al trono de Egipto su hijo, llamado Jasejem. Algo ocurre en el área de Nubia que obliga al nuevo rey a partir con su ejército. Mientras el monarca estaba ausente, Sejenib aprovecha la ocasión y se autoproclama rey, formando una coalición con los nobles del Alto Egipto. Sejenib lleva su corte a la zona de Abydos, donde instaura su capital y olvida los nomos del Delta, los cuales viendo tal vez los tiempos que se avecinan, recobran su independencia. Una vez que Sejenib alza el estandarte de Seth, se hace llamar Seth-Peribsen y nuevamente se nos presenta la imagen que plasma la Paleta de Narmer, en la que el norte y el sur se ven enzarzados en combates. El rey, encolerizado y dispuesto a terminar con semejante abominación, regresa a Egipto una vez resueltos los problemas en Nubia, ya que de lo contrario podría incluso encontrarse en una seria tenaza militar, un fuego cruzado que bien pudiera llevarlo al desastre. Los restos arqueológicos nos presentan un panorama desolador. Ese será un año recordado como «El año de la lucha contra el enemigo del norte en la ciudad de Nejen», donde parece ser que comenzó la batalla. Jasejem sabe que es fundamental tomar esta ciudad, ya que sería un estratégico lugar para volver a unificar el país. El resultado es tremendo, con un gran número de egipcios muertos en combate. Finalmente, Jasejem derrota a Seth-Peribsen; desconocemos si este murió en la lucha o fue hecho prisionero. El hecho fundamental es que Jasejem ha retomado las riendas, y para evitar cualquier movimiento extraño, toma como esposa a una princesa del norte. Esta joven mujer, de nombre Hepenmaat y que conoceremos en el siguiente capítulo, será la madre de los dos primeros reyes de la III Dinastía.

JASEJEMUI

Una vez Horus y Seth se han visto dominados por la figura del rey, este decide apaciguarlos ante su pueblo, así que de ahora en adelante tomará el nombre de Jasejemui, 'Los dos de gran alcance aparecen en él'. Para celebrar los eventos, Jasejemui ordena la elaboración de varios objetos donde se grabaron las inscripciones «El año de la lucha contra el enemigo

Base de una estatua de Jasejemui donde se recoge «El año de la lucha contra
el enemigo del norte en la ciudad de Nejen», Museo de El Cairo, Egipto.

del norte en la ciudad de Nejen». El rey refuerza los protectorados y en
los principales centros sitúa a su gente de confianza, que habrían sido
miembros de la familia real, y se deshizo de 'Los diez grandes del sur',
restableciendo el orden bajo la autoridad de funcionarios, posiblemente de
igual grado sanguíneo. Asimismo, derogó los privilegios de los nomos del
norte, y para regentarlos creó puestos de intendentes que dependían totalmente de las decisiones reales que dependerían directamente de los intendentes, exceptuando las tareas judiciales y económicas. Sabemos que reforzó también las relaciones con los pueblos del levante. El comercio con
las tierras levantinas debió emerger desde el propio predinástico, pues en
una de las variantes de la leyenda de Osiris ya es mencionada la ciudad
de Bibblos.

Jasejemui sabe que con su reinado el país ha cambiado definitiva-
mente, y desde luego vemos que no sólo la estructura interna sufre ese
cambio. Hasta ese momento, la edificación de monumentos funerarios se
llevaba a cabo mediante ladrillo de barro cocido, pero Jasejemui realiza
la primera construcción en piedra, un acto insólito hasta la fecha. Si esos
edificios estaban destinados para la eternidad, la materia prima a emplear
también debería ser imperecedera. Aparece por vez primera el gremio de
canteros. En Abydos se construye su morada para la eternidad, una figura
trapezoidal cuyas medidas son setenta metros de largo por diecisiete metros en su cara norte y diez metros en su cara sur. Dividió su replanteo en
cincuenta y ocho estancias. La sala central era la cámara funeraria, y es
la primera construcción del mundo realizada en piedra caliza. Aquí se hallaron numerosos objetos de su ajuar funerario: un cetro de oro macizo,
objetos de piedra revestidos con láminas de oro, tarros repletos de semi-

llas de frutas, grano, enseres cotidianos, herramientas de cobre, artículos de mimbre y un gran número de sellos reales.

Otra importante obra de Jasejemui se halla muy cerca de su mastaba. Emplazada en el desierto, se conoce hoy día como «El almacén de las flechas», y se trata de una gran estructura de forma rectangular, cuyas medidas son ciento veintitrés por sesenta y cuatro metros. Su planta es muy similar a la que adoptaría el rey Djeser para su recinto funerario de Saqqara, o sea, la imitación de los muros de un palacio, con sus entrantes y sus salientes, puertas falsas, persianas de juncos, etc. La mayoría del complejo ha sobrevivido entero y se cree que en su interior se oficiaban ritos funerarios así como se llevaban a cabo los oficios diarios de las divinidades.

Poco más sabemos de Jasejemui, pero sin duda es la pieza clave que divide un Egipto enfrentado, heraldo todavía por los lastres que sufrieron los primeros reyes tinitas, de ese otro Egipto grandioso que inició el período más grande conocido del mundo antiguo. Las Dos Tierras habían ascendido un peldaño gigantesco en esa nueva escalera que se elevaba hacia el cielo, en busca de la eternidad.

EL DESARROLLO CULTURAL DEL PERÍODO DINÁSTICO

Uno de los factores que hizo avanzar a Egipto como sociedad fue el concepto del arte. En el transcurso de estas dos primeras dinastías se fue forjando una idea o un concepto que, como bien señalan las pruebas arqueológicas, estaba concebido antes del estado faraónico, es decir que formaba parte de la cultura de las gentes del sur que sometieron el norte. No obstante, y a pesar de que ya existían muchísimos factores que hoy identificamos como faraónicos, hubo una notable evolución en todos los aspectos que, con el transcurso de los años y la evolución de Egipto como país unificado, permitirá a los nobles del Imperio Antiguo construir sus tumbas en las áreas más sagradas. Esta idea sería totalmente imposible durante la I Dinastía, donde los altos dignatarios sí se construían sus propias tumbas, pero no con la concepción que adquirieron las mastabas de Ptah-Shepses o Hesire. Hay varias características que unen al Egipto predinástico y al

Cerámica del Período Dinástico,
Museo de El Cairo, Egipto.
Fotografía de Nacho Ares.

reinado de los faraones del Imperio Nuevo. Uno es la elaboración de estatuas dedicadas a la fertilidad, como bien pudiera ser una serie de estatuillas halladas en Coptos y dedicadas al dios Min, en las que podemos ver a la divinidad con su falo erecto en la mano. Como vemos, la asociación entre la masturbación del dios y la fertilidad de la tierra no era algo nuevo para los egipcios que compusieron la teología heliopolitana. Incluso la fertilidad es asociada a las imágenes de mujeres semidesnudas que, con sus pechos al aire, tienen la zona de su pubis marcada generosamente para dejar así constancia de cuál es su propósito.

La denominada Paleta de los Canes es una pieza de pizarra datada alrededor del predinástico Medio. En esta pieza podemos ver una serie de animales salvajes, perros, hienas, cabras y unos extraños seres mitológicos. Sus grabados son toscos; se refleja la poca perfección que los artistas tenían en estos trabajos. Sin embargo, durante este período tinita que acabamos de ver, el arte floreció no sólo en el ámbito estatuario, sino que se tallaron grandes y hermosas estelas como la del rey Djet, que mide 1,43 metros de altura, y se elaboraron piezas de cerámica como pueden ser los jarrones y cuencos hallados en la Pirámide Escalonada, que pertenecían a este período. La evolución de la escritura jeroglífica vino acompañada por la perfección de las figuras humanas. Si, como dijimos más arriba, la Paleta de Narmer contiene escenas que se repetirán a lo largo de los siglos durante tres mil años, estas bases que se forjaron durante el predinástico fueron modelándose y evolucionando poco a poco hasta alcanzar su perfección durante la IV Dinastía.

A lo largo de este período ya encontramos exquisitos ejemplos de joyería para uso funerario. Durante el predinástico, la práctica totalidad de las joyas eran amuletos destinados a proteger la vida de quien lo portaba contra una gran variedad de peligros, ya fueran muertes prematuras o picaduras de serpiente y escorpiones. Con la llegada del Período Dinástico, se fabrican para ser usados en vida y luego formar parte del ajuar funerario. Las más primitivas recuerdan formas del cuerpo humano, tales como ojos, boca, manos y pies, que suelen ir acompañadas de fórmulas escritas con jeroglíficos. El Ojo de Horus, llamado *Uadjet*[19], es uno de los amuletos más poderosos. No debemos olvidar que la magia es un elemento esencial en la vida del Antiguo Egipto. Pero sin duda alguna el amuleto más conocido por nosotros es el *Anj*. De toda esta enorme galería de for-

Paleta de los Canes, Museo de El Cairo, Egipto. Fotografía de Nacho Ares.

---

[19]La misión del *Uadjet* es ahuyentar el mal de ojo de los vivos y preservar la felicidad y evitar el infortunio en el Más Allá.

mas y figuras, la denominada 'cruz de la vida' está unida al cetro de poder *Uas* y simbolizan el dominio y la vida. Otras uniones con el *Anj* serían el ojo divino, o sea el Sol, que da la vida al trigo, y el juramento, ya que para los antiguos egipcios el dar su palabra era un acto sagrado y mantenerla los acercaba a la condición divina. Siendo la palabra sagrada, el juramento se convertía en un compromiso que se anteponía a la propia vida, y si traicionabas ese juramento tu vida sería horrorosa en el Más Allá.

Una de las apariciones más enigmáticas de este período son los objetos circulares. Estos objetos bien pudieran ser una prueba de que los antiguos egipcios conocían la rueda, a pesar de que en innumerables obras y tratados se diga lo contrario. El primer objeto perteneció a uno de los hijos de Horus Adjib, el príncipe Sabu. Apenas mide sesenta centímetros de diámetro, presenta tres oquedades ojivales a modo de asas y en su centro tiene un agujero que hizo pensar a los egiptólogos que tal vez nos hallemos ante una base que soportaba un objeto que hoy desconocemos, ya que no se ha encontrado nada vinculado con él ni tampoco se halla una relación con ninguna representación pictórica, así como tampoco se ha vuelto a encontrar nada semejante. No obstante, el egiptólogo Cyril Aldred barajó la posibilidad de que esta pieza fuera una réplica de un disco realizado en metal. Se conoce como el «Disco del príncipe Sabu», pero se desconoce su finalidad. Está elaborado en esquisto verde, uno de los materiales más duros que existen en Egipto, y sorprende la calidad del terminado final y la asombrosa imaginación de los artistas que le dieron forma.

Otro objeto sorprendente perteneció a Hemaka, el oficial y canciller de Horus Den, y fue hallado en su tumba de Saqqara. El disco mide apenas nueve centímetros de diámetro y es la primera representación de un perro mordiendo a su presa. Así pues, nos hallamos ante una escena de caza. Se cree que formaba parte de un juego de mesa, tal vez como soporte, pues al igual que el disco de Sabu, tiene una pieza central a modo de mesa. Lo más enigmático de esta pieza es que está realizada con esteatita negra, un mineral extremadamente blando y frágil, que en la escala de Mohs se sitúa como dureza 1. Hoy en día, el uso que le damos a la esteatita es bastante singular, ya que si se machaca hasta conseguir un polvillo homogéneo se puede emplear para fabricar papel, cerámicas y plásticos. No obstante, es muy resistente al calor; por ello se emplea en materiales que han de soportar temperaturas muy elevadas. Además, el artista supo hallar una

Disco de Hemaka, I Dinastía, Fotografía de Nacho Ares.

combinación admirable a la hora de elaborar las figuras de este disco. Los cuerpos de las dos gacelas y de uno de los perros fueron confeccionados con alabastro, mientras que las cornamentas y las pezuñas de las gacelas están elaboradas con esteatita.

Durante el tercer milenio a. C., los artesanos ya saben elaborar perfectas imitaciones de turquesa o la pasta de vidrio, que se conseguía mezclando arena, compuestos de cobre, sodio, fundente y agua. Con la llegada de estos primeros reyes tinitas, se desarrollan las artes necesarias para elaborar pulseras de oro y lapislázuli, colgantes de amatista, turquesa o incluso diminutas cuentas recubiertas con láminas de oro. Todos estos trabajos eran realizados por los orfebres y los joyeros, partiendo de unas pautas ya establecidas que fueron avanzando con la sociedad. Como en casi todos los campos de la vida, el poder adquisitivo fijaba la calidad de la materia prima. Sin embargo, las piezas más impactantes de este momento, que también es conocido como Período Dinástico Temprano, son las piezas trabajadas en la piedra. No sólo estamos hablando de jarras trepanadas, sino de vajillas completas labradas en esquisto y alabastro, que ya en su momento fueron cuidadosamente estudiadas por Flinders Petrie entre 1880 y 1883. El resultado de sus investigaciones es, cuando menos, sorprendente, ya que el brillante arqueólogo y egiptólogo comprobó que había piezas de granito rojo que tenían trépanos de hasta 5,6 milímetros de diámetro, dejando una espiral en las marcas de perforación con una separación de tan sólo dos milímetros, lo cual resulta sorprendente. Se ha hablado mucho acerca de este tema, y se ha llegado a la conclusión de que los antiguos egipcios de la I y II dinastías sólo conocían herramientas de cobre. Algunos especialistas han realizado pruebas de arqueología experimental; el más serio de ellos es el egiptólogo inglés Denys Allen Stocks, el cual realizó unos experimentos en unos bloques de piedra caliza de once centímetros de altura. Para perforar este bloque, con un diámetro de diez centímetros, Stocks empleó un poco más de veintitrés horas de duro trabajo. Lo más sorprendente es que en Egipto se han hallado piezas de diorita que miden entre treinta y sesenta centímetros. Según los cálculos, un egipcio de la época tardaría un año de trabajo, con una jornada de ocho horas diarias, para conseguir elaborar uno solo de estos objetos, lo cual resulta absurdo.

Los mejores ejemplos de estos trabajos se encuentran a partir de la IV Dinastía, en las tumbas privadas de los altos dignatarios, aunque no cabe duda de que el sistema que se empleó durante la I y II dinastías no debía de ser muy diferente. A todas luces, estas mentes inquietas, como lo fueron los artesanos del Período Dinástico Temprano, sólo pensaban en evolucionar sus técnicas para poder elaborar mejores productos, lo cual desembocó en la innovación, y esto los condujo al desarrollo de las técnicas y al mismo tiempo la expansión del comercio con países fronterizos. En todos y cada uno de sus períodos el Antiguo Egipto estuvo regido por un espíritu de superación, si bien es cierto que, tras el colapso del Imperio Antiguo, Egipto pareció dedicarse a vivir de las rentas del pasado, perdiendo la herencia de muchos elementos. Un claro ejemplo lo hallamos en la tumba de Merenptah, en el Valle de los Reyes. Cuando los obreros excavaron la tumba del hijo y sucesor de Ramsés II se toparon en una de las cámaras con un bloque de pedernal que no pudieron romper y ha quedado como testigo mudo de este encontronazo. Partamos del hecho de que la diorita tiene una dureza de entre 7 y 8. Está compuesta casi en su totalidad por feldespato, casi un cincuenta por ciento. También está compuesta por andesita, biotita, mica, cuarzo y clinopiroxenos. El pedernal es una variedad del sílex, y tiene una dureza 7 en la escala de Mohs. Ahora la pregunta reside en saber por qué los egipcios del Imperio Antiguo podían doblegar la diorita a su antojo, tallando bloques como la estatua de

Jafre, y los egipcios que trabajaron en la morada para la eternidad de Merenptah no pudieron deshacerse del bloque de pedernal que apareció en
la tumba del faraón.

A finales de la II Dinastía Egipto caminaba hacia una época gloriosa,
donde no sólo se construirían grandes templos de piedra y enormes pirámides. Egipto caminaba lenta, pero progresivamente, para convertirse en
la cuna de la sabiduría del mundo antiguo, un país que nacía en medio del
dios Sol, y que había recogido la herencia que los dioses habían dejado
plasmada en la piedra. Comenzaba el Imperio Antiguo.

Capítulo II
De la mastaba a la pirámide

LOS CIMIENTOS DE LA PIRÁMIDE ESCALONADA

La egiptología nos dice que el Imperio Antiguo comienza con la llegada de la III Dinastía. Como ya vimos, fue Manetón de Sebenitos el primero en dividir esta historia de Egipto en dinastías. A cada nueva familia dinástica la precede algún hecho, generalmente convulso, y que es el que marca la transición o el cambio producido. En este caso es innegable, ya que el elemento que cambia el período es la Pirámide Escalonada del rey Djeser Netherijet.

El Imperio Antiguo es una época de cambio. Si tomamos las cronologías que la egiptología ha concedido, vemos que desde Menes hasta el primer monarca de la III Dinastía transcurren unos trescientos ochenta y tres años. En el camino recorrido, Egipto ha abandonado gran parte de las herencias de sus más remotos antepasados, dirigiéndose hacia un momento de esplendor y riqueza de todo tipo. Uno de los hechos más destacados es la anulación de aquellos sacrificios funerarios, hecho que denota la clara humanización de aquellos hombres que residían a orillas del Nilo. Sucedió algo parecido a una revolución, porque aquello que tuvo lugar en Egipto no fue sólo a escala constructora, sino que todos los niveles que soportan al rey y a su consorte real conocieron un absoluto florecimiento. El mejor ejemplo de estos cambios lo hallamos en las mastabas de los príncipes o nobles de este período, ya que en ellas encontramos la valiosa información que nos permite ver y clarificar cómo se vivía en este momento. Como no podía ser de otra forma, la arqueología ha rescatado del olvido centenares de pruebas que nos aportan valiosísima información, y no sólo aportan sino que desmienten teorías absurdas promulgadas con anterioridad. Una de ellas, el más importante de los mitos falsos que rodeaban la figura de las pirámides: la esclavitud. Gracias al tesón y trabajo de los arqueólogos hemos podido conocer de primera mano a los obreros del rey Jufu, ver cómo era el lugar donde vivían, qué alimentos constituían su dieta, dónde dormían y cómo se organizaban. Aunque, como veremos más adelante, estos hallazgos no están exentos de serias dudas. El Imperio Antiguo es quizá el momento más emocionante de la historia de Egipto, cuando los hombres entran de lleno en sus creencias de la identificación de Dios con el rey, donde seguramente se consolida la clase sacerdotal de Heliópolis que propicia el auge y caída de este glorioso momento, que ya no se repetirá nunca más en los dos mil años siguientes.

La III Dinastía viene propiciada en cierta forma, según la opinión de algunos egiptólogos, por la aparición de una mujer. Vemos aquí nombrada por vez primera la figura de la reina como consorte, como soporte de esa unidad que forma la doble pareja real, pues todo en el universo egipcio está formado por una dualidad que lo catapultará hasta lo más alto del conocimiento. Habría que dejar claro que el Egipto que se tiende ante esta época de cambio nada tiene que ver con esa figura de guerreros despiadados que se nos ha ofrecido en más de una ocasión.

No obstante, sí que tuvieron lugar acciones militares en determinadas zonas, como veremos, para la disputa de enclaves que marcaban la prosperidad de un país.

Y es que eso es precisamente lo que Egipto buscaba: la prosperidad. La forma de ver y entender el sentido de la vida que tenían los antiguos egipcios hacía impensable un papel estático y sin valor alguno, ya que su pensamiento estará perfectamente acoplado a la fuerza motriz que regirá los destinos de los reyes de Egipto, esa entidad privilegiada que había organizado y que dirigía aquel circo de la vida. Y precisamente esa es la función de sus tumbas, las moradas para la eternidad que los reyes del Antiguo Egipto levantaron a lo largo del país. Son auténticos vagones exprés enganchados a esa locomotora que es la eternidad, un viaje sinfín entre esas dos estaciones situadas a las dos orillas del Nilo, el este y el oeste, o lo que es lo mismo, Egipto y el Más Allá. Sin embargo, en un primer momento no nos detendremos demasiado en estos monumentos funerarios, puesto que les dedicaremos por entero el siguiente capítulo.

Dado que la figura del Egipto unificado es su rey, tanto en el Alto como en el Bajo País es él quien domina las manecillas del reloj. Así pues, tan sólo de él depende que las agujas sigan girando una vez abandonado su cuerpo mortal, y ahí nace la máquina de resurrección, construida con ladrillos de barro del Nilo mezclados con paja, secados bajo el poderoso calor del dios Sol. El nacimiento de la mastaba ha sido estudiado con detenimiento, y los especialistas sitúan su origen en los primeros moradores que enterraron a sus seres queridos bajo la arena del desierto formando una especie de talud. El descubrir que el cuerpo permanecía intacto, deshidratado por la sequedad de la arena caliente, debió causar admiración en un principio. De ahí surgió la idea de potenciar esa eternidad. *Mastaba* es una palabra árabe que significa 'banco', ya que durante las dos primeras dinastías las moradas para la eternidad tenían dicha forma. Asimismo, en los primeros días tiene origen la aparición del chacal asimilado a las necrópolis, pues muy posiblemente esos perros del desierto acudían a los terrenos sagrados para saciar su hambre con los despojos que allí se ocultaban. Tampoco debemos olvidar las técnicas de momificación, que justamente consiguen perfeccionarse durante el Imperio Antiguo, ya que los restos humanos hallados que corresponden al anterior Período Tinita no son momias ciertamente, pues no se había alcanzado todavía una técnica capaz de conservar el cuerpo. Como tendremos ocasión de comprobar, son muy pocas las momias reales del Imperio Antiguo que han llegado hasta nosotros, y alguna de ellas ha aparecido fragmentada, como la posible momia de Snofru, del cual sólo sobrevivió parte de su cuerpo. Pero es clara la identificación de sistemas y formas de envolver con lino el cuerpo del difunto, hasta que finalmente se lograrían las perfectas momias que hoy tanto impresionan, que provienen del Imperio Nuevo.

A lo largo de las dos primeras dinastías, estas mastabas se construían, pues, de barro y madera. Sin embargo, la mastaba de Jasejemui marca un punto de transición en lo que a la construcción se refiere, como hemos podido comprobar. Sin embargo, la transformación de la mastaba a la pirámide no sucede inmediatamente con la muerte de Jasejemui. Si los reyes de la I y II dinastías nos ofrecen un montón de lagunas acerca de fechas, posible existencia, hijos y un largo etcétera, el comienzo de la III Dinastía no iba a ser menos. En el caso de Horus Senajt nos hallamos ante un verdadero rompecabezas. En un principio diremos que Manetón de Sebenitos y la lista real de Abydos lo sitúan como inmediato sucesor de Jasejemui, y que también pudo haber sido conocido bajo el nombre de Nebka. Para esta hipótesis nos basamos en el hallazgo de una inscripción en la que podemos leer su nombre de Horus, Senajt; y junto a este nombre tan sólo son legibles las dos últimas letras: *Ka*. Esta inscripción se apoya, asimismo, en numerosas fuentes que citan a un rey llamado Nebka, que funda la III Dinastía; pero el problema viene cuando otras fuentes colocan a Senajt en cuarto lugar de la lista, reinando justo después de Horus Qa'ba. Por si esto fuera poco, nos podemos referir a unas inscripciones de arcilla que llevan el nombre de Djeser Netherijet, también hijo de Jasejemui, y a su madre Hepenmaat. En dichos textos, ella recibe el título de 'Madre del hijo del rey'[20]. Ese hijo no sería otro sino Djeser, cuyo sucesor fue su hijo Sejemjet. Otras indicaciones colocan a Qa'ba como tercero en la línea dinástica, siendo Nebka, como hemos dicho arriba, el cuarto rey de la III Dinastía. Nos hallamos ante un sinfín de teorías y combinaciones posibles que nos impiden desvelar el secreto que con recelo oculta en su interior. No nos cabe duda de que, mientras no se demuestre lo contrario, todas estas hipótesis son válidas y, exceptuando uno o dos puntos de falta de acuerdo, podemos colocar a Senajt como el primer monarca de la III Dinastía. Pero sin embargo, llegar a esta conclusión conduce a un horrendo suceso, pues veríamos que en verdad Senajt usurpó el trono de Djeser. Dicho acontecimiento vendría siguiendo unas pautas. Algunos egiptólogos señalan la posibilidad de que Senajt perteneciera a la familia real, pero no a la rama dinástica sino a una rama familiar de una esposa secundaria de Jasejemui; al parecer no encontró oposición alguna por parte del infante que realmente debería haber subido al trono, y deducimos que, a pesar de que la reina Hepenmaat fuese la 'Madre del hijo del rey', seguramente Djeser era muy niño o demasiado joven como para entablar una disputa por el poder. Lo cierto es que la mayoría de pruebas

---

[20]Estas inscripciones se hallan en la base de los sillares de la mastaba de Jasejemui. Esto nos indica que el monarca fallecido culminó la II Dinastía y que fue el hijo de Hepenmaat, el que tomó la bandera de la transición, iniciando la III Dinastía.

señalan a Nebka / Senajt como el fundador de la nueva dinastía y un hombre oscuro con la clara intención de usurpar el poder.

Dejando a un lado este lío, y una vez hemos presentado ya a Horus Senajt, debemos decir que le atribuiremos un reinado de entre cinco y siete años. Para este hecho, nos valemos de unas pocas fuentes, de las cuales la más importante es el Papiro Westcar. Es interesante, asimismo, saber también que otras fuentes oficiales de gran importancia, como la Piedra de Palermo, ni siquiera mencionan su nombre. Tal vez debido a su corto reinado tan sólo podemos atribuirle una construcción, una mastaba que se hizo construir en Beit Kalaf, que lleva el número de registro K2. Sin embargo, los hallazgos que mencionan a este rey sí que son varios. Entre los más destacados, una inscripción en una pequeña pirámide en las cercanías de Aswan; una estela en el Sinaí, en Uadi Magara. Esta nos revela que Senajt inició la explotación de una mina de turquesas y de cobre en las montañas del Sinaí. En la cara interior de la piedra se halla su *serej*. Bajo este, aparece el rey golpeando a un enemigo. Los egiptólogos, tras estudiar esta estela, han llegado a la conclusión de que pudo haber sido hermano de Djeser. Sin embargo, no existe prueba definitiva. La única evidencia es que este rey no dejó una huella importante en la historia de Egipto. Sin duda, su mayor logro fue dejar paso al hombre que daría el vuelco definitivo a la razón de ser del pueblo egipcio. Se había iniciado la era de las pirámides.

DJESER, SU ARQUITECTO IMHOTEP Y LA III DINASTÍA

La importancia de Djeser Netherijet fue tal que a los egipcios que vivieron mil quinientos años después de su muerte no les pasó por alto. Así, cuando se redactó la lista real del Papiro de Turín, aquel escriba que ejercía bajo las órdenes de Ramsés II resaltó su nombre en tinta roja para que quedase claro que no se había olvidado la brillantez y esplendor de aquel reinado. Su nombre significa 'prestigioso', 'admirable', 'venerable', 'sagrado', y Djeser Netherijet podríamos traducirlo como 'Más sagrado que el cuerpo [de las divinidades]'. Sin duda, nos hallamos ante un rey que ha heredado un país íntegro y totalmente unificado. Como hemos visto, Netherijet fue hijo de Jasejemui y la reina Hepenmaat. Esta mujer debería tener su nom-

Estatua del rey Netherijet, Museo de El Cairo. Fotografía de Nacho Ares.

bre con letras mayúsculas en la historia de Egipto, ya que, situada en esta transición de dinastía, bien pudo haber provocado el cambio que su hijo llevó a cabo en la figura del rey. Solo así se entiende su nombre, cuya traducción es 'La que lleva el timón de Maat'[21]. Su hijo dará un salto en la evolución de rey a semidios y este hecho será crucial no sólo para la adquisición de la esencia divina en la realeza, sino que como veremos, será fundamental para la aparición de la primera pirámide.

Además, no hemos de olvidar el entramado de la usurpación, ya que, de ser cierto, Hepenmaat tuvo por fuerza que jugar un papel crucial para la defensa del infante mientras este no estaba preparado para alcanzar el trono real. Así, debió de ser ella la que mediase entre Senajt y aquellos que lo apoyaban, ya que un golpe de Estado sólo puede hacerse efectivo si hay un apoyo en determinados sectores, principalmente en el seno de las milicias.

En cuanto a lo que concierne a Djeser Netherijet, su talla es de hombre justo, culto e inteligente. Se dice que llegó a escribir libros autodidácticos reservados a los futuros reyes, donde explicaba cómo deberían ser las grandezas de un rey. Esa era una idea de equilibrio y de un país civilizado. Su fama llegó tan lejos que el rey Ptolomeo V vio su propio nombre ensombrecido por la grandeza de aquel lejano rey, y en su honor hizo tallar

---

[21]Esta diosa era hija de Re. Podemos deducir de todo esto que si la madre del rey da estabilidad bajo la tutela de la hija de Re, el hijo de la reina simbolizará la encarnación del propio Re.

un curioso relato. Podemos vincular aquello que narra la estela de la isla de Sehel con el famoso pasaje bíblico de José, el intérprete de sueños. El texto nos narra una horrible sequía que asoló el reino de Djeser durante siete largos años, y el resultado de la escasez de agua fue la hambruna. El dios Jnum se apareció al rey una noche mientras dormía, y en su sueño le reveló que el Nilo tenía sus orígenes en una tierra consagrada a su culto. Así pues, el dios Jnum reclamaba la construcción de un santuario y detalló con sumo cuidado cuáles deberían ser los materiales. Agradecido, el rey instauró en la zona el culto a la divinidad, y el fantasma del hambre abandonó la tierra de Egipto, pero dicho acto no habría sido posible sin la colaboración de su hombre de confianza, cuyo nombre era Imhotep y, de hecho, todo el reinado de Djeser gira en torno a este hombre, de cuya mente surge el complejo funerario de Saqqara, la primera pirámide y el honor de ser uno de los primeros hombres que alcanzarán el estatus de divinidad. Durante los primeros años de su reinado, Djeser residió en el palacio de Abydos, donde parece ser que inició la construcción de su mastaba. Algunos autores defienden que el hecho de que Netherijet tuviera su corte en Abydos era debido a que también su padre la había tenido y, aunque Menfis fuese la capital administrativa, sólo poseía un palacio residencial donde los faraones pasarían largas estancias. Con el traslado de la corte a Menfis, esta ciudad no sólo se convierte en el corazón administrativo, sino que incluso podría haber condicionado al rey a la hora de escoger Saqqara como lugar de enterramiento. De su reinado sabemos que envió una serie de expediciones al Sinaí, a las minas de turquesas y cobre. A estas expediciones les acompañaba un contingente militar que dominó a las tribus locales, ya que en este período el ejército en sí no existía como tal, sino que eran grupos o milicias reclutadas para la ocasión. Se ha hallado su nombre en varios fragmentos de estelas de las antiguas construcciones de Heliópolis y Gebelein, demostrando así que el rey emprendió una campaña de construcción más allá de Menfis. En estos años Egipto ya había comenzado a explotar las minas de oro cercanas al reino de Kush[22]. Es muy posible que el Horus Netherijet reclutase los primeros arqueros kushitas, ya que los hombres de

---

[22]Nombre con el que los egipcios denominaban a la antigua Nubia, sometida a Egipto desde tiempos inmemoriales. Los egipcios la llamaban 'Tierra del Arco'.

la tierra de Kush eran los que gozaban de mayor prestigio en el manejo del arco. El secreto de este éxito era la forma del arma, muy curvada, lo cual, unido a su poderío físico, hacía que pudieran lanzar las saetas a grandes distancias. Además, la importancia de este punto, el Sinaí, no residía sólo en sus minas, sino que era el pasillo entre Asia y Egipto, y desde luego interesaba tener el control de esa zona ante posibles incursiones extrajeras y relaciones comerciales con destinos tan alejados como Bibblos. Conocemos el nombre de su esposa principal, Hetephernebti, y de su hija, Inetjaues. Existe otro nombre de mujer, posiblemente su segunda esposa, pero no ha llegado entero hasta nosotros. También han llegado otros dos nombres de dos posibles hijos, Hetephernebti[23] e Ianjhator. Realmente, no hay muchas más evidencias arqueológicas que nos permitan establecer cómo fue la política exterior de este gran rey. Curiosamente, casi podemos decir lo mismo de su mano derecha y artífice de la mayor revolución arquitectónica de todos los tiempos, su visir Imhotep. Su padre habría sido un arquitecto, posiblemente menfita, llamado Kanefer, y su madre una dama originaria de Mendes, llamada Jeduonj. De origen modesto, iría ascendiendo en la pirámide jerárquica gracias a su gran inteligencia y sabiduría. Se cree que llegó a casarse, tomando por esposa a una mujer llamada Ronfreneferet. Su currículum dejaría atónico al mejor licenciado de hoy día, pues no sólo era arquitecto real, sino que fue el primer gran médico del país, escriba, sabio, poeta, astrónomo y visir. Llevó los títulos de 'Canciller del Bajo País', 'Maestro de las obras del rey', 'El que está a la derecha del rey', 'El intendente de la gran morada', 'Noble hereditario', 'Primer profeta de Iunu', 'Maestro de escultores', 'Maestro de carpinteros' y su título más sorprendente, 'Maestro de todo lo que el cielo trae'. Estamos en un momento en el que Heliópolis es el epicentro espiritual del país entero, y así, portando el título de 'Primer Profeta de Re', debemos entender que Imhotep mantenía un contacto directo con la divinidad. Lo que realizó en Saqqara fue una auténtica ciudad para los dioses y posiblemente de su mano llega el alzamiento del dios Re como divinidad suprema. Pero antes de pasar a describir su obra, cabe destacar que sus logros no fueron sólo arquitectónicos,

---

[23] El hecho de que el primero de estos hipotéticos hijos tenga el mismo nombre que el de la esposa consorte podría darnos una pista acerca de la paternidad de Djeser, pero no hay dato fiable acerca del parentesco del rey con ninguno de estos dos nombres.

Jeroglíficos con el nombre de Imhotep, Museo de Imhotep en Saqqara.
Fotografía de Nacho Ares.

sino que se le atribuye un compendio de noventa estudios anatómicos con cuarenta y ocho lesiones. Siglos más tarde serían plasmados en el Papiro Smith, del cual hablaremos al final de este capítulo, y dos mil años después de su muerte se decía que Imhotep había diagnosticado más de doscientas enfermedades graves, once de vejiga, diez del recto, veintinueve de los ojos, dieciocho de la piel, del pelo y de la lengua. Asimismo, se le atribuyen conocimientos acerca de cálculos biliares, renales, artrosis, cirugía, odontología, la composición de órganos internos y la circulación de la sangre. No es extraño, pues, que fuese venerado como dios durante la última etapa del Egipto faraónico. Además, fue asimilado con el dios Thot, dios de la sabiduría, y asimismo fue incluido en el rocambolesco deshilachado que los griegos formaron con la figura de Hermes Trismegisto. Los días de este gran hombre culminan al final de la III Dinastía, pues parece ser que murió bajo el reinado de Huni, último monarca de este período. Su morada para la eternidad no ha sido hallada todavía, pero se especula que fue excavada en la necrópolis de Saqqara y encontrarla es el sueño de todos los arqueólogos que excavan en Egipto. Su obra no sólo es la Pirámide Escalonada, sino que todas las grandes pirámides erigidas en el Valle del Nilo pertenecen, desde cierto punto de vista, al gran Imhotep. Esta cuestión lo convierte en un individuo sencillamente espectacular. El hecho de que esta construcción tenga forma escalonada en ningún momento fue fruto de la casualidad. Estamos en un momento en el que la teología de Heliópolis toma un giro que marcará el reinado de todos los siguientes faraones del Antiguo Egipto. Con Djeser aparece la divinidad de Re supliendo en cierta forma a la figura de Atum, dios creador. Sin embargo, esta compleja teología va más allá, dividiendo a la misma divinidad en tres diferentes. Así, el sol del amanecer se identifica con Jepri, en su forma de escarabajo. Re se convierte en el sol del mediodía, con toda su fuerza y potencia, mientras que Atum se ve relegado al último lugar como el sol del atardecer. Así pues, Djeser adopta a Re como la divinidad poderosa a la que hay que rendir culto, centralizando así toda la política en torno al rey. Además, no hay que olvidar que no sólo el rey se comporta como la asimilación de Re, sino que es el único representante en la tierra con fuerza para ejercer como su intermediario, delegando únicamente dicha responsabilidad en la potestad del 'Primer profeta del dios'. Todos los sacerdotes del país oficiarán diariamente para la deidad, pero todos lo harán en nombre del rey, jamás de manera personal. Así, la pirámide nos ofrece la visión de la necesidad del rey difunto y justificado de ascender hacia los cielos y pasar a formar parte de la materia divina, como Horus encarnado que él era en vida. En el plano arqueológico, el recinto funerario de Djeser es la obra más antigua del mundo, pero el aspecto que presenta hoy día no sería el mismo de no haber sido por Jean Philipe Lauer.

Y es que decir Jean Philipe Lauer es casi lo mismo que decir Saqqara. Fue un hombre cuyo destino, Egipto, lo absorbió de tal forma que la obra de Imhotep ocupó más de la mitad de su vida, y gracias a él se restauró el complejo de Djeser. Nacido en París en el año 1902, ingresó en la Academia de Bellas Artes en 1920. Pero su vida artística se vio truncada tras recibir la carta de un primo suyo, Jacq Ardie, el cual le comentó que Pierre Lacau, un refutado excavador y egiptólogo, necesitaba un joven arquitecto para las excavaciones que estaba efectuando en Saqqara. Significativo es decir que en un principio, viajó a Egipto con un permiso de trabajo de ocho meses, y que luego se convertiría en una excavación que duró setenta años. Lauer, a su llegada, no tenía ni la más remota idea de lo que era la egiptología, pero cuando llegó a Saqqara los restos arqueológicos que allí encontró le abrieron las puertas a un mundo mágico y fantástico, cuyo maestro de ceremonias había sido Imhotep. Trabajó a las órdenes de Cecil Firth, que en aquellos días estaba desenterrando la columnata central. Sin embargo, todo el recinto funerario era un caos total, puesto que las columnas estaban fragmentadas y diseminadas por la arena. Con paciencia y mucho esfuerzo, Lauer comenzó a reconstruir las piezas de aquel gigantesco puzle, al tiempo que la Casa del Norte volvía a cobrar vida. En pocos meses, se convirtió en el apoyo fundamental de Firth, y durante cinco años trabajaron codo con codo, descubriendo juntos los rincones más secretos del recinto funerario de Djeser. Cecil Firth cogió un resfriado pulmonar camino de Alejandría, y moriría poco después en un buque que lo transportaba de regreso a Londres. Así que Lauer se encontró al frente de aquel complejo que Imhotep había erigido hacía cinco mil años para su rey, y su único objetivo fue que volviera a recobrar su antiguo esplendor. Un buen tramo del muro se halló en un buen estado de conservación gracias a las mastabas adyacentes y los escombros que se acumularon allí con el paso de los siglos, lo cual le ofreció la oportunidad de contar con las medidas perfectas.

Hacia el año 1932, las columnas del patio de Djeser estaban erigidas con su antiguo esplendor: el muro con el friso de cobras resplandecía nuevamente bajo el sol. Casi centenario, Jean Philipe Lauer se lamentaba con profundo dolor, porque como él solía decir: «Todavía queda tanto por hacer, y no tendré suficiente tiempo…». En sus últimos años de vida trabajaba más de diez horas diarias en la Pirámide Escalonada, con una fortaleza envidiable. La definición de Lauer nos la dio el arqueólogo alemán Rainer Stadelmann, quien lo describió como «Maestro de pirámides».

Su muerte se produjo en el año 2001 y, con su desaparición, el Complejo de Djeser parece haber perdido su pilar central, pero lo cierto es que tanto el espíritu de Imhotep y el espíritu de Lauer se alimentan ahora de las mismas ofrendas que los turistas ofrecen con su asombro, atraviesan juntos los recodos de la Pirámide Escalonada, y también juntos comparten el secreto del saber, que arrancó a Egipto de su condición de pueblo primitivo y lo catapultó hacia la historia universal.

Djeser había ordenado a su arquitecto construir una perfecta y única morada para la eternidad en la que su alma estuviese siempre presente. Este hecho se ve realizado gracias a la presencia de restos de ofrendas, como uvas, higos, lentejas, dátiles y otros alimentos. No es que el rey fuese a consumir la materia del alimento, sino su esencia. En el interior de la pirámide se halló un pie de momia que, según los últimos estudios, no perteneció al rey. La mastaba parece haber desaparecido como forma de enterramiento real, y tan sólo sobrevivirá en la clase media-alta. Pero este no es el único hecho que reconvierte a las Dos Tierras, sino que toda la estructura jerárquica es renovada por el rey, quien nombra directamente a los sacerdotes, reforma la estructura jurídica e integra un buen número de funcionarios que comprenderán el organismo estatal. Nace una nueva clase de letrados, escribas y se moldea un nuevo sistema burocrático. Toda esta reforma permitirá a los futuros monarcas de la IV Dinastía la elaboración de las grandes pirámides.

SEJEMJET

Sejemjet apenas si es algo más que un nombre para la egiptología. Su nombre significa 'De gran alcance en cuerpo' y, según la lista del Papiro de Turín, reinó inmediatamente después de Djeser. Correspondería al hombre identificado como Djeser-Iti, que reinó durante un espacio de entre seis y ocho años. Tan sólo hay dos pistas importantes de este hombre, una en el Sinaí y la otra en Egipto. La estela que se halló en una ruta de caravanas hacia Uadi Maghara es una representación militar. Este hecho viene a destacar una posible intervención del ejército para sofocar alguna revuelta por parte de los moradores de las arenas, siempre tan afines a luchar y asaltar a las expediciones egipcias. En dicha estela, vemos a Sejemjet representado en tres posiciones diferentes, pero unidas entre sí. El rey está ataviado con la corona blanca del Bajo Egipto y sostiene una maza sobre su cabeza, dispuesto a golpear al enemigo, al cual ase por el cabello con su otra mano. Al lado, Sejemjet porta la corona roja del Alto Egipto y su postura es ya pacífica. En el siguiente registro, el rey, nuevamente con la corona blanca, se muestra igualmente apaciguado, lo cual denota que la rebelión ha sido aplacada y su poder se ha manifestado sobre sus enemigos.

La herencia que Sejemjet dejó en Egipto es su pirámide, situada en Saqqara y muy cercana a la de Djeser. Tal vez debido a su corto reinado, la pirámide no fue terminada, y sin embargo oculta varias sorpresas en su interior, como veremos en el siguiente capítulo. El corte de construcción es idéntico a la Pirámide Escalonada, y sabemos que Imhotep continuaba siendo el arquitecto real[24]. De ahí que las directrices fuesen las mismas, exceptuando la duplicación de los elementos interiores. Este hecho también denota el avance que Imhotep llevaba a cabo en el desarrollo de la estructura.

QA'BA

La continuidad de la línea dinástica de esta dinastía tampoco está nada clara. Es como un oscuro velo que impide saber lo que ocurrió durante aquellos años. En un aspecto, resulta irónico que hombres que legaron semejantes construcciones para posteridad no dejaran una huella profunda en el campo histórico. Así pues, no es de extrañar que con el rey Qa'ba nos ocurra exactamente lo mismo. 'El que aparece en alma' es la traducción que aparare en la lista del Papiro de Turín, aunque no sabemos el motivo por el cual su nombre fue borrado[25]. En algunos casos se ha llegado a decir que el escriba de Ramsés II tuvo un pequeño desliz al no poder leer su nombre en los antiguos documentos, pero desde luego esta hipótesis ha sido desdeñada por los egiptólogos más destacados. Lo que sí parece claro es que algo ocurrió durante los seis años que duró su reinado. Tal y como sucedería incluso en dinastías posteriores, tuvo que tener lugar algún elemento de conflicto, posiblemente con el clero, que dio como resultado que el rey en el trono diera la espalda a la clase sacerdotal. Y es que, a pesar de que se le atribuye una pirámide inacabada, aunque no puede demostrarse que fuese levantada

---

[24]Este hecho se conoce gracias a una inscripción hallada en esta pirámide.
[25]Se especula con una posible aparición ilegítima en el trono, o si por el contrario este rey cometió un delito o un crimen para alcanzar el poder real.

por él, Qa'ba se hizo construir una mastaba en El-Aryan[26]. Aquí, en esta mastaba catalogada como Z-500, se hallaron ocho tazas de alabastro con su cartucho real escrito con tinta roja. En el área de la antigua Nejen también aparecen varios objetos bajo los restos del antiguo santuario de Horus. Sus cartuchos estaban representados por una figura divina que sujetaba un *Heqa*, el cetro real. La discusión sobre la persona de este rey está todavía a la orden del día. No faltan expertos que relacionan a Qa'ba con el rey Huni, último monarca de esta dinastía. Para llegar a esta conclusión, se basan sobre todo en un hecho importante. Los tazones que llevan inscritos el nombre del rey eran objetos muy utilizados entre las dos primeras dinastías, período que termina con Jasejemui[27]. Este hecho se une al dato que coloca el hallazgo de dichos tazones en la misma zona donde Huni levantó unas pequeñas pirámides. No obstante, todo está demasiado confuso. Las dudas que la egiptología nos ofrece no nos aclaran nada sobre este monarca tan enigmático. Desconocemos todo acerca de sus esposas, hijos, hermanos y descendientes. No hay estelas que lo nombren, no hay acciones militares realizadas bajo su mandato y tampoco hay ningún tipo de documento u objeto que arroje algo de luz a la vida de este hombre.

HUNI

Nos hallamos ante el que es considerado como el precursor de la pirámide en su forma definitiva. Con su llegada al trono, Egipto marca un antes y un después en la construcción de las moradas para la eternidad y, junto con su legado arquitectónico, dejó tras de sí un estado firmemente establecido con una poderosa administración central. No obstante, también este personaje está rodeado de ciertas lagunas; por ejemplo, existen dudas al respecto de su nombre y de sus posibles padres. En uno de sus cartuchos hallamos un nombre que lecturas alternativas han traducido como Huni, aunque parece ser que es una transliteración errónea. El hallazgo de una estela que contiene el nombre de un rey llamado Qahedjet

---

[26]Esta región está situada en medio de Gizeh y Abusir.
[27]Esta costumbre no vuelve a aparecer hasta el reinado de Snofru o, lo que es lo mismo, al inicio de la IV Dinastía. Así pues, esto parece evidenciar que Qa'ba precede a Huni.

es muy importante para los egiptólogos porque es la representación más antigua en la que el dios Horus se halla abrazado al rey, y el nombre que encierra la estela se ha sugerido como el nombre de Horus de Huni.

De Huni se han encontrado numerosos vestigios arqueológicos. Durante los veintiséis años que duró su reinado, sabemos que tuvo muy pocas intervenciones militares. No obstante, sí sabemos que durante este tiempo no se produjo ninguna acción que pusiera en peligro el eje estatal. El motivo de esta conclusión viene dado por la progresión de los monumentos que él levantó[28]. También construyó en Seila, en El-Meitin, en Abydos, en la región de El-Fayum o Edfú, por citar algunas. En casi todas estas localidades levantó pequeñas pirámides, aunque los egiptólogos no han hallado aún una respuesta que los lleve a comprender el motivo de tanta construcción. El linaje de Huni habría sido de carácter real, aunque sus herederos perderían una parte de esa herencia, ya que el rey tomó por esposa a una plebeya, de nombre Merisanj. En este caso, se sugiere que Merisanj bien había podido ser hija de una concubina. Como decimos, esta mujer sería la iniciadora de un linaje femenino que sería muy importante en los reinados de este Imperio Antiguo. Su sucesor sería Snofru, hijo de Merisanj, y aquí hallamos el mayor baluarte de los defensores del origen humilde de esta mujer, ya que Snofru tuvo que casarse con una hermanastra suya para así poder afirmar la descendencia real[29].

Una cosa sí es cierta: Huni fue un gran rey, sabio y benévolo con su pueblo. Parece haber sido el rey que simbolizó el sol de las Dos Tierras, aquel que reverdeció a los Dos Países en sus años de vida, puesto que, ciento cincuenta años después de su muerte, los ritos que regían su culto funerario todavía se celebraban en los santuarios más selectos e iniciados de Heliópolis. Desconocemos el lugar de enterramiento que escogió finalmente, aunque se suele admitir su pirámide de Meidum[30] como su morada para la eternidad.

---

[28]Por ejemplo, en la isla de Elefantina construyó una pequeña pirámide de granito, en cuyo interior se halló una estela con una frase muy peculiar: «Diadema de Huni», con un determinativo en caracteres jeroglíficos con forma de un gran palacio real. Esto nos da a entender que en esta zona el rey tuvo un palacio, tal vez una residencia ocasional.

[29]La continuidad de la línea dinástica venía marcada siempre por la legitimidad de la reina. Así, siendo Merisanj de ascendencia plebeya, Snofru tuvo que ligarse totalmente a la sangre divina que sólo una hija real podía otorgarle.

[30]La región de Meidum se halla a unos ciento cincuenta kilómetros al sur de Dashur.

Para su construcción, fijó como esquema la Pirámide Escalonada, y así comenzó a levantar las gradas, aunque sabemos que no llegó a terminarla, o al menos así dejó constancia un turista de la XVIII Dinastía. Este individuo tan singular se llamaba Anjeperkare Senet y visitó la pirámide durante el año cuarenta y uno del reinado de Thutmosis III. Este escriba llegó al interior de la cámara funeraria y allí mismo dejó un curioso grafiti que reza: «He venido a visitar el hermoso santuario del buen dios Snofru, y me parece que estoy en el cielo, allí donde brilla el sol. Ojala llueva mirra fresca sobre el santuario del buen rey Snofru». Entre los bloques había una serie de fechas que fueron grabadas en la piedra tras la consecución de una grada. Así sabemos que entre los ocho escalones en una altura determinada habían transcurrido diecisiete años. Sabemos también, por otros textos, que aquí existió una ciudad durante el reinado de Snofru, e incluso en los aledaños de la pirámide hay varias moradas para la eternidad de la familia real. Sin embargo, no sólo nos debe asombrar la construcción de esta pirámide, ya que podríamos decir, sin temor alguno, que fue el mayor constructor de pirámides de Egipto, y con él comienza la IV Dinastía.

LA IV DINASTÍA Y LA EDAD DORADA DE EGIPTO

Snofru

La egiptología nos dice que Snofru ocupa el trono de Egipto sobre el año 2520 a. C., y durante cincuenta años regiría con maestría el futuro de su nación. Se le suele atribuir el título de mayor constructor de Egipto, y este hecho viene dado por un motivo en especial: la estabilidad y la paz que estaba afirmada en el mundo antiguo. Será recordado durante cientos de años como «rey bienhechor de los Dos Países», y durante el Imperio Medio gran cantidad de santuarios celebrarán ritos en su honor. Con todo, debemos hacernos eco del dicho que afirma que los reinados felices carecen de historia y, desde luego, esta no parece ser la excepción. Su reinado es muy confuso, así que casi tan sólo se le puede admirar por su increíble capacidad para construir. Lo que sabemos de él nos viene dado de extractos que se localizan en diversos lugares. Por ejemplo, en el santuario funerario que construyó en Dashur hizo grabar una lista que enu-

Estela con el nombre de Snofru,
Museo de El Cairo, Egipto.
Fotografía de Nacho Ares.

meraba todos los territorios en los que ejercía su poder mediante hermosas damas que llevan curiosos nombres, como 'La nodriza de Snofru' o 'Las sandalias de Snofru'. Sabemos que confirió gran importancia al papel del visir; de hecho es cuando comienza a verse a este personaje en las representaciones. De su actividad militar tan sólo conocemos algunas intervenciones en Nubia y Libia. Tuvo que acudir también a las minas del Sinaí, lugar donde se sucedían los alborotos de los beduinos desde siempre. De estas campañas conocemos algunas imágenes del rey aplastando y pisoteando a sus enemigos. Lo que sí hubo fueron numerosas expediciones, ya que su actividad no sólo se limitó a las pirámides, sino que levantó santuarios y construyó numerosos barcos y fortalezas. Sabemos que los talleres reales estaban en un continuo frenesí, y que para ello se necesitaban grandes cantidades de materia prima, lo cual también implica una saneada economía. Para este evento, Snofru vinculó Nubia con Egipto y explotó los recursos naturales como el oro. Las expediciones que se llevaron a cabo en los años de Snofru debieron ser increíblemente fructíferas y, como ejemplo de ello, podemos decir que en tan sólo un año se llevaron a cabo cuarenta cargamentos de madera de cedro del Líbano, importado seguramente desde el puerto de Bibblos. Del lujo y las comodidades de las que disfrutaron los pudientes de este reinado nos da testigo el ajuar funerario de su esposa Hetepheres, en Gizeh, cuyo descubrimiento, como casi siempre, fue un auténtico accidente.

Durante este período, la IV Dinastía, se realza sobre otros el nombre de Hetepheres. El origen de esta reina, como hemos dicho, se remonta a la casa de Huni, y su nombre dará forma a las reinas más importantes de este momento, ya que su hija, Hetepheres II, fue esposa de Djedefre y madre de Merisanj III; mientras que Hetepheres III sería la esposa de Menkaure. Tuvo más hijos con Snofru, que serían: Meritates, Netjerapef, Ranefer, Kanefer, Anjaf, Hetepheres, Iynefer, Rahotep, Nefermaat, Nefernesu y Neferjau. En estos momentos en los que arranca la IV Dinastía, las reinas consortes adquieren una nueva importancia con la aparición del título 'Mano del dios', el cual, como su nombre indica, está ligado al acto de masturbación que tuvo Atum, el creador. No debemos dejarnos engañar por este nombre, pues no se vincula a ningún acto sexual, sino que más bien provocó la aparición de una diosa conocida como Nebet-Hepet, 'La señora de la satisfacción'. En este título se recrea la necesidad que las esposas reales tenían de demostrar el derecho propio que les concedía el ser 'Madre del rey', aunque muchos egiptólogos tienen sus dudas al respecto de su significado[31]. La reina Hetepheres, como hija de rey y esposa de rey, llevó el título de 'Aquella que une al Señor de las Dos Diosas', titulatura que traspasaría a su hija Meritates, la futura esposa de Jufu. Su presencia viene determinada, sobre todo, por su nombre hallado en el mobiliario funerario de su hipogeo en Gizeh. Aquí no sólo vemos cómo porta el título de Madre del Rey, sino que lleva una curiosa titulatura que se refiere a la reina como 'Hija del dios'. Es precisamente de este título de donde se deduce que fue hija de Huni. Hetepheres protagonizó una auténtica aventura repleta de intriga y emoción. El hallazgo de su morada para la eternidad fue uno de esos maravillosos descubrimientos casuales que se suelen dar en Egipto de vez en cuando. Debemos remontarnos al año 1925, cuando el equipo del norteamericano George Andrew Reisner trabajaba en la meseta de Gizeh. El fotógrafo de la expedición se dispuso a tomar unas instantáneas de la Gran Pirámide y las pirámides satélites del monumento,

---

[31] El motivo es que el significado de este título también podría ser ampliado al papel de suegra en algunos momentos de la XXI Dinastía. No obstante, en el período en el que nos movemos, la utilización de este título está clara: se refiere a 'Madre del rey' durante el reinado de este, o en su defecto puede aparecer antes de la ascensión al trono de su hijo, lo cual nos dice que se está asumiendo una corregencia por ser el infante demasiado pequeño como para apropiarse el trono del país.

cuando una de las patas del trípode hizo un pequeño agujero en lo que en un primer momento parecía suelo rocoso, que finalmente terminó siendo una capa de yeso que sellaba una galería. En cuestión de minutos, un grupo de obreros comenzó las labores de desescombro del pozo funerario, que estaba repleto de cascotes. Todo indicaba que se trataba de un hipogeo intacto, y todavía flotaba en el aire la emoción del descubrimiento del faraón Tut-Anj-Amón. Cuando Reisner penetró en la cámara funeraria, brillaba el oro por doquier, montones de abalorios y encajes de la madera podrida que conformaba el ajuar funerario. Fue precisamente en uno de estos muebles donde se pudo leer el nombre de la propietaria, la reina Hetepheres. Creyeron haber hallado la morada para la eternidad inviolada más antigua de Egipto, pero el sarcófago de alabastro labrado escondía un terrible secreto. Y es que, a pesar de que estaba sellado, también estaba vacío. Tras un minucioso estudio, Reisner llegó a una conclusión que, después de todos estos años, no ha sido aceptada por la totalidad de la comunidad egiptológica. Y es que el americano concluyó que aquella era la segunda sepultura de la reina. Sin duda, su hipogeo primigenio, en Dashur, había sido violado bajo el reinado de su hijo Jufu. Entonces, este decidió construir una segunda morada junto a su pirámide y ordenó trasladar todo el ajuar funerario y el sarcófago. No obstante, los sacerdotes decidieron no decir nada al rey de la ausencia de la momia, temiendo un severo castigo. Así pues, volvieron a sellar el sarcófago, trasladaron los enseres y sellaron la entrada a la espera de que en un futuro lejano un fotógrafo decidiese plantar su trípode justo a la entrada del hipogeo. En contrapartida a esta teoría, se baraja otra posibilidad igual de atractiva, y es que en realidad esto no sería otra cosa sino un cenotafio, una segunda morada para la eternidad, imitando las costumbres adoptadas por los reyes tinitas. No son pocos los egiptólogos que afirman que dicha costumbre no se limitó sólo a los reyes de las dos primeras dinastías, que se habían hecho construir una mastaba en Abydos y otra en Saqqara, sino que el rey Netherijet incluso tenía dos en el mismo recinto funerario de la Pirámide Escalonada, y que Snofru tenía dos pirámides también en Dashur. Haciendo uso de las deducciones de varios egiptólogos, sobre todo españoles, como bien comentan los egiptólogos Nacho Ares o José Miguel Parra Ortiz, sería un error imperdonable pensar que el rey del Alto y del Bajo Egipto se habría conformado con la palabra dada de sus sacerdotes e hiciese caso omiso de presenciar él mismo in situ los daños perpetrados por los profanadores. Habría sido imposible esconder la momia de la difunta reina Hetepheres, teniendo en cuenta que no se conocía en Dashur ninguna otra morada para la eternidad dispuesta para esta reina. Ni en Dashur ni en otro lugar de Egipto. No cabe duda de que el reinado de Snofru sería recordado como años de gloria y, para que así figurase, en los días de la XI y XII dinastías se dejaría constancia de un hecho curioso. Este inquietante momento nos viene de boca de un hombre muy poderoso, llamado Neferti, que supuestamente habría sido coetáneo del buen Snofru. Este texto, conocido como *Las profecías de Neferti*, describe los hechos acontecidos durante el I Período Intermedio y la llegada del primer rey de la XII Dinastía, Amenemhat I.

Otro gran momento, que recoge cierta similitud con un pasaje bíblico, es un texto que se conoce como *La maravilla que ocurrió en tiempos del rey Snofru*, que nos narra la tristeza que invadía al rey cierto día. Vagando en su palacio, hizo llamar a su escriba y le ordenó buscar una solución para que su felicidad fuese manifiesta. Este le sugirió un paseo por el lago a bordo de un precioso bote que sería dirigido por las damas más hermosas de su harén, según nos cuenta el Papiro Westcar. Mientras Snofru disfrutaba de su paseo, a una de las damas, la que marcaba el ritmo de las remeras, se le cayó una joya en el lago. A pesar de que el rey le ofreció una nueva joya, la muchacha la rechazó alegando que tenía un gran apego por aquella que había perdido. El rey llamó a su mago y este, para recuperar la joya perdida, abrió las aguas del lago mediante un encantamiento. Una vez se hubo recuperado la joya, las aguas volvieron a juntarse, la muchacha volvió a marcar el ritmo a las remeras y Snofru pudo continuar disfrutando de su paseo en barca.

Pero lo que más nos debe impresionar del reinado de Snofru no son sus historias sino sus pirámides, que veremos en el capítulo dedicado por entero a la construcción de las grandes pirámides.

Jufu

Egipto, sin duda alguna, es un lugar tan mágico como misterioso. Así pues, no nos debe resultar increíble que apenas si sepamos algo del hombre que levantó el monumento más grandioso del mundo, la Gran Pirámide.

La historia que rodea esta enigmática construcción es casi tan compleja como intentar desentrañar los misterios que todavía encierra en sus más de dos millones trescientos mil bloques en un compendio de más de doscientas diez hiladas de piedra. El personaje de Jufu, también conocido como Kéops o Quéope, está rodeado de uno de los más oscuros velos que hemos visto hasta ahora. Para muestra, un botón: hasta ahora siempre habíamos creído que Jufu había reinado durante veintitrés años. Sin embargo, hace unos años apareció un grafito que nos narra un hecho que derrumba un montón de hipótesis, pues refleja el decimotercer recuento del ganado, hecho que tenía lugar cada dos años, por lo que deberemos concretar que, al menos, Jufu reinó durante veintisiete años. Con esta nueva datación, no sólo deberíamos tal vez corregir las fechas de reinado de muchos de sus sucesores, sino que la cifra de hombres que trabajaron en la construcción del monumento sería mucho menor. Pero no adelantemos acontecimientos.

El nombre de Jufu sería originalmente Jnum-Jufu, y se suele traducir como 'Que el dios [Jnum] me proteja', y sabemos que era un estudioso de su pueblo y sus raíces. Fue un apasionado de la teología egipcia y se dice que a él debemos la reconstrucción de un santuario datado en la época de los 'Descendientes de Horus', los famosos *Shemsu Hor*. Este santuario no es otro sino el enigmático Santuario de Dendera[32]. Para intentar descubrir a este hombre grandioso, debemos sujetarnos por fuerza a dos vertientes, ambas diferentes pero que finalmente nos vienen a demostrar un hecho definitivo: que Jufu realizó en la estructura estatal una reforma en la que derogó ciertos privilegios de la clase sacerdotal, que seguramente por aquellos días asomaba ya con cierto peligro para la corona real, aunque es cierto que ninguna de estas dos vertientes nos aclara si fue Jufu el constructor del este maravilloso monumento denominado la Gran Pirámide.

Diremos que los textos legados por los antiguos egipcios, los pocos que han llegado hasta nosotros, lo definen como 'Gran dios'. De él sólo nos ha llegado una estatua y tampoco es muy seguro que lo represente realmente. Fue hallada por Flinders Petrie en Abydos, en el santuario dedicado al dios Jentamentiu. Se dice que Jufu tomó muy en serio su deber como

---

[32] Aunque el santuario que se puede visitar hoy día fue construido por Ptolomeo IX y culminado por Augusto y Nerón, se realizó bajo los cimientos de la edificación que Jufu había levantado para la diosa Hathor.

constructor, y por ello, según citan algunas fuentes, él mismo recorrió las antiguas pirámides, buscando la forma de mejorar la construcción. De este hecho viene derivada su leyenda como buscador del número exacto de las cámaras del dios Thot, una leyenda egipcia relacionada con la sabiduría y que denota al número cinco como un elemento mágico, tal y como aparece reflejado en el propio Papiro Westcar, y que no es sino una continuación de *La maravilla que ocurrió en tiempos del rey Snofru*. El relato nos habla de Djedi, un poderoso mago capaz de volver a colocar la cabeza de un animal que ha sido decapitado. Lo realmente importante de este relato es que habla de una mujer llamada Reddjedet, que alumbrará a los tres primeros reyes de la V Dinastía.

> Entonces, Su Majestad el rey Jufu, justificado sea, dijo: ¿Y qué hay en cuanto al rumor de que tú conoces los altares de las cámaras secretas del santuario de Thot? A lo que dijo Djedi: Por tu piedad, mi soberano y señor, pero yo no he visto los altares, aunque sé donde se encuentran. Y dijo Su Majestad: ¿Dónde están? A lo que Djedi respondió: En un corredor de la cámara que llaman el Almacén de Iunu. En ese corredor están. Dijo entonces Su Majestad: ¡Pronto, traédmelos! Pero Djedi objetó: Mi soberano y señor, vida, prosperidad y salud, eso no puedo hacerlo yo. Y preguntó Su Majestad: Pues, ¿quién puede? Y respondió Djedi: Será el mayor de los tres hijos que están en el vientre de la dama Reddjedet. Él os lo traerá. Dijo Su Majestad: Y eso me complacerá., pero en cuanto a lo que has dicho, ¿quién es esa Reddjedet? Y Djedi respondió: Es la esposa de un sacerdote *wab* del santuario de Re, en la ciudad de Sajebu, y ella dará a luz a tres hijos de Re, señor de Sajebu, quienes ejercerán su magisterio sobre todo el país. Y el mayor de ellos será el Mayor[33] de los videntes de Heliópolis.

Si tomamos el curso que nos ofrece la otra vertiente histórica, este hombre deja mucho que desear a nuestra imaginación del fastuoso Egipto faraónico. El culpable, Heródoto. En realidad, este es el único hombre que menciona a Jufu y la Gran Pirámide, sin bien para llegar a realizar semejante proeza sumió a su país en un caos jamás visto ni antes ni después. Lo que sí está claro es que en el período en el que Heródoto visita Egipto, hacia el año 400 a. C., Egipto vivía días difíciles en los que germinó una especie de

---

[33] El Mayor de los videntes de Heliópolis era un cargo que ejercían aquellos príncipes que estaban destinados a reinar.

literatura antifaraónica, y el hecho es que lo que aquel país ofrecía a este viajero griego chocaba frontalmente contra todo su conocimiento. No sólo en la religión sino en casi todos los aspectos de la vida cotidiana. A Heródoto debemos la idea del ir y venir de cientos de miles de esclavos martirizados en una mísera vida de arrastrar bloques de piedra bajo los chasquidos de los látigos. En su mente jamás tendría cabida un espíritu multitudinario unido en un proyecto común, no podía ser de ninguna manera una obra hecha por hombres libres, sino por esclavos. En su forma de ver la vida, en la que el hombre tenía el poder de asesinar a su esposa si ella le era infiel, no veía factible la idea de que incluso ella pudiese llevar a su cónyuge ante la justicia si el caso era el contrario. De estas mentes, sin culpa de ser hijas de su tiempo, nacen la mayoría de los mitos que colocan a Egipto como un país bárbaro. La prueba más factible está, por otro lado, en su gran obra *Historias II*, en que nos representa a Jufu de la siguiente forma:

> Hasta el reinado de Rampsinito hubo en Egipto, al decir de los sacerdotes, una estricta legalidad y el país gozó de gran prosperidad, pero Kéops, que reinó tras él, sumió a sus habitantes en una completa miseria. Primeramente cerró todos los santuarios, impidiéndoles ofrecer sacrificios y, luego, ordenó a todos los egipcios que trabajasen para él. En este sentido a unos les encomendó la tarea de arrastrar bloques de piedra desde las canteras existentes en la cordillera arábiga hasta el Nilo, y a otros les ordenó hacerse cargo de los bloques una vez transportados en embarcaciones a la otra orilla del río.

Como el lector habrá comprobado, el tal Rampsinito no sería otro sino Snofru. La referencia que Heródoto hace de Jufu no se limita tan sólo a lo que, a todas luces, reflejaría un acto normal hasta cierto punto de cómo debieron trabajar los antiguos egipcios para construir la Gran Pirámide. Sin embargo, el viajero griego continúa en su relato:

> Kéops llegó a tal grado de maldad que, viéndose falto de dinero, colocó a su propia hija en un burdel y le ordenó que se hiciese con una determinada cantidad (los sacerdotes no me dijeron exactamente cuál). Ella, entonces, se hizo con la suma que le había fijado su padre y, además, resolvió dejar por su propia cuenta un monumento conmemorativo suyo; así a todo el que la visitaba le pedía que le regalara un bloque de piedra. Y los sacerdotes aseguraban que con esos bloques de piedra se construyó, delante de la gran pirámide, la que se alza en medio de las otras tres.

Este magnífico pasaje, en su tomo II, 124, 1-4 nos refleja dos detalles al menos más que curiosos. Resulta harto increíble que el rey Jufu anduviese falto de dinero, que decidiese colocar a su hija en un prostíbulo de Menfis y, como colofón, que ella misma se construyese su morada para la eternidad cobrando en especias sus servicios corporales... Si esto fue lo que los sacerdotes relataron a Heródoto, no resultará difícil imaginarnos a ese grupo de hombres partiéndose de risa una vez que el viajero griego hubo abandonado el santuario. Algunos egiptólogos señalan la posibilidad de que la casta sacerdotal sintiese todavía un odio acérrimo hacia la persona de aquel hombre, puesto que habría recortado en gran medida el poder de los sacerdotes. En efecto, con el reinado de Jufu, Egipto alcanzó el punto álgido de poder, y esto fue derogando los privilegios que rodeaban la figura real, pues todo lo que comprendía la figura de un faraón tendía a colocarlo como único personaje. Por eso Jufu reforzó a la figura del visir, colocándolo como segundo personaje más importante después del rey, aunque la novedad consistía realmente en separarlo de la jerarquía administrativa. Creó pues un cargo de confianza que ocupó su hijo, uno que estaba apartado de la línea sucesoria. De esa misma forma, desechó los poderes que los sacerdotes tenían y puso como máximos mandatarios a sus familiares. Sabemos de Jufu que al menos tuvo cuatro esposas. Dos principales, de las cuales tenemos referencias certeras de que fueron reinas: Meritates y Henutsen. De la primera, su nombre fue hallado en la estela que compone una falsa puerta, y en ella se alude a Meritates como madre de la princesa Hetepheres II y el príncipe Kawab. El nombre de Henutsen nos viene dado a través de una estela que hoy día es conocida como «La estela del inventario», que se halló en el templo de Isis[34], construido junto a una de las pirámides satélites que custodian la Gran Pirámide. De las otras dos esposas no sabemos a ciencia cierta su nombre. Lo que sí sabemos es que tuvo bastantes hijos: Neferiabet, Kawab, Hetepheres II, Djedefre, Hordjedef, Jafre, Minjaf, Babaef, Meritates II, Ajethotep, Baufre, Jufujaef, Nefertjau, Merisanj II y Horbaef. Sabemos también que uno de sus sobrinos, Hemiunu, ocupó un importante cargo, pues era príncipe, visir y fue jefe de las obras del rey. Gracias a las mastabas

---

[34]Este templo está datado en la XXI Dinastía, y la estela, que ha sido objeto de debate entre egiptólogos e investigadores, se remonta a la XXVI Dinastía.

de los nobles de la IV Dinastía que vivieron bajo su reinado hemos recompuesto algunos trozos de su historia. Algunas de estas moradas para la eternidad pertenecen a sus familiares, no obstante, hay un detalle que trae de cabeza a los egiptólogos. ¿Por qué en ninguna de ellas se menciona a Jufu como el constructor de la Gran Pirámide? Y es cierto. No existe ni un solo dato que nos indique tal hecho. La única mención nos la da Heródoto. No obstante, sí existen ciertos textos que nos conducen hasta su constructor, y están en el interior de la Gran Pirámide. Estos textos, que no son sino un cartucho con el nombre de Jufu escrito en su interior y unas marcas de cantería, fueron descubiertas por Howard Vyse en el año 1837 y, aunque todavía están dando coletazos aquellos que afirman que son falsas, se podría decir que está sumamente aceptado que fueron hechas por los mismos artesanos que colocaron los bloques de la pirámide. Estos caracteres jeroglíficos realizados en tinta roja también mencionaban un par de las cuadrillas que transportaron los sillares. Una de ellas se llamaba *Los amigos de Jufu*. La verdad es que todo lo que comprende a este hombre, y sobre todo el monumento que se le atribuye, es un verdadero misterio, maravilloso, pero misterio.

Sabemos que su culto, al menos, duró veinticinco siglos. No obstante, todavía hoy se pueden leer libros en los que se intenta dilapidar su memoria de este hombre y, curiosamente, se suele utilizar como excusa el hecho de que sólo se conserve una pequeña estatuilla suya. Hay muchos egiptólogos que opinan que Jufu inició una política que imitaron sus sucesores, la de construir pirámides a gran escala, que terminó por agotar los recursos del estado, lo cual acabaría provocando la caída de la monarquía. No obstante, hay pruebas que evidencian que estos hechos se produjeron por otros motivos. Sin embargo, no debemos obviar un magnífico descubrimiento a los pies de la Gran Pirámide, que a un sector de la egiptología le ayudó a comprender con un poco más de claridad la obra de Jufu y lo que representó para su pueblo y para su país. Para otros egiptólogos, el problema no está ni mucho menos resuelto. En 1984, el egiptólogo Mark Lehner comenzó a cartografiar la meseta de Gizeh con toda la nueva tecnología que esa época podía permitirle utilizar. Aparatos de medida de última generación, infrarrojos para tomar distancias y los mejores ordenadores del momento. En 1991 comenzaron la excavación sobre una antigua muralla de la cual sólo se veía la parte superior. Así fue como el equipo de Lehner descubrió una pared de grandes dimensiones, que superaba los diez metros de altura al sur del complejo de la Gran Pirámide. Lo que hizo que el arqueólogo americano se pusiera manos a la obra fue el hallazgo de una enorme puerta de siete metros de altura. Utilizando una cierta lógica, el equipo de expertos dedujo que nadie habría realizado semejante muralla, que se extendía de sureste a noroeste, si no hubiera un motivo más que justificado para ello. Así fue como salió a la luz el poblado que había albergado a los constructores de la Gran Pirámide. Se descubrieron varias panaderías de grandes dimensiones, con sus paredes y subestancias que corrían en todas direcciones, y las vasijas con forma de campana, las mismas que hay pintadas en numerosas tumbas egipcias. Junto a las panaderías se hallaron también una serie de rectángulos elevados muy bien conservados, que estaban revestidos de argamasa pulida. En el suelo de esta zona se encontraron numerosos restos de espinas de pescado y huesos de aves. Ante los ojos de los hombres del siglo XX emergían los diarios de los maestros panaderos y cocineros, que poco a poco iban mostrando cómo era el día a día en un lugar que podría haber albergado en su interior a los veinte mil hombres que, a día de hoy, se estiman necesarios para la construcción de una pirámide. Los resultados que han salido a la luz nos desvelan que este poblado de los constructores del 'Horizonte de Jufu' debió de ser una gran urbe en el año 2470 a. C., donde no sólo habría estos panaderos o cocineros, sino que el gran gremio de la artesanía, carpinteros, escayolistas, arquitectos, dibujantes, albañiles, canteros, capataces, carniceros, transportistas, navegantes y, en resumen, todas las profesiones imaginables, tuvieron cabida en su infraestructura.

Pero aquella década de los noventa tenía reservadas más aventuras para los arqueólogos que trabajaban en las necrópolis de Gizeh. A mediados de 1990, una turista americana realizó, sin querer, otro increíble descubrimiento cuando las patas de su caballo se hundieron fortuitamente bajo la arena del desierto. En realidad, se trataba de un hoyo situado entre unos muros de ladrillos de adobe. Pronto entró en escena Zahi Hawass, que en aquellos días era el director de las pirámides de Gizeh, y se constató que aquel hoyo era en realidad una mastaba. Era la entrada a la tumba, una cámara con una pequeña bóveda con una serie de puertas falsas. En las jambas de una de estas puertas estaba escrito el nombre y títulos de su propietario, Ptahshepsu, así como el de su esposa e hijos. A uno de los lados de esta tumba se abría un extenso patio, donde se hallaron restos de piedras de varios tipos, desde la roca caliza hasta la diorita. En las proximidades de la mastaba de Ptahshepsu se abrían otros hoyos de idénticas características. El hallazgo no podía ser más sorprendente: se trataba del cementerio de los obreros de la necrópolis de Gizeh, tanto de las pirámides como de los santuarios adyacentes, que se fueron construyendo a lo largo de la IV Dinastía. El motivo de que se hallaran tantos restos de piedras tan diversas era que estos obreros habían construido sus mastabas con los desechos de las obras, o tal vez no tan desechos. Lo único cierto para el Centro Americano de Investigaciones en Egipto era que en una misma década quedaban contestados los grandes enigmas de la egiptología: quiénes habían construido la Gran Pirámide, cómo habían vivido y cómo habían muerto.

No obstante, estudios realizados por diversos expertos han demostrado que las panaderías halladas por Lehner no podrían haber alimentado a más de cien personas cada una, lo que nos revela un claro problema, ya que la dieta fundamental del egipcio era pan y cerveza. El pescado y las aves es muy probable que estuviesen destinados a los capataces y personajes de rango. Los simples obreros, como mucho, tendrían derecho a una ración de verduras, cebollas o apios. Un nuevo problema añadido sería la datación de estas tumbas halladas en Gizeh. Gracias a miles de fragmentos de cerámica, así como los diversos textos escritos en las tumbas que citan a los reyes a quienes sirvieron sus propietarios, sabemos que el tiempo de utilización de esta necrópolis se estima entre el inicio del reinado de Jufu y el último rey de la V Dinastía, Unas. Sin embargo, para el egiptólogo Nacho Ares el problema es mucho más profundo, ya que desde Menkaure hasta Unas transcurren unos ciento cincuenta años en los cuales no se construye ninguna pirámide en Gizeh, ya que la necrópolis real se había trasladado a Saqqara. Así pues, es imposible que todos los obreros aquí enterrados trabajasen en la construcción de las pirámides, sino que una gran parte de ellos trabajaría en las mastabas que los altos dignatarios y príncipes se hicieron construir a los pies de la Esfinge. Afortunadamente, los misterios de Egipto están muy lejos de ser desvelados y, como antes mencionábamos, nos costará mucho poder llegar a desvelar siquiera la mitad de lo que las arenas ocultan con tanto recelo. Como colofón a esta historia, podemos citar, aunque sea brevemente, una hermosísima mastaba situada en Gizeh, que lleva como número de catálogo G 7101 y que está al este de la Pirámide de la reina Hetepheres. Su propietario se llamaba Merynefer, aunque es más conocido por el nombre de Qar. Lo que realmente une esta historia con Merynefer es que este vivió en la VI Dinastía durante el reinado de Pepi II y que llevó el título de 'Inspector de la Pirámide de Pepi I' y 'Supervisor de las ciudades de Jufu y Menkaure'. Este hecho viene interpretado como que el nombre de la ciudad realmente hace referencia al culto de los templos funerarios que se realizaban diariamente.

Djedefre

La muerte terminó por visitar a este gran rey, Jufu, artífice de la mayor obra que el hombre ha construido jamás, y un hijo suyo le sucedió. Su nombre era Djedefre. Nos encontramos con uno de los hombres más desconocidos del Imperio Antiguo. Es polémico por varios motivos, siendo el más importante su asimilación directa como 'Hijo de Re'. Está rodeado de cierta leyenda negra, que lo colocaría como un usurpador que habría llegado al trono tras asesinar a su hermanastro Kawab, el posible sucesor de Jufu. No obstante los pozos de las Barcas Solares halladas al pie de la Gran Pirámide demuestran lo contrario. Reisner halló varios objetos con su nombre; presidió los funerales de su padre y los reyes que le sucedieron no interrumpieron su culto funerario. Además, en una de las minas de oro en Nubia se halló una estela que contiene dos nombres, Jufu y Djedefre. También en Zawyet el-Aryan se descubrieron varias estatuas suyas, así como la primera representación conocida de una esfinge.

Así pues, debemos decir que el Papiro de Turín le otorga un reinado de ocho años, pero sin embargo, otras pruebas nos indican que incluso pudieron ser once. Sabemos que era hijo de Jufu y de una esposa menor, posiblemente de origen libio, y que seguramente fue el fruto de un matrimonio concertado, una especie de tratado de paz para frenar las contiendas que los egipcios tenían con estos continuos enemigos del reino. Poco más sabemos de él. Conocemos el nombre de dos de sus esposas, Hetepheres II y una hermanastra llamada Jent-Tenka.

Su reinado podría considerarse como un torbellino de oscuras acciones, siendo la más misteriosa la ubicación de su pirámide, que levantó a ocho kilómetros de Gizeh, en Abú Roash. Todavía hoy es motivo de discusión y polémica. Un complejo totalmente en ruinas que tal vez ni siquiera nunca fue finalizado[35].

Jafre

El nombre de Jafre es más conocido como Kefrén, y se traduce por 'Re cuando se levanta'. Según unas fuentes, reinó en Egipto durante sesenta y seis años y era hijo de Jufu y la reina Henutsen. Otros autores le otorgan veintiséis años de gobierno. Siguiendo las pautas que hemos adoptado, sólo le otorgaremos a Jafre un reinado de veintitrés años y mantendremos como sus padres al rey Jufu y su esposa Henutsen.

A este hombre debemos la que sin duda es la escultura más maravillosa jamás tallada en Egipto: su famosa estatua de diorita en la que podemos ver

Estatua del rey Jafre,
Museo de El Cairo,
Egipto. Fotografía de
Nacho Ares.

---

[35]Algunos egiptólogos opinan que en la última visita que Djedefre hizo a Abú-Roash, el aspecto de la obra era el que conserva hoy día.

a Jafre con una actitud serena, sentado sobre el trono de las Dos Tierras, bendecido y protegido por el dios halcón Horus. Sus ojos reflejan una paz absoluta. Admirando esta estatua, uno entiende por qué en Egipto llamaban a los escultores «los que dan la vida». Durante esos veintitrés años de reinado, apenas si tuvo un par de acciones militares. Heródoto nos cuenta que todavía mantenía los santuarios cerrados a cal y canto, y que la crueldad de este rey fue sólo superada por su padre Jufu. Pero la verdad es que sus años de vida fueron bastante tranquilos. Si, como se ha dicho anteriormente, Djedefre parecía asimilarse directamente con el dios Re, Jafre lo materializa. La figura central del rey se ve unida de forma indisoluble a la propia carne de la divinidad. Ya no es, como había ocurrido durante la III Dinastía, una conjunción semidivina; ha dejado de formar esa dualidad humana que recibía la congratulación de la divinidad. Con el reinado de Jufu primero, y después con Jafre, la monarquía se eleva a su máxima potencia, y esto se observa por la enorme complejidad de todo lo que les rodea. No son pocos los que opinan que es con Jafre cuando las arcas del Estado comienzan a secarse, y que por ello su pirámide es menor que la de su antecesor, y será así sucesivamente en las siguientes dinastías.

No obstante, no hay que olvidar que es muy posible que durante esta IV Dinastía la casta sacerdotal estuviese ya disfrutando de un poder que no pertenecía más que al propio rey. Además, tampoco existe constancia de que hubiera una especie de carrera contrarreloj para erigir la pirámide más alta y más complicada. Si, como parece ser, Jufu derogó cierta cantidad de poder en la administración, con el claro propósito de no enriquecer a los pontífices de Heliópolis, Jafre da un paso más lejos. Había dejado claro que él era la pura emanación de Re, él era Dios. Así, este monarca decide que, para asentar esa divinidad que le pertenece, debe crear su propio culto. Es posible que, aun sin quererlo, el culto a Re y el culto a Jafre se uniesen en un momento determinado de su reinado. De esta forma, cuando el 'Primer profeta de Re' pretendía ofrecer los ritos al dios Sol, en realidad estaba manifestando una total sumisión a su rey, el faraón. La casta sacerdotal estaba ahora bajo el poder real, bajo las dos coronas, y tan sólo Jafre dominaba todo lo que residía en el Valle del Nilo. Es mucho más que posible que la presencia de la Esfinge de Gizeh sea no sólo la imagen de este rey, sino de hecho la manifestación de su poder como faraón de Egipto. La polémica existente que tiende a dividir los nombres de Jafre y la Esfinge tiene ya unas cuantas décadas, pero este tema lo tocaremos en el siguiente capítulo, pues, al fin y al cabo, esto no es sino la representación de los Misterios de Thot, y por supuesto, el enigma de cómo se construyeron las pirámides. Realmente, no se sabe mucho más acerca del reinado de Jafre, siendo incomprensible para muchos estudiosos que hombres que nos legaron los monumentos más complejos de la Antigüedad no nos dejasen apenas luz sobre la historia de sus vidas.

Menkaure

Hacia el año 2414 a. C., aproximadamente, fallece Jafre y la egiptología presenta nuevamente un episodio sombrío en esta IV Dinastía[36]. Menkaure fue hijo de Jafre, y su nombre se traduce como 'Estable es el poder de Re', siendo asimismo otro rey del que apenas se tienen datos. Tan sólo podemos relatar su historia a raíz de algunas esculturas y de su pirámide. Las representaciones que nos han llegado de Menkaure son sin duda únicas en el arte del Imperio Antiguo. En concreto fueron cinco las que se encontraron en su santuario funerario, en el año 1908. Son las conocidas como «Tríadas de Menkaure», y en ellas lo vemos representado en compañía de la diosa Hathor y de una entidad femenina que personifica a un nomo. Sabemos que en cierta forma dio un paso atrás en las reformas iniciadas por Jufu, devolviendo ciertos privilegios a distintos departamentos del estado como al clero heliopolitano. Algunos egiptólogos ven un nexo de unión entre la pérdida del poder real y la magnitud de su pirámide, la tercera de Gizeh y la más pequeña de las tres, tan sólo de sesenta y cinco metros de altura, irrisoria si la comparamos con la Gran Pirámide. La tradición nos ha dado un retrato mucho más benévolo de este hombre, y Heródoto le atribuye la reapertura de los santuarios que hasta ese momento estaban cerrados a cal y canto, con toda la hecatombe religiosa que eso implicaba. Pero, como veremos, esta casta sacerdotal tenía muchos motivos para temer por su estatus de comodidad excesiva. De la unión que Menkaure tuvo con su gran esposa real, Jameranebti II, nace el

---

[36]Es posible que el trono fuese ocupado por Hordjedef y Baufre, por este orden. No obstante, por la ausencia de datos, textos y, en definitiva, cualquier resto arqueológico, estos nombres tienden a excluirse de cualquier lista real.

Tríada de Menkaure, Museo de El Cairo, Egipto. Fotografía de Nacho Ares.

hombre que estaría destinado a ser la horma de las sandalias de los pontífices de Heliópolis. Los aspectos más significativos que nos llegan de Menkaure vienen de la mano de Heródoto, pues el cronista griego nos muestra un rey bondadoso, piadoso con su pueblo y restaurador de ciertas costumbres religiosas. La bondad de este rey quedó reflejada en una morada para la eternidad de Debehn, donde se inscribió:

> Menkaure ordenó que esta morada para la eternidad fuese construida para mi padre, mientras que Su Majestad, vida, prosperidad y salud, estaba de camino hacia las pirámides, para visitar los trabajos de 'Menkaure es divino'. Su Majestad, vida, prosperidad y salud, hizo venir al comandante de carros de los barcos, al gran señor de los artesanos y a los artesanos.

Ignoramos el tipo de vínculo que unía al rey con estos dos personajes, pero para la posteridad quedó reflejado que en efecto Menkaure era divino, o al menos lo fue durante sus dieciocho años de buen gobierno.

Shepseskaf

Tras la muerte de su padre, Shepseskaf se corona como Señor de las Dos Tierras. Los reinados de Jufu, Jafre y Menkaure aparecían como los impulsores de un poderío real que, súbita e inexplicablemente, parecía derrumbarse. Shepseskaf, cuyo nombre significa 'Su alma es noble', parece estar fuera de lugar en los días de la IV Dinastía. Se le atribuye la finalización de la pirámide de su padre, la tercera de Gizeh. La duración de su reinado oscila entre los cuatro y cinco años. El resto de los datos que se pueden mencionar a continuación son tan sólo especulaciones para construir un poco la historia de este rey. Se trata de un enorme listado de enigmas sin solución aparente, que conducen todos ellos hacia un hecho incontestable, y es que con Shepseskaf se inicia el declive del Imperio Antiguo como civilización. Sabemos que en este proceso tuvo mucha influencia un estatus económico muy débil, pero este no llegaría con Shepseskaf. No obstante, el problema estaba ya presente. Con el reinado de Jufu, Jafre y Menkaure Egipto había alcanzado la cima de todas las ambiciones humanas. Era la nación más poderosa del momento; había conseguido logros a todos los niveles: administrativos, médicos, astrológicos, técnicos y un largo etcétera. Pero sobre todo en lo religioso. Con Shepseskaf tiene lugar un choque titánico entre dos fuerzas poderosas de las cuales no había un vencedor claro: el clero y el estado. En aquellos días, la casta sacerdotal de Heliópolis había alcanzado un poder que ponía en peligro la persona del rey. Y la respuesta de este fue tajante: abandonó todos los símbolos solares que unían al faraón con las divinidades de Heliópolis. Así, desechó la forma piramidal como construcción para su morada para la eternidad y se entregó al clero menfita. Shepseskaf renegó de Re, se unió a Ptah y volvió su mirada hacia las primeras dinastías, construyéndose una mastaba como edificación para el Más Allá. Con detalles arquitectónicos que son calcos de las edificaciones de la I Dinastía. Todo esto, unido al desacuerdo que mantenían determinados sectores de palacio con el rey, que pertenecían a la propia familia real, dieron como resultado que Shepseskaf fuese tratado como uno de los pocos faraones ultrajados en la historia de Egipto. No obstante, es justo citar lo que los egiptólogos de la Universidad de Oxford han propuesto: Shepseskaf no pudo edificar su pirámide en Gizeh porque se habría alejado demasiado del río y, con los edificios que ya se habían construido, sería imposible el traslado de los bloques. Argumentan que para realizar su complejo funerario necesitaba un amplio espacio y casi se diría que convirtió Saqqara en un brazo anexo a Gizeh. Sin embargo, rebatir esta teoría es fácil. Sobran ejemplos en los que muchos reyes quisieron llevar las aguas del Nilo hasta donde habían construido algún monumento. Como veremos al final de este capítulo, un explorador al servicio del rey Pepi II excavó cinco canales para el transporte marítimo. Si Shepseskaf hubiese deseado abrir un brazo del Nilo hacia su complejo funerario lo habría hecho sin ningún problema. El motivo casi con total seguridad fue puramente teológico. Su recuerdo se diluyó en medio de las arenas del desierto, aunque su advertencia sería recordada por todos los monarcas de las siguientes dinastías.

LA V Y LA VI DINASTÍAS, EL DECLIVE DE UNA NACIÓN

Userkaf

Su nombre significa 'Su *Ka* es de gran alcance', y tomaría por esposa a Jentjaus I, posiblemente su tía. La llegada al trono de este hombre está marcada por la teología heliopolitana desde un primer momento. Este hecho, como ya dijimos, nos viene corroborado por el Papiro Westcar y por el relato del Mago Djedi. Ya vimos que este relato, que está datado en el Imperio Medio, tiene como personajes a Jufu y al mago. De las artes que posee este mago destacan sobre todo las adivinatorias. Y será él quien le revele a Jufu que vendrá un nuevo linaje de reyes: «Yo te digo que primero será tu hijo, luego el hijo de ella y luego el otro de ellos…». Esta nueva línea dinástica llegaría del seno del propio Re. De hecho, este documento pone de manifiesto un hecho curioso, que no es otro sino las Cámaras de Thot. De estas salas, donde se supone está el conocimiento de la divinidad, la más importante es la llamada «Cámara del Inventario», que se ubica en Heliópolis. Con este dato queda de manifiesto que tan sólo el conocimiento de la sabiduría real era posible si la unión del rey se asimilaba con Re. Así pues, existiría una dama, de nombre Reddjedet, esposa de un sacerdote de la ciudad de Sajebu, que llevaría en su vientre a una encarnación del propio dios solar, estaba destinado a ser 'Grande de los videntes de Heliópolis', título principesco de suma importancia. Pero sin embargo, aquí entra en escena el problema principal para intentar crear el árbol genealógico de Userkaf. Y es que parece ser que este sería hijo de una dama de la corte llamada Neferhotep, que incluso podría haber sido hija de Djedefre. No obstante, lo que los egiptólogos denominan como «El enigma de Jentjaues» nos muestra que el misterio es más complicado de lo que realmente puede parecer. El motivo, unas titulaturas cuya traducción nos muestra a Jentjaues como 'Madre de dos reyes' o bien como 'Rey y madre del rey'[37]. Otra mención a una mujer llamada Jentjaues la hallamos en los archivos de Abusir, procedentes de la pirámide de Neferirkare, otro de sus hijos. Es muy posible que incluso Jentjaues simulase una especie de matrimonio con su propio hijo, que sería más un mero trámite teológico que un incesto en toda regla. Incluso es posible que no sepamos interpretar correctamente la información que nos ha llegado y que se trate de una corregencia, tal y como demuestra un sello cilíndrico datado en el reinado de Djedkare Isesi, que nos muestra a Jentjaues con el *uraerus* sobre su cabeza y la falsa barba de faraón, con lo que el título anteriormente citado, 'Rey y madre del rey', cobraría todavía más fuerza si se tratase de la misma mujer. Como podemos ver, el enigma de esta V Dinastía no es sencillo de esclarecer, máxime si seguimos a pies juntillas lo que los propios egipcios nos contaron en el relato del Papiro Westcar, ya que la pregunta es: ¿son Reddjedet y Jentjaues dos nombres para una misma mujer? Esta línea familiar alternativa tampoco parece haber tomado el poder por la fuerza; todos los hallazgos y textos nos invitan a pensar que la transición de la IV a la V Dinastía se hizo de forma absolutamente tranquila y pacífica[38]. El regreso a la forma piramidal es, para muchos autores, una muestra de sumisión al culto solar que los monarcas de la V Dinastía debían asumir si querían reinar, puesto que su rama familiar

---

[37]La egiptología tiende a inclinarse por esta última traducción, ya que Jentjaues se hizo representar con la barba falsa típica de los reyes. Este hecho nos demostraría que sus dos hijos, probablemente Userkaf y Sahure, eran demasiado pequeños como para asimilar el trono de las Dos Tierras.

[38]Algunas investigaciones incluso añaden que Jentjaues, para evitar cualquier tipo de confrontación con el clero de Heliópolis, consintió que la casta sacerdotal adquiriese de nuevo los derechos que probablemente le había quitado Shepseskaf.

no era ni mucho menos sucesora al trono. Lo que sí sabemos con certeza es que Jentjaues murió a una edad avanzada y fue enterrada por su hijo Neferirkare Kakai.

El reinado de Userkaf fue más bien corto. La piedra de Palermo le confina un reinado de siete años. No modificó ninguno de los estamentos que Shepseskaf había organizado para mantener a raya ese control sobre la casta sacerdotal. Altos funcionarios, nobles y escribas reales fueron ratificados en sus puestos, seguramente dada la importancia de los trabajos que desempeñaban y que, al menos momentáneamente, resultaban eficaces en tan arriesgada empresa. Userkaf se abre al mundo, hasta cierto punto. Se tienen relaciones con pueblos egeos que hasta entonces no habían negociado nunca con el valle del Nilo, y las rutas comerciales conocen grandes días. Realiza obras de restauración por diversos lugares de Egipto y parece ser que tiene cierta devoción por el dios Montu. Sabemos también que ocurre un hecho singular, la llegada de una corte de setenta mujeres a Egipto. Posiblemente se trate de una serie de esposas, motivo de alianzas con otros países. No obstante, semejante número deja perplejos a los egiptólogos. A pesar de que la idea de Userkaf es la de seguir los pasos de su predecesor, inexplicablemente da un salto cualitativo y construye un santuario solar y retorna a la pirámide como forma de enterramiento. En este recinto funerario, el rey construye un santuario a partir de otro existente en Heliópolis, con una amplia calzada. Como hemos explicado más arriba, no existen datos concluyentes, y todo lo que podemos contar son las varias hipótesis que los egiptólogos barajan para intentar dar sentido a un montón de datos inciertos que no hacen sino complicar más la labor de los traductores e investigadores. Nos enfrentamos a una época remota que por alguna razón no dejó los datos suficientes como para poder hacernos una mínima idea de cómo comenzó esta V Dinastía. El resultado, por otra parte, parece evidente si hacemos caso del relato que nos narra el Papiro Westcar, y es que los profetas de Re habían ganado la batalla a la realeza, y de ellos dependería en adelante la llegada al trono de los monarcas. Además, no deja de ser muy extraño que un papiro redactado en tiempos de la XII Dinastía remita los orígenes de este nuevo linaje al reinado de Jufu, cuando la pirámide alcanzó su máxima expresión como símbolo solar.

Sahure

Sahure, 'El que está cerca de Re', reinaría en Egipto a lo largo de doce años. Sabemos que su madre fue la reina Jentjaues I, aunque, como explicamos más arriba, su paternidad no está nada clara. Los nombres que se barajan son los de Userkaf e incluso Shepseskaf. Su reinado supone un punto de prosperidad en esta V Dinastía. Se proyectan grandes expediciones que necesitan una amplia concesión administrativa. Este hecho denota un cierto saneamiento económico y un buen funcionamiento de la rueda administrativa que movía al rey, que serían los gremios de artesanos. Los astilleros de Menfis trabajan a una escala gigantesca, construyendo enormes buques que tendrán como destino, entre otros, el Líbano, país con el que Egipto comerciaba a menudo para obtener su preciada madera de cedro. Otros buques parten con rumbo a Punt[39], en busca de mirra y electro en lo que se conoce como la primera expedición documentada al país de Punt. En este aspecto, Sahure se presenta al pueblo como un marinero de suma experiencia. Todo este movimiento que el rey despliega nos permite hacernos una idea de la prosperidad que alcanzó Egipto durante estos doce años. No era fácil llevar a cabo una expedición, y mucho menos varias. Las escenas que han sobrevivido en su pirámide nos muestran los grandes buques que regresaban trayendo a bordo a dignatarios de los distintos países que se habían visitado. Pero la riqueza que se almacena en las arcas reales es objeto de codicia por muchos oscuros personajes. Movimientos llegados del desierto libio atentan contra la seguridad de las rutas de caravaneros, por lo que es necesaria la intervención de los soldados en numerosas ocasiones. No sería de extrañar que los puestos fortificados fuesen reforzados con un buen número de reclutas, ya que no hemos de olvidar que el ejército profesional no existía todavía, y que las milicias componían el grueso de las tropas. Sin embargo, uno de los problemas que más daño hizo a Sahure tuvo lugar en el propio Egipto. Al parecer, una serie de gobernadores locales llegó a montar una red de tráfico de ganado. Al enterarse, el rey se mostró implacable, pues esa calaña de ladronzuelos no tenía cabida en su reino.

---

[39]Siempre se ha creído, y de hecho todavía se cree, que este mítico país estaría ubicado en lo que hoy es el cuerno de Somalia.

Desde el Sinaí hasta Uadji Maghara, las reservas de turquesa, diorita, oro y otros minerales aumentan de manera grandiosa. No cabe duda que Sahure heredó un prospero Egipto, pero la forma de administración había cambiado. El hecho es nuevamente teológico. Y es que el rey ya no es aquella identificación de Re que había consolidado Jafre, sino que ahora es tan sólo su hijo. Así, el protocolo real recoge este hecho al adoptar su nombre 'Hijo de Re'. Por este motivo, aumentan las donaciones a los santuarios: tierras, empleados, materias primas, oro, minerales, etc. Poco a poco, y con el único motivo de poder pagar los ritos funerarios, los grandes centros teológicos de Heliópolis alcanzan un gran poder administrativo y jurídico. Con Sahure se abre un nuevo complejo funerario, en Abusir. Inaugurando esta nueva necrópolis real, que sería continuada por tres de sus sucesores, el rey parece observar las líneas de la IV Dinastía, llegando a unirse en en una planicie idéntica a la de Gizeh. De hecho, esta región bien pudo confundir al propio Heródoto en su viaje a Egipto. Nacho Ares investigó este hecho y la conclusión es sin duda estremecedora: lo que el viajero griego cuenta en los capítulos 124 y 129 acerca de Gizeh posiblemente está basado en otros autores anteriores, como Hecateo de Mileto, que visitó Egipto un siglo antes que él. Esta sería una práctica elemental llevada a cabo por casi todos los historiadores, que recogían en sus notas las dichas y desdichas que vivían a orillas del Nilo. Tal es así que ni Heródoto ni Diodoro Sículo ni Estrabón mencionan la atracción que les debería haber producido contemplar la Esfinge de Gizeh. Este hecho, tal vez, no deba ser contemplado como un absurdo y la explicación parece bien lógica si nos atenemos al celo que los sacerdotes egipcios podían mantener acerca de los secretos milenarios de su civilización, y en absoluto desvelaban toda su grandeza y, por ende, la meseta de Gizeh. Los textos más valiosos que nos hablan de Sahure están en una autobiografía del noble Perisen; así como en los relieves de una falsa puerta, ambas en Saqqara. En Gizeh, otros nobles que le sirvieron nos dejaron también episodios de su vida escritos en sus moradas para la eternidad, como es el caso de Sejemkare y Nisutpunetjer. A raíz de estos textos hemos podido recomponer parte de la historia de este rey, impulsor de una nueva era, que en cambio no pudo deshacerse de ese lastre pesado en el que se había convertido el clero heliopolitano.

Neferirkare Kakai

A Sahure le sucederá su hermano, Neferirkare, cuyo nombre se traduce como 'Hermosa es el alma de Re', que reinó en Egipto durante diez años. Fue el primer rey que utiliza el *nomen* y el *praenomen*[40]. De Neferirkare podemos destacar por ejemplo que ordenó compilar una gran cantidad de archivos[41] y, gracias a estos textos, los egiptólogos han podido reconstruir gran parte de su vida. De entre lo más importante que nos cuentan estos textos podemos destacar el esmero que Neferirkare ponía en la consecución de los ritos funerarios de sus antepasados. Se ocupó de que la cantidad de ofrendas fuesen las requeridas y que el orden de las ceremonias jamás fuese suprimido. Todos estos datos, las rentas diarias, las ofrendas a sus familiares fallecidos, a los dioses, los ritos ceremoniales, cuidados a las estatuas, el listado consecutivo de los banquetes divinos, la agrupación y cuidado de los materiales rituales, todos estos expedientes que resaltan las inspecciones que el rey realizaba en los santuarios y otros edificios administrativos de primer orden, demuestran que se esforzaba por mantener el control del país. Sin embargo, se puede asegurar que las mastabas de los nobles menfitas son más suculentas que las pirámides de sus soberanos. Este hecho confirma que la importancia de estos faraones estaba siempre bajo la puntualización de esta nueva casta de sacerdotes que había alcanzado ya un gran poder bajo el reinado de Neferirkare. La prueba de ello es un texto que nos desvela un tremendo y significativo símbolo de fractura entre estos dos estados del poder. El rey promovió una ley en la que eximía a un pequeño santuario de Abydos de la recaudación de impuestos para las arcas reales. Neferirkare concedió importantes tareas a su visir e intentó mantener a raya a la burguesía que comenzaba ya a tener un considerable poder. De hecho, gran parte de estas deducciones son sacadas de la mastaba de Ty, en

---

[40]Esto significa que tenía dos nombres y dos cartuchos reales.
[41]Se trata de más de trescientos fragmentos de papiro redactados en escritura hierática que fueron guardados en una habitación del complejo de su pirámide, y detalla con sumo cuidado el funcionamiento de la administración, aunque hay que resaltar que muchos de estos textos pertenecen al reinado de Djedkare Isesi, que gobernó unos cuantos años más tarde. Gracias a uno de estos papiros conocemos la existencia de un santuario funerario de un desconocido rey llamado Raneferef, y tan sólo su estudio podrá darnos a conocer la clase de hombre que fue y los detalles de su vida cotidiana.

Saqqara, y del santuario solar que el rey comenzó a edificar, porque la construcción se quedó a medias. Desconocemos el motivo de este abandono, aunque no es difícil suponer la causa. Estas obras serían culminadas por el rey Niuserre mucho más tarde.

Neferefre Isi

El posible caos que comenzó a surgir en esta recta final de la V Dinastía se ve ligeramente reforzado por el desconocimiento de un hecho significativo que ocurre tras la muerte de Neferirkare. Y es que nos encontramos con un nombre, Neferefre Isi, cuya aparición en escena implica que sepamos más de sus antecesores y sucesores que de él mismo. Este nombre suele colocarse en las listas reales como el sucesor de Shepseskare; no obstante la mayoría de egiptólogos opinan que su lugar en la historia sería justo antes. Para entender un poco más los motivos de este debate, es justo conocer las pruebas que juegan a favor y en contra de Neferefre. En Abusir se halló un bloque de piedra caliza con una representación del rey Neferirkare y su esposa real, Jentjaues II, junto a un príncipe identificado como Neferefre. La duda nos asalta cuando vemos que, en dicho bloque, su nombre está escrito de forma distinta. Los egiptólogos, para colocar justamente esta sucesión al trono, juegan con un hecho fundamental. A la muerte de Neferirkare, la consorte real Jentjaues II actúa como regente del reino, dada la corta edad del príncipe. Hay numerosas evidencias de que por un breve período de tiempo incluso reina como faraón en solitario. Esta acción sería la consecuencia de una súbita muerte del príncipe Neferefre. Los restos de su momia fueron hallados en Abusir y, tras un minucioso examen, se supo que el rey había muerto a la edad de veinte o veintitrés años como mucho. Aquí entra en juego el factor regencia, pues se sabe que Neferefre reinó tan sólo un año. A la muerte de su hijo, Jentjaues II habría tomado el mando del país, y de esta forma colocaríamos a este príncipe reinando justo después de Neferirkare.

Pero, sin embargo, una vez más nos vemos envueltos en un entramado de historiadores y egiptólogos, cada uno tirando del hilo que más defiende. Y es que en el bloque de caliza de Abusir tenemos tres nombres: Neferirkare, Jentjaues y Neferre. La lógica nos dice que el príncipe

Neferre, 'Re es hermoso', cambió su nombre al llegar al trono por el de Neferefre, 'El de la belleza de Re', añadiendo su nombre de *Sa Re*, o Hijo de Re, posiblemente Isi.

Estamos pues, ante un rey de la V Dinastía y, como tal, deberá construir un santuario solar, dada la influencia teológica. El nombre de su santuario era Hetep-Hetep-Re, aunque yace todavía bajo las arenas del desierto. Sabemos, gracias a textos hallados, que fue culminado por su hermano Neuserre Ini. Y es que Neferefre Isi falleció mucho antes de que su pirámide estuviese terminada. A todo esto que hemos comentado debemos añadir el enigma Jentjaues, pues los egiptólogos todavía no coinciden en concordar si esta Jentjaues es la misma que cita el Papiro Westcar, cuya enigmática presencia citamos anteriormente[42]. Con los pocos vestigios que nos ha legado, Neferefre continúa siendo uno de esos maravillosos enigmas del Antiguo Egipto, aunque, desgraciadamente, muy pocas piezas nos permiten por ahora recomponer ese rompecabezas que conforma su historia y su pasado.

Neuserre Ini

Neuserre Ini sucede a su hermano, y su nombre significa 'El que posee la energía de Re'. Varios enigmas confieren a la persona de este rey, como que no está clara la duración de su reinado. Esto es debido a que el Papiro de Turín está dañado justo en el tramo donde se sitúa a este monarca, aunque, gracias a un texto[43] que se halla en su Santuario Solar, podemos atribuirle un reinado que oscila entre los treinta y los cuarenta y cuatro años,

---

[42]No hemos de olvidar que tanto la conocida como Jentjaues I como Jentjaues II tendrían que asumir la regencia del reino dada la corta edad del príncipe heredero. El hecho de que Jentjaues II incluso pueda ejercer como rey en solitario recuerda demasiado a su hipotética antecesora en el cargo. Así, con las dos hipótesis sobre la mesa y sin posibilidad de poder llegar a un acuerdo entre los diversos expertos, parece más lógico pensar que las dos mujeres sean una misma persona, e incluso que los hechos que se nos muestran pertenezcan a la misma historia.

[43]Dicho texto narra los acontecimientos que se produjeron durante la celebración de su *Heb-Sed*, y precisamente se cree que no era necesario haber cumplido el trigésimo año de reinado, sino que, pudiendo hallarse enfermo el rey, se hubiera querido intentar una curación milagrosa por medio del rito mágico de la *Heb-Sed*.

Falsa puerta del recinto funerario de Neuserre. Fotografía de Nacho Ares.

aunque autores como Dodson e Hilton le otorgan solo un reinado de once años. Sabemos que tuvo un reinado bastante activo. En la región del Sinaí hubo de llevar a cabo unas cuantas acciones militares, porque varios grupos de libios asaltaban las minas de turquesas y de cobre. Así pues, tenemos que, en lo que concierne al comercio, Neuserre prosiguió con las expediciones que Sahure había iniciado, y sabemos que las expediciones al país de Punt no fueron interrumpidas durante su reinado. Y durante su reinado, la riqueza apareció también para el pueblo. Los lujos, al menos en lo que a la clase media alta se refiere, son bastante prominentes. Las mujeres emplean suntuosas pelucas y las modas tienen gran impacto entre las damas de la corte real. Los altos funcionarios se hacen construir fastuosas moradas para la eternidad, casi principescas. Podría decirse que Egipto es un país rico y próspero. Así, las relaciones comerciales con Bibblos se hacen muy frecuentes y estas harán que entre mucha riqueza en el país. Y es que para mantener toda la riqueza que disfrutaban los nobles de la corte, así como los príncipes nomarcas y demás ramas de la nobleza, era indispensable un comercio fluido no sólo con Bibblos, sino también con los pueblos egeos. Por supuesto, las minas de Nubia, en la región que comprende Abú Simbel, fueron explotadas a un increíble nivel. La riqueza y el poder que detentó Neuserre Ini están plasmados en piedra. No sólo levantó su pirámide y su santuario solar, sino que terminó el complejo funerario de su padre Neferirkare, el de su madre Jentjaues y el de su hermano Neferefre, y reconstruyó el santuario solar de User-kaf, que por aquellos días debía mostrar algunos derrumbes por motivos que se nos escapan. No cabe duda de que la imagen de Abusir era, en efecto, digna del propio Re.

Menkauore

El siguiente hombre de nuestra lista real es Menkauore, 'Eterno es el *Ka* de Re'. Nos encontramos nuevamente con un conflicto familiar, al no poder colocar directamente su línea sanguínea. Dos vertientes se abren para mostrarnos a sus padres. Por un lado, posiblemente era hijo de Neuserre y la reina Neput-Nebu, consorte real. Otra hipótesis de trabajo, aunque no tan aceptada, nos señala que podría haber sido su propio hermano. No obstante, hay una hipótesis muy suculenta que la egiptología no suele aceptar con facilidad. El hecho nos viene dado por una interrupción de la línea dinástica a la muerte de Niuserre. Sabemos que tenía una hija, Jameranebti, casada con Pathshepses, que había sido en primer lugar peluquero del rey y, al desposar a Jameranebti, se convirtió en visir de Niuserre Ini. Sabemos que este matrimonio tuvo al menos cinco hijos: Ptahshepses, Qednes, Kahotep, Hermajti y Meritates. Aquí parece morir la descendencia de Niuserre, ya que ninguno de sus nietos logró reinar. Sin embargo, Menkauhor estaba casado con una dama de nombre Merisanj, la cuarta de su linaje, cuya familia bien podría derivar de casa real de Huni o incluso Snofru, con Merisanj I, esposa de Huni, o bien con Hetepheres, la esposa de Snofru.

Sea como fuere, la egiptología nos dice que el rey era hijo de Neuserre, y que reinó en el trono de Egipto por un período de tiempo no superior a ocho años. Lamentablemente, tampoco podemos decir demasiado acerca de este hombre; hasta tal punto llega el desconocimiento que no sabemos ni siquiera cuál es su pirámide. Se especula que tal vez fue levantada en Dashur. Este hecho, de ser cierto, demuestra una especie de ruptura con la tradición dinástica de erigir su morada para la eternidad en Abusir. No obstante, sí que continúa con la consecución de santuarios solares, aunque no está claro tampoco si lo construyó en Abusir o en Saqqara[44]. La relación de la ubicación de esta pirámide en concreto se ve reforzada por unos documentos pertenecientes a la XVIII Dinastía, donde se especifica que el complejo funerario de Teti estaba vinculado con el culto al divino Menkauor. Poco más, o más bien nada, podemos decir de este personaje tan misterioso.

Djedkare

La llegada de Djedkare sí arroja, en cierta forma, un poco más de luz sobre este momento de la historia. En principio, podemos asegurar que fue hijo de Menkauor y que reinó por un período de cuarenta y cuatro años, aunque la egiptología suele atribuirle tan sólo veintiocho años. De hecho, su momia fue encontrada en su pirámide y, según los estudios realizados, corresponde a la de un hombre que falleció con cincuenta años de edad, por lo que la segunda opción es la más plausible. Su nombre se podría traducir como 'El *Ka* de Re es eterno', siendo su nombre de nacimiento Isesi. Sabemos que cuidó mucho de la manutención de los santuarios de Abusir y que explotó con gran éxito las minas del Sinaí. Continuó la tradición que Sahure había iniciado de enviar expediciones navales a la tierra de Punt en busca de materias como mirra e incienso. Otras expediciones que realizó, por ejemplo a la tierra de Bibblos, nos indican que la economía estaba bastante desahogada, pues de lo contrario no sería posible mantener esas relaciones. Sabemos, sobre todo gracias a su visir Ptahhotep, que el momento cultural que se vivió en los años de Djedkare era espléndido. De hecho, uno de los mejores tratados de este período son las *Máximas* de Ptahhotep.

Sin embargo, he aquí el hombre con el que este magnífico Imperio Antiguo comienza su declive hacia la desaparición total de toda una época. Y es que, como ya les ocurriera a muchos antecesores suyos, el clero heliopolitano venía ejerciendo una presión enorme, lo que provocó un estallido en el poder central. Djedkare se aleja de los cultos solares e incluso se opone a construir un santuario solar. Elige Saqqara como lugar para la eternidad, y

---

[44]La mención a estos dos monumentos nos llega de manos de nobles de su época, en cuyas mastabas hicieron inscribir en jeroglífico el nombre de ambos: el de su santuario solar Ajet-Re, 'El horizonte de Re', y el de su pirámide 'Divinos son los lugares de Menkauor'.

en cierta forma ya no se pone en manos de Re para que sea esta divinidad la que lo proteja tras su muerte, sino que casi se entrega a la antigua deidad de Soqaris. Abandona pues el santo significado que tenía en el culto solar la región de Abusir, pero sin embargo, como su propio nombre indica, no abandona totalmente a Re, sino que más bien es como si el rey deseara desvincularse de los hombres que representan al dios, sin que por ello su contacto con la divinidad se viera afectado. Tenemos constancia de que realizó su *Heb-Sed*, lo cual demuestra que, por lo menos, podía gobernar con cierta rigidez. No obstante, el momento marca la ruptura entre el rey y su clero, y esta ruptura será todavía más patente con su sucesor.

Unas

Este rey es uno de los más importantes de esta V Dinastía, al menos si lo miramos desde el aspecto arqueológico. No obstante, primero podemos destacar la importancia que jugó su papel como último monarca de la edad

Relieve del templo de Unas, hombres famélicos. Museo de Imhotep, Saqqara.
Fotografía de Nacho Ares.

dorada del Imperio Antiguo. Su nombre de Horus deja el reflejo de lo que el rey tenía en mente, pues era Wadj-Tawi, 'El que hace prosperar a las Dos Tierras'. Sabemos que reinó al menos durante treinta años, y lo poco que conocemos sobre su vida es gracias a los relieves hallados en los bloques de su santuario del valle.

Lamentablemente, su reinado estuvo plagado de desdichas. A pesar de que las relaciones comerciales con las tierras extranjeras continuaron con la misma frecuencia que la de sus antecesores, ocurrió algo que traería una gran hambruna en algunos años de su reinado, tal y como atestiguan varias escenas halladas en su santuario funerario. Se han realizado estudios bastante serios al respecto de este fenómeno, que ciertamente es harto trágico y desalentador. La conclusión final viene a dejar claro un cambio climático que posiblemente comenzó a hacer estragos durante los años de este rey, si bien los primeros síntomas de la sequía tuvieron que empezar con anterioridad. No obstante, estos acontecimientos estaban aún por llegar. Sabemos que a los puertos de Egipto llegaron varios buques procedentes de Bibblos, producto del intercambio de géneros que era tan frecuente para estas gentes. Vemos escenas en las que se recrean los mercados menfitas, así como una gran variedad de fauna que habitaba en los oasis de los desiertos. Tenemos constancia de al menos un par de intervenciones militares que el rey tuvo que llevar a cabo para combatir a los nómadas del desierto. Sin embargo, el hecho fundamental que muestra la total ruptura con el clero de Heliópolis sería un secreto guardado durante más de dos mil años, hasta que la divinidad dispuso su voluntad.

Y es que, como de costumbre, los descubrimientos arqueológicos se producen, en la mayoría de los casos, de casualidad. En la última década del siglo XIX tenía lugar una curiosa batalla campal en medio del desierto egipcio. Dos titanes de la egiptología, Auguste Mariette y Gaston Maspero, intentaban demostrar la existencia de textos grabados en el interior de las pirámides. Mariette defendía con uñas y dientes que estas construcciones no habían albergado jamás ni un solo escrito. Por otro lado, Maspero estaba totalmente convencido de lo contrario. Este último fue quien, por azares del destino o porque el plan así estaba concebido, excavando en la pirámide de Pepi I realizó un hallazgo sorprendente, tanto en su forma como en el contenido. Mariette, en un acto de arrogancia, no reconoció su error. Aunque hay que decir que para Maspero, su mejor momento estaba aún por llegar. En aquellos días, la pirámide de Unas no era sino una ruina; su estado era tan lamentable que los arqueólogos no mostraban sino indiferencia ante ella, por ello investigaban en otras que se conservaban mejor, como la de Pepi I. Quién sabe si fue la casualidad o la providencia divina la que se apareció cierta mañana en forma de chacal, merodeando por la pirámide de Unas. Era un guardián egipcio quien vigilaba el monumento, el cual se sintió indiferente ante la presencia del animal. Sin embargo, el chacal parecía querer llamar la atención de aquel egipcio, así que comenzó a asomar su hocico entre una de las esquinas de la pirámide, observaba al hombre, desaparecía y reaparecía momentos más tarde. El guarda, movido por la curiosidad, se incorporó de su descanso y comenzó a caminar hacia el chacal. Este se dirigió entonces hacia la fachada norte de la pirámide, se detuvo un instante para asegurarse de que el hombre lo seguía, y se coló en el edificio a través de una abertura en la tierra, justo en la base del monumento. El guardia, anonadado, decidió seguirlo y se introdujo por el túnel, que en verdad era un pasadizo de un metro escaso de altura. Una vez que se pudo poner en pie, sacó de su chilaba una linterna. Su sorpresa fue monumental cuando sus ojos, tras haberse habituado a la tenue luz, se maravillaron ante el espectáculo que ofrecían aquellas interminables hileras de textos jeroglíficos. Había hallado lo que se conocería como los *Textos de las Pirámides*. Del chacal no había rastro, se había esfumado en la nada, pero Maspero había ganado la partida, pues las pirámides no eran mudas, sino que en aquella concretamente se había escrito el libro religioso más antiguo de la historia de la humanidad. Más tarde se descubriría que, en realidad, Unas había sido el primer rey en hacer grabar los pasajes mágicos en su pequeña pirámide.

La importancia de estos textos es enorme, pero en el aspecto que estamos tratando mucho más aún. Unas se había asociado directamente con Osiris, acto que nos muestra el momento justo en el que el poder real se desliga del clero heliopolitano y vuelve su vista hacia las primitivas divinidades. Su momia, de la cual Maspero halló varios trozos en 1880, se había puesto bajo la vigilancia del ancestral Osiris, rompiendo final y claramente con todo aquello que tuviese que ver con los profetas de Re. La ruptura fue desastrosa para las siguientes líneas dinásticas, que, junto con otros motivos que se nos escapan, provocó un aumento de poder sobre los nomarcas locales que llegarían a disputarse incluso el poder real. Además, esta ruptura casi marca el final del Imperio Antiguo y de hecho, no son pocos los expertos que excluyen a la VI Dinastía de esta cronología y la incluyen directamente en el I Período Intermedio.

Teti

El inicio de la VI Dinastía es una oscura época de cambios y desenlaces reales. Gracias a una inscripción en el Santuario Funerario de Unas, en la que podemos ver los nombres y títulos de Teti I, sabemos que la transición de una dinastía a otra apenas produjo alteraciones en el seno real. El Papiro de Turín nos muestra a este rey como el primero de un grupo de nuevos monarcas. No obstante, no tenemos ni idea de quién fue su padre. El hecho de que su nombre aparezca en la pirámide de Unas no nos indica que hubiera sido este, sino más bien que pudo ser su yerno, pues estaba casado con una hija de Unas, la princesa Iput. Lo que sí sabemos es que su reinado se inicia bajo altercados más o menos violentos. De hecho, su nombre de Horus así nos lo indica,. Sehoteptawi, que literalmente se traduce como 'El que pacifica a las Dos Tierras', nos muestra el reflejo de la carencia que sufría el seno real. La casta de sacerdotes mantenía ese tira y afloja con la monarquía, que derivó en la sumisión total de estos últimos a favor de los primeros. La prueba es que la política interna de Teti gira en torno al favoritismo sacerdotal. Anula aquellos decretos de Unas contra la aristocracia teológica y devuelve al santuario de Abydos todos sus privilegios, promulgando un decreto real. Otro hecho destacable es que Teti entrega a una hija suya como esposa al clero, la princesa Sesheshet, que se convirtió en esposa de Mereruka, y, a la postre, este se convirtió en visir. El nombre de esta reina resurgió del olvido cuando, a finales del año 2008, una expedición egipcia ponía al descubierto las piedras de su pirámide y los restos de su momia. Sin embargo, no todo está tan claro, puesto que Teti se asocia, por vez primera, al culto de Hathor en Dendera, y este hecho sin duda tiene que ver con el culto a Horus, pues Hathor era su esposa. Los cambios que se dan con esta dinastía implican también sucesos increíbles que muy pocas veces se vieron en el Antiguo Egipto. Todos estos hechos se unen a la posibilidad de un complot tejido en torno al rey, cuyo resultado sería el asesinato del monarca. El instigador en la sombra pudo haber sido Userkare, que finalmente podría haber reinado con sus manos llenas de la sangre del hombre que sería recordado como Teti, 'El amado de Ptah'.

Userkare

Y es que Userkare posee todos los elementos de misterio que caracterizan los enigmas del Antiguo Egipto. En principio, el Papiro de Turín presenta un sinfín de lagunas en el lugar donde se debería ubicar a este rey. Su nombre significaría 'El *Ka* de Re es fuerte', y sería Manetón de Sebenitos quien, consciente o inconscientemente, lo señalaría como el asesino. Manetón nos cuenta en su obra que Teti murió asesinado a manos de su guardia real. Su nombre, pues, había desaparecido de la lista real de Turín coincidiendo justo con las lagunas existentes entre los reinados de Teti I y Pepi I, padre e hijo respectivamente. Pero la prueba de la existencia de este hombre como rey de Egipto está en la lista real de Abydos, ocupando el número treinta y cinco como segundo monarca de esta VI Dinastía. La historia, según muchos egiptólogos, es la que sigue: Userkare habría pertenecido a la corte real, posiblemente fuera hijo de Jentjaues III, una concubina, lo que dejaba al príncipe sin posibilidad alguna de reinar, ya que el heredero era Pepi I, hijo de Teti e Iput. Está claro que para llevar a cabo semejante acción, este hombre no pudo nunca actuar en solitario, lo que implicaría a un sinfín de nombres, posiciones jerárquicas y lugares de actuación. Posiblemente, incluso la casta sacerdotal estuviese implicada en el regicidio. Pero, sea como fuere, la usurpación existió, y la prueba de ello se encuentra en Saqqara, en la morada para la eternidad de un noble que vivió bajo el reinado de Teti I y Pepi I. Su nombre era Jaunefer, y en su morada para la eternidad escribió una autobiografía, donde nos dice que él había sido «amigo del rey», y se jacta de ser «aquel que conoce los secretos del rey». A todas luces, y como ocurriría en otras ocasiones, esto es producto de un acto demasiado vil como para ser recordado y, sin embargo, como veremos más abajo, gracias a un alto dignatario llamado Weni podemos arrojar un poco de luz a este misterio.

Sabemos que Userkare inició algunos proyectos; así lo recoge un papiro que nos habla de la vida de unos trabajadores de Asiut. Estos obreros fueron contratados por el rey para trabajar la piedra. No obstante, la falta de los restos arqueológicos de sus edificaciones tan sólo nos deja dos opciones: o bien dichos monumentos no se han encontrado todavía o fueron desmontados y reutilizados posteriormente. La única verdad es que desconocemos el momento y las circunstancias que rodean a Userkare, si formó parte de la conjura que asesinó a Teti o si pertenecía a la familia real. Lo único cierto es que fue Pepi I quien se ocupó de ejecutar la terrible venganza: el olvido.

Pepi I

El reinado de Pepi I no fue nada fácil. Subió al trono a temprana edad, coronándose como Merire, 'El amado de Re'. En aquellos momentos la corte estaba algo dividida entre aquellos que servían al nuevo faraón y aquellos que creían en la legitimidad de Userkare, pero de este hecho hablaremos un poco más adelante. Sabemos que la corte que rodeó a Pepi I fue elegida por él mismo, que colocó a gente de confianza en aquellos puestos y lugares más importantes. Una vez que la conspiración fue abortada, se casó con las dos hijas de Jui y Nebet, los nomarcas de Abydos. Anjesemire I daría a luz al príncipe Merire. Cuando esta fallece, Pepi toma por esposa a la hermana de la difunta, Anjesemire II, que sería la madre de Pepi II[45]. Estos actos de infortunio dieron como fruto un reinado próspero. Tal vez necesitaba el apoyo económico de estas alianzas para poder llevar a cabo el gran número de expediciones que partieron de Menfis, relacionadas con el intercambio comercial, transporte de piedra, explotación de turquesas, cobre y demás minerales. De hecho, en una de las canteras se halla una inscripción que narra la primera fiesta *Heb-Sed* del rey en su largo reinado, que duró cuarenta y seis años.

Por otro lado, las relaciones con el extranjero fueron excelentes. A Bibblos, zonas de Palestina y Nubia viajaron varios hombres de renombre. Los más destacados e importantes fueron Hirjuf y Weni. El primero es sin duda uno de los mejor documentados. Llegó a ser uno de los pre-

---

[45]Este hecho nos muestra la importancia que había adquirido dicho nomarca, y da la impresión de que el rey necesitó ese matrimonio concertado para contar, de alguna forma, con un apoyo que claramente tenía fondos militares o económicos.

feridos del rey, sacerdote *Iry,* juez de Nejen y portador del Sello Real, entre otros títulos. Pero su papel más conocido es como explorador. Él mismo nos cuenta cómo viajó a la desconocida región de Yam, que corresponde a una franja de la alta Nubia.

> Su Majestad Merire, mi señor, me envió junto con mi padre, el compañero único del rey y sacerdote *Iry,* a las tierras de Yam para explorar esta región. Lo hice en sólo siete meses y traje toda suerte de regalos para Su Majestad. Luego, Su Majestad me envió una segunda vez, volví sobre mis pasos y descendí de Ireth, Mejer, Tereres e Irthet, viajando durante ocho meses.

Hirjuf incluso llegó a formar parte en las contiendas que el jefe de los Yam mantenía con sus enemigos, apareciendo siempre como pacificador. Para su rey Pepi I trajo no sólo objetos raros y desconocidos, sino que evocó en ese mundo tan salvaje y aparentemente primitivo un gran prestigio, que colocaba a Egipto como una nación poderosa.

El otro gran explorador, que al igual que Hirjuf sirvió a Pepi I, a Merenre I y a Pepi II, es sin duda importante por sí solo. Inició su carrera desde lo más bajo hasta alcanzar puestos de gran importancia en la corte real. Para Weni, el ser un hombre de clase baja no fue obstáculo. Comenzó como militar, un oficial sin importancia. Luego llegaría a ser Portador del Sello Real y Chambelán del rey. Más tarde, se le otorgó un cargo importante en la ciudad de la Pirámide de Pepi. Es precisamente aquí donde juega un papel fundamental, pues el rey lo nombra Intendente Real, para que investigue el caso de

Estatua de Pepi I con el traje de la *Heb-Sed,* Museo de Brooklyn, Nueva York. Fotografía de Keith Schengili-Roberts.

la conjura que se ceñía sobre la Doble Corona. Y es que desde los inicios de su reinado, Pepi I tuvo que esquivar un sinfín de trampas y engaños, casi todos elaborados por la enigmática y maquiavélica figura de Jentjaues III, la madre de Userkare. Esta mujer se confabuló con el visir, tejiendo una trama de forma increíble y, pese a los esfuerzos, no se pudo desenmascarar a los culpables hasta el año cuarenta y dos del reinado de Pepi, cuando la conspiración fue exterminada totalmente y los culpables castigados. El enfrentamiento de varias familias de sangre real con distintas líneas sucesorias es un hecho. No sabemos si Jentjaues III vivió hasta el final de la trama, pero sí que esta familia estaba esperando el momento idóneo para asestar un golpe certero y hacerse con el poder. La intentona de usurpación salpicó a varias familias de nobles, que por aquellos días habían alcanzado ya grandes cotas de poder, y ansiaban incrementarlo. Una parte de esta nobleza cayó con la conjura; otra sin embargo se jactó de ser una casta privilegiada por el rey, construyéndose incluso suntuosas moradas para la eternidad. Weni realizó una potente e intachable investigación, seleccionó un jurado y convocó una audición, llevando a la sala del juzgado a varios testigos. Desvinculó al visir, sospechando que este estaba implicado. Weni, que por aquellos días no era todavía oficial de alto rango, solucionó el problema sin armar demasiado alboroto, mantuvo la discreción que su rey le había pedido y jamás habló de aquello que habían visto sus ojos y oído sus orejas. Sin duda, este caso le valió el ponerse a cargo de su primera gran misión, convirtiéndose en personaje importantísimo, casi clave, ante la gran crisis que se avecinaba. Por el noroeste llegó una amenaza bajo la forma de nómadas que se adentraron en Egipto por la zona del Delta. Estas tribus de bárbaros comenzaron a cometer delitos, robo de ganado y destrozos varios en las comunidades. Así, Weni es comandado al frente de una unidad de varios miles de hombres para poner fin a las tropelías que cometían «los que están sobre la arena». Con esta contundente acción, Pepi buscaba asegurar también las rutas de las caravanas del Sinaí. Weni tuvo a su disposición milicias de los nomos, varios cientos de nubios y mercenarios contratados. Organizó regimientos y al frente de cada uno colocó a varios dignatarios que dependían de sus órdenes directas. Hay que destacar mucho a favor de este hombre, llamado Weni, 'El anciano', pero especialmente su valor del honor, pues impuso sobre todo el respeto a los vencidos. No consintió saqueo ni violación alguna por parte de sus hombres hacia los derrotados. Así, una vez que la batalla hubo terminado, dejó tras de sí un rastro de brillantez incorrupta. No obstante, para llevar a cabo este éxito necesitó cinco campañas.

Weni llevó el nombre de su rey más allá del territorio sur egipcio, que por aquellos días finalizaba en la primera catarata. Toda esta zona influenciada se puso bajo las órdenes de Weni cuando el rey lo nombró gobernador de los países del sur, pues emergieron de los territorios cercanos a Elefantina varios grupos de príncipes locales que comenzaron a organizar intentos de sedición contra Egipto.

Así pues, con estos dos hombres, Pepi tuvo días más que gloriosos que ayudaron a soportar los achaques de un sistema que amenazaba con desmoronarse. Tan sólo eventuales momentos mantenían en pie una realidad que los egipcios disfrazaron de gloria, haciendo oídos sordos al crujir de la monarquía. Gracias a una inscripción hallada en una cantera de alabastro sabemos que Pepi celebró en Hatnub su vigésimo quinto recuento del ganado, lo que nos deja al menos unos cincuenta años de reinado. En Bubastis, Dendera, Abydos o en Saqqara, vemos aquí y allá restos que llevan su nombre. Su pirámide, de la que luego hablaremos, llevó por nombre Merire Mer-Nefer, 'Merire es establecido en perfección'. Cuando finaliza el reinado de Pepi I, el culto solar se había alejado bastante de la monarquía de Egipto, y su herencia de riqueza no sería más que ilusoria.

Merenre I

Merenre I es el cuarto rey de la VI Dinastía, cuyo nombre significa 'El amado de Re'. Su llegada al trono tiene lugar a una edad bastante temprana, aunque hay que ser muy prudentes a la hora de colocar estos datos, porque todo el entramado familiar que rodea a Merenre es bastante difuso. Su esposa habría sido Anjesemire II, esposa anteriormente de Pepi I, y su reinado nos ha llegado sobre todo por las autobiografías de Weni y Hirjuf. En aquellos días, el primero ejercía su cargo como gobernador de los países del sur y el segundo había sido nombrado gobernador de la región de Aswan, y por lo tanto a su cargo estaban todas las expediciones que se realizaban en esta área. Hirjuf es visitado por su rey en el año noveno de reinado. El motivo, una recepción de caciques de la región meridional, motivada por una gran emigración a Egipto de habitantes del profundo sur del país de Kush. Merenre puso especial atención en este hecho y veló por las mejoras de estas regiones. Para esto, puso su confianza en Weni.

Las palabras de Weni nos dejan ver entre líneas dos cosas de interés. Primero, la elaboración de cinco canales, que no sólo tenían como objeto una mejora comercial, sino casi enteramente constructora. Merenre abrió nuevas canteras de granito en esta zona, lo que nos invita a pensar que los filones de la zona norte de Nubia se estaban agotando o estaban ya agotados. La segunda es una mención de un «ahorro a palacio», lo cual indica que el estado en absoluto gozaba de un saneamiento económico, y esto refleja la relación dispar con el clero. Pero los reyes de Kush también obtuvieron su parte con estos trabajos. Hacia el final de este Imperio Antiguo la mayoría de soldados del ejército eran de esta región; otros nubios se hicieron comerciantes, se casaron con egipcias y muchos incluso adoptaron nombre egipcio. Este hecho propició una paz política que se extendió hasta la tercera catarata. Los funcionarios que Merenre nombró para mantener ese orden le aseguraron una prosperidad de comercio. Tras tres expediciones sucesivas a Kush, la conexión de las rutas con el Nilo se hizo estable. Igualmente ocurrió en las otras latitudes, pues con Bibblos se mantuvieron buenas relaciones, llegándose a ejercer varias labores diplomáticas en estas áreas.

Merenre murió joven, de forma precipitada en su séptimo año de reinado. Este hecho nos viene dado por su pirámide. Las obras no se terminaron, pero el rey fue enterrado igualmente en su interior. En este complejo funerario se halló una estatua de cobre que representa a un joven rey, que a pesar de su corto reinado, dejó su nombre inscrito en Asuán, en la pirámide de Menkaure, en Abydos, en Edfú y Deir el-Bahari.

Pepi II

Esta súbita muerte coge desprevenida a la corte real de Menfis, que pone sus ojos en la figura de un niño de seis años de edad que se dispone a ceñirse la doble corona con el nombre de Pepi II. No hay duda de la importancia de este reinado, para mal más que para bien, pues reina la friolera cifra de noventa y cuatro años y a su muerte Egipto roza la anarquía. Durante los primeros cuatro años el reino es conducido por Anjesemire II,

Estatua de Anjesemire II y Pepi II, Museo de Brooklyn, Nueva York.
Fotografía de Keith Schengili-Roberts.

la cual nos aparece nombrada como corregente del reino. Para evitar cualquier tipo de tentativas a la usurpación del trono, casó a su hijo con Neith, una posible nieta de Pepi I, la cual se convirtió en consorte real. Esta pequeña princesa recibió todo el apoyo y educación que su suegra pudo transmitirle, ya que la reina Anjesemire II se hizo rodear por toda una cohorte de fieles. Encabezando ese círculo casi sagrado estaba Djau, su hermano y visir, y por supuesto el bueno de Weni. Estos dos hombres conocieron los secretos más íntimos de la reina. Es sabido que la labor que se realizó fue extraordinaria, ya que tanto Pepi como Neith aprendieron a rodearse de gente fiel y servicial, cualidades indispensables que un buen gobernante debe exigir de sus más allegados. Una vez que Pepi II alcanza la mayoría de edad, los textos nos lo muestran ya como faraón, enviando una expedición al Sinaí. Las expediciones estaban, cómo no, comandadas por Weni y Hirjuf. Gracias a Hirjuf la corte de Pepi II se abasteció durante muchos años de aceites, pieles, marfil, incienso y otros productos que procedían de las regiones que se adentraban en la tercera catarata. Destaca sobre todo un presente que trajo a su rey que causó conmoción en la corte, y sin duda el momento más feliz para el pequeño infante: un pigmeo vivo del lejano país de Yam. En Egipto está constatada la presencia de enanos en las cortes de reyes importantes como Jufu, donde al más puro estilo medieval estos enanos eran los auténticos bufones de la corte y los encargados de amenizar las fiestas. Pero un pigmeo era una raza desconocida para los egipcios de esta época, y no hace falta hacer mucho esfuerzo para imaginar las caras de asombro de los cortesanos y la propia realeza, e incluso tampoco no es difícil imaginar el pánico que debió sentir el pigmeo cuando fue capturado. Como podemos ver, los detalles más significativos de este reinado nos llegan de la mano de Weni.

Este gran estratega y militar otorga a Pepi II grandes victorias en el Norte, pues regresan a Egipto tribus de saqueadores que ponen en entredicho la autoridad real. Aquí vemos como el poder real se había distanciado del orden religioso en todos los aspectos. Para colmo, a estas tribus beduinas se les unen cientos de rebeldes asiáticos. Hay grandes enfrentamientos en el Sinaí; de hecho la región entera era un auténtico polvorín. Los comerciantes no se atreven a circular por las rutas. El final de esta historia es trágico. Weni lo relata en sus memorias, y deja constancia de la destrucción que el ejército egipcio hizo de las fortificaciones, de los muertos en combate, y sobre todo de un hecho curioso de por sí que, como él mismo lo describe, «había arrancado sus viñedos». Esto significa que no quedaba la más mínima semilla de estos insurrectos.

El área de influencia se mantuvo en Nubia, Bibblos, varios puertos egeos y el país de Punt. Esto proporcionaba la llegada continua de maderas nobles, vestidos finos, productos de belleza y un largo etcétera de lo más suntuoso que pudiese albergar la corte real. No obstante, la excesiva longevidad del rey no hizo sino agravar la situación económica. Por otro lado, la jerarquía religiosa juega su última baza: pide la liberación total de impuestos, y lo consigue. Ahora todos los santuarios de Egipto están exentos de pagar esos impuestos, lo que traerá consecuencias nefastas, que por otro lado son totalmente lógicas. El ejército que vigilaba las fronteras ya no actuaba y las entradas masivas de vándalos comienza a ser preocupante. El caos ha llegado a Egipto y ya nada puede librarlo del desastre. Al final de su reinado, el poder reside en dos grupos: el clero y los nomarcas. Cada uno boga para sí y el buque se parte por la mitad. Después de noventa y cuatro años, el trono de Egipto es ocupado por un nuevo monarca. Con la muerte de Pepi II llega el momento de Merenre II, pero su estancia en el trono de Egipto fue tan súbita como una estrella fugaz: tan sólo un año de reinado y es muy posible que fuera muchísimo menos tiempo.

Neith Iqeret

Es entonces cuando aparece Neith Iqeret, conocida como Nitokris. El Papiro de Turín le otorga un reinado de dos años, un mes y un día. No obstante, hay egiptólogos que se extienden hasta un reinado de doce años. Su nombre significa 'La diosa Neith es excelente', y a ella se encomendó esta reina para intentar gobernar Egipto. De ella se dice que era rubia y la más bella del reino. Pero la verdad fue que con su reinado terminó la Edad de Oro, la época de las pirámides, el final del Imperio Antiguo que durante cinco siglos y medio había configurado toda una forma de vida. Con Neith Iqeret llega el declive final. Cierto es que ella no tuvo culpa ninguna en tan triste desenlace, pues ya a finales del reinado de Pepi II la situación había tocado fondo. Pero un hecho significativo es que con ella todavía la casta de nobles continúa en ese mundo ficticio tal y como lo demuestran los relieves de las moradas para la eternidad, en el que todo es armonía y felicidad. No obstante, esta mujer da origen a una leyenda más que curiosa que nos habla de una joven que dio a luz a una hija, a la que llamó Neith Iqeret. Mientras la muchacha se bañaba en el Nilo, un halcón se apoderó de una de sus sandalias, voló hasta Menfis, donde residía el rey, y la dejó caer sobre las rodillas del soberano. Imaginando cuán sería su belleza, dadas las dimensiones de la sandalia y la exquisita confección de la misma, el faraón ordenó de inmediato la búsqueda de la joven por todo el reino. Una vez que la encontró, se enamoró nada más verla y la desposó al instante. Tal fue el amor que este rey profesó por su esposa que para ella levantó una pirámide, donde la bella y hermosa Neith Iqeret fue enterrada a su muerte. Una semejanza con cierta Cenicienta que no hace sino evocar días de felicidad que, con toda seguridad, no existieron.

A finales de su reinado se produjo una invasión terrible de beduinos. El ejército no fue capaz de hacer frente a la horda bárbara y estalló una guerra civil. La hambruna se apoderó del pueblo y los ocho reyes que la sucedieron no lograron poner fin al desastre. Se sucedieron luchas internas por el trono, lo cual debilitó todavía más la estabilidad política. El horizonte egipcio era todo un caos. El Imperio Antiguo había caído, y con él finalizaba una época de gloria y esplendor que no se volvería a repetir.

EL DESARROLLO CULTURAL
DEL IMPERIO ANTIGUO

Ya vimos, en un primer término, algunos de los aspectos culturales que hicieron avanzar a Egipto como civilización, siempre sujeta a unos patrones o bien anclada sobre unas bases que parecen provenir de mucho más atrás. La primera muestra del avance artístico que desarrolla el Imperio Antiguo ya se expresa tempranamente en el recinto funerario del Horus Netherijet. En este maravilloso complejo de piedra ya son visibles los cambios de técnicas de trabajo, pues puede verse como unas zonas se diferencian de otras e incluso en una misma zona hay al menos dos técnicas diferentes de labrado. Sin embargo, la máxima expresión del arte en el Imperio Antiguo nos viene legada sobre todo en las necrópolis. Ya durante la III Dinastía nos encontramos con infinidad de piezas que demuestran la perfección de los artesanos, ya sea la estatua del propio Djeser que hoy día se custodia en el museo de El Cairo, la estatua de Anj o la de la dama Redjit. El primero de nuestros ejemplos tiene una notoria importancia, ya que en la estatua del rey Netherijet observamos la progresión de los artistas en la imagen humana, que en un principio parece modelada para no ser vista por nadie, pues estas estarían al amparo de la más absoluta oscuridad en el interior de las pirámides reales o las mastabas de los dignatarios. Sin embargo, a partir de esta III Dinastía, el arte estatuario se rebela contra sí mismo y se aprecia una búsqueda de cánones con la idealización perfecta del hombre. Es la estatua de Djeser el mejor ejemplo. Este gigantesco monolito de piedra caliza pintada mide 1,42 metros de altura y 45,3 metros de largo. Aquí, el rey se nos presenta sentado en su trono, ataviado con el traje ceremonial de la *Heb-Sed*. En la base del trono está su nombre escrito en jeroglífico, y su mano izquierda reposa suavemente sobre su rodilla izquierda, mientras su mano derecha se dobla sobre su pecho, como asiendo su propio corazón.

La estatua del príncipe Anj es un tanto extraña por el collar que cuelga de su cuello y la extraña posición de sus manos, que se cruzan en medio de sus rodillas. La de la dama Redjit es una pieza casi única de esta dinastía. Primero, por tratarse de una mujer, y segundo por la materia prima que se eligió para tallarla: el basalto negro.

Con la llegada del Imperio Antiguo, nos encontramos con varias rarezas del ámbito estatuario, pero también en el decorativo. El primer ejemplo lo tenemos en los frisos del interior de la Pirámide Escalonada, pero son las tumbas de los dignatarios las que arrojan más luz a este respecto.

Si hasta esta fecha, lo habitual era que las paredes fuesen estucadas y luego el artista dibujase los personajes, hay una mastaba que hemos mencionado brevemente que rompe con todo lo establecido y conocido hasta esa fecha. Se trata de la tumba de Hesire. Este hombre tuvo una vida profesional bastante ajetreada, pues inició su andadura en la corte como escriba, fue intendente de los escribas reales, amigo del Rey y supervisor de los dentistas y médicos reales.

Los muros de esta tumba estaban todos recubiertos de estuco y decorados con escenas de

Relieve de Hesire, Museo de El Cairo, Egipto.

la vida cotidiana y elementos funerarios. Sin embargo, los muros del lado oeste presentaban una serie de once anexos o nichos que fueron forrados con paneles de madera y estos a su vez recubiertos de yeso y posteriormente pintados. Esta última acción hizo que en un primer momento no se pudiera distinguir la madera del estuco, pero se trata del ejemplo más extraño y a un tiempo más hermoso de este período. Vemos al escriba con todos sus útiles de escritura. Se halla de pie con un bastón y su material de trabajo sobre su mano derecha, mientras en su mano izquierda porta un cetro que simboliza su alto rango. Los seis paneles que se han conservado, actualmente en el Museo de El Cairo, miden ciento catorce centímetros de altura y unos cuarenta de longitud.

Eran tiempos de innovación, de buscar nuevos retos y perfeccionarlos. Esta fue la idea del príncipe y visir Nefermaat. Este hijo de Snofru se hizo construir una estupenda mastaba en Meidum, cercana a la pirámide de su padre, donde fueron enterrados el príncipe y su esposa Itet. En una de las paredes de su tumba, Nefermaat afirma haber hallado un método para que las imágenes no se pueden borrar o, lo que es lo mismo, que el estuco no se desprenda. Dicho invento consistía en aplicar una gruesa capa de resina a los contornos de las imágenes y realizar profundos surcos. El método no funcionó, y la técnica fue abandonada por sus sucesores.

En el ámbito estatuario de esta IV Dinastía es obligado hacer mención nuevamente a la estatua de diorita del rey Jafre. Está catalogada como una de las piezas más bellas de todo el arte egipcio, y sobra decir la delicadeza con la que está tallado este bloque de diorita negra que mide ciento sesenta y ocho centímetros de altura. Los rasgos de su rostro son serenos, regios, y su mirada se centra en un punto desconocido para nosotros, donde el tiempo se detiene: la eternidad. Sobre su hombro reposa un halcón, que no es sino Horus en actitud protectora. A muchos les resulta increíble el detalle con el que los miembros del cuerpo parecen reales, como las uñas de sus manos y pies. La egiptología nos cuenta que todo esto se talló con herramientas de cobre y, ante esto, uno no puede hacer nada más que sorprenderse, dudar y maravillarse.

Para encontrar otra de las maravillas de la IV Dinastía, hemos de dirigirnos nuevamente a Meidum, donde otro hijo de Snofru se hizo construir una mastaba para él y su esposa. Se trata de Rahotep y Nofret. Son estatuas independientes, talladas en piedra caliza pintada. Ambos están

sentados y sobre sus hombros varias líneas de jeroglíficos muy bien per-
filados nos hablan de ellos. Son dos auténticos ejemplos del realismo, ya
que los ojos fueron elaborados con roca. Emplearon cuarzo para el blanco
del ojo y cristal de roca para simular las pupilas. El efecto fue perfecto,
ya que cuando se descubrió la tumba, junto a la pirámide de su padre, los
obreros nativos que trabajaban en la excavación creyeron que los propietarios de la tumba se habían levantado de su sarcófago y se disponían a
reprenderlos por haberla profanado.

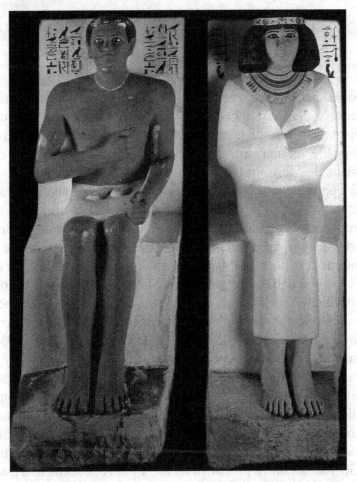

Rahotep y Nofret, Museo de El Cairo, Egipto. Fotografía de Nacho Ares.

Orfebres elaborando collares, tumba de Mereruka.

Otro sector artístico que floreció en este período fue la orfebrería. Hasta nuestros días han llegado varias joyas del Imperio Antiguo, como hemos visto en el caso de la reina Hetepheres. Los relieves más antiguos donde se puede ver una parte de la elaboración de las joyas están en la citada mastaba de Merisanj III.

Será a partir de la V Dinastía cuando este oficio adquiera cierta vinculación con la otra vida y se incluyan en las paredes de las mastabas muchas más escenas como elemento decorativo. A partir de la V Dinastía, los equipos de orfebres y joyeros son mostrados mucho más abiertamente por estos dibujantes. Así, podemos distinguir a los aprendices de los que fundían el oro, de los que batían los laminados y de los que doraban los metales. Se ha especulado mucho sobre cómo conseguían este efecto, y podemos pensar que estos orfebres empleaban un curioso artefacto muy parecido al que se encontró en una excavación cerca de Bagdad en el año 1936. Este curioso aparato fue catalogado como de una utilidad desconocida, y se trata de una vasija de barro con una especie de tapa en su parte más alta. En su interior aloja una varilla de cobre y otra de hierro forrada con plomo. Nadie le halló utilidad alguna, hasta que un electricista llamado William Gray descubrió que se trataba de una pila rudimentaria capaz de generar 1,5 voltios empleando una solución ácida, como podría ser el zumo de cualquier cítrico. Gray se decidió a probar su teoría, y para ello tomó una estatua de plata de pequeñas dimensiones. Al cabo de estar dos horas expuesta a la solución ácida, esta comenzó a adquirir un tono dorado que no tardó en cubrirla por completo, y la estatua de plata se había convertido por arte de birlibirloque en una pieza de aparente oro macizo. El resultado del experimento no dejaba lugar a dudas: dos mil años antes del invento de las primeras pilas, alguien había inventado un objeto capaz de generar la electrolisis, y que hoy es conocido como «La pila de Bagdad». Volviendo a nuestro Egipto, sería muy fácil situar aquí un invento similar, dadas las excelentes relaciones entre Mesopotamia y la tierra del Nilo desde los inicios de la I Dinastía. Un trabajo exquisito lo hallamos en la mastaba de Nianj-Jnum y Jnumhotep, donde encontramos una escena donde los orfebres preparan el oro para ser fundido, y que posteriormente será empleado para recubrir el mobiliario funerario. También en esta mastaba vemos a unos carpinteros con sus jubias y formones dando vida a una estatua. Pero no nos engañemos, ya que, como señalamos anteriormente, la ciencia tuvo mucho que ver en estos avances técnicos.

La ciencia de esta etapa del Antiguo Egipto podemos centrarla en los siguientes aspectos: el sacerdocio, la magia y la medicina. Aunque pueda sonar un poco raro, es comprensible para el lector si tenemos en cuenta que las palabras médico, astrónomo, matemático y escriba se comprenden en una figura, la del sacerdote, y esta figura multidisciplinar se concentraba únicamente en la Casa de la Vida de los santuarios más importantes. Iniciemos nuestro pequeño estudio por la magia y la medicina, que en Egipto se fundía con mucha frecuencia. Ambas eran consideradas una ciencia, y de la primera incluso podríamos decir que parten multitud de variantes como la interpretación de sueños o incluso el origen del Tarot. Dentro del concepto de magos debemos hacer dos claras distinciones: los que estudiaban en la Casa de la Vida de los santuarios y aquellos que habían nacido con un don especial o habían aprendido de mano del iniciado. Los de la primera clase entran dentro de la definición de sacerdote, pero los del último grupo, los menos frecuentados, serían aquellos que hoy día denominaríamos como curanderos. Debiéramos saber que en el Antiguo Egipto, los sacerdotes no constituían la clase que hoy día conocemos[46]. En lo que sí se

---

[46] La religión como dogma de fe no existía, y por lo tanto no se organizaba una clase a nivel estatal para representarla. Tan sólo con la irrupción del cristianismo se adoptaría esta forma de ver la fe.

Tumba de Tut-Anj-Amón, Ay vestido de sacerdote con la piel de leopardo.
Fotografía de Nacho Ares.

parecían, sólo un poco, era en los altos cargos, ya que la Iglesia católica ha tenido como misión principal encauzar la visión de los fieles en un total y absoluto dominio por parte de la clase sacerdotal, desde el hombre se hizo cargo de la Palabra de Dios. Pero en Egipto no había nadie a quien convencer, no había paganos que reconvertir, la predicación de la fe no se realizaba por medio de mensajeros divinos ni nada remotamente parecido. Con todo, los antiguos egipcios habían creado sus distintas maneras de entender la creación, y todas y cada una de ellas cohabitaban perfectamente, dando al país una unificación total en lo que a la religión se refiere. Como hemos visto, en Heliópolis y Menfis se tenía un concepto de la creación del mundo iniciada por Atum, pero estaba la Ogdóada de Hermópolis, años más tarde llegaría la tríada de Tebas, y ninguna de ellas se enfrentaba por una creencia.

Básicamente, la práctica totalidad de la información que se posee de la vida de estos hombres pertenece al Imperio Nuevo, pero es de suponer que durante el Imperio Antiguo las pautas debían de ser muy parecidas. La figura más antigua de un sacerdote que conocemos nos viene dada en el mencionado retablo del Rey Escorpión, y debemos pensar que el elegido para este cargo no sería un personaje cualquiera, sino que de entre la comunidad se escogería al hombre más sabio de entre los ancianos, ya que estos solían componer los consejos en la antigüedad.

Sabemos que los sacerdotes oficiaban tan sólo durante un mes, tres veces al año. En este período de tiempo era obligado que siguieran una serie de normas, como no comer determinados alimentos, rasurarse el vello corporal, mantener abstinencia sexual y estar purificados. El resto del tiempo, vivían como ciudadanos normales, acatando las normas de conducta igual que sus vecinos. Durante la IV Dinastía, los sacerdotes de los principales santuarios acumularon un gran poder de decisión ante la corte, y el rey necesitaba al clero para homologar su titulatura real. Esta conclusión se desprende del citado Papiro Westcar, donde vemos claramente entre líneas que el culto al dios Re necesitaba un nuevo empujón, y sería la nueva familia reinante quien se lo propinase. La gran mayoría de los sacerdotes estaban casados y tenían hijos. En los altos cargos este era un oficio que pasaba de padres a hijos, ya que el estado cedía a los santuarios una serie de terrenos que garantizarían su sustento. Estas tierras no sólo sostenían al clero de turno, sino que le proporcionaba grandes beneficios. Pensemos, por ejemplo, en una extensión de terreno perteneciente al clero menfita donde se cultiva una gran cantidad de grano. El fruto de la tierra permitirá a sus propietarios poder realizar transacciones de todo tipo, comprar y vender para luego volver a comprar y poder garantizar así una independencia más o menos sólida con la corte real. Pero, a pesar de esta capacidad de libertad de maniobra, el faraón era el único que podía comunicarse con la divinidad. Cuando el día comenzaba a romper tenía lugar un cántico al dios: «Despierta en paz, gran dios». El primer profeta se acercaba a la capilla donde residía la estatua divina, rompía los sellos de la puerta que la mantenían cerrada en las horas nocturnas y comenzaba el ritual. Para estos actos, el sacerdote tenía que estar totalmente purificado. A continuación, a la estatua del dios se le realizaban una serie de libaciones con una jarra de gran tamaño, se la bañaba y limpiaba, se perfumaba la imagen con incienso y se la ungía con finos y aromáticos óleos y aceites diversos, para finalmente preparar su mesa de ofrendas[47].

---

[47]Este acto no implicaba que el dios se alimentase materialmente de las ofrendas, sino que era un acto mágico: el *Ka* de la divinidad absorbía la materia sagrada invisible de la ofrenda y finalmente estos alimentos servían de comida para la congregación.

La clase sacerdotal estaba dividida en grupos que podríamos definir como:

- Alto clero:
  - El primer profeta del dios, que era el administrador general del santuario y todas sus riquezas.
  - El segundo profeta del dios, intendente del anterior y encargado de velar por las tareas que este encomendaba, era normalmente el destinado a sucederlo.
  - El tercer y cuarto profeta del dios, los intermediarios entre el segundo profeta del dios y el resto de la administración.

- Bajo clero:
  - El sacerdote *Sem* o también llamado sacerdote lector, encargado de pronunciar las palabras en las ceremonias sagradas y de regir los rituales, como el de la 'Apertura de la boca y de los ojos'.
  - El sacerdote *Uab*, encargado del ritual diario y administrador de los materiales necesarios para el mantenimiento de la administración.
  - El sacerdote especialista, al cual se le asignaban unas tareas concretas, sin que estas sean específicas.
  - El sacerdote horario, que estudiaba la señalización del comienzo de rituales y festivos nacionales.
  - El sacerdote del cielo, que estudiaba los días fastos y nefastos.

En un último grupo podríamos añadir a las congregaciones femeninas, que como hemos visto, comienzan con la 'Mano del dios', y que veremos como experimenta un cambio a 'Esposa del dios' y finalmente a 'Divina adoratriz de Amón'.

Durante el Imperio Antiguo, la casta sacerdotal formó parte, junto con la realeza y los escribas, del grupo de privilegiados, pues tenían buenas ropas, sabían leer y escribir y tenían acceso a mayores comodidades que el resto de la sociedad. Llegarían a alcanzar grandes e importantes beneficios, y en ocasiones llegaron a influir en los regímenes internos del estado. El secreto era la gran cantidad de tierra que el rey les iba concediendo. La tarea del primer profeta del dios no era fácil. Tenía que estar informado de cómo era llevada toda la administración, ya fuese el buen funcionamiento de los turnos, los objetos de trabajo, los gastos de incienso, mirra u óleos. Esta tarea se llevaba a cabo mediante escribas, que a su vez mantenían contacto directo con los funcionarios de la administración del rey. De esta forma, todo quedaba registrado y el faraón estaría perfectamente informado del buen funcionamiento del recinto sagrado e incluso de las riquezas que este poseía.

Nos han llegado varias historias acerca de estos iniciados en la Casa de la Vida. Afortunadamente, la arqueología ha recuperado papiros valiosísimos en los que vemos las aventuras y desventuras de reyes, dignatarios y gente de a pie. Es obligado volver a citar al Papiro Westcar, ya que nos narra el nacimiento de la V Dinastía. Gracias a él conocemos la desdicha de un sacerdote llamado Webaner, que vivió bajo el reinado de Horus Nebka[48], en la III Dinastía. Este sacerdote oficiaba en el santuario de Ptah de Menfis y estaba casado con una hermosa mujer. Pero ella, en vez de desear a su esposo, deseaba a un plebeyo. Lo deseaba tanto que decidió seducirlo y lo llevó a su casa mientras su marido servía en el templo. Mantenía relaciones con él en una casa de invitados y, cada vez que se veían, el plebeyo se bañaba en el estanque que Webaner poseía en mansión. Al frente de esta casa estaba un intendente, el cual descubrió el adulterio de su ama y así lo confesó al hombre que garantizaba su sustento. Pero Webaner no se irritó, sino que dijo a su sirviente: «Tráeme mi caja de ébano para que yo pueda vengarme». De ella sacó una tableta de cera, moldeó un cocodrilo y dijo al intendente: «Cuando el plebeyo venga a yacer con mi esposa y se bañe en el estanque, echarás este cocodrilo en el agua». Así lo hizo, y cuando la figura de cera entró en contacto con el agua se convirtió en una gran bestia que se apoderó del desdichado de un certero bocado y se sumergió en el estanque. Así estuvieron, el cazador y su presa, durante siete días bajo el agua sin poder respirar. Al tiempo que todo esto sucedía, ocurrió que Webaner pasó los siete días en compañía del rey en el santuario de Ptah y, cuando hubo llegado el séptimo día, llevó al faraón a su hogar y le enseñó el estanque diciéndole: «Voy a mostraros algo que será recordado como la gran maravilla que presenció Su Majestad, el rey Nebka. Ven, cocodrilo». Dicho esto, apareció el saurio con el plebeyo en

---

[48]Este rey, un tanto desconocido, suele identificarse con Setnajt.

sus fauces, pero al perder el contacto con el agua volvió a convertirse en una figura de cera, y Webaner relató a su señor la vergüenza y el adulterio que se había producido en su propio hogar. Y el Horus Nebka sentenció: «Ve y llévate lo que te pertenece». El cocodrilo volvió a convertirse en un animal real, atrapó nuevamente al plebeyo entre sus mandíbulas y se sumergió en el estanque sin que nadie jamás volviera a saber de ellos.

No caigamos en el error de pensar que estos eruditos que residían en la Casa de la Vida se limitaban a escribir *La maravilla que ocurrió en los tiempos del rey Nebka* o *La maravilla que ocurrió en los tiempos del rey Snofru*, donde se narra la aventura de la dama que marcaba el ritmo a las remeras y el milagro de separar las aguas. En el corazón de estos santuarios había grandes bibliotecas que contenían anexos privados donde se almacenaban los textos en rollos de papiro o de cuero. La medicina alcanzó un gran nivel de desarrollo durante este período del Imperio Antiguo. Los

Instrumentos médicos en el templo de Kom Ombo, Egipto. Fotografía de Nacho Ares.

diagnósticos de un buen médico podían ser resumidos a tres. Tras un exhausto reconocimiento, el médico diría una de las siguientes frases: «es una enfermedad que conozco y puedo tratar», «es una enfermedad que no conozco pero que intentaré tratar» o bien «es una enfermedad que no conozco y que no puedo tratar». Los logros alcanzados durante estas tres dinastías fueron aprovechados durante el Imperio Medio y el Imperio Nuevo, se mejoraron algunos instrumentos y ciertas técnicas, pero no los avances científicos. Prueba de estos logros alcanzados son dos papiros, el Ébers y el Smith[49]. Un aspecto sorprendente nos lo otorga el Papiro Ébers, donde nos encontramos con el «principio del secreto del médico».

> Los movimientos del corazón y del conocimiento. De él nacen todos los conductos que se extienden a todos los miembros del cuerpo. Con esto, cuando un médico extiende sus dedos sobre la cabeza, el cuello o las manos de su paciente, está tocando su corazón, porque todos los vasos nacen en él, es decir, que el corazón alimenta estos conductos a cada uno de los miembros del cuerpo.

Con esta declaración podemos comprobar que los egipcios poseían un gran conocimiento de la anatomía humana, que sin duda les vino dado por los experimentos en las técnicas de momificación, a las que más tarde aludiremos. Aparte de estos sectores, la medicina del Imperio Antiguo trató otras muchas materias, entre las que sobresalen la ginecología y la medicina ocular. Si de vista hablamos, no son pocos los investigadores que coinciden al señalar a Egipto como uno de los primeros lugares donde las lentes hicieron aparición. Y es que no hemos de olvidar que las observaciones astronómicas que hacían los antiguos egipcios en estos días tan lejanos son sólo comparables a las del mundo mesopotámico. Se nos ha intentado explicar que los sacerdotes empleaban una serie de útiles muy rudimentarios y a veces caemos en el error de subestimar a nuestros antepasados. Los antiguos egipcios tuvieron una fijación muy especial con la estrella Sirio, y

---

[49]Ambos, aunque se escribieron en épocas distintas, están basados en los conocimientos adquiridos durante el Imperio Antiguo. El Papiro Edwin Smith ha sido datado alrededor del año 1700 a. C., pero está basado en otro mucho más antiguo de la IV Dinastía, como hemos referido; muy posiblemente toma como fuente el compendio que debió escribir Imhotep, por la increíble mención que hace de los traumatismos y amputaciones de brazos o piernas, accidentes sufridos durante la construcción de la pirámide.

su constelación fue identificada desde bien temprano con el lugar de procedencia del dios Osiris. El ejemplo que ha sacudido a la comunidad egiptológica es la apetitosa teoría del francés Robert Bauval acerca del cinturón de Orión, que examinaremos detenidamente en el siguiente capítulo, pero que podemos resumir como la plasmación en la tierra del mapa celeste que componen las estrellas de esta constelación. No en vano los egipcios elaboraron su calendario a partir de estas luminarias celestes.

El calendario egipcio fue un sistema vital para regir la práctica totalidad de la vida de los egipcios. Había dos tipos de calendario, el civil y el religioso. El civil era el que dividía el año en tres períodos de cuatro meses, que nosotros hoy conocemos como estaciones. La primera era la estación de *Ajet*, la inundación, que abarcada desde finales de julio hasta finales de noviembre. *Ajet* significa 'la útil', 'la luminosa', debido a la aparición de Sirio en el firmamento y a la inundación de los campos. La estación de *Peret* es la de la siembra, y abarca desde finales de noviembre hasta finales de marzo. Su traducción sería 'subir' o 'salir', dado que se espera que todo el grano que se ha sembrado brote de la tierra. La estación de *Shemu* es el período caluroso, el de la cosecha, y abarcaba desde finales de marzo hasta finales de julio. *Shemu* significa 'época de agua', dado que inmediatamente después de ella regresa la inundación. Este calendario marcaba el régimen de las inundaciones, pero tenía un grave problema. Cada estación tenía cuatro meses, y cada mes tenía treinta días. A su vez estaba dividida en diez semanas de diez días más la suma de los cinco días hepagomenales de los que hemos hablado con anterioridad. Pero cada cuatro años se creaba un día de desfase y en setecientos treinta años se generaba un desfase de seis meses. Esto significaba que tan sólo cada mil cuatrocientos sesenta y un años coincidirían el orto helíaco y el calendario real.

Para medir el tiempo durante el Imperio Antiguo se empleó la clepsidra, unos cuencos de piedra con unas marcas en el interior que hacían de escala horaria. A través de unos agujeros en su base, el agua se escapaba lentamente; así, cada vez que una de las rayas quedaba al descubierto habría pasado una determinada cantidad de tiempo, ya que los agujeros variaban en su diámetro según el tiempo que se deseara medir. La aparición del primer reloj de sol de la historia acontece en Egipto, bajo el reinado de Thutmosis III, alrededor del año 1400 a. C., pero el hecho de que no se hayan encontrado otros anteriores no quiere decir que no se empleasen, ya que es sabido que el máximo apogeo de los astrónomos egipcios se dio precisamente durante el Imperio Antiguo.

Llegados a este punto, debemos tomarnos muy en serio nuestras apreciaciones y preguntas acerca de si realmente los antiguos egipcios tenían este control sobre los astros partiendo de la utilización de unos útiles rudimentarios. Debemos preguntarnos si, tal y como nos cuenta Heródoto, los astrónomos egipcios comenzaron a estudiar estos fenómenos desde la más remota antigüedad, aunque Heródoto nos propone una fecha escandalosa: nada menos que veintiséis mil años. A todas luces, el lector se habrá quedado poco menos que alucinado, pero debiéramos pensar que los testimonios de la antigüedad no fueron escritos para que nosotros nos asombrásemos, sino que fueron recogidos para dejar constancia de los logros adquiridos por las culturas del pasado. Un claro ejemplo lo hallamos

Najt cazando
en las marismas.

en una tumba tebana de la XVIII Dinastía, la número 52, situada en el conocido como Valle de los Dignatarios. El nombre de su dueño era Najt, y vivió durante el reinado de Thutmosis IV. Esta morada para la eternidad es conocida por la extrema sutileza y belleza de sus múltiples escenas, pero oculta un misterio, ya que Najt no hace en ningún momento alusión alguna a su vida profesional. Y esto, realmente, es algo muy raro, ya que la práctica totalidad de las tumbas de los nobles contienen no sólo las escenas de la vida cotidiana, sino una gran variedad de momentos en los que se ve al difunto ejerciendo su labor profesional, ya que los antiguos egipcios, también en este aspecto, eran bastante coquetos. Lo realmente importante es que en la tumba tebana 53 podemos ver a Najt en compañía de su hermosísima esposa Tawy cazando en las marismas del Delta, en las escenas de la siembra, de la cosecha de la uva y la elaboración del vino, asistimos con ellos al banquete funerario pero no hay ni rastro de sus predicciones ni de la elaboración de los calendarios de festividades. Najt, en su condición de «Astrónomo del dios Amón», conocía las predicciones anuales de lo que conocemos como «Introducción del principio de lo Imperecedero y al fin de la Eternidad»[50]. Se trata de un compendio en el que se tratan los días favorables, los no favorables y los parciales de ambos casos.

En lo que respecta a los sacerdotes que practicaban la magia como método de curación, podemos mencionar un curioso hallazgo que realizó James Edward Quibell en el año 1896 mientras excavaba en el Ramsseum, el santuario funerario de Ramsés II. Bajo el templo, Quibell halló una necrópolis que databa de la XII Dinastía, y en ella la tumba de un mago. En el hipogeo se encontró un arcón que contenía una serie de papiros. Estos serían tratados años después por Flinders Petrie, el cual derramó cera natural líquida a una baja temperatura sobre un cristal, y a continuación extendió el papiro. A pesar de que la antiquísima pieza se resquebrajó, se fijó a la cera con éxito y, cuando el líquido se hubo solidificado, salieron a la luz una serie de secretos que llevaban dos mil años ocultos a los ojos de los profanos. En el cofre había un papiro médico y otros varios con fórmulas y sortilegios mágicos. Quibell también halló varias estatuas de cera,

---

[50]El calendario en cuestión fue adquirido por el Museo de El Cairo a un anciano anticuario y comienza en el día 1 de agosto, fecha en la que Sirio aparecía en la antigüedad, ya que en nuestros días el fenómeno se produce el 21 de junio.

semillas de plantas, bolas de pelo y un gran número de enseres domésticos. Para la expulsión de los malos espíritus era necesaria la asistencia de un experto en exorcismos, que empleaban rituales muy similares a los que hoy día pueden verse en numerosos templos cristianos actuales. Y es que la magia que se utilizaba en el Antiguo Egipto encerraba esto y mucho más, ya que incluso podemos añadir que los trucos de prestidigitación formaban parte del baúl del mago. Actuaciones como las del príncipe Jaemwaset en la corte de Ramsés II, el truco de ilusionismo del mago Djedi o el cocodrilo que cobra vida al contacto del agua formaban parte de la realidad diaria, tanto en cuanto la corte de Ramsés III preparó una conspiración para terminar con la vida del faraón empleando multitud de efigies de cera hechizadas para que el regicidio pudiese realizarse con éxito. En tales casos se empleaban fórmulas de magia negra, pero estos encantamientos eran prohibidos en su práctica cuando estaban concebidos para dañar a otro ser humano. En las bibliotecas de los grandes santuarios debía de haber un gran libro negro, cuyos efectos abominables se obtenían al maldecir al enemigo. Este «mal de ojo» era muy temido en el mundo egipcio, y su contrapartida la hayamos en la figura de «el que ahuyenta el mal», que era un respetado personaje. Dentro de este formato de magia negra entraban también los encantamientos amorosos, si bien el uso de estos era tan común que no se castigaba con dureza, y en ocasiones no era considerado ni una falta. Los ejemplos de estas pociones amorosas nos han llegado en sus múltiples facetas, ya sea para enamorar a una jovencita como para romper un matrimonio y que el marido caiga rendido a los pies de aquella que ha recitado el conjuro, o incluso nos hallamos ante encantamientos para celebrar orgías. Una de las mayores curiosidades nos la presentan casos en los que se menciona la aparición de un hipnotizador.

Pero, quitando unas contadas excepciones, la magia era empleada siempre en pro de la comunidad. Uno de los ejemplos más notables son las fórmulas mágicas que protegían las tumbas.

Que Egipto era un país mágico y donde la magia adquiría un poder inimaginable era conocido por todos los países del Antiguo Próximo Oriente. Uno de los ejemplos más notables y más cómicos se produjo en los días del gran Ramsés. Eran tiempos en los que la paz con los hititas le permitió al faraón gozar de una feliz longevidad, casándose con una princesa hitita, su otrora enemiga. Y el consuegro de Ramsés II, Hatusil, le escribe para que envíe un médico que pueda curar la enfermedad que sufre su hermana, a lo que Ramsés contesta:

> ¡Veamos! A propósito de Meranazi, la hermana de mi hermano. Yo, tu hermano, la conozco bien. ¿Tendrá sólo cincuenta años? ¡Nunca, es evidente que tiene más de setenta! Nadie puede fabricar un medicamento que permita tener hijos a esa edad, pero naturalmente, si el dios Sol (Re) y el dios de la Tormenta (Baal) lo desean, enviaré a un buen médico y a un buen mago capaces, y ellos prepararán algunas fórmulas mágicas para la procreación.

Nos resulta imposible saber si tal fórmula hizo o no hizo efecto y, de haberlo hecho, hemos perdido para siempre un avance milagroso. Como podemos observar, la magia, sea o no efectiva, sí que era utilizada en pro de un bien común, y no sólo lo hacían los reyes. Por ejemplo, los altos dignatarios solían tener a la entrada de sus fastuosas mansiones alguna estela o amuleto que hiciera desistir a sus enemigos o competidores de emplear las malas artes en su contra. Ya se sabe que, en esto de la magia, más vale prevenir…

Capítulo III
Las pirámides del Antiguo Imperio

CONSTRUYENDO LA PIRÁMIDE

Antes de visitar y conocer un poco sobre la historia de las pirámides del Imperio Antiguo, es justo y de honor hacer una breve mención acerca de los innumerables problemas que estas construcciones nos plantean, que más que problemas son auténticos dolores de cabeza. Describir el planteamiento que surgió ya en la II Dinastía, cuando se pasó del adobe a la sólida roca, es algo que no corresponde a esta obra, sobre todo, porque nadie dejó escrito cuál fue la idea, el sentimiento, la motivación o vaya usted a saber qué condujo al hombre a realizar semejantes actos. No cabe duda de que entre la piedra y el hombre se halla un elemento distintivo: la magia. No es un efecto mágico tal y como se entendería hoy día, pero sin duda, si alguien se plantase ante el pueblo de Djeser y sacara de su bolsillo un zippo y, con un rápido movimiento, chasquease su dedo para que la llama naciera de la nada, sería nombrado de inmediato primer profeta de Iunu, inspector de todo lo que el cielo trae y demás títulos de índole indudablemente mágica, desbancando al propio Imhotep. Esto debió de ser algo muy similar para la mente de los primeros hombres que contemplaban con asombro cómo aquella figura colosal emergía de entre las arenas del desierto. Sin duda, el trabajo de cantero debió de ser uno de los más duros.

Las canteras de diorita, por ejemplo, que se hallan en el Alto Egipto, eran lugares enormes a los que iban a parar la mayoría de los prisioneros de guerra y todo aquel desdichado que había sido condenado por un grave delito. No obstante, también estaban los artesanos y aprendices que manejaban con soltura y destreza el mineral. En cualquiera de los casos, y unidos directa o indirectamente con las canteras, no son pocos los restos óseos hallados en todo Egipto que nos cuentan que la supervivencia a ese trabajo, entendiendo por ello llegar a la vejez, se limitaba como mucho al uno por ciento. El otro noventa y nueve por ciento era símbolo de muerte prematura y de una infinidad de problemas de reumas, circulación, desviación de la columna vertebral y otras variantes.

Y no son pocos los expertos que se preguntan entonces dónde comienza a perderse ese concepto mágico que permitió a los egipcios levantar la Gran Pirámide. Cierto es que el manejo de la piedra se remonta a mucho antes, justo cuando Jasejemui innovó el sistema arquitectónico e incluyó bloques de piedra en su morada para la eternidad. Para otros muchos expertos tampoco hay dudas, y es que la respuesta está ante nuestros ojos, y no la vemos. Ese misterio continúa hoy paseándose por todo Egipto, majestuoso, con una irónica sonrisa de oreja a oreja, satisfecho sin duda de seguir custodiando en su corazón ese saber ajeno al hombre de hoy, y tan sólo eficaz ante las divinidades que ayer vivieron en el Valle del Nilo. Y eso es Egipto, una composición perfecta concordante en armonía con el aire, con la tierra, con las aguas del río-dios, una belleza que se desliza por doquier y que inunda cualquiera de los rincones a donde llega el aire. Se respira, se huele, se saborea, se oye, pero no podemos tocarla, todo eso es Egipto.

La mayoría de expertos que han tratado el tema de la construcción de pirámides están de acuerdo en una cosa: antes de preguntarse el cómo y el porqué, es necesario intentar pensar como un egipcio de la época y, desde luego, parece que poco a poco lo vamos consiguiendo. A lo largo de los años se han formulado un sinfín de teorías al respecto de su función funeraria. Heródoto, Diodoro de Sicilia, Estrabón y otros grandes historiadores no tenían ninguna duda: las pirámides eran monumentos funerarios, en los que se enterraron grandes reyes. Fueron muchos los visitantes que llegaron hasta Egipto en plena Edad Media: el comerciante Gabrielle Capodilista, el conocido fray Mauro Camaldolese, que elaboró un exhaustivo mapa del país, o el insigne Benjamín de Tudela. Todos ellos admiraron la grandeza de las pirámides, pero desde un punto de vista bastante peculiar, y era la creencia de que las pirámides habían sido los famosos graneros del José bíblico. No obstante, la mentalidad era distinta por parte de los autores árabes de la Edad Media. Califas, escritores o geógrafos siempre contaban en sus escritos la cantidad de pasadizos, pozos y demás galerías repletas de tesoros en el interior de las pirámides. Sin embargo, uno de los primeros estudios serios sobre las pirámides de Gizeh llegó de manos del cónsul veneciano Georgia Emo y de su colaborador, el doctor Próspero Alpini. Estos dos personajes llegaron a Egipto en el año 1582, y en su mente no veían los graneros construidos para la época de vacas flacas, sino que en su obra *Rerum Aegyptiorum* plasmaron un serio estudio científico, con mediciones y notas que dejaban un mensaje claro: aquellos monumentos eran lugares de reposo eterno de grandes reyes de un pasado hoy olvidado. La enorme cantidad de viajeros, exploradores y aventureros que recorrieron Egipto durante los siguientes siglos siempre se maravillaron ante la magnificencia de las pirámides de Gizeh, pero ninguno de ellos pudo nunca dar una explicación de cómo se habría podido erigir semejante obra. Todos volvían sus ojos hacia Heródoto de Halicarnaso, el único historiador que en su libro *Historias* dejó constancia de los métodos que empleaban por los egipcios. El autor griego nos dice, literalmente:

> La pirámide fue edificándose de modo que en ella quedasen unas gradas o apoyos que algunos llaman escalas y otros altares. Hecha así desde el principio la parte inferior, iban levantándose las piedras, ya labradas, con cierta máquina formada de maderos cortos que, alzándolas desde el suelo, las ponía en el primer orden de gradas, desde el cual con otra máquina que en él tenían prevenida las volvían a subir al segundo orden, donde las cargaban sobre otra máquina semejante.

A todo esto se le suman conjeturas y afirmaciones promulgadas a cuento de no se sabe muy bien por qué, que afirman y juran que los egipcios construyeron sus pirámides con medios precarios y arcaicos, y que no conocían la rueda. Pero la rueda la mencionaremos cuando describamos la Gran Pirámide y sus rampas.

Y es que las diversas teorías de rampas han raído cola en lo que a Egipto se refiere. El primero en dar a conocer este aspecto fue Ludwing Borchardt cuando excavaba la pirámide de Snofru en Meidum. Aquí, el arqueólogo alemán halló los restos de una rampa compuesta de cascotes de piedra, adobe y arena. El hallazgo de Borchardt fue el pistoletazo de salida para toda clase de teorías de las rampas, y así el americano Dunham propuso una serie de cuatro rampas que nacerían en los cuatro vértices, que irían aumentando de tamaño según fuese necesario.

Luego, en Gizeh, Mark Lehner descubrió restos de rampas semejantes, pero no se pudo constatar si habían sido utilizadas para construir o por el contrario para derruir la pirámide. No obstante, Lenher dispuso su propia teoría: diseñó una pirámide con dos enormes rampas que nacían al pie de la pirámide y que se convertían en una sola, pero mucho más amplias, en uno de los vértices. Así pues, Lenher dispuso un trabajo en los años noventa para demostrar su teoría. Elaboró dos documentales para una cadena americana, y en uno de ellos se retó a sí mismo a levantar una pequeña pirámide de veinte metros de altura, con los medios tecnológicos más o menos que debían poseer en el Imperio Antiguo. Consiguió con cierto trabajo transportar los bloques, pero llegó un punto en que no podía girarlos por la rampa.

No cabe duda de que después de casi cuatro mil quinientos años hemos perdido esa habilidad tan particular que tenían los obreros del rey para manejar bloques que oscilan entre las dos y ocho toneladas.

También el maestro arquitecto Jean Philipe Lauer elaboró su propia teoría. En la misma, el máximo experto que ha existido en el estudio de la Pirámide

Imagen de la construcción de la Gran Pirámide según Antoine-Yves Goguet, 1820.

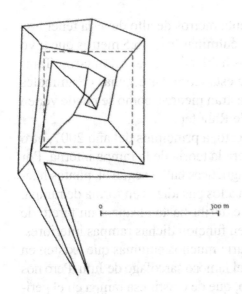

Rampa en espiral
según Mark Lehner.

Escalonada expuso que sobre una misma rampa irían subiendo y bajando los trabajadores con las narrias y los sillares. Sin embargo, resulta inevitable que la rampa aumente su longitud a medida que la pirámide crece y, en el caso de la Gran Pirámide, dicha rampa se saldría de la propia meseta de Gizeh. Aún así, Lauer no dudó en afirmar y reafirmar su teoría. En el caso de la Gran Pirámide, el problema es añadido, ya que conformar dicha rampa sería más problemático que construir el monumento. Arrastrar un sillar de seis u ocho toneladas por una rampa de semejante aspecto sería imposible. La rampa que Borchardt halló en Meidum tiene una pendiente de un diez por ciento, lo que significa que, en cada metro de largo, se eleva diez centímetros en su

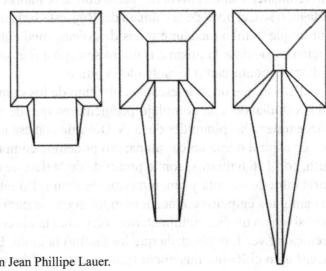

Rampas frontales según Jean Phillipe Lauer.

extremo final. Para alcanzar los noventa metros de alto debería tener una longitud de novecientos metros. Para culminar los 146,5 metros que tuvo la Gran Pirámide en su día estaríamos hablando de 1,5 kilómetros. También se utilizan como baza que apoye esta teoría las escenas de animales de tiro, generalmente bueyes, que arrastran piedras, como se puede ver en la mastaba de Idut, de Nefermaat o de Rahotep.

Con la intención de zanjar todo esto, a principios del año 2007, otro arquitecto francés se sacó de la chistera la teoría de la rampa interna. Por medio de lecturas de sondas electromagnéticas halló, según él, puntos huecos en el interior que corresponderían a los pasadizos en forma de rampa. En un inicio, levantarían una rampa exterior hasta alcanzar un tercio de la pirámide. Una vez aquí, entrarían en función dichas rampas interiores. Se ha sugerido que esta teoría explicaría muchos enigmas que existen en la Gran Pirámide, como la ascensión del famoso sarcófago de Jufu. Pero nos olvidamos de ciertos detalles. Primero, que de existir esa rampa en el perímetro de la pirámide tendríamos que haberla visto hace tiempo, porque en zonas del monumento faltan bloques que provocan una hendidura de hasta dos metros en el enorme macizo. Segundo, que se olvida también que en esta pirámide en concreto hay partes del interior que fueron rellenadas con arena o con cascotes. No es pues, difícil hallar zonas que no sean macizas. Tercero, olvidan también que el aspecto de la pirámide, una vez hubieron alcanzado el nivel del suelo donde se habría de depositar el sarcófago, o sea, el nivel de la Cámara del Rey, esta sería una superficie plana, por lo que, o bien mediante grúas de poleas, mediante rampas, la explicación es siempre la misma: primero se depositó el sarcófago en su sitio y después continuaron levantando la pirámide.

Pero lo que no se le escapa a ninguno de los egiptólogos que llevan años estudiando este complejo problema es que de ninguna manera se puede tratar a las pirámides de la IV Dinastía con esa idealización de rampas en espiral o una única rampa. No podemos comparar la pirámide de Jufu, con 146,6 metros, con la pirámide de Neferefre que alcanzó la irrisoria cifra de sesenta y cinco metros de altura. Lo que está claro es que los antiguos egipcios conocían bien los secretos para dejarnos asombrados: sí tenían medios rudimentarios, pero eran también poseedores de una técnica tal vez hoy olvidada que les facilitó la labor. En papiros como el Anastasi o el Rhind nos encontramos ante problemas matemáticos de geometría y aritmética que nos demuestran una cosa indudable: los egipcios conocían lo que siglos más tarde se llamaría el Teorema de Pitágoras, pero nunca tuvieron la necesidad de hacer teorías sobre él. Sin embargo, con todo lo que hemos visto hasta ahora, la totalidad de los egiptólogos coincide en una cosa: que hemos de ser muy, pero que muy prudentes a la hora de hacer afirmaciones rotundas. No nos queda más remedio que resignarnos y admitir, por mucho que nos pese, que no tenemos ni la más remota idea de cómo se erigieron las pirámides, tanto más que nadie dejó constancia escrita de ninguno de los métodos que utilizaron, ni el número de obreros ni la cantidad de años. Pero como no podía ser de otra forma, a partir de los pequeños restos diseminados que los egipcios nos han dejado, sí podemos plantearnos algunas hipótesis, si bien es cierto que muchas se caen por su propio peso.

Otro de los eternos debates, que debería ser zanjado sólo por hacer justicia, es la función que tenían. Sí o no al monumento funerario; esa parece ser otra de las discusiones preferidas de muchos egiptólogos. Y la verdad es que no fueron ni graneros ni observatorios astronómicos ni emplazamientos de naves interestelares, ni tampoco el producto de la soberbia de los reyes de Egipto. Es verdad que no en todas las pirámides se han encontrado momias, pero este hecho no significa que no hallan estado o todavía estén por descubrir. En 1820, Girolamo Segato descubrió la entrada original de la Pirámide Escalonada y en su interior halló los restos de un pie de una momia, que en un principio se creyó que era del rey Djeser. Gaston Maspero descubrió en 1881 la momia de Merenre en su pirámide, aunque, siendo justos, tampoco se halló la momia de Sejemjet en un sarcófago que estaba todavía sellado. Y la pregunta es, ¿cómo escapó ese sarcófago al saqueo de los siglos? Bueno, pues tal vez porque los ladrones sabían que en realidad esa pirámide no era sino un cenotafio y que la momia estaba realmente enterrada en otro lugar. Y esta misma idea es aplicable al enorme sarcófago de Jufu, que tampoco albergó nunca un cuerpo en su interior. Tal vez algunos reyes, viendo cómo habían quedado las moradas eternas de sus antecesores, decidieron ser enterrados en algún otro lugar, dentro o fuera de la propia pirámide.

Más o menos, en Egipto están catalogadas ciento quince pirámides. Y ninguna de ellas ha llegado intacta hasta nosotros. No tenemos documentos, y no sabemos si no los dejaron escritos o si todavía están por descubrir.

Posiblemente, el conocimiento estaba tan cercano a la divinidad que sólo se transmitía oralmente. No nos debe extrañar esta práctica, pues los propios *Textos de las Pirámides* de Unas son un compendio que se transmitió de forma oral desde el más profundo predinástico hasta la V Dinastía. Ningún ser humano que no estuviese preparado para ello podía conocer tan preciado secreto. Y nosotros no somos la excepción.

Independientemente de su carácter funcional, su construcción varió según la época y la economía. En ningún caso se reflejó el método, pero sí los útiles que utilizaron. Podemos imaginarnos a aquellos sacerdotes con su *merjet* en la mano, objeto que servía para emplazar el monumento hacia los puntos cardinales. Lo que conseguían era delimitar las cuatro esquinas del cielo, que serían las de la Pirámide. Tras haber situado sobre el papiro la morada para la eternidad, los obreros se pondrían manos a la obra en el desierto. Allanarían la superficie, marcarían con cordeles el perímetro y procederían celebrar el rito del *pedh shes,* el estiramiento del cordel. Una vez sellado el depósito de fundación, donde se depositarían objetos de carácter ritual, podía dar comienzo la obra. Del Alto y del Bajo Egipto llegarían canteros, albañiles, carpinteros, arquitectos, todos altos profesionales que se pondrían bajo la tutela del inspector de los trabajos del rey, y todos con un único fin: lograr la supervivencia de su faraón, puesto que ello implicaba la suya propia.

Da igual cuántas veces nos lo preguntemos, la pirámide tiene un vínculo fortísimo con el Más Allá, pero no nos engañemos, pues no se acerca en absoluto a la imagen que nosotros tenemos de la muerte. Detrás de la pirámide, que es el lugar de salida y puesta del sol, tan sólo está la eternidad. Da igual cuántas veces nos lo planteemos, pues ahí están, impávidas y sonrientes, a la vez que se sonrojan ante nuestro descaro por intentar desnudarlas al conocer sus secretos. Vayamos pues, sin más dilación, a dar un pequeño paseo por las pirámides del Imperio Antiguo.

LA PIRÁMIDE DE DJESER NETHERIJET

Los inicios de la historia del Antiguo Egipto están ligados a la necrópolis de Saqqara desde la noche de los tiempos. Ya durante las dos primeras dinastías los reyes tinitas se habían construido sus mastabas en los dominios

Pirámide de Netherijet. Fotografía de Nacho Ares.

de Soqaris. Su nombre antiguo era Dehenet Anj-Tawy, que significa 'El Alto de Anj-Tawy'. Como hemos visto, fue el gran arquitecto real Imhotep quien tuvo el privilegio de diseñar y construir la mastaba que albergaría el cuerpo de su monarca, Djeser Netherijet. Su nombre antiguo nos es desconocido, y cuando fue culminada alcanzó una altura de sesenta metros. Tenía ciento setenta y tres metros de lado en su eje este-oeste y ciento siete en su eje norte-sur.

Imhotep levantó un muro de piedra caliza blanca que simulaba la fachada del palacio real de Menfis con catorce puertas, de las cuales tan sólo una era la entrada correcta. Las otras trece eran representaciones de puertas falsas. Esta superficie, que abarca quince hectáreas, nos adentra en el recinto mediante un gran portón de piedra en su esquina sur oeste. El carácter sagrado de este lugar viene dado también con el patio de la *Heb-Sed*, que se halla al sur del recinto, donde se alza un santuario en forma de T. Se trata de un rectángulo paralelo al patio sur de la pirámide, y sus varios complementos lo convierten en un lugar sin igual donde se encuentran todos los componentes de esta fiesta. Imhotep levantó para este evento tres clases diferentes de capillas.

Vista del patio de la Heb-Sed. Fotografía de Nacho Ares.

Otro lugar de gran importancia se halla al norte, donde se levantan la Casa del Norte y la Casa del Sur. Están en la parte septentrional del patio de la *Heb-Sed*, justo frente a la pirámide. En su lado este se encuentra un patio decorado con una pilastra cilíndrica, y en sus días estaba culminada por un capitel con forma de flor de loto: el emblema del Alto Egipto. Su función es simbólica; era donde el Alto y el Bajo Egipto rendían los tributos al rey una vez regenerado tras la *Heb-Sed*. Al oeste de la Casa del Norte se halla el patio del *Serdab*[51], una pequeña capilla para el culto donde se encontró la estatua del rey que ya hemos citado, y a su interior se accedía tan sólo mediante dos aberturas que servían para mirar en su interior.

Para delimitar todo este terreno se emplearon más de cincuenta estelas que marcaban los límites del recinto sagrado, los límites del complejo interior y los distintos puntos donde se celebraban los ritos y cultos. Las estelas estaban protegidas por el dios Anubis, el protector de las necrópolis.

---

[51]Este recinto es llamado así porque entre los años 1924 y 1925 se halló el *serdab* que albergaba en su interior la ya mencionada anteriormente estatua del rey Djeser, de piedra caliza. Esta imagen sedente del rey es la estatua a tamaño real más antigua de Egipto.

La edificación estrella de este complejo, como no podía ser de otra forma, es la Pirámide Escalonada. No cabe duda de que lo que quiso el arquitecto real fue que su rey poseyese una obra sin parangón respecto a lo que se había construido con anterioridad. Así pues, tras marcar la delimitación de la obra, retiró la arena y alisó la superficie. Luego levantó una mastaba a base de piedra, que en su origen tenía una altura de 8,63 metros de largo. La obra de Imhotep es el resultado de diversas modificaciones, aunque hay quien opina lo contrario. Las diversas hipótesis expuestas por otros expertos ofrecen dudas, lo cual nos permite elegir la mejor opción mediante nuestro propio criterio.

Imhotep levantó la primera grada a modo de cubrición, pues en su interior se oculta un pozo de veintiocho metros de profundidad, que es el único pasillo de conexión con la cámara funeraria y la serie de galerías y estancias donde se alojó todo el ajuar funerario.

A la hora de examinar el porqué se decidió modificar la mastaba inicial, la mayoría de los expertos en pirámides, como el español José Miguel Parra, piensan que la mastaba inicial no representaba lo que Imhotep tenía en mente. Su rey tenía que poseer un monumento funerario que

Muro con el relieve de las cobras, recinto Djeser de Saqqara.

le permitiese ascender al cielo, y para que esa ascensión se produjese lo que hizo fue construir una escalera.

La evolución de la tumba real está unida a la evolución que sufrió la teología heliopolitana, con su colina primigenia, cuyo origen parece reflejarse en las cámaras funerarias de las tumbas tinitas, que se transformó en la idea de un medio de ascensión hacia el cielo. El título que Imhotep ostentó como primer profeta de Re sería crucial para el desarrollo de la mastaba. Lo más probable es el rey Djeser deseara tan sólo una tumba como la de sus antecesores, pero la evolución que sufría la figura del rey, paralela a la teología de Heliópolis como asimilación inmortal con la esencia divina, terminó por convertir a la mastaba en una especie de palacio para la eternidad, que serviría no sólo para albergar la momia del rey, sino como medio de ascensión a los cielos. La cantidad de problemas a los que tuvo que hacer frente el arquitecto debieron ser inmensos. Pero no sólo los solucionó sino que decidió añadir todavía dos gradas más a su obra. Los especialistas en pirámides también coinciden a la hora de señalar que tuvo que plantear unos problemas tecnológicos que hubieron de solucionarse

Pirámide de Huni en Meidum. Fotografía de Nacho Ares.

al ritmo que los trabajos avanzaban. Cuando la sucesión de mastabas superpuestas terminaron por componer la Pirámide Escalonada, todo el edificio fue revestido con bloques de piedra caliza, que fueron tallados con sumo cuidado y aparejados con destreza.

El interior de la Pirámide Escalonada es infinitamente más espectacular que su aspecto exterior. Las cámaras funerarias están todavía parcialmente decoradas con gran esmero. En el lado este del complejo se concentraron una totalidad de once pozos, y todos ellos miden treinta y dos metros de profundidad. Aquí fueron sepultados los miembros de la familia real, así como las damas que comprendían el harén real. La galería excavada en el sector norte-oeste de la pirámide contenía varios sellos cilíndricos plasmados en las paredes. Ninguno de ellos estaba completo, pero fue posible recomponer los textos gracias a sus numerosas repeticiones. Se trata del sello de Imhotep, donde vemos el *serej* del Horus Netherijet y los títulos de su visir y arquitecto. También hay unas estelas que miden casi un metro de altura, donde se representa la carrera ritual del rito de la *Heb-Sed*. Rodeando estas estancias se hallan otras habitaciones cuya función fue la de almacén. Todas estas se excavaron sin interés, ya que las superficies están sin pulir y el suelo sin nivelar.

En otras de las cámaras funerarias se encontró un sarcófago de alabastro con el cuerpo de una mujer, posiblemente una hija del rey, otro sarcófago cuya tapa era de oro y una habitación con más de treinta mil objetos de piedra de todo tipo: alabastro, caliza, marfil, diorita, dolerita. Eran, en su gran mayoría, los restos funerarios de los faraones de las dos primeras dinastías[52], de los cuales ya hemos hablado.

El carácter sagrado de la Pirámide Escalonada se prolongaría en el tiempo hasta la Época Saíta. En 1926 fueron halladas seis vértebras y un trozo de cadera derecha; en 1934, Lauer y Quibell encontraron un húmero derecho, una costilla y un pie izquierdo. Los análisis son claros: a excepción del pie, los otros restos son de época muy posterior a la pirámide, concretamente

---

[52] Las teorías para explicar este hecho son varias, pero tan sólo una parece ser la aceptada, y es que el rey decidiese ocultar aquellos tesoros en una cámara segura, dada la inaccesibilidad de las antiguas mastabas, pues ciertamente alguna ya habría sufrido los castigos de los ladrones. Sin embargo, también habría podido darse el caso de que Djeser, literalmente, desvalijara a sus predecesores y ocultara sus tesoros para su uso particular en el Más Allá.

del III Período Intermedio. No obstante, hay en este aspecto expertos que se sitúan entre ambas opiniones, ya que, según muchos, ese pie izquierdo habría sido vendado siguiendo las técnicas de momificación de la III Dinastía, y es más que posible que sean los únicos restos que nos han llegado del gran Djeser Netherijet.

LA PIRÁMIDE DE SEJEMJET

Sejemjet se hizo construir su pirámide muy cerca de la de su posible padre Djeser, de la cual desconocemos el nombre que llevó en la antigüedad. Posiblemente llegó a alcanzar los setenta metros de altura, y tiene de lado cerca de ciento diecinueve metros. El recinto funerario también sufrió modificaciones, ya que en un primer tramo se pensó en un perímetro exterior de doscientos sesenta y dos por ciento noventa metros. Pero una vez que se habían iniciado las obras en su sector norte el emplazamiento fue ampliado hacia el eje norte-sur. En vez de derruir el muro que se había levantado en este sector, Imhotep decidió utilizarlo a modo de muro de contención y lo rellenó de arena y cascotes de pequeñas dimensiones. Este acto provocó que hoy día se conserven unos relieves magníficos de leones, halcones, un guerrero posiblemente de origen libio y una inscripción con el nombre de nuestro arquitecto.

Tampoco está probado que fuese culminada en su día. Los canteros tuvieron que colocar trozos de bloques hasta arrasar un nivel, partiendo desde el punto más alto, y estos bloques tienen una altura de diez metros. Imhotep construyó esta pirámide en varias etapas. En un comienzo erigió un rectángulo casi a modo de mastaba. Para esto, contó con la roca caliza de las cercanas canteras de Tura. En su orientación sur uno de sus lados era más ancho. La altura de este rectángulo era de diez metros y poseía una única puerta de entrada. Luego decidió darle siete peldaños más, pues Imhotep pretendía que la pirámide fuese más grande que la primera que había construido. Para ello, elaboró una serie de capas de aumento, con los sillares inclinados 15° hacia el interior, y situó en la pared norte de la pirámide otra entrada. Esta conducía a un pasillo que conectaba directamente con la cámara del sarcófago. Pero Imhotep contaba con la segura presencia de los saqueadores, y por ello colocó un pozo vertical que seccionaba el pasillo. Era un sistema de seguridad que se utilizó en otras moradas para la eternidad de esta misma dinastía. En ese pozo se descubrieron huesos de animales, varios espolones y una serie de papiros que fueron depositados allí durante el reinado de Ahmosis II, en la XXVI Dinastía. Se halló también un habitáculo, un escondrijo en el que se habían ocultado setecientos recipientes de piedra y numerosos objetos de oro. Este tesoro increíble, que escapó a la rapiña de los ladrones a lo largo de los siglos, estaba compuesto por pulseras, corales de fayenza cubiertos con hojas de oro y conchas de ostras y mejillón talladas en oro puro. Es el ajuar funerario de oro más antiguo de Egipto. Del resto del tesoro, sin duda oculto en otro lugar de la pirámide, no sabemos nada, pero, a todas luces, los merodeadores nocturnos que lo hallaron llevaron buena cuenta de él en la antigüedad. Un poco antes de llegar a la cámara del sarcófago nos encontramos con un paso en forma de U que nos desvía de nuestro rumbo hacia el este. Este paso finaliza en una serie de anexos que, según los expertos, sirvieron para albergar objetos rituales. Aquí se hallaron recipientes de arcilla que tenían el nombre y cartuchos de Sejemjet. Si seguimos descendiendo, nos encontraremos con otro pasillo que cruza el primero transversalmente, y este nos conduce hacia la cámara del sarcófago, justo debajo de la propia pirámide. Esta sala está alineada con el eje vertical de la pirámide, y las paredes que miran hacia el norte-sur no fueron terminadas, no se pulieron y todavía se ven las marcas del cincel. En su interior se encontró una pieza magnífica y única en este período, pues los únicos sarcófagos de alabastro que se tallaron de la misma forma corresponden a Hetepheres de la IV Dinastía y a Seti I de la XVIII Dinastía. Es un bloque pulido y tallado de una sola pieza que estaba todavía sellado, cuyas medidas son 2,35 metros de largo por 1,13 de ancho y 1,05 de altura. A Zacaria Goneim, el joven arqueólogo egipcio que estaba excavando la pirámide, casi le da un infarto. Sobre la tapa del sarcófago había los restos de un ramo de flores. El barullo no tardó en llegar, y pronto se formó una especie de comisión nacional para abrirlo y descubrir al mundo la momia intacta del monarca. Se congregaron en el interior de la cámara un gran número de periodistas y varios medios de televisión. Sin embargo, el sarcófago estaba vacío. La decepción fue enorme, y pronto saltaron aquellos que defendían que las pirámides no eran moradas para la eternidad, polémica que perdura en el tiempo. Así pues, las teorías sobre este hecho son dispares. Especialistas de renombre, como Lauer, sugirieron que Sejemjet había muerto durante una expedición militar, y que, por no haberse podido recuperar el cadáver, se había sellado el sarcófago vacío a modo de enterramiento simbólico. Por otro lado, los estudios de varios egiptólogos sugieren que esta pirámide es un cenotafio, y que el auténtico hipogeo está todavía oculto en las arenas del Desierto.

Pero Goneim nunca finalizó los estudios en esta pirámide, ya que fue acusado de tráfico de piezas de arte. Unos meses más tarde dio una serie de conferencias en los Estados Unidos. Llegó a escribir un libro sobre el descubrimiento, un reflejo riquísimo de las notas que había tomado, pero terminó por suicidarse en el Nilo.

LA POSIBLE PIRÁMIDE DE QA'BA EN ZAWYET EL-ARYAN

La región de Zawyet el-Aryan está al norte de Saqqara, justo a dos kilómetros al sur de Gizeh. Aquí se levantó una pirámide, descubierta por Richard Lepsius en el año 1840, que usualmente se atribuye a Qa'ba, pero la falta de textos o restos arqueológicos nos impide una confirmación definitiva. Sus dieciséis metros de altura no son sino el reflejo del aspecto ruinoso que presenta en la actualidad, y se halla franqueada por otra pirámide que no se llegó a completar, de la cual no queda absolutamente nada. No obstante, se realizaron estudios serios de esta pirámide, de entre los cuales destaca sin duda el de Alessandro Barsanti, quien demostró que esta segunda pirámide seguía las características de la pirámide de Djedefre y que perteneció a un faraón de la IV Dinastía que tuvo un reinado muy breve.

La entrada a esta pirámide, como era usual, está en su cara norte y fue descubierta por Jacques de Morgan. Al igual que los detalles que pudieron haber marcado la vida de este monarca, la historia de su pirámide permanece oculta en el desierto, a la espera de que algún día alguien se decida a excavar en esta zona y la rescate del olvido.

LA PIRÁMIDE DE HUNI EN MEIDUM

Meidum está situada a cincuenta kilómetros al sur de Dashur, muy cerca del oasis de El-Fayum. Aquí el rey Huni se hizo construir su pirámide o al menos comenzó a construirla. Posiblemente el artífice del proyecto fuese Imhotep, pues los egiptólogos sospechan que pudo haber muerto durante el reinado de este hombre. De hecho, el patrón de construcción es idéntico al de las pirámides de Djeser y Sejemjet. El nombre de Huni, como dijimos en su momento, no aparece por ningún lado, y sí el de su hijo Snofru. Así pues, gracias al famoso grafito que citamos en su momento se atribuye a Snofru el intentar dar a esta pirámide un aspecto de cara lisa. Su nombre antiguo era 'La pirámide es estable'. Medía 93,5 metros de altura, ciento cuarenta y siete metros de lado y las paredes tenían un ángulo de inclinación de 51º E 50' 35".

Era este un edificio tan formidable que tuvo que cautivar al propio príncipe Snofru. No cabe duda de que imaginó para sí una pirámide similar cuando fuese rey. Desconocemos los pasos que siguieron Huni o el propio Snofru, pero sí sabemos que esta pirámide fue una especie de experimento, el prototipo de la pirámide perfecta. Para empezar, es la primera construcción que tiene la cámara del sarcófago por encima del nivel del suelo, lo cual tuvo que causar conmoción en los cánones de la época. Así pues, este acto de alojar una estancia hueca en el interior del monumento tuvo que darle al arquitecto un sinfín de problemas, pues ¿cómo evitar que la pirámide se desplomase sobre la cámara? Tantas toneladas de peso sobre un hueco tan grande dieron como fruto la primera bóveda en saledizo de la historia. Lo que el arquitecto hizo fue colocar grandes sillares que sobresalían sobre las hiladas siguientes apenas unos centímetros. Pero algo sucedió, porque todavía hoy es posible ver las vigas de madera de cedro que estaban destinadas a ser el soporte para izar la tapa del sarcófago. No hay sarcófago ni lo hubo nunca. Parece ser que las piedras que revestían la pirámide no se colocaron de forma correcta, no se apoyaban directamente en la estructura interna de la pirámide. Así, sin una base de espigo, se vinieron literalmente abajo. Como no podía ser de otra forma, hay varios expertos en pirámides que opinan que estas vigas de cedro del Líbano eran simplemente un objeto ritual. La controversia no es extraña en esta materia. Todo ese montón de escombros que hoy día se puede ver en Meidum es el fruto de cuatro mil años de saqueo a gran escala, puesto que los bloques que se desprendieron fueron reutilizados en otras construcciones a lo largo de la historia.

El corredor descendente está situado en la cara norte de la pirámide, a unos diecinueve metros del suelo. Otro nuevo elemento que se introdujo en la construcción es el modelo de la pirámide satélite, que sería imitado por las futuras generaciones. Esta pirámide, como no podía ser de otra forma, también es pionera en las discusiones acerca del uso de rampas. En ella Borchardt hallaría los restos de la famosa rampa, y así comenzó el eterno debate entre egiptólogos de todas estas décadas. Debido al gran desnivel que posee el terreno, no se ha hallado el santuario del valle o tal vez desapareció ya en la antigüedad. Lo que sí encontró Petrie en 1910 fue la pirámide satélite y la calzada que conducía a la misma. También halló la rampa procesional que conducía al santuario funerario.

La importancia de la pirámide que Huni comenzó a construir, que finalmente culminaría su hijo Snofru, es enorme. Y es que la pirámide de Meidum es el prototipo de las pirámides Roja y Romboidal. Sería muy aventurado decirlo, pero casi con toda seguridad sin las ideas revolucionarias de Snofru la Gran Pirámide tendría hoy un aspecto bien distinto.

LA PIRÁMIDE ROMBOIDAL DE SNOFRU

Tras haber fracasado en Meidum, Snofru se volvió hacia Dashur. En esta región, que está a escasos diez kilómetros de Saqqara, se erigió aquella que recibiría el nombre de 'Snofru brilla en el sur'. Mide ciento cinco metros de altura, 188,5 metros de lado y la inclinación de sus ángulos es 54° E 27' 44" 43° E 22'. Pese a que el aspecto de esta pirámide no fue el que en un principio se deseaba, muchos son sus éxitos. Cuando los trabajos se iniciaron en Dashur, los arquitectos reales de Snofru siguieron los cánones de la III Dinastía, esto es, situando los bloques de la primera hilada con una ligera inclinación hacia el interior del edificio. Los arquitectos no tuvieron acierto a la hora de plantear una base firme.

Así pues, sobre una sólida cimentación, comenzaron a levantar los bloques. Llegó un punto en el que el peso que soportaba la cimentación hacía que esta diera muestras de fallo. Tuvieron que rebajar 5° de inclinación del proyecto original. De 60° pasaron a 55°. Además, no tuvieron en cuenta la gran cantidad de huecos que iban dejando en la estructura, que más tarde tuvieron que rellenar con escombros. Era, francamente, normal. Las tres correcciones que hubo que ejecutar en la obra fueron fruto de la inexperiencia. Para finalizar la pirámide, una vez que se le hubo rebajado

Pirámide Romboidal de Snofru en Dashur.

el ángulo de inclinación, se necesitaba mucho menos material, lo cual equivalía a menos peso sobre la frágil base. Se tuvo gran atino al colocar los
bloques más grandes en forma de «cola de pato», pues esto le concedió a
la estructura mucha más firmeza. A lo largo de la historia de Egipto nos encontramos con varias edificaciones u obras en las que, por un motivo directo o indirecto, digamos que los obreros o arquitectos metieron la pata,
bien por ignorancia o por causas naturales. Parece ser que ellos no tuvieron reparo alguno en reconocer que se habían equivocado, como puede que
sucediera en este caso. Se limitaron a terminar su pirámide buscando el
modo más seguro de hacerlo sin que todo su trabajo se fuera al garete.

Para acceder al interior de la pirámide existen dos entradas. Una está
situada en la cara norte y otra en la cara oeste. Al entrar a través de la primera puerta se abre al viajero un corredor descendente que lo conduce
hasta una antecámara, justo a once metros y medio de profundidad bajo
la pirámide. Nos hallamos ante una gran estancia que tiene una techumbre a modo de falsa bóveda en saledizo, donde los bloques sobresalen unos

de otros alrededor de unos quince centímetros. Alcanza la increíble altura de diecisiete metros. Otro corredor nos conduce a dos estancias que están situadas a distinto nivel una de la otra. En lo que se refiere al complejo funerario de Snofru, tenemos su santuario funerario y el santuario del valle. Este santuario es innovador, pues es el primero que comunica directamente con la pirámide desde el muelle mediante una amplia calzada. Los arquitectos dividieron el recinto en tres partes básicamente simétricas. Una primera sección, la más meridional, tuvo como función la veneración de escenas de personajes difuntos. En la parte este se reflejaron los nomos del Bajo Egipto. La del oeste albergó la de los nomos del Alto Egipto que tenían carácter funerario. En opinión de los expertos, son las escenas más hermosas de toda la IV Dinastía.

Hacia el norte del santuario del valle se halla otra amplia área decorada con pilares de piedra caliza. Aquí se levantan unos muros con varias representaciones. También se construyó una pirámide subsidiaria que llegó a medir 26,20 metros de altura, con una base de 52,40 metros. Para entrar en ella es necesario descender un tramo que se halla a un metro de altura del suelo. Un pasillo recto y un tramo ascendente nos llevan finalmente a la cámara funeraria. Esta habitación fue dotada con un sistema de rastrillos, pero el mecanismo de seguridad no impidió la entrada a los saqueadores de tumbas, que destrozaron todo el interior de la cámara funeraria.

LA PIRÁMIDE ROJA DE SNOFRU

Tras el fiasco sufrido por la construcción de su anterior pirámide, Snofru decidió no abandonar este lugar; su título como Soberano del Alto y del Bajo Egipto no le permitía pasar a la historia como el rey que intentó construir una pirámide de caras lisas. Así pues, decidió que la llamaría 'Snofru está brillando'. La construyó en piedra caliza de las canteras de Tura, que le dan ese aspecto rojizo brillante. De ahí que sea conocida como la Pirámide Roja.

La altura de esta pirámide es de ciento cuatro metros, con un lado de doscientos veinte metros. El ángulo de inclinación es 43° E 22'. Su estado actual de conservación es muy bueno, y podemos considerarla como una joya en muchos aspectos. En el arqueológico, nos permite ver los avan-

Bóveda en saledizo del interior
de la Pirámide Roja de Dashur.
Fotografía de Nacho Ares.

ces de los arquitectos, y en el plano egiptológico nos permite conocer varias cosas acerca de la construcción de la pirámide[53].

Para acceder al interior es necesario dirigirse a su lado norte. La entrada está situada a veintiocho metros de altura. Una vez hemos accedido al interior, un corredor nos conduce al corazón de la pirámide en un descenso de sesenta metros de largo. Una primera cámara nos recibe, siendo lo más impresionante de ella su techo. Está realizado siguiendo la técnica de bóveda en saledizo, posee una increíble altura de doce metros y un total de once hiladas de piedra caliza. De hecho, los tres compartimientos de la pirámide tienen la misma forma, pero es tan grande el logro que hoy, miles de años después de su construcción, no presenta ni una sola fisura ni rastros de que pueda tenerla. Esta bóveda soporta unos dos millones de toneladas.

Un segundo corredor nos lleva hacia otra habitación. Las dos primeras estancias se hallan casi al nivel del suelo. La tercera cámara está situada

---

[53]El rey ordenó o permitió que en cada vigésima fila se inscribieran sus cartuchos y los nombres de las cuadrillas que habían trabajado en ellas. Había una cuadrilla denominada «cuadrilla occidental», y otra que era conocida por «cuadrilla verde». Estos cartuchos fueron definitivos a la hora de adjudicarle al rey la construcción de la pirámide, porque en el interior no hay ni un solo escrito. Sabemos que un grupo de obreros inició su trabajo en el vigesimosegundo año de reinado, otros en el vigesimonoveno, y otros textos de los sillares nos revelan que en el transcurso de cuatro años se había levantado casi un tercio de la pirámide. La obra se culminó tras diecisiete años.

a un nivel superior y carece de entrada, así que se colocó una escalera para acceder a la tercera cámara desde la segunda. Esto era necesario para llevar un control de las posibles grietas o fisuras que pudieran apreciarse en ella, sin que hasta la fecha se haya visto ninguna. Las tres cámaras se comunican entre sí, y esta última cámara fue concebida para albergar el cuerpo de Snofru. Es de dimensiones más grandes y su techo en bóveda de saledizo es mucho más alto que el de las otras dos anteriores. Aquí se hallaron unos restos humanos[54]. Se ha intentado, y todavía se pretende, encontrar la existencia de más corredores que conduzcan a otras cámaras o pequeñas estancias, pero sin éxito.

Al este de la pirámide se hallan los restos de lo que un día fue su santuario funerario, donde se encontró el piramidión que culminaba la pirámide. Aunque cuando fue hallado estaba muy fragmentado, se ha podido recomponer y hoy está expuesto en la cara este, junto al santuario funerario. Durante las excavaciones que efectuó Rainer Stadelman se encontraron en un recinto frente a la pirámide las raíces de varias clases de árboles, lo que nos viene a decir que durante el Imperio Antiguo al menos algunos de los santuarios funerarios de los faraones tendrían un aspecto muy parecido a los templos del Imperio Nuevo. Hoy día, Snofru no sólo sigue ostentando el título de Señor de las Dos Tierras, sino que también se alza con el de mayor constructor de pirámides de Egipto.

LA PIRÁMIDE DE JUFU

Jufu viajó casi con toda seguridad en infinidad de ocasiones con su padre a las inspecciones que este, sin duda, hizo durante su reinado a la región de Dashur. De este monumento se han dicho infinidad de cosas, se han escrito millones de palabras, de las cuales la mayoría, si se repitiesen en este libro, no serían sino meras reposiciones. Así que, simplemente, nos

---

[54]En 1940 se realizó un análisis que determinó que muy posiblemente pertenecían al Imperio Antiguo, según se dedujo de las técnicas de momificación. Los restos fragmentados, un cráneo seccionado, varias costillas, la cadera y los pies compusieron en su día el cuerpo de un hombre que falleció con unos cuarenta o cincuenta años de edad, de mediana estatura y complexión fuerte, muy posiblemente el rey Snofru.

dedicaremos a tratar por encima los datos más destacados y nos detendremos un poco en los detalles más desconocidos acerca de este gigantesco titán de piedra caliza.

Su nombre antiguo era 'La pirámide que es el lugar de salida y puesta del sol', aunque en muchas obras se suele encontrar también el nombre de 'Jufu pertenece al horizonte'. Su altura original era de 146,6 metros, pero en la actualidad mide 138,75 metros. Sus lados son casi iguales, entre 230,37 metros. Su ángulo de inclinación es 51º E 50' 40''. Prácticamente es perfecta, y es la única de las Siete Maravillas del Mundo Antiguo que ha llegado hasta nosotros. Para la construcción de esta pirámide se levantaron doscientas diez hileras de bloques, y cada uno de ellos tiene un peso medio de dos mil quinientos kilos. No obstante, muchos de ellos pesan más del doble. Haciendo una aproximación estimada, diremos que la altura media de los sillares es de cincuenta centímetros, aunque existen

Entrada original de la Gran Pirámide. Fotografía de Nacho Ares.

bloques de diversas medidas. Su entrada original se halla situada a unos quince metros del suelo sobre la hilera decimotercera. Actualmente se puede observar la bóveda doble a dos aguas, compuesta por cuatro enormes dinteles de piedra a modo de V invertida. Esta entrada nos conduce a un corredor descendente que tiene 1,20 centímetros de altura. Su longitud es de dieciocho metros y, una vez hemos llegado al final del mismo, se divide en dos secciones. La parte superior está bloqueada por tres losas de granito: el sistema llamado «de rastrillo», para evitar la entrada de los saqueadores. La segunda sección se hunde noventa y un metros bajo la pirámide de Gizeh. Aquí es donde se halla la denominada «cámara del caos», una habitación que ha sido motivo de diversas hipótesis de trabajo[55]. La gran galería es sin duda una de las partes más espectaculares de la Gran Pirámide. Al comienzo de ella hay dos aberturas que desembocan en la cámara de la reina, y un vertiginoso túnel que desciende sesenta metros hasta alcanzar el corredor descendente. He aquí la prueba irrefutable de la genialidad de la IV Dinastía: con sus cuarenta y siete metros de largo y sus 8,48 metros de alto contiene una bóveda en saledizo en la que cada hilada superior sobresale seis centímetros respecto a la inferior. Tras superar la gran galería, llegamos a la cámara del rey, donde nos encontramos el sarcófago del faraón.

Se trata de un bloque de granito de grandes dimensiones. Mide 10,45 metros de largo, 5,20 metros de ancho y 5,80 metros de altura. Es mucho más grande que la entrada a la cámara, por lo que tuvo que ser colocado en su sitio, como dijimos más arriba, cuando la planta de esta se encontrara alisada. Luego, comenzarían a cerrar la habitación y colocar los distintos departamentos que aún nos quedan por citar. Y es que justo sobre esta cámara se descubrió en 1765 una serie de cinco cámaras superpuestas una sobre otra. En los muros norte-sur se abren dos pequeños túneles de veinte por veinte centímetros, conocidos como «canales de ventilación» que realmente no ventilan absolutamente nada. Rudolph Gantenbrink es

---

[55]Se suele decir que nunca se llegó a terminar por una serie de problemas técnicos que llevó a los arquitectos a olvidarla y a colocar las cámaras previstas sobre el nivel del suelo. Sin embargo, es justo decir que esta teoría es bastante dispar, si bien se acepta casi de forma unilateral que en realidad hoy tiene el aspecto que deseaban los egipcios de ayer. Seguramente, lo que los arquitectos deseaban era plasmar el desorden que reinaba antes de la creación, y todo envuelve a la figura del dios Soqaris.

La Gran Pirámide en medio de las pirámides de las reinas.
Fotografía de Nacho Ares.

un ingeniero alemán que fue contratado por el gobierno egipcio en 1993 para instalar en estos canales un equipo de ventiladores con el propósito de reducir al mínimo el grado de humedad que se concentra en esta pirámide. Para este evento, diseño un robot al que llamó Upuaut, y comenzó a realizar su trabajo. En un primer momento, el Upuaut recorrió los canales de la cámara del rey, y a continuación lo hizo en la cámara de la reina, pero esta vez con un robot mejorado al que llamó Upuaut 2. En el canal norte de esta cámara el robot no pudo terminar su misión, debido a un giro inesperado que no podía sortear. Así pues, decidieron investigar el canal sur. He aquí que surgen los imprevistos, primero en forma de escalón, y luego, a unos sesenta y cinco metros de distancia, una puerta sellada. Es de sobra conocida la famosa «expedición» montada por National Geographic, capitaneada por el Dr. Zahi Hawass. En el 2002, el nuevo robot Pyramid Rover practicó un taladro en la conocida ya como «Puerta de

Gantenbrink» y, tras introducir por la perforación una pequeña cámara, se encontraron con una nueva puerta sellada[56]. El proyecto que tiene el gobierno egipcio es practicar un nuevo taladro en esa segunda compuerta de veinte por veinte. Estaremos expectantes.

En el exterior de la pirámide, en su cara sur, fueron halladas en 1954 dos trincheras por dos jóvenes arqueólogos egipcios, Kamal el-Mallakh y Kaki Nur. Estas trincheras estaban cubiertas por cuarenta losas de granito a modo de tapa que pesan más de veinte toneladas cada una. Lo que jamás pensaron estos arqueólogos era que se iban a topar con una gran nave de madera desmontada en un total de mil doscientas veinticuatro piezas. Habría que aguardar diez años hasta que el Dr. Ahmed Yussef Mus-

Mastaba del cementerio de Gizeh. Fotografía de Nacho Ares.

---

[56]La mayoría de expertos coinciden en decir que tras esta puerta no hay absolutamente nada, y que su función es ritual, formando una especie de puertas falsas, típica de las moradas para la eternidad, a través de las cuales el espíritu del rey difunto podía salir de la pirámide y retornar luego a su morada de descanso eterno.

tafá reconstruyera aquella 'Barca de millones de años', y en 1968 se constató que la nave se unía entre sí mediante cuerdas, sin clavos ni espigos de madera. Apareció a los ojos del hombre moderno tal cual había sido elaborada por los carpinteros reales con madera de cedro del Líbano. Sus medidas son como la propia visión de la barca: espectaculares. Mide 43,3 metros de eslora, 4,6 metros de manga y 1,5 metros de calado, lo cual le permite navegar únicamente por aguas fluviales. Fue dotada con diez pares de remos y otros dos un poco más grandes que cumplen la función de timón. Se ha practicado una sonda electromagnética a la segunda trinchera y se ha comprobado que hay otra barca similar a la que hoy se expone al público en el museo que se construyó justo donde fue descubierta, pero parece que su estado es deplorable.

Ahora bien, hay una enorme cantidad de detalles que no se suelen mencionar en la mayoría de obras que son de consulta obligatoria cuando uno desea saber un poco más acerca de la Gran Pirámide. Cuando nos topamos con la aproximación estimada acerca de los bloques que se utilizaron para levantar este monumento se suele dar la cifra de dos millones trescientos mil. Pero hay una serie de cuestiones que nos inducen a pensar que bien pudieron ser unos pocos menos. La pirámide comenzó a levantarse sobre una protuberancia rocosa de una altura más bien desconocida, aunque estudios realizados al respecto sugieren que no debió superar los diez metros de altura. A este hecho hay que añadir que existen zonas de la pirámide que no son macizas, sino que fueron rellenadas con cascotes o arena, por motivos que realmente desconocemos. Pero el detalle más importante que nos lleva a rebajar esta cantidad de bloques es el increíble estudio que llevaron a cabo dos arquitectos franceses, de nombre Gilles Dormion y Jean-Yves Verd'hurt. En los años ochenta hicieron una serie de cálculos sobre papel, pero tuvieron que esperar hasta 1986 para adquirir el permiso oficial que les permitiese realizar sus estudios. Ellos sostenían que bajo la cámara de la reina habían detectado una hornacina que carecía de sentido, prologada por un conducto de varios metros. Habían descubierto en el suelo de la cámara de la reina algunas marcas de lo que pretendía ser un antiguo enlosado. Además, habían constatado varias irregularidades arquitectónicas que les llevaron a concluir que había algo más tras esas tres cámaras conocidas en la Gran Pirámide. Su propuesta era sencilla: practicar un taladro en la roca del suelo de la cámara de la reina y tomar unas fotos mediante sondas. Los trabajos que estos franceses realizaron mostraban cambios de densidad en la estructura piramidal, y lo cierto es que nos quedaremos con las ganas, pues los permisos para taladrar la piedra finalmente fueron denegados.

En 1987 llegó a Gizeh un equipo japonés, y su director Sakuyi Yohimura no sólo corroboró la teoría de los jóvenes franceses, sino que llegó a descubrir que dicha cavidad estaba rellena de arena de cuarzo. Esta nueva habitación oculta tendría una profundidad de unos 2,5 metros y se situaría a 1,5 metros del pasillo que da acceso a la cámara de la reina. Quién sabe si algún día el hombre podrá tener acceso a ellas. Hoy se siguen escribiendo libros acerca de este monumento y se obvia por completo esta información, que ya en su momento pasó un tanto desapercibida en los medios de comunicación.

Igualmente, la práctica totalidad de libros nos cuentan que la entrada que existe a unos siete metros del suelo se debe al afán de buscar gloria y fortuna que tuvo un califa árabe, de nombre Abdullah Al Mamun, en el año 820 de nuestra era. Cabría esa posibilidad, pero sin embargo es más que probable que Al Mamun no hiciese ese túnel. Entre otras cosas, porque ello implicaría que el califa poseía un plano detallado de la pirámide, ya que el pasadizo que practicó en la roca desemboca justo en el canal a scendente, evitando de esta forma el sistema de rastrillos contra los ladrones. La leyenda nos dice que este califa se rodeó de una cohorte de sabios, matemáticos y astrónomos. Estos le dijeron, en vano, que aquel monumento era inexpugnable, pero él puso todos los medios a su alcance para llevar a cabo su empresa. Su objetivo era claro: desvalijar la totalidad de las cámaras secretas que allí se hallaban, repletas de tesoros. Al Mamun se plantó ante la pirámide y comenzó a practicar el túnel, aplicando en un principio productos corrosivos. Según él, poseía un plano detallado que le indicaba donde excavar. Pero tras largos meses de trabajo infructuoso decidió desistir. No obstante, claro, algo increíble sucedió. El oportuno desprendimiento de una piedra dentro de la pirámide. Al oír el estruendo, los obreros del califa supieron por fin en qué lugar tenían que comenzar a excavar. Intentó entonces perforar la piedra, pero no lo consiguió. Viendo que su método era ineficaz, decidió emplear un sistema que ya se había utilizado en el Antiguo Egipto: calentar la piedra hasta alcanzar una determinada temperatura y a continuación enfriarla súbitamente. El cambio de temperatura provocaba que la piedra se resquebrajase. Luego, tan sólo quedaba introducir la palanca en la ranura e ir arrancando los pedazos de lasca. Ahora, la pregunta es bien sencilla: si el califa poseía ese plano para poder comunicar el túnel con el canal ascendente, ¿no vendrían reflejados en el mapa los tres bloques que componían el sistema de rastrillos? Serían tres obstáculos diminutos comparados con la titánica empresa de perforar treinta y ocho metros de roca pura. Al Mamun logró entrar, y en el interior de la pirámide halló un tesoro sin igual. Cantidades ingentes de oro, plata, piedras preciosas y demás. Encontró el sarcófago, y en su interior la momia de Jufu. En su pecho, una coraza de oro macizo repleta de incrustaciones de turquesas, lapislázuli, rubíes y otras piedras. Cerca de la cabeza de la momia, un rubí del tamaño de un huevo de gallina. La pelvis de la momia era también de oro puro recubierto de esmeraldas. Sobre el pectoral de oro, una gigantesca espada, también de oro con incrustaciones. Al pie del sarcófago, descubrió la estatua de una mujer, en color verde.

Parece ser que Al Mamun se apoderó de todos los tesoros habidos y por haber, abandonó al pobre Jufu a su suerte en el desierto y se llevó la enorme espada y a la mujer verde a su palacio de El Cairo, donde estuvieron hasta el año 1118. Nuestro amigo el califa, una vez hubo calculado el valor del tesoro, echó cuentas del dinero que había empleado para conseguirlo. Curiosamente, el importe de lo conseguido no compensaba todo lo perdido, y dijo entonces a su corte de sabios, matemáticos y astrónomos: «qué admirables debieron de ser estos antiguos egipcios, cuando calcularon hasta el más mínimo detalle que el esfuerzo que hiciera cualquier hombre por apoderarse de sus riquezas sería totalmente en vano».

Quién sabe el significado real de estas palabras, pero lo que uno saca en conclusión es que en realidad Al Mamun no encontró absolutamente nada, a pesar de todos los tesoros que según los cronistas árabes albergaba sin duda la Gran Pirámide.

Y es que sobran las historias acerca de estos tesoros, relatos que han ido pululando de aquí para allá, como si fuese la misma bola que arrastra el dios Jeper a lo largo del día. Lo que comenzó siendo un cuento para niños termina siendo una auténtica historia de terror. Es hora de hablar nuevamente de don Pedro Martín de Anglería.

Este hombre, como dijimos antes, fue un embajador enviado a Egipto por los Reyes Católicos después de haber expulsado a los árabes de Granada.

No sólo ubicó de forma correcta la antigua Menfis sino que realizó las primeras investigaciones científicas en la Gran Pirámide. Por supuesto, su trabajo se veía limitado a la tecnología que le otorgaba su tiempo, pero gracias a sus notas sabemos que fue uno de los primeros hombres en poner en tela de juicio las palabras de Heródoto acerca de la cantidad de trabajadores y los años empleados en la construcción. Y es que don Pedro buscó información acerca del monumento, si bien la mayor parte de lo que pudo leer había sido escrito por cronistas árabes. Por supuesto, no se creyó ni un ápice acerca de semejantes tesoros, pero recogió como una curiosidad lo que un noble de El Cairo le relató:

> No contento con esto, pregunté si la pirámide era maciza o hueca, y uno de los nobles me dijo: Desde que terminó esta construcción ninguno de los ciudadanos lo ha sabido. Y a nosotros no nos interesa demasiado averiguar dichos secretos, mas en nuestros días, un desconocido de Mauritania que se las daba de conocer la Antigüedad pidió al Sultán le permitiese abrir la puerta de esta pirámide, pues decía conocerla por viejos documentos; que habría de encontrar allí según él, tesoros escondidos. Encontró allí una puerta cerrada, abriola y el tal hombre no volvió a aparecer por ninguna parte.

Sin duda, una pirámide malvada que devora hombres que desafían sus más íntimos secretos. Pero la duda nos asalta, sabiendo que Al Mamun ya había accedido a la pirámide y la había saqueado setecientos años antes de la llegada de don Pedro a Egipto. Cabe pues preguntarse cuál de los documentos tendría más valor: el del califa árabe o el del desconocido mauritano.

La verdad es que ninguno, pues esta entrada tiene todos los indicios de haber sido excavada durante el I Período Intermedio, y casi se puede asegurar que ocurrió durante la VIII Dinastía. Es probable que existiese ese mapa o un texto que explicara la composición interior del monumento en las bibliotecas de los Santuarios de Gizeh. Los acontecimientos que se vivieron en el I Período Intermedio son una serie de saqueos masivos a gran escala. De hecho, los robos en las grandes moradas para la eternidad de los reyes del Imperio Antiguo debieron tener lugar en estas fechas y, de haber existido dicho documento o plano, es más lógico pensar que hubiese sobrevivido cuatrocientos años desde su elaboración que elucubrar que fue pasando de biblioteca en biblioteca durante tres mil trescientos años hasta que cayó finalmente en manos de Al Mamun. Este túnel, casi

La Gran Pirámide vista desde la cantera cercana. Fotografía de Nacho Ares.

con seguridad, fue tapiado nuevamente por Jaemwaset, uno de los hijos de Ramsés II que restauró la práctica totalidad de monumentos importantes, como la pirámide de Unas.

Otro increíble descubrimiento en la Gran Pirámide fue obra del arqueólogo sir William Flinders Petrie, el cual en el año 1880 llegó a la meseta de Gizeh dispuesto a confeccionar un minucioso estudio sobre las medidas del gigantesco monumento. El objetivo de Petrie era dar validez a las teorías de Piazzi Smyth, el cual defendía que la Gran Pirámide era una obra construida con fines proféticos, nada menos. Según Smyth, el único objetivo de esta pirámide no era otro sino servir como observatorio astronómico. Charly Piazzi Smyth era escocés y, para más señas, astrónomo real de Escocia, cuya disciplina enseñaba en la Universidad de Edimburgo. Sus conclusiones fueron plasmadas en una obra titulada *Nuestra herencia en la Gran Pirámide*, y cuando menos debiéramos catalogarlas como sorprendentes. Según el astrónomo, toda la cultura e idiosincrasia del pueblo anglosajón había sido heredada del Antiguo Egipto[57]. Pero Petrie pronto descubrió que las teorías de Smyth, que él tanto había defendido, no sólo estaban erradas sino que el misterio de la Gran Pirámide se encontraba totalmente alejado de esas absurdas hipótesis de trabajo que carecían de base científica. El trabajo de Petrie se convirtió en un estudio casi milimétrico que duró treinta meses, durante los cuales trazó mapas y planos de la pirámide, de sus cámaras interiores, de los templos anexos e incluso elaboró hipótesis sobre las posibles técnicas de construcción. Gracias a estos estudios, Petrie hizo un descubrimiento asombroso en el exterior de la Gran Pirámide: constató que las cuatro caras presentan una ligera desviación en el centro de la misma hacia el interior; es decir, que la línea de su base no es totalmente recta. Esta especie de V invertida forma un ángulo de 179°. Para explicar este hecho, que también presenta la Pirámide Romboidal de Snofru y la pirámide de Menkaure, aunque de manera mucho menos pronunciada, se han elaborado unas cuantas hipótesis: que este efecto le fue dado a la pirámide para impedir que sus caras se derrumbasen, que es un hecho puramente casual, que tenía como objetivo que el conjunto de bloques que revestían la pirámide se adhirieran mejor al conjunto central de piedras, que imperan las razones de estética o que se debió al fruto del saqueo de piedras al que la pirámide fue sometido durante el mandato de Saladino. Sin embargo, hemos de decir que la más lógica y certera es la que formuló André Pochán en 1934. Pese a que muchos expertos en pirámides no están de acuerdo, el bautizado como «efecto relámpago» no es casual, sino que está ideado para que la Gran Pirámide señale la llegada de los equinoccios, que actualmente se producen el 20-21 de marzo y el 22-23 de septiembre. Durante estas dos fechas, y por varios años consecutivos, se pudo comprobar cómo a la salida del sol las caras norte-sur de la mitad oeste de la pirámide se iluminaban durante unos minutos, mientras que las caras norte-sur de la mitad este se oscurecían. Durante el ocaso, el fenómeno se vuelve a producir de forma contraria.

---

[57]Para llegar a esta conclusión, Smyth se basó en una medida que él llamó codo piramidal, que medía 63,435 centímetros. A su vez, el codo piramidal se fraccionaba en veinticinco pulgadas piramidales de 2,5374 centímetros cada pulgada. Dado que la pulgada inglesa mide 2,54 centímetros, Smyth concluyó que esta unidad de medida británica había sido empleada no sólo en la construcción de la Gran Pirámide, sino que, según el propio Smyth, en la Biblia se refleja que el codo piramidal ya había sido empleado para construir el Arca de Noé y el Arca de la Alianza, nada menos.

El último elemento conspirador que introduciremos en la Gran Pirámide es el mayor invento que el hombre realizó en los albores del tiempo: la rueda. La mayoría de egiptólogos de prestigio afirman con total rotundidad que este invento no fue del dominio egipcio hasta bien entrado el siglo XVI a. C. Las primeras escenas que muestran una rueda nos llegan de la mano de los mesopotámicos, que sobre el 3500 a. C. diseñaron un objeto circular con un agujero en su centro. La aparición de este elemento circular está vinculada con el torno del alfarero, y así esa pieza de engranaje no tardó en transformarse en una doble pieza redonda, unida por medio de un eje central, que servía para transportar materiales. Los mesopotámicos no tardaron en cambiar el diseño de aquel invento. Así, se pasó de la forma original, una placa de madera sólida, a eliminar secciones, que se unían mediante espigos de madera. Aproximadamente sobre el año 2500 o 2000 a. C. se modificó nuevamente su aspecto para reducir peso y se introdujeron los radios. No cabe duda de que este invento marcó un punto y aparte en la evolución de los mesopotámicos, y la rueda no tardó mucho en extenderse por todo el Antiguo Mundo, apenas unas pocas centenas de años. Aquellos hombres que vivieron en Mesopotamia allá por el año 2500 a. C. tenían fluidas relaciones con Egipto desde hacía por lo menos quinientos años, y la rueda ya había alcanzado un milenio de existencia. ¿Cómo es posible que los egipcios no hubiesen hecho uso de semejante invento? La rueda se unió a la fuerza de los animales para formar el vehículo de tiro, que se empleó sobre todo en el mercado de la cerámica, metales y otras materias primas. Este transporte se realizaba, por supuesto, en rutas cortas, porque cuando las distancias eran considerables se empleaban las vías marítimas. No obstante, es difícil, por no decir imposible, que ninguno de los comerciantes mesopotámicos que llegaron al puerto de Menfis en los años de Menes, Hotepsejemui, Jasejemui o Djeser no mencionase nunca la existencia de aquel invento. Realmente, cuesta imaginarse igualmente que los comerciantes egipcios que visitaron durante esta época infinidad de grandes urbes del Mediterráneo no se fijaran nunca en aquellas cosas redondas que transportaban objetos sin la necesidad de que el hombre realizase esfuerzo alguno. Sin embargo, existe una prueba irrefutable en la tumba de Kaemhesit, en Saqqara, donde se ve claramente cómo los egipcios de la V Dinastía dibujaron en una escena de un asedio una escalera con ruedas. Y es que, a fin de cuentas, aceptar que la rueda se utilizó durante el Imperio Antiguo podría echar por tierra la teoría «oficial» de las rampas, ya que quien hace girar una rueda en cierta manera está haciendo girar una polea, y quien gira una polea otorga una pequeña credibilidad a las máquinas formadas por maderos que ya citó Heródoto en la antigüedad. La realidad es que la Gran Pirámide se levanta sobre la meseta de Gizeh, impávida y ajena a nuestra obsesión por los secretos que guarda con tanto celo. Será por eso, porque el misterio significa la Gran Pirámide, que ni antes ni después se volvió a construir nada igual. Ni siquiera sus homólogas de la meseta presentan una estructura interna similar. Es la única pirámide de Egipto que posee tres cámaras por encima de la estructura (aunque como hemos visto, puede haber, al menos, dos más), la única que encierra en su corazón una serie de cámaras llamadas «de descarga» que no descargan absolutamente nada, y es la única en su género también porque, más que ninguna otra, desafía totalmente a las leyes de la física.

LA PIRÁMIDE DE DJEDEFRE EN ABÚ ROASH

Nadie se explica por qué Djedefre, tras enterrar a su padre, abandonó la planicie de Gizeh y se desplazó siete kilómetros al norte hacia esta región menfita. Aquí, en medio de ninguna parte, levantó su pirámide. No obstante, Abú Roash era un centro administrativo importante en este período, y varios nobles y cortesanos de la I Dinastía escogieron este emplazamiento para construir sus mastabas, pero lo que desconcierta a los egiptólogos es el abandono de la nueva urbe que su padre había creado. En un principio, Djedefre diseñó una pirámide que tuvo ciento seis metros de lado, y una altura aproximada de sesenta y seis metros. Se sospecha que el ángulo de sus caras debió ser de 51° 58". No se conoce el nombre que recibió en la antigüedad, y los egiptólogos piensan que tal vez no se culminase nunca.

Para acceder al interior hemos de dirigirnos a su cara norte. Una vez allí se nos abre una especie de trinchera que desciende casi cincuenta metros y da paso a un corredor horizontal de pequeñas dimensiones, que lleva nuevamente a otro corredor descendente que nos conduce a la cámara funeraria. Cerca de la esquina sur-oeste, Djedefre construyó una pirámide satélite posiblemente para una de sus esposas, o bien Hetepheres II o Jentetenka. Dentro de esta pirámide se hallaron los restos del ajuar funerario. Algunas de las piezas fragmentadas contenían el nombre de Jufu. También se encontraron varios vasos canopes, uno de ellos todavía intacto y sellado. Al este, y casi alineados con la cara de la pirámide, están los restos de lo que pudo ser el Santuario del Valle, que fue hallado por el Instituto Francés de Arqueología Oriental. Ignoramos bastante de la planta de este santuario, construido con ladrillo de adobe, del cual hoy tan sólo se pueden ver los cimientos. En este lugar se encontraron los bustos que representan a Djedefre y que prácticamente son las únicas imágenes que tenemos de él. En la esquina sur-este se excavó una trinchera con forma de nave que estaba destinada a albergar una barca solar como las de su padre. Rodeando el complejo se levantó un muro de ladrillo de adobe, cuya altura se desconoce, que pretendía dividir este conjunto funerario del desierto.

Pero hasta nosotros ha llegado un exquisito sarcófago, hoy expuesto en el Museo de El Cairo, atribuido a Djedefre. Todavía es posible ver la marca del serrucho que cortó y perfiló la piedra. El corte se presenta irregular, lo que quiere decir que la sierra fue guiada a pulso; no se contó con ningún elemento de madera a modo de guía. Su ancho es de dos centímetros, y el ángulo tiene un error de corte que no llega a un centímetro. Sin duda, es una de las piezas que se deben visitar en esa sala dedicada al Imperio Antiguo.

Esta pirámide fue rescatada del olvido en el año 2008, cuando el Consejo Supremo de Antigüedades de Egipto, en la voz de su máximo responsable, el arqueólogo y egiptólogo Zahi Hawass, soltó la noticia de que se había descubierto la cuarta pirámide de Gizeh. Algunos de los diarios más prestigiosos del mundo y revistas especializadas, así como programas de televisión y radio que tratan sobre estos temas, recogieron la noticia como un espectacular hallazgo, y nos informaron de que a raíz de las últimas investigaciones se podían saber todas las medidas de la pirámide. Sin embargo, muchos de estos divulgadores olvidaron mencionar que Petrie ya había excavado en la zona, o el propio Lauer[58]. No obstante, los

---

[58] A finales del año 1900 sería el Instituto Francés de Arqueología Oriental quien se hiciera cargo de las labores de desescombro y restauración del monumento y serían estos investigadores los que unieran el nombre de Djedefre a la pirámide. Entre los hallazgos de este grupo francés, cabría resaltar el de un edificio de grandes dimensiones que guarda un gran parecido arquitectónico con los edificios que se construyeron en la III Dinastía: el posible Santuario del Valle. De hecho, muchos expertos opinan que durante la IV Dinastía no se construyó un modelo igual y que los bustos que representan al rey.

mayores logros llegaron en 1995, cuando una expedición franco-suiza se hizo cargo del proyecto, y descubrió la citada pirámide satélite.

LA PIRÁMIDE DE JAFRE

Al morir Djedefre se retoman las construcciones en Gizeh, si es que realmente cesaron en algún momento. El nombre antiguo de esta pirámide fue 'Jafre es grande'. Alcanzó una altura de 143,5 metros, si bien actualmente conserva tan sólo ciento treinta y seis metros. Tiene doscientos quince metros de lado y su ángulo de inclinación es de 50° E 10'. Se suele calcular que comprende un volumen de un millón seiscientos cincuenta y nueve mil metros cúbicos de pura roca. Es irónico que, a pesar de tener menor altura que la de su padre, pasara a ser conocida en el mundo antiguo con el nombre de 'La Pirámide Grande'. Y es que realmente, a simple vista, lo es. El motivo

Pirámide Jafre y Esfinge. Fotografía de Nacho Ares.

fue que Jafre, seguramente muy consciente de lo que hacía, colocó los cimientos sobre un alto de roca. Además es la única pirámide que ha conservado parte de su recubrimiento original de piedra caliza, pese a haber sido víctima de los saqueos continuos a lo largo de la Edad Media. La entrada original de la pirámide era conocida ya en la Antigüedad, pero el primer hombre de nuestro tiempo en entrar en el interior fue Gian Battista Belzoni, en 1818. Para acceder al interior de esta pirámide tenemos dos entradas, ambas situadas en la cara norte. La primera está a diez metros de altura y la segunda a nivel del suelo. Por motivos obvios, se emplea la segunda. Y es que si accedemos por la parte alta nos encontramos con un corredor de apenas un metro de altura, que se introduce unos treinta y dos metros en el corazón del monumento, creando esa increíble sensación de claustrofobia. Luego, este pasadizo vuelve a situarse en posición horizontal hasta llegar a la cámara funeraria. La segunda entrada, la que se utiliza normalmente para visitar el interior de la pirámide, desciende levemente, después se vuelve horizontal durante unos pocos metros y sube nuevamente hasta cruzarse con el tramo horizontal de la primera entrada. En el interior de la cámara funeraria se halló el sarcófago de Jafre, que era de granito.

En el exterior de la pirámide sobreviven los restos de los santuarios adyacentes, aunque tan sólo el llamado Santuario del Valle ha llegado hasta nosotros en buenas condiciones. Este templo, con planta de T invertida, fue rescatado de las arenas por Auguste Mariette en el año 1852. Está levantado, al igual que el santuario funerario y el santuario de la Esfinge, en piedra caliza procedente de la misma cantera que la Esfinge. Luego, la caliza fue recubierta por bloques de granito rojo, procedentes de la lejana región de Asuán. Cuando el arqueólogo francés excavó el lugar descubrió en el suelo unos huecos que estaban destinados a albergar unas estatuas sedentes del rey. El suelo se construyó con losas de alabastro. La altura de la techumbre llegó a superar los cinco metros de altura, y cada uno de estos pilares pesa alrededor de doce toneladas, lo cual pone de manifiesto la grandeza de la construcción. A lo largo de esta sala se colocaron en su día veinticuatro estatuas del rey, que se relacionan con el ritual de las doce horas del día y las doce horas de la noche[59]. De las

---

[59] Estos ritos, tal vez, estarían relacionados con los textos que se recogieron durante el Imperio Nuevo, que serían los *Textos del día* y los *Textos de la noche*, respectivamente cada uno trataría el viaje del dios Re en cada una de las doce horas.

Esfinge de Gizeh. Fotografía de Nacho Ares.

veinticuatro estatuas de alabastro y diorita sólo siete han podido ser rescata-
das de las voraces fauces del tiempo.

Del santuario funerario tan sólo conservamos unos restos que casi
comprenden la cimentación del edificio. Pero sabemos que llegó a ser
mucho más grande que el de Jufu. Está situado cerca de la pirámide y sirvió también de cantera durante siglos.

Pero lo que sin duda cautiva en demasía, tanto o más que las pirámides, es ese magnífico león de piedra que se yergue sobre la meseta de Gizeh: la Esfinge. Su nombre antiguo fue el de *Shesep Anj*, 'La imagen viviente', literalmente. En el primer capítulo dejamos entrever una posible
controversia histórica acerca de la Esfinge de Gizeh, cuyo artífice era Robert Schoch. La historia del intento de datación cronológica de la Esfinge
comienza cuando el arqueólogo Rene Shwaller de Lubicz y el investiga-

dor John Anthony West se encuentran estudiando la piedra madre sobre la que se levanta este león gigantesco, y llegan a la conclusión de que las marcas que presenta la cubeta de la Esfinge, sobre la que se levanta, no habían sido producidas por la acción del viento a través de los siglos, como se venía manteniendo. De Lubicz y West tenían la teoría, o más bien la sospecha, de que dicho efecto habría sido provocado por el agua. Había que tener en cuenta que la Esfinge había pasado gran parte de su existencia cubierta por las arenas del desierto. Por otro lado, tampoco hay que olvidar que, prácticamente, desde la llegada del cristianismo hasta que llegaron los primeros excavadores a la meseta de Gizeh, estuvo igualmente sepultada bajo la arena, como así lo atestiguan, por ejemplo, los bocetos que un sinfín de artistas recogieron. Así pues, Lubicz se puso en contacto con Robert Schoch, geólogo de la Universidad de Boston, y comenzó en Gizeh un laborioso trabajo que tenía como objetivo saber si la Esfinge había sido moldeada en la IV Dinastía y, por ende, si el enigmático rostro

Vista de la pata derecha de la Esfinge. Fotografía de Nacho Ares.

correspondía al rey Jafre, o si por el contrario dicho monumento pertenecía al reinado de alguien mucho más antiguo. Schoch concretó que la cubeta sufría un deterioro tan pronunciado que tan sólo podía haber sido producido por el efecto directo del agua. La respuesta era clara y el geólogo apuntaba a unas intensas y prolongadas lluvias, que no se dieron cita en ningún momento del Imperio Antiguo, y en concreto en la IV Dinastía. Los datos situaban la Esfinge de Gizeh en un momento que comprendía el año 5000 y 7000 a. C. No hay que decir que la egiptología ortodoxa se pronunció de forma rotunda, negando semejantes conclusiones. No obstante, hay que hacer el inciso de que dicha teoría es total y rigurosamente científica. Así pues, con la ciencia en la mano, nos asalta una terrible duda: ¿dónde están los restos de esa civilización que vivió entre el 5000 y 7000 a. C., que poseía una cierta tecnología que le permitiese construir la Esfinge de Gizeh?

No obstante, más allá de la polémica que suscita, la Esfinge se caracteriza por sus increíbles medidas. Su longitud es de 72,55 metros entre las patas delanteras y el extremo de la cola. Desde la base de la trinchera hasta la cabeza de la cobra que decoraba su tocado, hoy desparecida, alcanza una altura de 20,22 metros. Su ancho es de 19,10 metros. Como se dijo antes, el desfase que existe entre el cuerpo y la cabeza del león es considerable, pues su cuerpo se talló a una escala 22:1 y su cabeza a una escala 30:1[60]. Para hacerse una idea de lo que el león significa, basta saber que los restos arqueológicos que se han encontrado en Gizeh nos remontan hasta los días de Wadji, rey de la I Dinastía. Como vimos en su momento, no sólo las edificaciones de Abydos que corresponden a los inicios dinásticos contienen este elemento, sino que Horus Aha hizo momificar varios leones. Esta figura fue modificada por los profetas del santuario de Heliópolis, los cuales le añadieron la cabeza de Atum, dando el inicio a la construcción de esfinges tal y como las conocemos. Así, las teorías que se formulan para explicar la creación de esta imagen del 'Horus en el horizonte' se basan sobre todo en el recorrido del sol de este a oeste. Los estudios que realizó

---

[60]El arqueólogo Reisner descubrió una estatua de Menkaure que presentaba el mismo problema, la cabeza estaba en desproporción con el resto del cuerpo. El hecho de que tanto la imagen de Menkaure o la Esfinge de Gizeh fuesen retocadas al gusto de un monarca distinto del que las había creado no es nada nuevo en la historia egipcia, pues cantidad de estatuas, estelas, grabados y un sinfín de objetos fueron manipulados para alcanzar el valor o tamaño de su nuevo propietario.

Robert Schoch no son sino un preámbulo de lo que todavía está por llegar. Lo único cierto es que no hay ningún dato anterior a la IV Dinastía que cite la Esfinge de Gizeh. No obstante, hay que resaltar con gran acierto lo que la egiptología convencional dice al respecto, y es que una civilización tan espectacular, de haber existido en esos años, no pudo dejar sólo como legado la Esfinge, ya que los restos arqueológicos que se remontan tan atrás en el tiempo no nos ofrecen, como dijimos, nada que se parezca a la Esfinge ni por asomo.

Como excepcionalmente plasmó Nacho Ares en su libro *El guardián de las pirámides*, la existencia de túneles y laberintos que recorren la meseta no es nada nuevo, pero tampoco están relacionados con tesoros ni nada parecido. Así, tampoco es de extrañar que hombres como Howard Vyse intentasen acceder al interior de la Esfinge dinamita en mano en busca de dichas cámaras secretas. La mención de la llamada «Sala de los archivos», donde se supone que estarían los papiros que recogen el saber milenario de los faraones, procede del final de esta gran civilización, pero hasta la fecha, ningún estudio ni excavación ha hallado ni cámara subterránea ni pasaje secreto oculto bajo las patas de este león. Sólo el trabajo de la ciencia y la arqueología podrá mostrarnos semejantes intimidades, porque si en algo es experto el Antiguo Egipto es en prolongar sus misterios a lo largo de los siglos. Y, una vez que se encuentra la respuesta de un enigma, este conlleva la aparición de otra nueva interrogante. Es inevitable.

LA PIRÁMIDE DE MENKAURE

La hermana pequeña de Gizeh recibió en la antigüedad el nombre de 'Menkaure es divino', y su altura original fue de sesenta y seis metros. Su lado era de ciento tres metros, y el ángulo de sus caras es de 51° E 20'.

Cuando el coronel Howard Vyse comenzó a trabajar en ella, todavía conservaba las caras de granito del revestimiento original, que se limitaban a las primeras hiladas. En estas, se abre un boquete que los mamelucos practicaron en un intento por apoderarse de los tesoros famosos que ocultaban estos monumentos. Fue abierta por Vyse y John Perring el 29 de julio de 1837, y poco sospechaban estos excavadores del siglo XIX el complicado entramado subterráneo que les aguardaba.

Una antecámara se conecta al corredor de la entrada para luego volver a unirse al túnel casi de forma horizontal. Tras recorrer los 12,5 metros de pasadizo, desembocamos en una gran sala, que en su día fue la antecámara funeraria. El túnel fue sellado por tres losas de granito que formaban el sistema de seguridad. Dejando atrás la antecámara, otro pequeño pasillo nos introduce en otra habitación, que contiene varios nichos de gran profundidad. Aquí se depositó el ajuar funerario de Menkaure. Ante el curioso se abre la cámara funeraria, donde Vyse y Perring hallaron un sarcófago de madera con los nombres de Menkaure. Estaba decorado a modo de las fachadas de palacio, lo que nos muestra que el rey deseó para su eternidad lo que había sido su gran morada. En el interior hallaron restos humanos, pero eran de época tardía. La historia que rodea al sarcófago de Menkaure es realmente paradójica, pues Vyse decidió transportarlo a Inglaterra a bordo del Beatrice, que terminaría sus días, junto con el sarcófago, en el fondo de las aguas españolas. No obstante, en la misma

La pirámide de Menkaure. Fotografía de Nacho Ares.

Interior de la pirámide de Menkaure. Fotografía de Nacho Ares.

pirámide se halló, en el interior de un tanque de basalto, la tapa de otro sarcófago con los restos de un cuerpo que corrió mejor suerte. Hoy en día puede verse en la planta que el Museo de El Cairo dedica a los sarcófagos egipcios. Lo realmente curioso de todo esto es que la confección del sarcófago pertenecía a la Época Saíta, pero los restos humanos que Vyse y Perring encontraron fueron estudiados por medio del carbono 14 y datados en el siglo II de la era cristiana. Dado el momento histórico, en el que Egipto ya no era siquiera ni una sombra de sí mismo, resulta más que sorprendente que alguien, seguramente algún sacerdote de alto rango, se hiciese enterrar bajo la protección de los ritos de Menkaure, que por aquel entonces contaban ya con más de dos mil años de antigüedad. Y, lo más asombroso, si cabe, es que dichos ritos tuviesen esa continuidad en el tiempo. Esto viene a demostrar la importancia que este rey tenía ya en el siglo V antes de Cristo, cuando Heródoto visitó el país, y los sacerdotes hablaron tan bien de Menkaure en detrimento tanto de Jufu como de Jafre. Así pues, casi inconscientemente, no nos sorprende ver ese aspecto tan humano y bondadoso que desprenden las esculturas que nos muestran a este rey en compañía de su esposa Jameranebti II.

El recinto funerario de Menkaure no fue terminado. La documentación existente no nos aclara nada; así pues, los egiptólogos nadan en un mar de dudas y se preguntan si la falta de recursos económicos fue producida por una serie de crecidas pobres o si por el contrario el pontificado de Heliópolis tuvo toda la culpa de este desastre[61]. En la cara sur de la pirámide se hallan las tres pirámides satélites. La más oriental y más grande pertenece a su gran esposa real, Jameranebti II.

El Santuario Funerario constaba, básicamente, de un gran patio central rectangular y un vestíbulo. El patio se prolongaba hacia el oeste, siguiendo el recorrido del sol, y terminaba en un pórtico cubierto por una doble columnata. En el año 1908 se rescataron de las arenas las maravillosas imágenes que comprenden las Tríadas de Menkaure, que son consideradas uno de los iconos del arte del Imperio Antiguo. Fuera lo que fuese que produjera este declive constructivo de Menkaure, tan sólo una cosa es cierta: con él termina el reinado de los grandes constructores de pirámides. Todas y cada una de las siguientes que vendrán a continuación serán un reflejo difuso, una sombra que no simula, ni siquiera, a las construcciones de Huni o Snofru. El imperio de las pirámides había llegado a su fin.

LA MASTABA DE SHEPSESKAF

Lo que encierra el expediente Shepseskaf es algo que trae de cabeza a los egiptólogos que examinan de cerca este período: el poder constatar textos y estudiar los complejos y diversas moradas para la eternidad de

---

[61] Algunos autores se apoyan en este hecho para corroborar las teorías de Heródoto, donde se dice que Jufu esquilmó los recursos del país y, no obstante, los hallazgos arqueológicos nos muestran que estos tres reinados fueron muy prósperos y fructíferos. Otro detalle a resaltar es que 'Menkaure es divino' ofrece un detalle de construcción que no se había producido hasta ese momento, y tiene que ver con el recubrimiento exterior. La mitad del revestimiento fue realizado en un tercio de granito, y el resto en piedra caliza. Tampoco se sabe qué produjo esta alteración.

nobles y altos cargos que sirvieron bajo las órdenes de este rey. Sabemos que el hijo de Menkaure se hizo construir una mastaba, desentendiéndose así del clero de Heliópolis, pero aun así es el responsable de que el complejo funerario de su padre fuese culminado con éxito. Así pues, Shepseskaf volvió sus ojos hacia la región sur de Saqqara, y allí edificó su mastaba 'Shepseskaf está purificado'. Desconocemos la altura que alcanzó cuando estuvo culminada, pero sabemos que tenía 99,5 metros de largo y 74,5 metros de anchura. En la actualidad, se la conoce como la mastaba de *El-Faraum*. En un principio, esta mastaba fue atribuida al rey Unas, y nadie se explica el porqué, ya que se halló in situ una estela que contenía un cántico que los sacerdotes deberían cantar diariamente en uno de los ritos del *Ka* del faraón. Además, en el interior de la mastaba está el nombre que el monumento recibió en la antigüedad, y al final del texto el determinativo[62] de la mastaba en jeroglífico. Si añadimos que gracias a una estela del Imperio Medio sabían que el culto a Shepseskaf se celebraba en una mastaba, nadie se explica el empecinamiento inicial de adjudicar su construcción a Unas.

El interior de la mastaba fue construido con bloques de piedra caliza gris, y el exterior se recubrió con piedra caliza común. Para recubrir la parte inferior se empleó granito rojo de Asuán. Sobre la cubierta de la mastaba está visible todavía la inscripción que Jaemwaset realizó tras haber restaurado este complejo funerario. La entrada está situada en el lado norte. Su planta es en forma de L y, una vez entramos, nos recibe un corredor descendente que comunica con un pequeño vestíbulo a pocos metros. Una vez nos hemos adentrado en el vestíbulo, tenemos dos direcciones posibles. Si tomamos dirección oeste, avanzamos unos treinta metros hasta toparnos con el sistema de rastrillos. Superada esta barrera, el corredor se vuelve horizontal para desembocar en la cámara funeraria. Esta estancia, cuyo techo es de granito, tiene el mismo corte que la cámara de Menkaure y se hallaron los restos de un sarcófago de basalto. Se supone que el recinto estaba comprendido de la mastaba, un santuario del valle y un santuario funerario. Del primero no se ha encontrado rastro alguno. Al segundo era posible acceder desde la mastaba por medio de una rampa

---

[62] Un determinativo es un signo que se coloca al final de la frase para que se pueda entender de lo que se está hablando. Así, si en lugar de una mastaba fuese una pirámide, el determinativo habría sido mer, o sea su forma piramidal correspondiente.

procesional. El corte de este templo es totalmente distinto de los que, en su época, se erigieron en Gizeh. Era más bien pequeño, y constaba de varias fases. El suelo del santuario era de piedra caliza y el interior estaba dotado de una capilla para ofrendas, orientada al oeste y con forma de T invertida. Con Shepseskaf se da por finalizada la IV Dinastía, época dorada donde el conocimiento abarcó amplios y maravillosos campos.

LA PIRÁMIDE DE USERKAF

La elección de Shepseskaf, la de erigir su morada para la eternidad en Saqqara fue continuada por su hijo Userkaf[63]. Su aspecto original ha desaparecido, y el montón de escombros que hoy se puede ver es el fruto de los sistemáticos saqueos árabes durante la Edad Media. Su nombre antiguo fue 'Userkaf es el más perfecto de los lugares' y alcanzó una altura de cuarenta y nueve metros. El lado de la base era de 73,5 metros, con un ángulo de inclinación de 53° E 7' 48". Desde el año 1831, esta pirámide ha sido objeto de estudios. Hombres de renombre como Firth, Marucchi o Lauer intentaron rescatar del olvido la morada para la eternidad de este faraón.

Para levantarla, los canteros emplearon piedra caliza de una cantera cercana, sin pulir. No obstante, en su recubrimiento se optó por la caliza de la cantera de Tura, que se halla al otro lado del río, en lo que hoy comprende la aldea de Maadi Helwan. Para acceder al interior de esta pirámide es necesario dirigirse hacia su cara norte. Una vez se accede, se puede observar que la técnica de construcción es la misma que se dio durante toda la IV Dinastía: capas horizontales que van aumentando ligeramente con respecto de la precedente. Un corredor descendente nos lleva hacia el interior durante unos pocos metros, hasta que vuelve ponerse a nivel y desem-

---

[63]Como vimos en el capítulo anterior gracias al Papiro Westcar, todos los indicios apuntan a que este movimiento también fue de carácter teológico, pero con la excepción de que el nuevo rey retoma la figura piramidal para su enterramiento. Desconocemos si el movimiento religioso que Userkaf pretendía dar al sistema teológico de su época tiene algo que ver con que la ubicación de esta pirámide coincida con la esquina norte del complejo funerario de Djeser. La opinión de muchos egiptólogos es que existe una especie de vínculo entre Abusir y Saqqara.

boca en la serie de habitaciones que forman el corazón de la pirámide. La primera de estas estancias nos lleva a la antecámara, que fue situada justo en el eje perpendicular de la pirámide. Una vez dentro, hallamos otro corredor que gira en un ángulo de 90° y nos conduce hasta la cámara funeraria. Aquí, en una sala de corte idéntico a la anterior, se halló un sarcófago de basalto negro.

Apenas conocemos demasiado al respecto de lo que comprendería el recinto funerario exterior de este rey. Para poder llegar al santuario funerario era necesario cruzar una calzada que se prolongaba hacia la cara sur de la pirámide[64]. Una vez hemos accedido al interior de este complejo, que es el Santuario Funerario, nos hallamos primero con cinco habitáculos, una serie de anexos en donde se guardaban los objetos rituales del culto al rey difunto. Junto al último anexo, una escalera conducía a la terraza superior. Es curiosa la función de estas terrazas: durante las noches eran emplazamientos de observación del cielo. Los sacerdotes realizaban sus estudios estelares desde lo alto de las terrazas de los diferentes santuarios que gozaban de una determinada importancia. En su zona sur se levantaron unos pilares de granito rosa, en el que fueron inscritos en caracteres jeroglíficos los nombres y títulos reales de Userkaf. Cerca de esta fachada sur se levantó una gran efigie del rey, que medía casi cinco metros de altura. La parte más secreta del edificio, el sanctasanctórum, también está ubicada en el lado sur de este recinto. Básicamente se componía de una pequeña habitación con cuatro pilares de granito y una capilla con cinco nichos en los que, antiguamente, había otras tantas estatuas de Userkaf que los sacerdotes bañaban con aceites ricos, ungían con aguas perfumadas y ofrendaban con una gran variedad de alimentos. Como puede verse, las partes más importantes de este complejo fueron situadas en el eje sur,

---

[64]Este es un lugar que tiene a los egiptólogos bastante contrariados. El motivo es la ubicación del mismo, y es que los reyes de la IV Dinastía parecen haber establecido la norma de colocar sus santuarios funerarios siempre al este de la pirámide, los reyes continuarían con esta posible norma establecida. Los especialistas se dividen en dos bandos, los que suponen que Userkaf se quedó sin espacio material para construir en el eje este, y los que dan la opción más plausible; y es que dicho acto corresponde a la razón de la teología solar, pues cuando Userkaf ubicó su santuario funerario al sur de la pirámide se aseguró que este fuese bañado por la luz del sol en todo momento, durante todo el día. No obstante, ahí queda el debate.

lo cual indica con absoluta seguridad que esto no es casualidad, sino que todo fue dispuesto según se había planeado. Si el motivo es por un hecho teológico o no, tan sólo podrá ser aclarado por los diversos especialistas que investigan este lugar.

El santuario solar que Userkaf construyó se halla en la región de Abú Gurob. Es el primer rey de esta dinastía que levanta este tipo de construcción, cuyo nombre antiguo era Nejen-Nejen-Re, que se traduce como 'La fortaleza de Re'. Su constitución estaba básicamente inspirada en el santuario de Re erigido en la ciudad de Heliópolis. En el interior de este templo había una estatua de Userkaf con la corona roja sobre su cabeza. La estructura es muy similar a la de Niuserre.

Un detalle curioso llamó la atención de los arqueólogos que excavaron en este lugar: la avenida, que está dotada de tres carriles, está orientada hacia donde se situaba antaño la ciudad de Heliópolis. Este hecho se da también en las pirámides de Abusir y denota el grado de dependencia que estos reyes tenían de la teología solar. El complejo funerario fue levantado en varias fases. Coronando la construcción, se alzaba un gran obelisco de similares características a las edificaciones que se alzaron en Hieracómpolis, cuyo nombre antiguo, como hemos dicho, fue Nejen. Se estudia todavía la unión que pudo haber tenido Hieracómpolis con este santuario, cuyo nombre antiguo fue Nejen-Nejen-Re.

LA PIRÁMIDE DE SAHURE

El sucesor de Userkaf, Sahure, construyó su pirámide en la planicie de Abusir. Su nombre egipcio era 'El Ka de Sahure es resplandeciente'. Medía cuarenta y ocho metros de altura y los lados tenían 78,5 metros. Su ángulo era de 50º E 11' 40''. El aspecto que presenta Abusir se aleja demasiado de la vecina necrópolis de Gizeh. No cabe duda de que sus antepasados debieron asombrarlo, pero la verdad es que la sola idea de igualar una construcción como la Gran Pirámide en aquel período faraónico era un mero sueño.

La pirámide de Sahure, al igual que todo el complejo funerario, se halla en un estado de ruina total. Sahure fue el primero en erigir su

pirámide en este valle de Abusir, el cual guarda una increíble similitud con Gizeh[65].

Para poder acceder al interior de la pirámide es necesario situarse en
la cara norte de la misma. La entrada está casi a nivel del suelo y a simple vista presenta un aspecto ruinoso. No obstante, si uno se fija en los detalles, es todavía posible ver la forma que tuvo de construirse. Una vez el
viajero ha traspasado el dintel, deberá atravesar un pasillo descendente
hasta caer en un pequeño habitáculo. Tras ese vestíbulo, un nuevo pasillo nos lleva a la antecámara. Es una lástima que tanto esta antecámara
como la propia cámara funeraria estén en un estado deplorable, puesto que
el trabajo de los arqueólogos es difícil, así como el intento de esbozar el
diseño de un plano.

Sin embargo, del resto del complejo funerario sí han sobrevivido algunas zonas. El santuario del valle está orientado en un eje norte-sur, y antiguamente se veía flanqueado por ocho pilares de granito hacia su lado
este. Los egiptólogos opinan que en el interior de este Santuario del Valle se llevaron a cabo estudios acerca de la posición de las estrellas. En el
centro había una gran estancia, que daba paso a la calzada que comunicaba con el santuario funerario. De la calzada se han rescatado varios bloques. La techumbre de todo este primer templo y posiblemente también
el de la calzada, estaba compuesta a base de bloques de piedra caliza con
unas pequeñas aberturas que permitían la filtración de la luz solar, dando
tan sólo una íntima iluminación que sería todo un espectáculo al contraste
con los vivos colores de los jeroglíficos.

---

[65]Hoy día se considera, tanto por los restos arqueológicos como por las piezas allí encontradas,
un nuevo escalón en la arquitectura del Antiguo Egipto. El trabajo de investigación se inicia
a finales del siglo XIX. Por este lugar, pasaron hombres como Lepsius, Morgan o Borchardt.
Richard Lepsius excavó bastante el lugar e hizo un montón de anotaciones. Más tarde, durante
las primeras décadas del siglo XX, sería Ludwing Borchardt quien realizara casi el mejor
trabajo. De sus excavaciones nacieron dos volúmenes acerca del complejo. Estos dos libros
despertaron en los egiptólogos un nuevo concepto de Abusir. El tesón y el amor que Borchardt
puso en intentar desentrañar los enigmas que Sahure le planteaba en cada palada de escombro
que se retiraba son la referencia para los egiptólogos que hoy realizan sus trabajos tanto en
la Pirámide de Sahure como en los anexos.
En la década de 1990 se llevaron a cabo una serie de excavaciones que dieron asombrosos
resultados. Poco a poco, casi como rescatados de las fauces de un depredador gigantesco, de
las arenas del desierto fueron surgiendo bloques y más bloques, todos ellos tallados con bellas
y hermosas frases, palabras, nombres del faraón encerrados en su cartucho real. Son de un
grado tal que se han catalogado como obras únicas en el arte egipcio.

Maqueta del complejo funerario de Sahure en Abusir, Museo de El Cairo, Egipto.
Fotografía de Nacho Ares.

El santuario funerario se refiere, este se halla al este de la pirámide. Era un gran complejo, de eso no cabe duda, y que se dividía en dos secciones, una interior y otra exterior. El suelo de la calzada estaba formado por losas de basalto negro y las paredes contenían escenas que mostraban las diferentes hazañas ocurridas hasta ese momento en la vida del rey Sahure. Aquí se pueden ver las batallas navales, las campañas que el faraón llevó a cabo en los diferentes países asiáticos y otras escenas de la vida cotidiana. Junto a los nombres del rey se inscribieron también las nominaciones de las diosas Uadjet y Nejbet[66]. En este recinto se hallaron bloques de piedra que narraban las expediciones que Sahure tuvo que enviar contra los libios y los beduinos. Al noroeste se encontró un altar de alabastro con decoraciones. Los grabados constaban de uniones de flores de loto y tallos de papiro, que es el emblema del *Sema-Tawi,* la unión de las Dos Tierras. Cerca de este lugar se ubicaba un gran patio de piedra caliza, y en su interior se grabaron escenas del rey en las marismas y en los campos de caza. Todas las escenas del recinto de Sahure, todos estos momentos, casi a modo de fotografías instantáneas, nos dan un sinfín de información acerca de un complejo y difícil momento de la historia de Egipto, que sin duda vivió aspectos realmente grandiosos.

LA PIRÁMIDE DE NEFERIRKARE KAKAI

El hijo de Sahure, Neferirkare Kakai, continuó las obras en Abusir. Su pirámide recibía, en la antigüedad, el nombre de 'Neferirkare se ha convertido en *Ba'*. Alcanzó una altura de setenta metros, si bien hoy ha perdido cerca de veinte. El largo de su base era de ciento cinco metros, y su ángulo de inclinación de 53° E 7'48''. Es la pirámide más

[66]Uadjet era la diosa del Bajo Egipto, originaria de Per-Usir. Esta diosa se halla presente en las coronas reales con su forma de serpiente cobra, y su asimilación a la realeza es casi predinástica. Nejbet es la diosa buitre y la imagen de la primera capital del Alto Egipto. Es la patrona más antigua de esta parte del país, y se sospecha que ya antaño, en épocas predinásticas, era ya la contrapartida de Uadjet. Cuando se unieron las dos mitades del país las dos diosas pasaron a formar una pareja indisoluble, cuya función primordial era la de garantizar la protección del rey. Nejbet fue comparada como hija y ojo de Re en la Época Tardía.

alta y majestuosa de esta dinastía. A comienzos del siglo XX fue excavada por Lepsius y Borchardt. Este último detalló el complejo, situando el santuario funerario y las construcciones anexas entre los años 1904 y 1907.

Para diseñar la pirámide, los arquitectos pensaron en una estructura en forma de escalera que estaría formada por seis peldaños. Sin embargo, sucedió que se la dotó de una cubierta y se agrandó su estructura, lo que conllevó el abandonar la forma de escalones y convertirla en una pirámide de caras lisas. La entrada a la pirámide se encuentra en su cara norte. Un corredor de piedra caliza blanca nos recibe y nos conduce directamente a la cámara funeraria. Tanto la antecámara como la cámara funeraria propiamente dicha se hallan en un estado ruinoso. Su aspecto es el fruto del saqueo de piedras, pues sus paredes fueron desmontadas en época medieval.

Al recinto funerario de Neferirkare se accedía por medio de una calzada que estaba al pie de la pirámide. Fue en este lugar, en su santuario

Pirámide de Neferirkare Kakai en Abusir.

funerario, donde se descubrieron los papiros que revelaron gran cantidad de información a los egiptólogos[67]. La pirámide tenía una amplia calzada que comunicaba con el santuario del valle. El edificio se levantó en varias fases, y las ampliaciones estaban sometidas a las funciones rituales. Habría llegado un momento en el que el espacio del santuario no podía albergar todos los ritos, y se fue ampliando hasta después de la muerte de Neferirkare. Aquí, en un sillar de piedra caliza, está la representación donde vemos a Neferirkare junto a su gran esposa real Jentjaues II y el joven príncipe Neferefre.

Todo el recinto funerario constaba de un gran muro de ladrillo de adobe que lo aislaba y protegía del desierto. En el interior también se construyeron las viviendas de los sacerdotes ritualistas y gentes que vivían en el complejo. Era una especie de comunidad, que se mantuvo con vida hasta el final del Imperio Antiguo.

LA PIRÁMIDE DE NEFEREFRE

El hijo de Neferirkare también construyó su pirámide en Abusir. Su nombre antiguo fue 'El *Ba* de Neferefre es divino', aunque la pirámide no llegó a culminarse. Sin embargo, la base de su lado alcanzó los sesenta y cinco metros. Parece ser que, en un principio, el joven rey ordenó la construcción de una mastaba, aunque finalmente se volvió hacia sus predecesores y se decidió por la pirámide[68]. Los datos que relacionan este complejo funerario y este rey son un fragmento de papiro y el bloque de piedra anteriormente citado. De no ser por estos objetos, este hombre habría pasado por la historia como una sombra.

---

[67]Entre otras cosas, detallaban la ubicación de las 'Barcas de millones de años' del rey Neferirkare. Aquel hallazgo prometía ser grandioso, pero cuando los arqueólogos llegaron al lugar señalado, las barcas en las que el rey-dios cruzaba el Nilo Celeste eran ya tan sólo polvo milenario.

[68]Este es un hecho extraño de por sí, pues existe polémica por los dos nombres para designar al mismo rey y el hecho de que el rey murió precipitadamente, pero tampoco se han encontrado evidencias de que Neferefre volviese la espalda al clero heliopolitano y rechazase la pirámide para regresar a la mastaba, hecho que ya realizó el rey Shepseskaf a finales de la IV Dinastía.

El hecho de que no esté terminada ha sido de gran ayuda para la comprensión de cómo se levantaban las pirámides de este período. Su base tiene algo más de un metro de altura y la capa externa se preparó de tal forma que podía albergar sobre ella cinco sillares de caliza de unos cinco metros de largo. De esta forma, los obreros constituyeron el primer peldaño, que tenía siete metros de alto. Para rellenar el interior, utilizaron piedra mucho más pequeña y fácil de transportar, lo cual también eliminaba mucho peso y agilizaba el tiempo de construcción. Para acceder al interior de esta pirámide hay que dirigirse a su cara norte; la entrada se halla casi a nivel del suelo. En la cámara funeraria se hallaron los restos de un sarcófago de granito rosa y un equipo de vasos canopes. Gracias al hallazgo de sus vísceras momificadas, se pudo constatar que Neferefre murió extremadamente joven, entre los veinte y veinticinco años de edad.

Sobre el lado oeste de la pirámide se hallaron los restos de lo que estaba destinado a ser su santuario funerario. Comenzaron a levantarlo en piedra caliza, de reducidas dimensiones, pero no se sabe quién lo culminó. Sí sabemos que durante el reinado de Niuserre-Ini se realizaron una serie de ampliaciones en el lado este de la pirámide. En el lado norte se hallaron diez anexos, destinados a albergar los materiales de los ritos. En ellos se encontró una gran cantidad de papiros que nos cuentan un sinfín de datos acerca de los reinados de estos reyes de la V Dinastía, que nos sirven como método de comprensión para intentar entender ciertos detalles de la vida cotidiana que hasta el momento eran completamente desconocidos.

LA PIRÁMIDE DE NIUSERRE INI

Niuserre Ini continuó y puso fin a las construcciones en Abusir. El nombre de su pirámide era 'Niuserre es el más favorecido de los lugares', y alcanzó la altura de 51,5 metros. El lado de su base era de ochenta y un metros y el ángulo de sus lados era de 51 E 50' 35". Sin embargo, ha llegado en muy mal estado hasta nosotros. En un momento inicial, Niuserre ordenó construir su pirámide sirviéndose de siete alturas, que luego fueron revestidas siguiendo el método de construcción que ya hemos visto con la pirámide de Neferefre. Para acceder al interior del monumento es necesario dirigirse hacia la cara norte. Cruzando un pasillo de piedra caliza desembocamos en un vestíbulo de pequeñas dimensiones. Nuevamente, un pasillo nos conduce hasta la antecámara, y finalmente a la cámara funeraria. Esta última está a muy pocos metros del suelo y no se halló ningún rastro de momia ni de vasos canopes. En el interior de esta pirámide fue donde los arqueólogos se dieron cuenta de que el Santuario Solar de Sahure había servido de cantera para la misma. Incluso se hallaron los restos de un gran obelisco que posiblemente procedía del mismo lugar.

Como hemos dicho, el santuario del valle apenas si ha llegado hasta nosotros. Constaba de dos grandes columnas en su parte frontal, mientas que en el lado oeste se erigían cuatro pilastras de granito rojo culminadas por una flor de papiro. En estas columnas podemos leer los nombres del rey y ver algunas escenas en las que se aprecian terrenos de lotos y papiros, las dos representaciones del Alto y el Bajo Egipto. En el centro del santuario había varias estatuas del rey y de una serie de enemigos cautivos. Se encontró, semienterrada, una cabeza de alabastro perteneciente a la reina Reptnebu, esposa de Niuserre Ini. De los pocos restos que han sobrevivido, dos destacan sobre todo, y son dos escenas: en la primera, vemos al rey siendo amamantado por la diosa del árbol; en la segunda observamos cómo Niuserre golpea a sus enemigos vencidos con una maza ceremonial.

El santuario funerario no sólo era distinto en su constitución de sus homólogos, sino también mucho más pequeño. El motivo de que haya llegado hasta nosotros relativamente en buen estado es que se llenó de cascotes y de escombros, por lo que en un período breve de tiempo quedó totalmente oculto. En el interior de este recinto se hallaron numerosos restos de utensilios, aunque se hizo imposible distinguir el formato y el uso destinado. También se encontraron varias escenas. En unas podemos ver cómo el rey inauguraba su recinto funerario en presencia de la corte y sus sacerdotes. En otras, vemos la matanza de varios animales que estaban destinados a ser la ofrenda alimenticia para el *Ka* del faraón.

LA PIRÁMIDE DE DJEDKARE ISESI

Djedkare Isesi, como hemos visto, es un oscuro personaje en este final de la V Dinastía. Construyó su pirámide en Saqqara. Su nombre antiguo fue 'Djedkare es bello', y alcanzó una altura de 52,5 metros. El lado de su base fue de 78,5 metros, y su ángulo de 53° E 7' 58".

El rey diseñó su pirámide con un esquema de seis peldaños, aunque las tres últimas filas de bloques han desaparecido. La entrada de esta pirámide está en su lado norte, al nivel del suelo. Una vez hemos entrado, vemos que el techo todavía contiene relieves con decoraciones astronómicas. Hemos de tomar un corredor que nos conduce hacia el este y, tras un breve descenso, accedemos a un primer vestíbulo. La cámara funeraria tiene su techumbre con forma de bóveda en saledizo, construida a partir de tres bloques de granito superpuestos uno sobre el otro. El sarcófago, también de granito, está orientado hacia el norte. En su interior se encontraron los restos de un hombre momificado de unos cincuenta años de edad. En un extremo del sarcófago había un hueco destinado a recoger los vasos canopes, de los que tan sólo se han hallado fragmentos.

Al este de la pirámide se encuentran los restos del santuario funerario de Djedkare. Sobre este mismo lado del edificio se dispusieron dos torres, cuyas paredes se inclinaban hacia el interior. En lo alto de cada una de las torretas se hallaba una azotea en la que posiblemente se estudiasen los astros celestes y el movimiento de las estrellas. En su día se intentó rescatar el santuario del valle, pero tan sólo se pudieron salvar unos pocos bloques con unos grabados decorativos y algunos bloques de granito rosa que, tras haber sido derribados, fueron quebrados y diseminados por toda el área que comprende este complejo. La calzada que unía a estos monumentos estaba orientada hacia el oeste. En ese punto se sacó a la luz una necrópolis de cobras, cuyo origen se dató en el Período Tardío. En la actualidad, la gran mayoría de los restos del santuario del valle están bajo las viviendas que forman la aldea de Saqqara.

LA PIRÁMIDE DE UNAS

Unas, el último faraón de esta V Dinastía, construyó su pirámide en Saqqara. Su nombre antiguo era 'Unas es el más perfecto de los lugares' y alcanzó una altura de cuarenta y tres metros. El lado de su base era de 57,5 metros y el ángulo de sus lados de 56° E 18' 35". Realmente, para ser justos, la pirámide más importante es también la más pequeña. Estamos en un

Textos de la pirámide de Unas.

momento en el que el Imperio Antiguo toca a su fin, y Unas le concede a este período de la historia el don de la inmortalidad.

La constitución de esta pirámide está formada por seis capas de piedra, bloques ásperos y toscos que van reduciéndose en peso y tamaño a medida que se asciende. Para acceder al interior de esta pirámide es necesario que nos dirijamos a su cara norte, justo bajo la capilla del norte. Un corredor nos lleva primeramente a la antecámara y luego nos conduce hasta la cámara funeraria. Estas dos estancias tienen sus techumbres, formadas por grandes lascas de granito a modo de V invertida, decoradas con estrellas amarillas bajo un fondo azul. En ambas cámaras se inscribieron los *Textos de las Pirámides* por primera vez en la Historia. La pared oeste está revestida de alabastro y decorada con una variedad de colores: blanco, negro, amarillo, azul y rojo. Se cree que estos son los colores con los que se decoraban las paredes de los palacios reales. Poco más se puede decir del interior de esta pirámide, puesto que lo más destacado, que son los textos, los trataremos más adelante. En una esquina de la cámara funeraria se halló un hueco donde se depositaron los vasos canopes. También se encontraron unos restos humanos, posiblemente de Unas, y un juego de cuchillos empleados en el ritual de la 'Apertura de la boca y de los ojos'.

Ya en el exterior, si accedemos a la calzada que comunica la pirámide con los santuarios adyacentes, tendremos la sensación de vernos transportados al pasado. Gracias a los grabados que se conservan en los bloques de granito podremos ir de cacería con el rey, asistir al transporte de los pilares que viajaron desde las canteras de Aswan hasta Saqqara y ver cómo el rey, tras salir victorioso de una de sus campañas militares, regresa a su capital con una gran fila de enemigos sometidos y maniatados. En esta calzada está también la famosa escena conocida como la de «los hambrientos», una serie de dos registros donde se ve a un grupo de personas literalmente esqueléticas.

Al final de la calzada se hallaba el santuario funerario. Un gran pórtico de granito recibía al visitante. Nos adentramos en un amplio recibidor cuyo suelo estaba formado por losas de alabastro pulido. Tras este vestíbulo, había una serie de anexos donde se almacenaban los materiales rituales. Una vez rebasados estos anexos, varios pasillos conducían hasta una pequeña pirámide de culto y al sanctasanctórum. Hoy día tan sólo se conservan los cimientos de este santuario, que debió de ser, sin duda alguna, grandioso.

Jaemwaset, hijo de Ramsés II realizó aquí trabajos de restauración en la XIX Dinastía. El que fue Primer Profeta de la ciudad de Menfis dejó escrita en unos bloques de piedra la relación de los trabajos que llevó a cabo. Con este hecho se dejaba clara la importancia que para los egipcios del Imperio Nuevo tenían los *Textos de las Pirámides*, que derivaron en los *Textos de los Sarcófagos* durante el Imperio Medio y en los *Textos para salir al día* o *Libro de los Muertos* ya en el Imperio Nuevo. De alguna manera, veneraban la obra de Unas, puesto que gracias a él estos hombres podían asegurar un viaje placentero hasta los campos del Ialu, el paraíso de los egipcios.

LA PIRÁMIDE DE TETI I

Teti es el primer faraón de la VI Dinastía, y se hace construir su pirámide en Saqqara, muy cerca de la Pirámide Escalonada de Djeser. Su nombre antiguo era 'Teti es el más duradero de los lugares', y alcanzó una altura de 52,5 metros, siendo el lado de su base de 78,5 metros y el ángulo de sus lados de 53º E 7' 48". Al igual que sus homólogas de Saqqara, sirvió de cantera para los árabes, aunque si cabe con más saña, ya que no sólo la despojaron de su cubierta, sino que incluso desmantelaron gran parte de las losas de piedra caliza del interior del monumento.

Como en casi todas las pirámides, para acceder a su interior hemos de situarnos en su cara norte. A nivel casi del suelo se abre un corredor, el cual tenía el sistema de rastrillos a muy pocos metros de la entrada, compuesto por tres bloques de piedra caliza. Una vez se sortea esta barrera, el corredor nos dirige hacia la antecámara. Una vez hemos traspasado esta primera estancia se abre un nuevo corredor que gira 90º y da paso a la cámara funeraria. Esta estancia fue construida en piedra caliza y está completamente decorada con los *Textos de las Pirámides*. Tanto el techo de la antecámara como el de la cámara funeraria están decorados con motivos astronómicos. Lamentablemente, gran parte de todas estas obras de

Sarcófago de Teti I.

arte, techumbres y paredes escritas están en muy mal estado de conservación, dada la falta de numerosos bloques.

En el muro oeste de esta cámara se halla un sarcófago de piedra con unas inscripciones jeroglíficas. Presenta el mismo problema que el sarcófago de Jufu, pues sus medidas (2,78 x 4,31 metros) son mayores que las de la puerta de entrada, así que la única explicación es que fue colocado allí antes de rodear el perímetro del habitáculo. En el suelo, fuera del sarcófago, aparecieron un brazo y un hombro momificados. Asimismo, se halló un trozo de estela de alabastro donde se habían grabado los nombres de los aceites sagrados con los que los embalsamadores ungieron el cuerpo del rey difunto.

A pocos metros estaba el santuario funerario del rey. Constaba básicamente de una entrada con un gran portón de madera de doble hoja. En parte de estas paredes se grabaron también escenas que nos narran la *Heb-Sed* de Teti, así como podemos ver al rey en compañía de varias divinidades. En otro de los registros vemos al monarca en una de sus campañas militares. Sostiene a unos enemigos por los cabellos al tiempo que se dispone a golpearlos con una maza ritual. La totalidad del complejo tenía trescientos metros de largo y en su gran mayoría fue descubierto por Cecil Firth y Jean Philippe Lauer en la segunda mitad de los años veinte.

LA PIRÁMIDE DE PEPI I

El rey Pepi I se hizo construir su pirámide en el sector sur de Saqqara. En la antigüedad recibió el nombre de 'Merenre es bello y estable', y alcanzó la altura de cincuenta y dos metros. El lado de su base era de setenta y ocho metros y el ángulo de sus lados fue de 53º E 7' 48". Esta pirámide conserva un carácter especial ya que aquí Gastón Maspero halló por vez primera los *Textos de las Pirámides*[69]. A igual que sus homólogas

---

[69]Los misterios de esta pirámide no han dejado de sucederse, ya que tras el descubrimiento de Maspero le tocó el turno a Jean Philippe Lauer, quien a finales de 1960 descubrió más de dos mil quinientos bloques de piedra con los *Textos de las Pirámides* escritos en ellas. Pertenecían a las estancias subterráneas de la pirámide. Hoy día los bloques han vuelto a su lugar original y los textos han sido traducidos.

de todo el país, sufrió la ira de los desmanteladores medievales, lo cual provocó que fuese casi completamente destruida. La entrada a esta pirámide está en su lado norte, a nivel del suelo. Un pasillo descendente, de granito rosa de Aswan, nos lleva a un pequeño vestíbulo, tras el cual otro nuevo corredor nos conduce hasta la barrera de rastrillos. Más allá, nos adentramos en la antecámara. En un giro hacia el oeste está la Cámara Funeraria. Aquí, orientado hacia el sur, hay un *serdab* en el que se habría colocado una imagen del rey. Se estima que cada uno de los bloques que forman el techo pesa más de cinco mil toneladas. Están decorados con estrellas blancas bajo un fondo negro. En otras pirámides las estrellas fueron pintadas en color azul, pero aquí las estrellas sirven para guiar al *Ka* del rey difunto en su viaje hacia el Más Allá. En la cámara funeraria se hallaron los restos del sarcófago, y fuera de este aparecieron varios miembros de la momia real.

El santuario del valle y el santuario funerario han desaparecido prácticamente. Según nos muestran los cimientos del santuario funerario, este era de corte similar al de su padre. En el interior se hallaron restos de bloques con escenas variadas. En varios de ellos puede distinguirse a los enemigos capturados y puestos de rodillas ante el rey. Se descubrió también lo que compuso el depósito de fundación, donde se halló una pequeña pirámide ritual.

Poco o nada más puede contarse de este recinto, que está en un estado muy ruinoso, salvo resaltar nuevamente la importancia del mismo, puesto que gracias a Merire Pepi I se comenzó a desvelar el misterio de los *Textos de las Pirámides*, y se demostró, tal y como muchos defendían, que estos monumentos no eran mudos.

LA PIRÁMIDE DE MERENRE

Merenre, hijo de Pepi I, construyó su pirámide también en Saqqara y la llamó 'Merenre brilla con belleza'. La pirámide alcanzó una altura de cincuenta y dos metros, el lado de su base era de setenta y ocho metros y el ángulo de sus lados de 53° E 7' 48". Gran parte de lo que conocemos de esta pirámide, situada en el sector de Saqqara Sur, como hemos citado anteriormente, es gracias a la autobiografía de Weni el anciano. Las paredes de granito de la cámara funeraria estaban decoradas con los *Textos de las Pirámides*, y su techumbre estaba compuesta por losas de granito a modo de V invertida, decoradas con estrellas blancas bajo un fondo negro. En el centro de la cámara funeraria había un gran sarcófago de granito rosado, decorado a modo de fachada de palacio. A escasos metros de él, Maspero halló in situ la momia de un niño. Sabemos que era un príncipe gracias al mechón de pelo trenzado, característico de los hijos reales que todavía no habían alcanzado la madurez. En un primer momento, tras estudiar la momia, Maspero pensó que el muchacho pertenecía en realidad a la XVIII Dinastía, pues se cree que Merenre era ya adulto cuando la muerte lo abrazó. Sin embargo, si nos hallásemos ante el rey de la VI Dinastía, sería la momia real más antigua que se conoce en Egipto.

Del recinto exterior de Merenre no sabemos nada. El estado absolutamente ruinoso del complejo tan sólo nos permite atisbar ciertos indicios. A raíz del esquema completísimo que Maspero realizó en su día, sabemos que tanto el santuario del valle como el santuario funerario eran idénticos a los de su padre Pepi I.

LA PIRÁMIDE DE PEPI II

Pepi II construyó su pirámide en el complejo de Saqqara Sur, y es la última pirámide que se construye en el Antiguo Imperio siguiendo los cánones de las dinastías anteriores. Su nombre antiguo era 'Neferkare es el más estable en vida'. Alcanzó una altura de 52,5 metros, con una base de 78,5 metros. El ángulo de sus lados era de 53° E 7' 48". En un principio, no se diseñó para ofrecer el aspecto que tiene hoy día, pero finalmente se optó por dotarla de cinco peldaños. Se sabe que la base de la pirámide ya estaba construida cuando cambiaron el diseño del edificio, pues se había taponado lo que comprendía la capilla norte e incluso parte del revestimiento exterior estaba ya en su sitio.

La entrada a esta pirámide se halla situada en su cara norte. A ras de suelo, un corredor descendente nos conduce hacia un vestíbulo. El segundo corredor nos conduce hasta el sistema de rastrillos. Una vez hemos sobrepasado este obstáculo, un nuevo corredor nos sitúa en la antecámara. Traspasada esta estancia, nace un nuevo corredor nos lleva a la cámara funeraria.

Las paredes de este pasillo se hallan decoradas con los *Textos de las Pirámides*. Las techumbres de las dos cámaras están decoradas con estrellas blancas sobre fondo negro. El sarcófago del rey estaba decorado con inscripciones jeroglíficas que mostraban los títulos de Neferkare.

En el exterior, podemos adivinar un complejo que difiere un poco de los de esta dinastía. El santuario del valle es mucho más ancho, con una terraza superior cuyas esquinas estaban orientadas hacia los cuatro puntos cardinales. En el interior había una serie de ocho columnas, decoradas todas con escenas que narraban diferentes hechos de la longeva vida de Pepi II. Podemos ver al ejército de Su Majestad que regresa victorioso tras aplastar una rebelión. En uno de los anexos de una serie de cinco, destinados al material ritual, se halla una representación de la caza y transporte de un hipopótamo sobre una narria de madera.

En lo que respecta al santuario funerario, este sí es similar al de sus antecesores de la V y VI Dinastía. No obstante, la diferencia está en forma de un gran pasillo con una enorme entrada y dos pequeñas capillas orientadas de norte a sur. Estas dos capillas son una representación de las ciudades de Heliópolis y Sais. El santuario se divide en su interior por medio de una serie de secciones, que se ordenan asimismo por zonas interiores y exteriores, separadas por un pasillo. En este pasillo vemos una escena que representa la *Heb Sed* de Pepi II.

No cabe duda de que el aspecto ruinoso que este complejo presenta hoy día se ve eclipsado por la maravilla que oculta en su interior. La longevidad de Pepi II fue un punto de apoyo para toda una generación de hombres, de los cuales muchos tan sólo conocerían un monarca, hecho bastante inusual. Pepi II es el hombre que puso punto y final al Imperio Antiguo. No sólo moría un rey que marcaría a sus sucesores, sino que con él moría toda una élite, aquella que había levantado las grandes pirámides.

EL DESARROLLO RELIGIOSO DEL ANTIGUO EGIPTO

Los antiguos egipcios estaban convencidos de que sus dioses y diosas habían puesto un gran empeño para conseguir que aquella franja del plantea fuese el país más maravilloso y próspero de la Tierra. Y es cierto. Egipto reúne todas las condiciones, ya sea de modo casual o intencionado,

Estatua del dios Horus,
Museo de El Cairo, Egipto.
Fotografía de Nacho Ares.

para que las fuerzas de la naturaleza se confabularan entre ellas y dieran como resultado la más asombrosa civilización desde el despertar del ser humano. No está demasiado claro cómo se forjó esta idealización de dioses, aunque muchos expertos, como Max Müller, de la Universidad de Pensylvania, opinan que el inicio de estas divinidades se plasmó a través de las figuras de las almas o espíritus de las entidades que desde la prehistoria cautivaban las mentes de los primeros hombres. Así, podemos intuir que los egipcios de los períodos prefaraónicos, desde el Baradiense hasta el Naqada II, comenzaron a sentir una necesidad irrefrenable de situar a sus divinidades no sólo en los cielos de su hábitat natural, sino más allá de lo que ellos podían ver o sospechar que existiese. Cautivó sobremanera esa cúpula celeste donde la luna cambiaba de aspecto a su antojo y se situaba el astro por excelencia, el sol. De estos dos elementos surge la asimilación con el halcón, que fue perfecta para la realeza: un ave formidable que planeaba sobre los cielos, dominándolo todo y que no temía al astro solar que abarcaba con sus rayos poderosos hasta el último rincón del país[70].

El disco como entidad creadora de vida había sido Atum, pero su aparición en el cielo fue considerado como tres entidades distintas y a su vez

---

[70]Probablemente de esta asimilación nacen las dos primeras idealizaciones de los dos dioses más honrados y venerados: Horus y Re, cuyas manifestaciones son sendas figuras humanas con cabeza de halcón. Ambos dioses tuvieron su culto en los primeros asentamientos del Nilo, así como templos rudimentarios donde recibían sus ofrendas y cultos, basados sobre todo en el ofrecimiento de sacrificios de animales y muy posiblemente también de seres humanos.

iguales: Jeper, Re y Atum. Sin embargo, incluso con estas asimilaciones podemos ver cómo, a pesar de que Re es ya la idealización del dios supremo, el poder que este ejerce sobre la tierra es asimilado a la figura del halcón, donde el poder de la divinidad se puede ver sobre los cielos de Egipto, desde el alba hasta el ocaso, lo cual provoca la aparición de Re-Horajty, o lo que es lo mismo, 'Horus en el horizonte'. La esencia de esta idea fue unir al dios sol con su forma humana y al dios sol con su forma de halcón, mostrando así como la 'Barca de millones de años' de Re vuela por el cielo como si de un halcón se tratase.

Ya hemos explicado brevemente cómo se conformó el mito osiriano y el aspecto mágico de Isis, pero el combate entre Horus y Seth es un punto importante para comprender cómo rigió el ciclo que convertirá a Osiris en el dios supremo del inframundo, de la resurrección.

Como pudimos observar, la señora de la magia, la bella Isis, rescató el cuerpo descuartizado de su difunto esposo Osiris tras haber sido engañado y asesinado por su propio hermano Seth. La joven y bella viuda debe soportar la tiranía de las penosas pruebas que los dioses le han puesto y, gracias a sus dotes mágicas, consigue resucitar a Osiris el tiempo suficiente como para fundirse con él en un tierno y mágico instante, que tendrá como resultado la semilla de un rey que está por nacer aún y que llevará el nombre de Horus. El malvado Seth persigue a Isis y a su hijo a través de todo el Delta. Isis, en un intento de salvaguardar a su hijo, lo deja al cuidado de la diosa de Buto, la serpiente Uadjet. Así, la dama de la magia consigue que su hijo pueda crecer hasta que haya llegado el momento de

Estatua de Isis, Época Tardía, Museo de El Cairo, Egipto. Fotografía de Nacho Ares.

enfrentarse a su destino. La cobra Uadjet ha inculcado al niño un sentido de rectitud y protección ante el débil. Osiris, que por mandato divino se había convertido en el único juez del Más Allá, se presenta ante su hijo como dios resucitado, y lo prepara en el arte de las armas y la estrategia de la guerra.

Poco antes del combate, los dos enemigos, tío y sobrino, se colocan uno frente al otro y se introducen en la laguna. Sus ojos se buscan en medio del ocaso, y sus miradas cargadas de odio y muerte inician las hostilidades. Horus desenvaina primero su espada e intenta hacer blanco en el pecho de Seth. Este, en un rapidísimo movimiento, esquiva el golpe y lanza al aire su arma. El silencio se ha hecho en la orilla. Ninguno de los dos bandos pronuncia palabra, pues la lucha es encarnizada y no se ve un claro vencedor. Las horas van transcurriendo en medio de feroces ataques. Los adversarios, gracias a sus condiciones de divinidad, van cambiando su aspecto físico para intentar infundir el temor en su contrario. En el fragor de la batalla, las armas van cayendo al fondo del pantano. Con sus escudos, se propician golpes, letales para un humano, pero igualmente terribles para ambos. Horus se encuentra con los dientes destrozados, Seth, a su vez, ha perdido la forma de su nariz, la cual es un hueco óseo en medio de su ensangrentado rostro.

Tras tres días de combate agresivo en exceso para cualquier humano, las fuerzas comienzan a abandonar a los dos guerreros. Finalmente, y después de cuatro días sin tregua en los que el firmamento había estado a punto de desmoronarse, puesto que era inminente el triunfo del caos, la juventud y el valor de Horus han dado paso a la luz de un nuevo amanecer, ya que el joven rey halcón ha salido victorioso. Será, a partir de ahora, la Luz de Egipto, la cual, combinada con las horas nocturnas, establecerá para siempre que el astro solar aparezca cada mañana, provocando así el eterno resurgir del sol por el horizonte de oriente.

Esta historia de la batalla entre Horus y Seth está reflejada en las paredes del Santuario de Horus en Edfú, en una de las salas llamadas «deambulatorios». La práctica totalidad del complejo se remonta a época ptolemaica, pero fue edificado sobre una antigua capilla erigida por orden de Horus Netherijet. Se ignora si en las antiguas paredes había escrito algún capítulo de esta contienda, pero, como podemos ver, esta recreación del conflicto entre tío y sobrino aparece temprana en el tiempo y muy posiblemente hunde sus orígenes en el predinástico. El resultado de esta contienda es, sin duda alguna, propiciado por la calidad que Osiris tenía ya como juez supremo, derivando de este hecho el título de «Justificado» que adquieren los fallecidos que han llegado a su tribunal y cuyos actos se han mostrado favorables[71]. Podríamos deducir de todo lo visto aquí que el ciclo o mito osiriano consta de tres partes principales que son vitales para la existencia y supervivencia del hombre egipcio[72]. Este conjunto de factores, según muchos expertos en teología egipcia, provocaron que sus conclusiones fuesen plasmadas en los textos funerarios con carácter regio. Se trata de los *Textos de las Pirámides*. En aquellos días en los que los sacerdotes de Heliópolis componían estos textos mágicos, la importancia de la supervivencia del cuerpo era ya un hecho inevitable, cuya concepción se había formado a lo largo de las dinastías anteriores. Así, el egipcio concibió al hombre compuesto por siete elementos esenciales, sin los cuales la vida ni siquiera podía ser imaginada. Estaba el cuerpo o *Det*, el recipiente físico, lo que originó en sí las prácticas de momificación, ya que el cuerpo no podía bajo ningún concepto desaparecer tras la muerte, porque sería utilizado por el resto de los componentes que formaban al ser humano. El *Ka*, o lo que nosotros identificaríamos con el alma, estaba asociado también al espíritu, un concepto que la religión cristiana entiende como el elemento que tras la muerte asciende a los cielos, y que para los egipcios era lo que les otorgaba su personalidad. El corazón o *Ib*, para los antiguos habitantes del Nilo, era el órgano principal del cuerpo humano; creían que en él residía la sabiduría, los sentimientos, el conocimiento y la razón. El *Ba* es un elemento difícil de explicar, pues es muy parecido al *Ka*, como el espíritu de la persona pero en una idealización exterior, la reencarnación de la libertad tras la muerte, por ello el *Ba* solía ser representado como un pájaro con cabeza de hombre. El *Anj* podría ser explicado como el espíritu justificado. El *Ren*, el nombre, era un elemento importantísimo ya que, con el poder de la magia, la sola pronunciación del

---

[71] Así pues, siendo Osiris «el de justa voz», también se podía emplear otra fórmula funeraria que sustituía al nombre del difunto, por ejemplo, «Amenhotep Justificado», pudiéndose colocar en su lugar la fórmula «Osiris Amenhotep».

[72] Primero, la muerte y resurrección del cuerpo. Segundo, la victoria de Horus y su papel de protector de la realeza. Tercero, la prevalencia del bien sobre el mal, pero sabiendo que ambas son complementarias en el ciclo de la vida.

nombre garantizaba la vida de aquello que se nombraba. Por este hecho, cuando se deseaba que una persona no viviese en la otra vida se borraba su nombre allí donde estuviere escrito. Pero incluso el nombre iba un paso más allá, puesto que también esta magia era válida para los animales. En los textos de los sarcófagos, cuando un nombre o una frase llevaba el ideograma de una serpiente o de cualquier animal peligroso, se dibujaba mutilado o con un cuchillo clavado, para que cuando el texto mágico fuese leído y el animal cobrase vida no pudiera hacer daño al dueño de la mastaba o pirámide. Un último elemento sería el *Jabit*, identificado con la sombra del hombre. Los egipcios consideraban que la sombra era un elemento que estaba unido al cuerpo y que también estaba dotado de un poder mágico, ya que te acompaña, puedes verla pero no puedes ni tocarla ni actuar en su contra. Es evidente que el ser humano, por sí mismo, ya era considerado un elemento mágico y, por qué no, magnífico. Su origen en sí mismo ya fascinó a los antiguos egipcios al igual que el misterio de la vida nos cautiva a nosotros hoy día. Así fue como Unas inscribió por vez primera los *Textos de las Pirámides* en el interior de su pirámide.

Nos hallamos ante un compendio de fórmulas mágicas destinadas únicamente al uso religioso: es el primer libro religioso de la historia de la humanidad. El uso de estas fórmulas todavía es objeto de debate por parte de los especialistas. No obstante, todos ellos coinciden en señalar que antes de que se grabaran en las cámaras de la pirámide de Unas los *Textos de las Pirámides* eran pronunciados al menos de forma oral cuando llegaba la hora de enterrar al faraón en su morada para la eternidad.

Debían ser pronunciados en voz alta y parece ser que son el último eslabón de una milenaria tradición que habría empleado las mismas palabras con los difuntos. Aquí encontramos la primera mención al dios Osiris y los famosos campos del Ialu, donde el fallecido vivirá eternamente rodeado de un mundo placentero. Los estudios que se han realizado a los *Textos de las Pirámides* dan a entender que son una recopilación de otros textos mucho más antiguos. Básicamente, los expertos han resumido las fórmulas en los siguientes grupos: 1) el despertar en la pirámide, 2) su ascenso al cielo y su entrada en el Más Allá y 3) su llegada al cielo y su aceptación en compañía del resto de los dioses. Lo más sorprendente de estos textos son las varias narraciones estelares, impregnadas de una esencia cósmica no vista anteriormente. Por ejemplo, una fórmula titulada *El rey asciende al cielo como una estrella* o frases como la que contiene la fórmula 330 donde se dice «yo he ascendido al cielo sobre el *Shedshed*». El significado de esta palabra se refiere a una especie de protuberancia circular que se colocaba sobre el estandarte de la ciudad de Asiut. Su significado es desconocido, pero muchos expertos la han catalogado como una nave espacial o un vehículo cósmico imaginario en el que el *Ka* del faraón ascendería al cielo. La fórmula 332 nos dice, en boca del propio Unas: «Yo soy quien ha escapado de la serpiente enrollada. Yo he ascendido en un destello de fuego, regresando al mismo lugar de donde vine». No nos han llegado representaciones de este evento, pero la serpiente a la que alude Unas es Apofis, la serpiente que intenta que la 'Barca de millones de años' de Re se hunda en el caos nocturno. Uno de los motivos por los que se piensa que estos textos son un compendio de otros más antiguos es el llamado «Himno Caníbal», que sólo se ha escrito en las pirámides de Unas y Teti. Narra el momento en el que el faraón debe escuchar estas fórmulas mientras devora la carne de los dioses[73].

Para expertos como Schott o Piankoff no existe duda alguna: los *Textos de las Pirámides* están asociados a la lectura mediante un ritual. La funcionalidad de estos textos tampoco alberga dudas. Son para la resurrección del rey difunto y para facilitar su entrada en el Más Allá. Aparte de estas fórmulas citadas anteriormente, se trata ampliamente el tema del viaje de la 'Barca de millones de años' de Re en el reino de Osiris.

Con el colapso del Imperio Antiguo, Egipto se sumió en un caos que para muchos de aquellos habitantes del Nilo debió recordar a las historias que sin duda pululaban todavía entre las batallas del Norte y el Sur, en los albores de la I Dinastía. Este período provocó cambios a todos los niveles, pero estos permitieron que la sociedad mejorase, aunque desde cierto punto de vista bien pudiera parecer que no se supo sacar provecho de los avances tecnológicos que pudieron traer consigo. El concepto artístico varió notablemente, no sólo a la hora de elaborar escenas de la vida cotidiana o a la hora de representar la figura de un rey, sino que nos sorprenderá comprobar la tremenda transformación que sufrió el concepto religioso que

---

[73] Estudios antropológicos han sugerido que este extraño ritual hunde sus orígenes en la noche de los tiempos, cuando muy posiblemente se dieran cita ritos caníbales a la hora de devorar la carne de los enemigos vencidos para absorber la esencia mágica de su alma, y que de alguna forma llegaron a sobrevivir hasta el Imperio Antiguo.

concernía al pueblo llano. Como hemos visto, los *Textos de las Pirámides* estaban destinados única y exclusivamente para el uso del rey. Si acaso, alguno de los altos dignatarios, que durante el Imperio Antiguo pertenecían en su mayoría a la propia familia real, podía hacerse enterrar junto al rey difunto, y así de paso aprovecharse de los beneficios que esta situación podía otorgarle. Pero durante el Imperio Medio este concepto de exclusividad se rompe. Este hecho influye claramente en los dos cambios más notables de este período: los *Textos de los Sarcófagoss* y los *Ushebti* o *Shawabti*.

Los *Textos de los Sarcófagos* son un compendio de fórmulas mágicas que vienen a sustituir a los *Textos de las Pirámides*, básicamente porque los nobles no se construían pirámides y para ejecutar la democratización de la vida en el Más Allá, suceso que se inicia en los últimos años del Imperio Antiguo tal y como lo demuestran unos textos en la necrópolis de Balat. El orden cronológico nos es desconocido, así como el principio y el final del texto. No obstante, una norma casi común en todos ellos era escribir las fórmulas en columnas verticales, y estas a su vez se dividían para ganar espacio. Una de las incorporaciones es la asimilación del *Ba* real con el ave: de esta forma, el *Ba* del rey ascenderá como un pájaro y los difuntos que formaban el círculo de confianza del rey serán transformados por las divinidades en seres luminosos. Algunos egiptólogos señalan que estos detalles influyeron sobremanera en la sociedad egipcia, y que durante este período se utilizó el amuleto a gran escala comercial.

Ya no sólo se va a juzgar la pureza del rey, sino que todo el pueblo será juzgado en el tribunal del Más Allá. En este compendio mágico se nos narran peligros, maneras, tratos y enemigos que acechan en ese misterioso mundo del más allá. Los primeros estudios que se hicieron sobre los textos fueron obra de Carl Richard Lepsius, el cual elaboró distintas copias de los textos que se alojaban en los ataúdes que él mismo había llevado a Berlín. En 1867 verían la luz estas compilaciones, las cuales serían continuadas por Pierre Lacau entre 1904 y 1906, para un registro de todas las piezas que poseía el Museo de El Cairo. Si hoy podemos seguir el rastro de estas fórmulas es gracias al egiptólogo sir Adriaan de Buck, el cual catalogó todos los textos que se conocían en siete volúmenes, trabajo que le ocupó casi treinta años de su vida, desde 1935 hasta 1961. Sin embargo, este exhaustivo trabajo tenía un pequeño problema, y es que estaba destinado exclusivamente a los especialistas. Habría que esperar a 1947 para que el egiptólogo francés Louis Speleers elaborara una traducción completa en dos grandes volúmenes. De Buck registró mil ciento ochenta y cinco fórmulas mágicas, que mostró como por vez primera: los *Textos de los Sarcófagos* se componían con representaciones gráficas e incluso de elementos novedosos que anteriormente no se encontraban en los *Textos de las Pirámides*.

Como vemos, durante todo el Imperio Medio los ataúdes se convirtieron en una especie de enciclopedia religiosa y están considerados como auténticas obras de magia.

Y si de componentes mágicos hemos de hablar, el más increíble sin duda es la figura del *Shawabti* o *Ushebti*. La utilización de dos palabras para designar a un mismo objeto no es un capricho, son palabras que los propios egipcios emplearon para estas estatuillas dependiendo del uso y del contexto histórico en el que nos movamos. La palabra *Shawabti* podría traducirse como 'madera' y parece responder a un tipo de árbol parecido al magnolio, cuya madera se empleaba para elaborar las figurillas. *Ushebti* puede traducirse como 'el que contesta' o 'el respondedor'. No está demasiado claro el momento en el que se comienzan a utilizar, ni tampoco el motivo que movió a los egipcios del Imperio Medio a realizar estos pequeños

Conjunto de *Ushebtis* del rey Tut-Anj-Amón. Fotografía de Nacho Ares.

trabajadores del Más Allá. El propósito de estos sirvientes era bien sencillo, y lo que nos lo puede explicar mejor es la fórmula 472 de los *Textos de los Sarcófagos*:

> ¡Oh *Shawabti* del Osiris (nombre del difunto)! Si soy designado para hacer todos los trabajos que se hacen habitualmente en el Más Allá, sabe bien que esa carga te será afligida allí. Como se debe alguien en su trabajo, toma tú mi lugar en todo momento para cultivar los campos, irrigar las riberas o transportar la arena de occidente a oriente. ¡Heme aquí!, has de decir. ¡Iré donde me manden, oh Osiris (nombre del difunto) Justificado!

Existen gran cantidad de variantes, en cuanto a número y materiales empleados para la elaboración de los *Ushebti*. Solían ser de fayenza, cerámica, piedra, barro o madera. Su número varía dependiendo del período y la importancia del personaje, pero durante el Imperio Nuevo los más pudientes podían albergar en su tumba un *Ushebti* para cada día del año.

Es indudable que ante semejante número de obreros —cuatrocientos setenta y uno tuvo Tut-Anj-Amón—, se hacía necesaria la presencia de un capataz que organizase todos los trabajos. Imaginemos por un instante el desastre resultante de la falta de organización, toda una maraña de obreros sin mando aparente, algunos incluso buscando la sombra, la manera de eludir sus responsabilidades, y otros incluso abusando de sus compañeros más débiles. Así, por cada diez *Ushebti* se incluyó un capataz, un encargado de repartir las tareas a cada obrero. Es fácil distinguirlos, ya que portan los atributos de mando, bien sea un bastón o bien un flagelo que recuerda el complemento utilizado por los reyes.

Al principio, los *Ushebti* tenían un apartado especial dentro de la cámara funeraria, una especie de nicho donde se colocaban las figuras con un orden escrupuloso, listas para ponerse manos a la obra en cuanto fuese necesario. Posteriormente, durante la XVIII Dinastía, se hizo necesaria una fórmula para los sirvientes en los *Textos para salir al día*, conocido como *Libro de los Muertos*. Así pues, se varió ligeramente la fórmula 472 de los *Textos de los Sarcófagos* y se la incluyó en el capítulo 151 A de los *Textos para salir al día*.

A finales de la XVIII Dinastía se impuso una hermosa moda: la de elaborar arcones o capillas para guardar los *Ushebti*. Se han rescatado decenas y decenas de ejemplos, auténticas obras de arte, como bien pudieran ser

Caja de *Ushebti* anónimo, escondrijo DB 320, Museo de El Cairo, Egipto.

los hallados en la tumba de Meketre, en la tumba del citado Tut-Anj-Amón, en la tumba de Tuya y Yuya (suegros de Amenhotep III), en la tumba de Senedjem o en la del faraón Taharqa. El aspecto de estas figurillas, en su gran mayoría, nos recuerda a un sarcófago y, en algunos casos, como las tumbas de Asiut del Imperio Medio, a auténticos ejércitos de soldados. Sus vestiduras son también muy variables: los que tienen aspecto de sarcófago carecían de ropa, y aquellos que tienen aspecto humano llevan el típico faldellín plisado. Durante el III Período Intermedio e incluso durante la Época Baja volvieron a su figura de sarcófago y la materia más utilizada para su elaboración fue la fayenza. En sus manos, los *Ushebti* llevan las herramientas necesarias para elaborar sus tareas: bolsas para semillas, los citados sacos para la arena, azadas, útiles de pesca o carpintería y un largo etcétera. El uso de estos trabajadores para el Más Allá terminó a mediados del siglo I de nuestra era. La revolución religiosa que sufrió Egipto provocó que cada vez fueran menos los que se hicieran rodear de ellos para la otra vida, y finalmente cayeron en el olvido. La colección más espectacular de *Ushebti* se halla en el Museo del Louvre, el cual cuenta con más de cuatro mil piezas.

Como hemos comentado, con la llegada del Imperio Nuevo, los textos religiosos sufren unas pequeñas modificaciones y se elaboran los *Textos para salir al día*, cuyo nombre deriva del egipcio original *hrw prt m'*. Generalmente, se acepta que nos hallamos ante un compendio de ciento noventa fórmulas o pasajes y la edición en castellano más valorada y consultada es la del profesor Federico Lara Peinado. Durante todo el Imperio Nuevo se van añadiendo nuevos capítulos o nuevos libros incluso, como el *Libro de la Vaca Divina*, el *Libro de las Cavernas* o el *Libro de las Puertas*. Como es de imaginar, estos textos están diseñados para cumplir el mismo propósito que sus antecesores, los *Textos de las Pirámides* y los *Textos de los Sarcófagos*. Su composición variaba según el poder adquisitivo, pues el conjunto total de las fórmulas sólo podía ser adquirido por los más ricos. Los pobres tenían que conformarse con tan sólo unas pocas fórmulas y como muchos no sabían leer, se conformaban con tener las ilustraciones, aunque los textos hicieran referencia a la lista de la compra. Un problema añadido, que solía ser muy frecuente, era que el dibujante y el escriba no trabajaban juntos, lo que suponía que el texto no concordara con la viñeta y su consiguiente alteración visual[74]. Las plañideras también juegan un papel importante en estos textos, ya que esta especie de cofradía sagrada que llora desconsolada con sus vestidos blancos en señal de duelo recuerda a las divinidades que el difunto era puro, bueno e importante para la comunidad. Disponían de su propio repertorio de textos, y seguían un ritual tan minucioso que no había posibilidad para improvisar. El origen de esta cofradía es tan antiguo como el propio Egipto, y eran asimiladas a la encarnación de Isis y Nefthis. Por ello, recibían el nombre de las Dos Milano, siendo la primera la plañidera mayor y la segunda la plañidera menor.

---

[74] Se suele aceptar que el que primero trabajaba era el dibujante y que luego el escriba se limitaba a rellenar los huecos existentes con los textos mágicos.

Los expertos han dividido los *Textos para salir al día* en cuatro partes principales. En los ciento noventa pasajes relatados en los *Textos para salir al día* encontramos cualquier fórmula necesaria para la supervivencia del difunto en el Más Allá. Así tenemos la «Fórmula para que la momia acceda a la *Duat* el día de su entierro», «Fórmula para abrir la tumba», «Fórmula para obtener alimento y agua en el Más Allá» o la «Fórmula para permitir al alma reunirse con el cuerpo en el Más Allá». Como vemos, cualquier aspecto estaba pensado para hacer que el fallecido tuviese todas las comodidades, pero sin duda, el pasaje más preciado y valioso era el 125, «Fórmula para entrar en la Sala de las Dos Verdades y adorar a Osiris, el Señor de Occidente». El difunto tenía paso obligado por esta peculiar sala, pues aquí serán juzgados sus actos en la Balanza de las Dos Maat, y de sus actos en vida dependerá su destino. Si el tribunal lo halla inocente, accederá a los ansiados campos de Ialu, y si es hallado culpable será devorado por la horrible bestia Ammit, que devorará su corazón y bajo el infeliz se abrirán las puertas de los más horrendos y tenebrosos infiernos. Así pues, el difunto llega ante la presencia de Osiris, y debe presentarse como un ser puro y asegurar que no ha cometido falta alguna. Ha de descubrirse ante los dioses y pronunciar palabras de alabanzas hacia Maat, la diosa de la justicia y la verdad, y hacia Osiris. A continuación, debe hacer la declaración de inocencia, que consiste en declararse limpio de cualquier maldad: no haber maltratado a un semejante, no haber hecho pasar hambre al pobre, no haber cometido pederastia, no haber robado, no haber maltratado a las mujeres y, en resumen, cualquier acto que resulte abominable a los ojos de los dioses y de cualquier ser humano. El difunto debe tener mucho cuidado con sus palabras, ya que aquello que diga a los cuarenta y dos dioses del tribunal será anotado minuciosamente por el dios Anubis. Luego, los jueces del tribunal, el dios Thot y la Balanza interrogan al difunto. El interrogatorio de Thot y el de la Balanza es en realidad el pesaje del corazón. El dios Thot toma el corazón del difunto y lo coloca en uno de los platillos de la Balanza de las Dos Maat. En el otro extremo pone una pluma de avestruz, que simboliza a la diosa de la verdad y es ligera, sin peso de culpa ni pecado alguno. Si el corazón pesa menos que la pluma habrá sido glorificado y será anunciado ante Osiris. Una vez que el fallecido es hallado 'Justo de Voz', las divinidades lo acogen y le dan la bienvenida. Pero aún necesita proclamarse como un Osiris Unnefer y salir victorioso de una serie de pruebas, que superará sin problema alguno. Una vez en la *Duat*, el difunto ya es un luminoso, ya no hay mal que pueda dañarlo. La fórmula ha surtido efecto, y en general todos los encantamientos han sido pronunciados correctamente.

Como hemos comprobado, la importancia de estos textos es mayúscula. La magia que albergan en su interior es gigantesca y su importancia trascendental, ya que de ello depende la supervivencia del cuerpo en el Más Allá. Así funcionaba el universo mágico de los antiguos egipcios, que en realidad no difiere demasiado de cómo se rige el nuestro occidental. Prácticamente, buscamos la misma finalidad, y el sentimiento, la necesidad de asirnos a esa supervivencia más allá de la muerte, si acaso, nos acerca un poco más a la mentalidad y la forma de pensar de los antiguos egipcios.

Capítulo IV
El I Período Intermedio
y El Imperio Medio

LA LLEGADA DEL I PERÍODO INTERMEDIO

Lo que ocurrió tras la muerte del rey Pepi II es algo que desconcierta a la totalidad de los egiptólogos. El estado se desplomó sobre sí mismo, pero sin embargo, las excavaciones han sacado a la luz detalles que nos hacen pensar que, junto con el declive real, algunas influencias que resultaron totalmente externas a la corte provocaron una situación horrible que se prolongó excesivamente en el tiempo. Existen varios indicios que nos muestran una época continua de crecidas muy pobres, con la consecuente carencia de alimento. La hambruna que recorrió el país del Nilo durante estos años está constatada de sobra, hasta el punto de que existen textos, como *Las lamentaciones de Ipu-Ur*, en los que se narran las vigilancias nocturnas que realizaban algunos campesinos, puesto que los ladrones acudían a sus campos durante la noche para robar las cosechas. Las pruebas arqueológicas que han aparecido, sobre todo en la zona del Delta, nos muestran un sufrimiento real, auténticas fosas comunes donde fueron enterrados miembros enteros de una misma familia, cubiertos tan sólo por esteras de juncos y sin ningún objeto que llevarse al Más Allá. El hambre trajo consigo epidemias y muerte por doquier. Junto con esta serie de desastres naturales, se unió el desastre humano que no supo o no pudo conservar un estatus de orden ni en el Alto ni en el Bajo Egipto.

El I Período Intermedio continúa siendo un momento de eterno debate en la historia de Egipto, ya que está repleto de numerosas lagunas. Los textos que nos narran una sucesión de reyes, la Piedra de Palermo, la lista de Turín o la lista real de Abydos carecen de información al respecto. Para intentar reconstruir este pedazo de la historia, hemos de acogernos a la información que nos ofrecen las inscripciones de la tumba del nomarca Anjtifi, *Las lamentaciones de Ipu-Ur*, *Las enseñanzas de Merikare* u otros textos de carácter similar. *Las lamentaciones de Ipu-Ur* hacen mención a la invasión de beduinos por la zona del Delta del Nilo. Ante el pasivo comportamiento de los elementos del estado, como la policía o las milicias del ejército de los nomarcas, varios grupos de bandidos del desierto, los mismos que tantas veces habían dado con sus huesos en el suelo cuando los grandes faraones conservaban un poder absoluto, ven ahora su oportunidad de cometer las más variopintas fechorías, incluso durante los últimos años de vida de Pepi II. Estamos ante una situación totalmente desconocida para los antiguos egipcios, pues si bien habían existido conflictos y guerras por sucesiones y por abarcar el poder total, jamás con anterioridad se habían manifestado estos elementos externos. El panorama que los restos arqueológicos nos muestran es el de un Egipto anárquico, al borde de la primera guerra civil de su historia como país unificado. Los campos no se trabajaban y los campesinos iban armados allá donde fueren. En aquellos momentos, los nomarcas eran los que poseían los contingentes militares, pequeños grupos de soldados más o menos profesionales que en ningún momento pensaron en defender las fronteras, sino que se limitaron a salvaguardar los bienes propios que estos terratenientes habían ido acumulando con el paso de los años. Con la sucesión de hechos violentos como robos, asesinatos o violaciones, cesaron los movimientos de mercaderes, ya que las rutas de las caravanas no eran seguras. Así pues, se detuvo por completo el negocio del comercio exterior, y con ello se provocaron de manera masiva los hurtos y los saqueos. Algunos autores sostienen que esta obra es un mero ejemplo literario sin rastro alguno de veracidad, pero lo cierto es que los restos arqueológicos coinciden con las descripciones del príncipe Ipu-Ur.

Tanto la VII como la VIII Dinastías deben su existencia a los efímeros reinados de los nomarcas. Algunos especialistas no dudan a la hora de afirmar que, de hecho, la VII Dinastía jamás existió. En lo que confiere a la VIII Dinastía, conocemos un poco de los entramados que se vivieron en estos años gracias a unos textos conocidos como *Los decretos de Coptos*, que nos muestran veinte años en los que los reyes se iban sucediendo y eran más o menos aceptados en todo el país. No obstante, surgían facciones que se oponían al poder establecido sin orden aparente, siempre había rencillas y los conflictos aparecían solos de manera casi inevitable. Una vez ha llegado la IX Dinastía, surge la ruptura entre el Alto y el Bajo Egipto.

La IX Dinastía, que había sido fundada por un rey llamado Ajtoy, mantiene el control del país durante unos pocos meses, pero la imposición que estos nomarcas ejercieron sobre sus vecinos provocó el desgaste que hizo nacer a las dinastías tebanas, que surgieron bajo el mando de Intef, que marca precisamente la división entre la IX y la X Dinastía. Estos hechos se reflejan a la perfección en *Las enseñanzas de Merikare*. Este hombre, Merikare, fue el hijo de un rey llamado Ajtoy V, también fue rey del Bajo Egipto, reinando tan sólo en la zona de influencia de Heracleópolis, muy cerca de El-Fayum. De estas enseñanzas, podemos extraer varios puntos que son, a todas luces, esclarecedores. Al principio del texto, Ajtoy le dice a su hijo que «en cuanto a aquel que tiene muchos partidarios entre los ciudadanos, este será agradable a la vista de sus siervos y estará firmemente establecido». Es posible que los propios nomarcas necesitasen el apoyo de los nobles de su región para poder controlar a la clase baja. Ajtoy también aconseja a su hijo a la hora de intentar extender su dominio más allá de su territorio. Así, le dice: «Respeta al grande y mantén a tu gente a salvo, consolida tu frontera y que tus tierras estén patrulladas, porque es bueno trabajar con vistas al futuro». Sin duda alguna, la visión de consolidar las fronteras de esos nomos era algo que preocupó en demasía, ya que evidencia las contiendas que mantenían las dinastías heracleopolitanas y las tebanas entre sí. Y para culminar sus enseñanzas, Ajtoy inculca a Merikare un hecho fundamental: «No te ocupes de la enfermedad de la región meridional, porque ya conoces la profecía de tu estancia sobre ella…». Llegados a este punto debiéramos entender que ellos mismos sabían que tarde o temprano el desenlace iba a ser inevitable. Por ello, cuanto más se ignorase el peligro que acechaba en la otra mitad del país, mucho mejor, más largo sería el reinado y su influencia. No obstante, Ajtoy también hace mención a los ejércitos y deja ver un intento de expulsar a los beduinos del Delta. Sería finalmente Merikare quien tuviese

Relieve de un
prisionero, Karnak.
Fotografía de
Nacho Ares.

éxito en esta posición, ya que reorganizó al menos la parte administrativa
del Bajo Egipto. Esto trajo consigo una serie de mejoras económicas, lo
que conllevó también mejoras sociales.

Pero ha llegado el momento de hablar acerca de la importancia de la
XI Dinastía que se formó en Tebas, sobreponiéndose a la IX y X Dinastías
del Bajo Egipto. Hasta este momento, Tebas era una pequeña localidad sin
importancia en materia de estado, de hecho era más bien una población que
subsistía gracias a sus pesquerías. Durante varios años, los nomarcas que
aquí residen ven cómo las dinastías heracleopolitanas extienden su influencia por casi todo el país. Ocurre que, en primera instancia, estas castas nobles deben asentar sus dominios, lo cual lleva varios años de trabajo. Sin
embargo, tal y como Ajtoy había dicho a su hijo, llegó la hora en la que am-

bas potencias tenían ya gran dominio en sus áreas respectivas, lo cual les podía otorgar un control total casi monárquico, y se dan inicio los preparativos para la guerra. La zona era un auténtico polvorín, y tan sólo había que aguardar a que alguien prendiera la mecha. No está nada clara la forma en la que los sucesos se desarrollaron, pero sí que las contiendas fueron violentas en exceso. El hombre de este momento es Intef, nomarca de Tebas conocido como Intef el hijo de Iku, que se pone manos a la obra e inicia los movimientos hostiles. Serán necesarios largos años de sangre derramada, pero finalmente la casta tebana será la que se alce victoriosa y consolide un nuevo poder central. En este momento, los nobles tebanos tienen un punto de poder que les permite sobresalir un poco por encima de sus adversarios. Sin embargo, cuando Mentuhotep I, el hijo de Intef, es capaz de hacerse con el ejército de Tebas, la situación da un giro inesperado. Mentuhotep significa '[El dios] Montu está satisfecho'. Montu es una divinidad guerrera, denominada An-Montu en Tebas y otras regiones del sur ya en los primeros años dinásticos. Pero el dominio de Mentuhotep I, así como el de tres reyes llamados Intef, tan sólo alcanza la región de Tebas. Parece ser que durante los noventa y cuatro años que separan a Mentuhotep I y II los combates por la conquista del territorio no cesaron. No está muy claro el linaje de esta familia, pero sabemos que tras Intef hijo de Iku reinó Mentuhotep I, que a la muerte de este le sucedió su hijo Intef I, que fue sucedido a su vez por su hijo Intef II y luego por el hijo de este, Intef III.

EL LINAJE DE LOS MENTUHOTEP Y EL IMPERIO MEDIO

Mentuhotep II

Se suele aceptar que sobre el año 2160 a. C. aparece el rey Mentuhotep II como soberano del Alto y del Bajo Egipto ante su pueblo, y lo hace como 'Aquel que unifica las Dos Tierras'. Este hecho fue de gran importancia porque lo único que los egipcios deseaban era el regreso de los años de prosperidad y la abundancia. Los escribas del rey realizaron inscripciones y lo colocaron al lado de Menes, para que quedase constancia de que Mentuhotep era el segundo monarca que había reunido los Dos Países.

Gracias a los cambios que inicialmente había introducido su padre Intef III, que luego él continuó y mejoró, sabemos que las rebeliones fueron aplacándose poco a poco. Debido a los largos años de guerras internas, la zona que comprende Abú Simbel está sumida en reyertas locales, no hay ni un solo representante del gobierno egipcio en la zona de Nubia y el nuevo faraón necesita la materia prima que se halla en el país de Kush para conseguir que el país vuelva a funcionar, que resurja de sus propias cenizas. Así pues, Mentuhotep marcha hacia el sur, acompañado de su ejército, su portaestandarte y su canciller Jeti. Este último conduce la expedición hacia Kush, implanta allí las leyes egipcias, se levantan una serie de fortalezas y se instalan temporalmente unas milicias. Nuevamente, se abren las rutas que dan acceso a Nubia. Mentuhotep no se conforma con eso, así que avanza todavía más al sur, estableciendo las antiguas rutas comerciales que habían sido abiertas durante el Imperio Antiguo.

Arqueros nubios, tumba de Meshati, X Dinastía. Fotografía de Nacho Ares.

Habían transcurrido más de cien años desde que las hostilidades comenzasen, pero finalmente, vemos como Mentuhotep cambia su nombre por 'El divino de la corona blanca'. Este hecho nos viene a demostrar que, en efecto, la guerra se inclinaba a su favor.

Las moradas para la eternidad de este período nos han dejado importantes legados artísticos, que van desde maquetas de soldados hasta relieves que nos esbozan lo que vivieron estos hombres. Tal es el caso del general Mehesit, que se hizo enterrar en la región de Asiut. Aquí se halló la maqueta de un gran ejército que marcha hacia la batalla. Este hecho sucedió durante el año decimocuarto de Mentuhotep, cuando un grupo de las milicias de Hieracómpolis se dirige hacia Abydos con la firme intención de asestar un golpe a su reinado. Mentuhotep no se queda esperando el enfrentamiento y se pone el frente de sus tropas. Entre las filas del rey tebano había un gran número de soldados nubios que luchaban al lado del faraón porque ello les reportaba una mejor forma de vida. Finalmente, Mentuhotep sale victorioso y, casi a partir de aquel momento, el pueblo va tomando conciencia de que nuevamente está gobernado por un faraón.

Cuando se celebró su año quincuagésimo de reinado, la paz era absoluta. Egipto florecía nuevamente y las rebeliones, los saqueadores, el hambre, las peleas entre hermanos, padres e hijos eran ya parte del pasado. Así pues, una vez que Egipto volvía a ser una gran nación, el rey fija su atención en la construcción. Mentuhotep decidió levantar grandes edificios en casi todo el país. Las zonas de El-Qab, El-Balas, Gebelen, Deir el-Bahari, Dendera, Abydos, Aswan, Armat y la propia Tebas son centros de atención para sus arquitectos. Nuevamente, por el Nilo se pueden volver a ver navegar las barcazas, todas ellas repletas de bloques de piedra caliza.

Mentuhotep se hizo construir su morada para la eternidad en algún lugar desconocido de Egipto. Sin embargo, sí sabemos que erigió un santuario funerario al sur de Tebas, en Luxor. Hoy día está arruinado, pero sin embargo todavía deja entrever la grandeza que tuvo en el pasado. Existe un hecho magnífico, que casi retoma el contacto directo con los faraones del Imperio Antiguo, y es que se excavan varias moradas para la eternidad en torno a este sagrado recinto funerario. Son las tumbas de sus más allegados guerreros, sus nobles y hombres de confianza, para que así el gran Mentuhotep pueda protegerlos en la otra orilla, como lo ha hecho en vida. Junto a él alcanzarían la eternidad, entre otros, su canciller Jeti, el visir del norte

Dagi, el visir del sur Ipi o Henenu, que era su segundo hijo y además el mayordomo real y administrador de los rebaños del rey. En un mismo hipogeo se hallaron sesenta cuerpos momificados de los guerreros más valientes que habían luchado juntos al lado de su rey.

El legado de Mentuhotep es fundamental para el inicio del Imperio Medio, ya que Mentuhotep II es el último rey del I Período Intermedio y el primer rey del Imperio Medio, un momento de gracia en el que Egipto reviviría sus años dorados.

Mentuhotep III

Cuando fallece Mentuhotep II, 'Aquel que ha reunificado las Dos Tierras', sube al trono de Egipto su hijo, bajo el nombre de Sanjkare Mentuhotep, 'Aquel que da vida al *Ka* de Re'. Los datos que los egiptólogos tienen al respecto de este gobernante hacen pensar que ya era un hombre maduro cuando accedió al poder, y que por ello tan sólo reina trece años. Sin embargo, el país que hereda Mentuhotep III es un país próspero, que empieza a levantar la cabeza tras abandonar una profunda crisis. A pesar de que los Mentuhotep han vuelto a instaurar las leyes y el país resurge de sus propias cenizas, todavía quedan muchos cambios por hacer.

Es posible que las fronteras del norte presentasen todavía riesgos de ser invadidas y, por ello, Sanjkare Mentuhotep decide reforzarlas más todavía de lo que su padre lo había hecho. En la zona cercana al este Delta del Nilo se encuentran todavía bandas de beduinos y asiáticos. El rey da inicio a la construcción de una serie de fortalezas en esta zona para evitar así cualquier posible filtración de estos grupos belicosos. Durante su año octavo de reinado envía a Henenu, su hermano menor, mayordomo real y administrador de los rebaños del rey bajo las órdenes de su padre, a la ciudad de Coptos. Lo pone al frente de una misión en la que sufriría un asalto por parte de un grupo de insurrectos. Henenu tuvo que librar una terrible batalla para alisar el camino, y envía a su rey un mensaje advirtiéndole de cómo estaba allí la situación. Mentuhotep reacciona de inmediato y envía tres mil soldados para reforzar el contingente. El objeto final del encargo que el rey había hecho a Henenu era la construcción de una flota que navegase hasta el país de Punt. Para ello, fue necesario hacer una serie de pozos que suministrasen agua no sólo para el enorme contingente humano sino para todos y cada uno de los asnos que comandaban el convoy con los útiles y enseres. Una vez hubo llegado al Mar Rojo comenzó a construir los buques con los que haría el viaje a la Tierra de Dios. De allí regresó con una gran cantidad objetos, una gran variedad de animales salvajes, árboles de incienso, materiales preciosos y toda suerte de objetos y útiles que Egipto no poseía. Henenu regresó a la capital a través del Uadji de Hammamat, donde hizo grabar la estela que narra estos hechos sobre una roca natural. Durante el año 2006, un grupo de arqueólogos italianos y americanos hacen un descubrimiento impresionante. Hallan en el Mar Rojo, a unos cuatrocientos setenta kilómetros de Menfis, parte de una flota naval egipcia, que fue datada en la XI Dinastía. Estas naves de cuatro mil años de antigüedad estaban situadas en el lecho de un

Relieve con dos buques egipcios, templo de Edfú.
Fotografía de Nacho Ares.

antiguo río, hoy seco, y estaban fabricadas con madera de acacia y cedro del Líbano. Conservaban todavía en sus bodegas restos de objetos variados, y entre ellos cajas de madera. Una de estas cajas tenía una curiosa inscripción: «Las maravillas del país de Punt». Estos restos arqueológicos fueron estudiados y se llegó a la conclusión de que las naves fueron fabricadas en tierra firme y luego transportadas y ensambladas en la costa, según los técnicos de la Universidad de Florida. En algunos de los tablones de cedro todavía eran visibles las marcas rojas hechas por los carpinteros, a fin de poder ensamblarlas correctamente una vez hubieran llegado a la orilla. Este hallazgo es increíblemente importante, puesto que pone de manifiesto la total y absoluta destreza que los egipcios tenían en la fabricación de grandes naves. Es posible hacerse una idea de la inmensa máquina administrativa, económica y sobre todo humana de este momento, pues hace falta un gran poder económico para transportar toda esta gigantesca caravana a través del desierto, con todo lo que ello conlleva, y volver a montar unos astilleros provisionales para el ensamblado de los buques. Sin embargo, esta flota, que pereció por motivos hoy desconocidos, no fue la que Henenu comandó, o al menos no la que narra en su estela. Tal vez, antes o después, hubiera realizado otra expedición o los buques fueron abandonados una vez realizado el viaje, aunque esto último es muy poco probable.

En su faceta constructora, Mentuhotep III lleva a cabo una innovación arquitectónica. En Medineth Abú construyó un triple santuario, erigido para una tríada de dioses. En la faceta artística, se puede decir que los talleres reales explotaron en brillantez. Los artesanos, como los escultores y los pintores, desarrollaron todo su arte, dando innovadoras facetas a la decoración de los santuarios y edificios reales. La piedra se trabajó con finos cortes y se procuró la mejora de los acabados. No cabe duda de que los artistas tuvieron como modelo a los artesanos del Imperio Antiguo y procuraron incluso sobrepasar las cotas alcanzadas. Con el reinado de Mentuhotep III se dio continuidad a esa reunificación, ya que la sociedad estaba en plena evolución. Tras su muerte, el país continuó por ese sendero de avance, afirmándose cada vez más en la autoridad que habían reflejado los grandes hombres del pasado, no sólo los reyes, sino todos aquellos individuos que no habían sido olvidados y que habían contribuido con todo su arte al florecimiento del Imperio Antiguo.

Mentuhotep IV

La subida al trono de Mentuhotep IV no está demasiado clara. Se suele decir en el ámbito egiptológico que el final de una dinastía viene marcado por un hecho fuera de lugar, algo inusual que ocurre en un momento determinado, ya sea extraordinario o caótico. Con este rey en el trono de Egipto aparece un hecho que no se daba desde las primeras dinastías. Gracias a un grafito de las canteras de Hammamat sabemos que su madre se llamaba Imi, pero no se menciona si estaba casada con Mentuhotep III o bien si era su hermana. De él no existe ninguna representación y, a raíz de lo poco que se conoce, se suele decir que su reinado estuvo envuelto en disputas e intentos de rebeliones por parte de determinadas familias del Alto Egipto. Sabemos que él no era de sangre real, aunque bien pudo haber sido hermanastro de Mentuhotep III. El desconocimiento absoluto acerca de esta familia tan sólo nos permite hacer especulaciones variadas, pero sabemos que los nobles del Egipto Medio, y sobre todo los nomarcas de esta parte del país, no estuvieron conformes con este reinado.

Mentuhotep IV no tuvo hijos. Lo más parecido a un hijo fue su visir Amenemhat. Era este un hombre recto, que se desvivía por la justicia y era respetuoso con todas las clases sociales. No hubo en todo el reinado de Mentuhotep IV un incidente escandaloso que pusiera a prueba a este visir. Existen varias alusiones acerca de los prodigios que Amenemhat realizó para su rey, que luego analizaremos. Con la llegada de Amenemhat I al trono se termina la XI Dinastía y estalla con todo su esplendor la XII Dinastía.

Amenemhat I

El linaje de los Mentuhotep había devuelto la estabilidad al país tras el I Período Intermedio, pero el hombre que pone fin a este período realmente es Amenemhat I. Posiblemente su origen viene de Aswan, habiendo sido su madre la dama Nofret y su padre un sacerdote de rango menor. Una estela nos cuenta que Mentuhotep IV lo envía al lecho seco de un río, en Hammamat. Allí asiste al hermoso parto de una gacela. Este animal se había tendido sobre una gran piedra, que será escogida para que los artesanos de Tebas tallen la tapa del sarcófago del rey. Un segundo hecho prodigioso es la llegada inminente de una tormenta, una tempestad feroz que aplacará la sed de los campesinos, llenará los pozos secos de agua fresca y traerá la felicidad a las Dos Tierras.

Amenemhat significa '[el dios] Amón está al frente de los nacimientos', y aquí, nuevamente, debemos enfrentarnos a las dos hipótesis que manejan los expertos. Un primer grupo de egiptólogos opina que Amenemhat I tuvo que enfrentarse al menos a dos opositores al trono. Uno de ellos se llamaba Intef; el otro era un hombre de origen nubio, tal vez un oficial de alto rango que pretendía asentarse sobre el trono de Egipto. Sin embargo, el que había sido elegido por Mentuhotep IV para sucederlo no permitió que ningún extraño pudiese dirigir los destinos de su país. Otros expertos opinan que el antiguo visir llegó al poder mediante un golpe de estado, aunque no hay ninguna evidencia que respalde esta teoría.

Como hemos visto, tenemos los nombres de sus padres y el de su esposa principal, Neferitotenen, aunque tuvo al menos otras dos esposas con carácter secundario: una egipcia llamada Neferusobek y otra mujer simplemente conocida como Dedjet.

Cuando Amenemhat accede al trono sabe que la consolidación del país no ha terminado. De hecho, era consciente de que las fronteras del norte no eran totalmente seguras y, gracias a unas inscripciones de la zona de Deir el Bersha, sabemos que había problemas en la administración y que la zona no estaba exenta de disturbios. Para controlar personalmente

Relieve con el nombre de Amenemhat I de su pirámide de El-Listh.

Maqueta de una fortaleza egipcia, Museo de El Cairo, Egipto.
Fotografía de Nacho Ares.

esta zona, el rey decide trasladar la capital. Abandona Tebas y lleva su corte a una nueva y magnífica ciudad que había ordenado construir, que llevaba por nombre Amenemhat Itchi Tawi, 'Amenemhat es el Señor de las Dos Tierras'.

La ubicación de esta ciudad es todo un misterio. Se sospecha que posiblemente fue levantada en la zona de El-Listh. Es uno de esos misterios de la egiptología, tan maravilloso y fascinante ante nuestro desconocimiento y sin embargo tan documentado en la antigüedad[75].

Amenemhat, para poder lograr esa total unificación y pulir todas las posibles astillas que todavía tiene la monarquía, reorganiza los nomos. En concreto, desposee a los nomarcas de sus títulos hereditarios, colocando en esos puestos a su gente de confianza. Hace reaparecer a la figura que

_____

[75]Sabemos que el Canon de Turín nos desvela una lista de monarcas que son llamados «Los reyes de la residencia de Itchi Tawi». El rey nubio Pi'anji, que reinó durante la XXV Dinastía, recoge en sus textos cómo venció al rey del norte Tefnajt, que dominaba aquella parte de Egipto desde la ciudad de Itchi Tawi.

controlará a esos nomos, el gran intendente del nomo. Para ello, redistribuye los límites de cada provincia, pues muchas de ellas habían ampliado sus fronteras durante la crisis del I Período Intermedio. En casi todos los casos, varios nomarcas se habían apoderado de terrenos del estado e incluso los funcionarios que antaño pertenecían al rey estaban en aquellos días bajo las órdenes de estos nomarcas. Es, pues, este primer acto de gobierno, una plasmación de la imagen de Maat sobre la tierra, donde la justicia debe ser impartida sin discriminación. A partir de este momento, los verdaderos gobernantes de Egipto serán los reyes y, con ello, la figura del rey como Dios en la tierra comienza a difuminarse. Ya no es aquella imagen absolutamente divina que ofrecieron los reyes de la IV o V Dinastías, cuando sus súbditos tenían miedo a caer fulminados si miraban directamente a los ojos de su soberano, sino más bien una especie de regreso al origen, cuando el gobernante había asumido aquel papel predinástico de Hijo de Horus, descendiente de las divinidades pero con un origen totalmente humano.

Otro punto que Amenemhat I desea reformar es la imagen del ejército. La caótica situación de las tropas en los momentos previos al I Período Intermedio no puede volver a repetirse. Así pues, pone en práctica una especie de reclutamiento selectivo y ordena construir una serie de academias militares donde se preparará a los soldados en una serie de divisiones, cada una con carácter diferente de las otras, siempre situando a los soldados según se veían destacadas sus facultades. Durante su año vigésimo de reinado, el rey inicia una serie de incursiones sobre el sur con el fin de colonizar determinadas zonas y así obtener las materias primas que estas ofrecen generosamente. Para el hecho, construye varias fortalezas en las ciudades nubias de Semna y Quban. Gran parte de las fortalezas que datan del Imperio Medio, no sólo de Amenemhat I, sino de casi todos sus sucesores, se hallan sumergidas a varios metros de profundidad. Con la construcción de la presa de Aswan se produjo el nacimiento de algunos lagos artificiales que devoraron sin piedad estas grandes construcciones.

En su faceta constructora, Amenemhat hace honores a su principal deber, que es erigir las moradas de los dioses. Mut y Hathor son dos divinidades muy honradas por él, así como el dios menfita Ptah, al que erige un gran santuario en la ciudad de Menfis. También construye grandes templos y capillas en otras ciudades del norte.

También sabemos, gracias a numerosos restos arqueológicos, el nivel altísimo que alcanzaron los artistas que vivieron en este reinado.

Una de las facetas que hizo a este monarca un hombre sabio fue el continuo estudio sobre el pasado de su país. Amenemhat no perdió de vista sus raíces en ningún momento. Así pues, una vez la figura real vuelve a encarnar la descendencia divina, será él mismo quien gobierne las Dos Tierras con justicia y sabiduría. El resultado de todo esto es la plasmación de una morada para la eternidad. En una primera instancia planea la construcción de un hipogeo en Tebas, pero este hipogeo no será nunca utilizado, ya que cerca de donde había construido su magnífica ciudad comienza a levantar una pirámide.

Amenemhat I ha sido un hombre justo, poderoso y sabio. Una vez su hijo es nombrado corregente, aprende junto a su padre los valores con los que ha de estar forjado un verdadero rey. Senwosret, su hijo, destaca entre el resto de los hombres que lo rodean, sobre todo como jefe de los ejércitos del rey en las campañas que este realiza en las zonas de Asia y Libia. Y será precisamente en estos momentos, cuando el príncipe real se halle en medio de sus incursiones, cuando acontecen unos hechos que nos desconciertan sobremanera. Cierta noche, en el palacio real de Itchi Tawi, después de la cena, Amenemhat se encontraba en sus aposentos descansando. Es de suponer que los últimos ritos que el faraón celebraba se habían llevado a cabo. Así pues, tras lograr conciliar el sueño, se abandona a este durante unas horas. Súbitamente, su corazón se encoge ante el alboroto que se escucha en las inmediaciones de su habitación. Ruidos de armas y todos sus consejeros gritando. Sintiéndose en peligro de muerte, se quedó inmóvil, cual serpiente del desierto, viendo como su propia guardia personal incursionaba en la alcoba, dispuesta a segar su vida. Si hubiese tomado las armas rápidamente, tal vez hubiera hecho retroceder a sus atacantes, pero en esta ocasión el rey temible no había sido lo suficientemente rápido.

Este regicidio fue recogido en *Las máximas del rey Amenemhat a su hijo Senwosret,* y luego se plasmó fielmente en la magnífica obra literaria *El cuento de Sinuhé.* No sabemos si finalmente la guardia real puso fin a la vida de Amenemhat, pero sí que su hijo regresó súbitamente de su campaña militar y el intento de usurpación fracasó. No se ha encontrado texto alguno que haga mención a ningún juicio, y debió haberlo ya que Senwosret I regresó de su incursión en tierras libias como un halcón.

Con la muerte de Amenemhat I comienza un camino de evolución hacia la máxima expresión en el concepto artístico, que superó incluso a muchas obras del Imperio Antiguo.

Senwosret I

Senwosret significa 'El hombre de [la diosa] Userret', aunque tal vez sea más conocido como Sesostris. Ha sido preparado correctamente, bajo los principios de rectitud y justicia, aquellos que su padre había establecido a lo largo de sus treinta años como rey del Alto y del Bajo Egipto. Durante esos días en los que el gran Amenemhat todavía se sentaba en el trono, Senwosret había ostentado el cargo de visir. Así, aprendió las enseñanzas

que su padre le transmitió en vida y recogió las palabras de un hombre sabio que sin duda le fueron de gran utilidad en momentos de dificultad. Estas enseñanzas fueron escritas en papiros, tablillas de madera, óstracas y un rollo de cuero. En estas líneas, se pueden leer los hechos que conllevaron la muerte del rey a manos de su guardia real. No sabemos si realmente fue Amenemhat quien dictó las palabras a su hijo o si, por el contrario, este decidió recompilar todos los consejos que su padre le había dado en vida. De cualquier forma, se hace especial hincapié en los valores que presentan los antepasados. Así, es especialmente conmovedora la parte en la que Senwosret escribe aquello que Amenemhat le había dicho: «Pon imágenes mías a mis herederos que vivirán entre los hombres, que hagan para mí oraciones y ofrendas como no se haya oído antes, pues

Estatua de Senwosret I, Museo de El Cairo, Egipto. Fotografía de Nacho Ares.

Estatua de Senwosret I,
Museo de El Cairo, Egipto.
Fotografía de Nacho Ares.

los hombres luchan sobre la arena y se olvidan del pasado; y el éxito elude a aquel que no hace caso de lo que debe saber».

De las enseñanzas, que Senwosret recibió sin duda como príncipe heredero, hizo buen uso durante sus campañas militares. A lo largo de sus cuarenta y cinco años de reinado realizó incursiones en las zonas de Asia y Libia, pero también el ejército que comandaba Senwosret llevó a cabo acciones militares en Nubia. En estas tierras se originó una rebelión que amenazaba fuertemente al rey. Senwosret la cortó de raíz, pacificando a los diferentes clanes que allí residían. Estableció la frontera sur con la fortaleza de Buhen, muy cerca de la segunda catarata, donde colocó una guarnición de soldados e hizo grabar las hazañas militares sobre una estela. Esta fortaleza supuso la mayor protección que las minas de oro tenían en esta zona, pudiéndose así defender todas las caravanas que regresaban hacia Egipto con el preciado cargamento, y suponía un punto de control para todos los buques que navegaban hacia tierras egipcias, donde se podía llevar el control de las transacciones fluviales.

Sin duda, el reinado de Senwosret I es uno de los más importantes de este Imperio Medio, e incluso de la historia de Egipto. Las distintas acciones militares que realizó aseguraron la paz en las distintas regiones que solían ser conflictivas por naturaleza. Las diferentes estelas que lo muestran como un guerrero implacable también nos hablan del ser humano que se escondía tras aquella coraza de oro. Pero sin duda, el aspecto humano de este hombre se vio reflejado en la casta social más desfavorecida: el campesino. Sabemos que durante su reinado tuvieron lugar algunas crecidas pobres. Lejos de imperar la ley del bastón, Senwosret se convirtió en el amigo de los que sustentaban la base de la pirámide social del país, llegando incluso a condonar las deudas de los más pobres y eximiéndolos de pagar los tributos anuales. Estos hechos convierten a este rey en un auténtico estandarte de la prosperidad, dentro y fuera de las fronteras del país.

Al igual que su progenitor, fue conocedor de su pasado y profesó un gran respeto por sus más inmediatos ancestros. Así, erigió estatuas en memoria de Intef el Grande, fundador de la XI Dinastía, levantó una capilla en honor de Mentuhotep I y cuidó que los ritos por todos sus ancestros se cumpliesen con una estricta pulcritud. Suponemos que, debido a este hecho, Senwosret se mostró especialmente enérgico en los asuntos internos del estado. En todo momento estuvo velando por los intereses generales, de manera que los valores que provocaron la reciente época oscura no volviesen a aparecer.

Se hizo rodear de un consejo privado, de manera que todo funcionase a modo de un círculo perfecto cuyo eje principal era un hombre llamado Mentuhotep. Este hombre, cuyo nombre era igual que el de su padre, se cree que procedía de una familia de nobles tebana. El salto a la primera línea de la corte le llegó con la preparación para los festejos de los Misterios de Abydos. Este evento fue todo un éxito, y muy poco después alcanzó el cargo de visir. Como brazo derecho del rey, se reunía con este cada mañana, promulgando con sus palabras todos los decretos reales. Veló por el orden de los catastros, el correcto funcionamiento de las distintas ramas administrativas y en especial el cuerpo de escribas. Llegó un punto en el que Senwosret depositó en este hombre la práctica totalidad de su confianza, hecho que se demuestra con las medidas que llevó a cabo posteriormente. Estas medidas fueron sobre todo, en el plan económico. Mentuhotep reorganizó la forma de realizar los presupuestos para las obras reales, llegando a exigir al consejo privado del rey que mantuviese un estricto orden escrito de todos los gastos que cada administración tenía. Asimismo, creó un listado de todos aquellos que organizaban y comandaban cada una de las tareas que se llevaban a cabo, donde se llegaba a anotar incluso la forma de transmitir las órdenes, si eran de modo oral o escrito. Gracias a que todos los funcionarios trabajaban en conexión, la ley se extendió a todos los rincones de Egipto donde hubiera un hombre viviendo. En cierta forma, lo que Mentuhotep hace no es sino perfeccionar un modelo que se había iniciado con la XI Dinastía, cuando se comenzaron a abolir todos los derechos y privilegios que estos gobernadores locales habían adquirido con el I Período Intermedio. Al igual que habían dicho de su padre, dijeron del reinado de Senwosret I que nadie pasó hambre ni sed, que los campesinos tenían tierras para trabajar y que los grandes terratenientes ya no explotaban a sus trabajadores, so pena de ser castigados severamente.

Una vez que Senwosret tuvo al país justo en el lugar que él deseaba, inició su tarea como constructor. Realizó grandes y numerosas obras, muchas de ellas admiradas y envidiadas por muchos reyes posteriores. Las canteras del país funcionaron a pleno rendimiento y sacó de ellas un provecho admirable. Se hizo construir una pirámide en la zona de El-Listh, donde tenía fijada su residencia. En Karnak levantó un santuario que existe todavía, que es uno de los lugares más admirables por la calidad de los jeroglíficos que se tallaron en la roca.

En la ciudad de Heliópolis construyó un gran santuario en honor a la divinidad solar, del cual hoy tan sólo permanece un obelisco. De hecho, casi podríamos decir que es el único resto que queda de la antigua ciudad de Iunu.

La prosperidad que Egipto alcanzó bajo el reinado de Senwosret I será fundamental para la comprensión de los siguientes monarcas de este Imperio Medio, que se mantendría inalterable hasta el final de este período.

Relieve de un pilar de Senwosret I abrazado por el dios Ptah, patio del escondrijo de Karnak, Museo de El Cairo, Egipto. Fotografía de Nacho Ares.

243

Amenemhat II

Amenemhat II es hijo de Senwosret I y nieto del Amenemhat el Magno. En esta XII Dinastía ocupa el tercer puesto del linaje real, habiendo ejercido como corregente del reino, al menos, los tres últimos años del reinado de su padre. Su reinado se prolongaría por un espacio de treinta y seis años, en el transcurso de los cuales el país entero explosionó en todos los aspectos. Gracias a la magnífica administración que mantuvo en sus años de rey, muchas de sus obras, voluntades y mil y una anécdotas han sido recogidas en gran cantidad de papiros administrativos que reflejan un sinfín de tareas, que van desde los tipos de donaciones que el rey efectuaba en los santuarios del país hasta detallados informes de las expediciones militares. Amenemhat II mantuvo una excelente relación con los soberanos de las regiones bañadas por el mar Mediterráneo, como los pueblos del Levante, cuya amistad se remontaba a las dinastías del Imperio Antiguo. Así pues, haciendo uso de su diplomacia, el rey egipcio supo mover los hilos adecuados de su entramado político. No es raro ver el nombre de Amenemhat II en las necrópolis reales de Bibblos, así como determinados elementos que permiten adivinar que los hombres que vivieron en estas zonas durante los años del reinado del soberano egipcio estuvieron bastante egipcianizados.

No obstante, cabe destacar que el ejército del rey Amenemhat II sí tuvo una gran importancia a la hora de proteger las rutas de las caravanas comerciales. Por este hecho, hubo que repeler las acometidas de grupos de beduinos y se realizaron varias coacciones de libios que atacaban las caravanas de la zona de Nubia. Al igual que al sur de Egipto, el área del Sinaí contó con gran número de intervenciones militares. Sabemos que durante el año vigesimoctavo de su reinado hubo una en el reino de Kush. Hasta allí viajó Jentjetauer, un general del ejército del faraón, que partió de Egipto con un gran número de hombres para sofocar la rebelión.

Pero, en líneas generales, se puede decir que el reinado de Amenemhat II es fructífero. Las expediciones comerciales con el Próximo Oriente fueron numerosas, y hasta Egipto llegaron mercancías procedentes de Mesopotamia, Creta y otras islas egeas. Asimismo, en los mercados de estas ciudades circularon escarabeos egipcios, estatuas y amuletos mágicos destinados a la protección. Llegó un punto en que los navíos de Bibblos hicieron tallar inscripciones jeroglíficas en las maderas, entregándose a la protección de las divinidades de las Dos Tierras. De hecho, una de las más maravillosas obras literarias que se escribieron en el Imperio Medio fue redactada bajo el reinado de Amenemhat II, y relata lo siguiente: a oídos del rey, en cierta ocasión, llegó la historia de un marinero egipcio, el cual había asegurado al visir que había estado en una isla mágica más allá de la tierra conocida. Una tempestad que se levantó súbitamente en medio de la travesía obligó al marino a llevar su nave hacia aquella misteriosa tierra cuando, de repente, un atronador ruido lo sobresaltó y ante él apareció una enorme serpiente con una gran barba. La serpiente dijo al marinero que había sido la bendición de Amón la que había creado aquella isla maravillosa, rica y mágica, en la cual ninguno de sus pobladores carecía de nada. Y el marino trajo consigo una serie de regalos para la Majestad del Alto y del Bajo Egipto. Al oír esto, el rey ordenó inmediatamente que tan maravillosa historia fuese recogida en un papiro, al cual dieron por título *El marinero naufragado*.

Sin embargo, algo sucede durante el reinado de Amenemhat II que provoca el retorno de ciertas costumbres del pasado, que habían sido suprimidas por las terribles consecuencias que tuvieron para el reino. La figura de los nomarcas recupera parte de sus prerrogativas, basadas sobre todo en asegurarse la perpetuidad de sus riquezas por medio de los títulos hereditarios. Así, con esa benevolencia, estos nomos comenzaron a adaptar los títulos, concediendo titulaturas que no les correspondían, cada vez más similares a las del propio rey en su forma más básica. En cierta forma, el rey convirtió a los nomarcas en diputados y se valía de las tropas que los nomos poseían para incluirlas en las expediciones. Parecía que la fidelidad era absoluta, pues los hijos de los diputados eran enviados a la corte real, allí recibían una educación adecuada para el cargo que el rey tenía en mente y luego eran enviados a su destino. Tal vez aquí comenzó a forjarse el odio de los nomarcas.

En el aspecto constructor, Amenemhat II no realizó grandes obras. Aparte de su pirámide, no se conocen demasiadas obras bajo su reinado[76]. Los restos que nos hablan sobre la historia de este hombre son diversos: cajas de bronce, loza de plata procedente de las islas del mar Egeo, sellos, amuletos mesopotámicos, cerámicas de Creta y vajillas de Knosos.

---

[76]Una explicación a este hecho bien pudiera ser que sus sucesores las hubieran usurpado, una práctica muy común en el Antiguo Egipto.

Todos estos objetos nos dan a entender que las relaciones comerciales entre los pueblos eran muy buenas y fluidas. En otra necrópolis situada en Mit Rahina hallamos varios restos que nos muestran a Tunip, una de las principales ciudades sirias, como punto de unión con los mercados egipcios; es decir, las expediciones comerciales que tenían como destino los más alejados centros urbanos, más allá de la influencia egipcia.

No cabe duda que el Egipto de Amenemhat II fue próspero, repleto de grandes logros sociales que lo convirtieron en la primera potencia del Antiguo Próximo Oriente, un momento de florecimiento que iría creciendo paulatinamente con todos sus sucesores. El país de las Dos Tierras era, en aquellos lejanos días, la capital de todo el mundo civilizado.

Senwosret II

Cuando Senwosret II sube al trono, lo hace con el nombre de Ja-Je-per-Re, 'El alma de Re está en su ser' y, con ello, Senwosret se asegura de que se fije nuevamente la imagen del dios solar en la persona del rey. De este rey sabemos que al menos ofició como corregente junto a su padre durante cuatro años y que su reinado fue pacífico. Su mejor arma fue la diplomacia, y supo manejarla muy bien para mantener la paz. De hecho, no conocemos ninguna expedición militar suya; sin embargo, las expediciones comerciales fueron muy abundantes. Así, las minas del Sinaí o de Kush carecieron de peligros dignos de mención.

Con la paz establecida, el comercio fructuoso y la estabilidad interna, el rey pudo dedicarse por entero al cuidado de su país. Su mano actuó sobre todo en la zona de El-Fayum. Aquí dedicó mucho tiempo a mejorar el rendimiento agrícola. Para ello creó un canal de abastecimiento de agua, levantó una presa y conectó el Nilo con el lago de El-Fayum.

Gracias a la gran cantidad de representaciones suyas, sabemos que era de complexión fuerte, con unos rasgos faciales que influían respeto y autoridad. Durante su reinado, los artistas perfeccionaron las técnicas y elevaron, si cabe, el arte egipcio un peldaño más en la representación de la figura humana.

En la zona conocida como El-Lahum ordenó construir su morada para la eternidad, no sólo su pirámide, sino una ciudad para albergar a todos los artesanos que habían sido destinados a levantarla. La pirámide llevó por nombre 'Senwosret está satisfecho'. El nombre escogido para esta ciudad fue el de Kahum.

Este asentamiento de obreros fue descubierto por William Flinders Petrie. Estaba protegido por una muralla de ladrillos de abobe y tenía unas medidas de trescientos cincuenta metros de largo y cuatrocientos metros de lado. Kahum fue dividida en tres sectores. Uno de ellos estaba destinado al personal, donde había casas típicas egipcias, casi todas ellas bien dotadas y equipadas, muchas incluso de tres habitaciones. Otra de las zonas había sido diseñada para los personajes más notables, como los capataces y los encargados de llevar los controles administrativos, entre ellos los supervisores y escribas. En sus años de bullicio, Kahum fue acumulando historias, detalles de una vida cotidiana que hoy nos han sido desvelados en parte[77]. Kahum en nuestros días está siendo estudiada por una expedición canadiense que ha sacado a la luz gran parte del pasado de este asentamiento, ayudándonos a desentrañar los misterios que rodean a este Imperio Medio, tan enigmático como maravilloso.

Senwosret III

Un nuevo rey se ha sentado sobre el trono de Horus. Lleva igualmente el nombre de la diosa Userret y el modelo a seguir para este nuevo gobernante será el de su bisabuelo, Senwosret I. Para comenzar a dejar su impronta el nuevo rey comienza eliminando por completo todas las prerrogativas y los privilegios existentes en los nomos. Tal y como reflejan algunos textos literarios del Imperio Medio, el faraón no se fía del hombre poderoso que sólo desea incrementar su poder y deja de lado la necesidad humana que lo rodea.

Senwosret sabe muy bien que es necesario mirar hacia atrás, ofrendar y recordar a sus antepasados, pues Egipto es heredera de la sabiduría

---

[77]Los egiptólogos han conseguido de ella valiosísima información, tales como papiros administrativos, legales y jurídicos, textos literarios, papiros matemáticos y médicos, entre los que cabe destacar un buen número de tratados ginecológicos.

Senwosret III,
Museo de El Cairo, Egipto.
Fotografía de Nacho Ares.

que las divinidades depositaron a orillas del Nilo en los albores de los tiempos. Así pues, los santuarios y capillas del país serán cuidados y venerados, en especial el templo que Osiris poseía en Abydos. Los límites del país estaban firmemente fijados; no existía ni un solo pueblo extranjero que osase fomentar una revuelta en contra del Señor de las Dos Tierras. La movilidad de este ejército acompañó a la buena explotación de las minas, tanto en el Sinaí como en Nubia.

La fiabilidad de las rutas comerciales provocó grandes expediciones y la *Tierra de las maravillas,* el país de Punt, fue un enclave muy visitado durante este reinado. Dado que las expediciones partían desde Egipto hasta el Mar Rojo, se excavaron un gran número de pozos de agua, y de estos pozos se beneficiaron los caravaneros y comerciantes. Durante su año octavo de reinado, con motivo de una incursión en Nubia, se excavó un nuevo canal destinado al tránsito de buques. La presencia egipcia en el país de Kush provocó una pequeña revuelta, la cual fue aplastada por el rey tras haberse puesto en peligro la seguridad de las expediciones comerciales. Para controlar mejor a los nubios, Senwosret edificó trece fortalezas en Elefantina y Semna.

Pero, súbitamente, la mirada del faraón debe dirigirse hacia el norte. De Asia ha llegado una plaga en forma de beduinos, que se han adentrado en Egipto, robando y asesinando. El rey en persona se pone al frente del ejército, avanza hacia el enemigo y cae sobre él como un halcón, aniquilando todo rastro de su existencia. Para que semejante incidente no volviera a suceder nunca más, Senwosret creó una plataforma de vigilancia, un destacamento de soldados escogidos para tal efecto, un auténtico grupo de élite que estaba destinado a controlar periódicamente el estado de las fronteras.

El reinado de Senwosret III fue, como podemos comprobar, movido y fructífero. También en el aspecto literario se llegó a un punto de máxima expresión. Podemos resumir este hecho como un regreso a las antiguas tradiciones, esto es, la búqueda de la máxima perfección en la escritura jeroglífica. Así, se copian relatos como *El cuento de Sinuhé* o *El marinero naufragado*, con afán de perfeccionismo, pero también el escritor se adentra en los territorios del arte dramático. La obra máxima de este período es *La discusión de un hombre que se cansó de su vida y su Ka,* en el que un hombre que está próximo a su muerte dialoga con su alma acerca de semejante desenlace.

Los años de Senwosret III son espléndidos, son el camino a seguir por los futuros monarcas de este Imperio Medio.

Amenemhat III

«Él hace verdear más que una inundación, colma las Dos Tierras de fuerza y vida, asegura la subsistencia a aquel que le sigue y sostiene a los que le acompañan en su caminar». Estas son las palabras de un funcionario que vivió bajo el reinado de Amenemhat III, un hombre que gobernó Egipto durante cuarenta y ocho años, un reinado prolongado y lleno de paz absoluta. Los restos arqueológicos que se extienden más allá del valle del Nilo nos dicen que tuvo gran influencia en países tan lejanos como Bibblos, Retenu o Siria. En el sur, llevó la frontera hasta la tercera catarata. En lo que concierne a su política interior, Amenemhat vio en la figura de los nomarcas un peligro que era necesario eliminar. Así, a tal efecto, derogó todos los privilegios que tenían, sobre todo aquel que les permitía heredar la posesión del control del nomo a sus descendientes.

Amenemhat III contribuyó al florecimiento de la zona de El-Fayum. Aquí levantó varias edificaciones, entre otras una de sus pirámides, tras el fiasco que, como veremos más adelante, sufrió en Dashur. Cabe destacar

de entre estas construcciones el santuario que alzó en honor a la diosa So-
bek, a la diosa Renenutet o la presa que edificó para regular el flujo de
agua en la región, lo que propició un aumento de la fertilidad de la tierra
y, con ello, la garantía de una considerable mejora en las cosechas. Pero
lo que más asombra de todo lo que aquí se concibió es, en especial, el laberinto de Hawara.

Este nombre nos ha llegado de la mano de Heródoto de Halicarnaso,
y dijo el griego que había sido construido por Amenemhat III. Según el historiador, esta construcción superó la magnificencia de las pirámides. Contenía doce patios cubiertos, seis orientados hacia el norte y seis hacia el sur.
Dentro existían una serie de estancias dobles, otras subterráneas y otras en
un primer piso sobre las anteriores, en número de mil o mil quinientas en
cada nivel. Los egiptólogos han dado por válido este relato, y lo ubican
junto a la segunda pirámide de Amenemhat, en el lago Moeris. La verdad
es que no han sido pocos los que han intentado hallar este laberinto, entre
los que destacan Lepsius y Petrie, aunque las excavaciones que realizó este
último han desvelado que ninguno de los restos hallados corresponde a los
datos legados por Heródoto. La conclusión es clara: de haber existido, el

Amenemhat III
representado
como esfinge.
Museo de
El Cairo, Egipto.
Fotografía de
Nacho Ares.

Amenemhat III ataviado como
sacerdote, granito negro.
Museo de El Cairo, Egipto.
Fotografía de Nacho Ares.

laberinto no fue levantado en Hawara sino en otro lugar.

Pero Egipto entero fue tocado
por la mano de Amenemhat III. En
Nubia construyó templos, en Menfis amplió el santuario de Ptah y,
sobre todo, se ocupó del buen funcionamiento de las minas y canteras. En este aspecto, cabe resaltar
las minas de turquesa del Sinaí.
Aquí, el rey se ocupó de restaurar y
ampliar el santuario que se había
levantado para la diosa Hathor, señora de la turquesa. Nos han lle-
gado cerca de cincuenta estelas que narran las expediciones comerciales
que se dieron cita en estas minas. Otra área muy trabajada en este reinado
fue el Uadi de Hammant, donde se hallan las canteras de alabastro, o las
minas de diorita en Nubia.

El reinado de Amenemhat III fue, posiblemente, el más fructífero de
todo el Imperio Medio. Propició la expansión de muchas facetas, no sólo
constructivas sino artísticas, como lo son las imágenes de Senwosret III
y del propio Amenemhat. La fidelidad que el rey tuvo con las antiguas tradiciones y la paz instaurada en las fronteras propiciaron días de felicidad
en los que Egipto se limitó a progresar en su propia línea interna.

Amenemhat IV

Amenemhat IV es todavía hoy objeto de debate entre los egiptólogos.
Muy posiblemente llegó al trono en una avanzada edad y por ello sólo
reinó durante trece años. Sabemos que estaba casado con Neferu-Sobek,

Amenemhat IV como esfinge. Museo Británico. Fotografía de Nacho Ares.

su hermanastra, y que ella fue la que tuvo que sufrir la violencia de los príncipes de los países extranjeros. De Amenemhat IV desconocemos casi todo. No sabemos el nombre de su madre y ni siquiera estamos seguros de si fue hijo o nieto de Amenemhat III. Sabemos que actuó como corregente con este último al menos durante un año, que terminó algunas construcciones y que no tuvo conflictos militares importantes. Lo que sí es seguro es que murió sin dejar un heredero al trono. Este hecho provoca que Neferu-Sobek tenga que ponerse al frente del país, lo que propicia la aparición de la XIII Dinastía, formada por Sej-em-re-tawy y otro personaje de nombre Sej-em-ka-re[78].

---

[78]Para algunos egiptólogos, estos dos reyes serían hijos de Amenemhat IV, que no obstante no pudieron hacer frente a la invasión hicsa procedente del Delta.

Sabemos que Neferu-Sobek reinó en Egipto, si hacemos caso al Papiro de Turín, durante diez meses y veinticinco días. En el Museo de El Louvre existe una representación suya como mujer y rey en un mismo ser. La pieza es de gres rojo, está fracturada y sólo se conserva el torso, pero los textos jeroglíficos no engañan. Asimismo, hizo inscribir su nombre en varios lugares del país, como en el santuario funerario de Amenemhat III, posiblemente su padre. También en varios lugares aparecen los cinco nombres de Neferu-Sobek, nombres que eran reservados enteramente a los reyes, por ello se deduce que ejerció como rey y no como corregente.

La afluencia de nómadas ejerció de efecto llamada para los *Heqau-Jasut*, literalmente 'Príncipes de los países extranjeros', que no dejaban de ser una especie de clanes de tribus pastoriles dedicadas al pillaje y al asesinato. Hacía ya varias décadas que llevaban intentando un asentamiento firme y finalmente se produce un hecho que propiciará la invasión. A los *Hekau-Jasut* se unen distintas tribus asiáticas, entre otros cananeos y hebreos. Los últimos días de Neferu-Sobek transcurren agónicos, viendo como el país va cediendo terreno y el invasor finalmente se asienta en el Delta. A su muerte, el Bajo Egipto está en poder de los hicsos, y el Alto Egipto se convierte en el último reducto libre del país, donde todavía se alza la figura de un faraón, que tan sólo ejerce su poder en las fronteras de Tebas.

Relieve de la tumba de Ramose,
visir de Amenhotep III.
Fotografía de Nacho Ares.

EL DESARROLLO LITERARIO DURANTE EL IMPERIO MEDIO

A comienzos de la III Dinastía, como hemos visto, se llevó a cabo una gran reforma en la administración de Egipto, lo cual provocó la necesidad de reclutar escribas y formarlos para las distintas tareas que llevarían a cabo en dicha reestructuración. No se nos escapa que los altos cargos que detentaban los hombres de confianza del rey eran sobre todo escribas reales, y todos y cada uno de ellos estaban muy orgullosos de su título[79]. El estado estaba dividido en las distintas secciones que lo componían, una serie de departamentos administrativos que dependían únicamente de la figura del visir. Los orígenes de esta figura, segunda en importancia y poder inmediatamente después de la del rey, se remontan al período predinástico, y su nombre era *Tjati*. Ya podemos ver a este importante personaje en la Paleta de Narmer. No cabe duda de que estamos ante la mano derecha del rey, su hombre de confianza, y no en vano la traducción de *Tjati* sería 'El que está detrás de la cortina', por lo tanto, aquel que conoce todos sus secretos, ya que se reunía con el rey todas las mañanas y juntos organizaban todas las tareas. Es fácil distinguirlo allí donde está representado, ya que suele ir ataviado con un largo vestido anudado con un cordel bajo su pecho y luce una figurilla de la diosa Maat en su pecho que lo convierte en juez supremo del tribunal de justicia. También tiene su propio signo jeroglífico: un ánade volando. Durante la IV Dinastía el título de visir fue detentado por los príncipes herederos, aquellos destinados a suceder a su padre en el trono de Egipto, pero durante la V Dinastía este cargo será detentado tan sólo por los más capaces, aquellos que llegaban a la alta administración del rey.

Con la llegada del Imperio Medio, el visir se convirtió también en legislador de algún nomo y, como vimos en el caso de Amenemhat I, también llegaron al poder. Los reyes del Imperio Medio vieron necesario controlar escrupulosamente los dos reinos, y la figura de un único visir no permitía abarcar hasta el último despacho administrativo, así que se vol-

---

[79]Durante el Imperio Antiguo se desarrolló la estructura interna del país, aunque sus bases se hallaban firmemente establecidas.

Estatua de un escriba.
Museo de El Cairo, Egipto.
Fotografía de Nacho Ares.

vió, de manera momentánea, al nombramiento de un visir en el Alto Egipto y otro para el Bajo Egipto, situación que tan sólo había sucedido durante el reinado de Pepi II. Una de sus tareas más importantes consistía en reunirse con los jueces, escuchar todas sus quejas y peticiones, así como presidir ellos mismos el tribunal si la ocasión lo requería, como vimos en el caso de Weni. Los conflictos legales podían ser territoriales, por los recuentos del ganado, problemas en los graneros reales, fraudes importantes al fisco o incluso la investigación de las grandes haciendas que dependían del poder central.

En sus momentos de ocio, que eran pocos, disfrutaba de su gran mansión, rodeado de abundantes terrenos productivos. Su casa solía tener dos plantas, con una gran cantidad de habitaciones, sirvientes, amplios jardines con muchas plantas y árboles frutales y una gran variedad de lujos, aunque sus abrumadoras tareas no le dejaban apenas tiempo libre.

Así pues, visto lo visto, el visir procuraba siempre estar rodeado de buenos escribas que le permitiesen que su trabajo fuese más fácil y placentero.

Los escribas solían también acompañar a los reyes en sus incursiones militares, y gracias a esto se redactaron lo que hoy conocemos como Anales, que nos permiten conocer de primera mano los hechos más importantes de cada reinado. Por ejemplo, la Piedra de Palermo recoge los anales de Snofru:

> Año octavo, se fabricaron dos barcos, *Los hijos del rey del Alto y del Bajo Egipto*. Se realizó un recuento del ganado.
> Año noveno, se construyó el barco *La alabanza del Doble País*, que mide cien codos, hecho con madera *meru*, y se construyeron sesenta buques de ciento sesenta codos cada uno… se arrasó la tierra de los nubios, se trajeron al palacio real siete mil prisioneros y doscientas mil cabezas de ganado, grande y pequeño.
> Año decimotercero, se arrasó la tierra de los libios, se trajeron al palacio real mil cien prisioneros y trece mil cabezas de ganado, grande y pequeño.

Otra importante administración era el departamento de los 'Trabajos del rey', que incluía desde los controles en las tumbas reales hasta el control de canteras y minas de materiales preciosos. Hemos tenido la suerte de conservar algunos textos que nos permiten saber no sólo cómo se trabajaba, sino además ver el trato que recibían los obreros.

Otra curiosa tarea que un escriba podía desempeñar era la de redactar un escrito de una transacción comercial, como podía ser la compra de una casa:

> El comprador Kemapu dice: He comprado una casa al escriba Kemti y le he pagado por ella diez *shats*, que equivalen a un mueble de madera de… que vale tres *shats*, una cama de cedro del Líbano que vale cuatro *shats* y un mueble de madera de sicómoro que vale tres *shats*.
> El vendedor, Kemti, dice: ¡Yo daré lo que es de justicia, tú quedarás satisfecho a causa de ello y, por lo que se refiere a tu casa, he recibido los diez *shats* a cambio de ella!
> Este documento ha sido sellado en la administración de la ciudad de Ajet-Jufu (la Pirámide de Jufu), siendo testigos de ello el obrero Mehi, el sacerdote *sem* Sebni, el sacerdote funerario Ini y el sacerdote funerario Mianjhor.

Con la llegada del Imperio Medio, la situación del escriba no varió, sino más bien al contrario. Como hemos visto, gracias a las diferentes reformas llevadas a cabo en los departamentos administrativos el Imperio Medio destaca sobre todo por el impulso literario. Se redactaron grandes obras que, como ya hemos mencionado, se convertirán en absolutos referentes para las distintas generaciones de escribas que todavía están por llegar, donde no sólo hallamos enseñanzas, como las *Máximas* de Ptah-Hotep, sino instrucciones de gobierno, como las *Enseñanzas* de Jeti. La ficción también jugó un papel importante, si acaso, los temas escogidos igual no fueron tan ficticios, como el caso de Amenemhat I. Cabría destacar sobre todo dos obras importantes, que por otro lado ya hemos mencionado de pasada, donde vemos que el escriba y la sociedad en general buscaba un nexo de unión entre el Imperio Medio y el Imperio Antiguo: como ya vimos en su momento, el Papiro Westcar y *Las lamentaciones de Ipu-Ur*. Pero, sobre todas estas obras, la que mejor define al escriba es sin ninguna duda la redactada en tiempos de Mentuhotep II: *La sátira de los oficios*.

> He visto a los que han sido apaleados. ¡Aplícate a la escritura! He visto a los que fueron llamados al trabajo. Mira, nada hay mejor que los libros, pues son como un barco en el agua…
>   He visto al herrero en su trabajo, en la boca de su horno. Sus dedos son como garras de cocodrilo y apesta más que las huevas de pescado. El carpintero que esgrime la azuela está más fatigado que un campesino; su campo es la madera; su arado es la azuela; su trabajo no tiene fin. Hace más de lo que sus brazos pueden hacer. Aun durante la noche tiene la luz encendida. El joyero golpea con el cincel todo tipo de duras piedras. Cuando ha terminado de trabajar, sus miembros están exhaustos y se encuentra fatigado. Está sentado hasta la puesta de sol, con sus rodillas y espalda encorvadas.

Durante el Imperio Medio se da la circunstancia de que las escuelas de escribas ven aumentado el número de estudiantes. Con la XI Dinastía, las mejoras administrativas iniciadas por Mentuhotep II crean una imperiosa necesidad de formar a los alumnos más aventajados. Sabemos que hasta los cuatro años los niños recibían la instrucción de sus madres. De los cuatro a los ocho recibían la educación de sus padres; muchos se formarían en los diversos oficios de sus progenitores, ya bien fuese en el campo, en la pesca, la carpintería o la alfarería. Pero los que podían ir a la escuela solían ingresar a los seis años para adentrarse en el fascinante mundo de las letras y las matemáticas. Si el alumno era destacado también podría optar a la astronomía, a la medicina y al estudio de las artes mágicas. Pero tampoco nos engañemos, los niños de ayer eran como los de hoy, lo cual quiere decir que no se excluían los juegos y las faltas de concentración durante las clases. El hacer pellas o alborotar en clase siempre se castigaba con las reprimendas del maestro. Los textos nos muestran un estereotipo de educador: hombres ancianos con muy poca paciencia y con una mano más que suelta. Aquel alumno que no escuchaba sabía que sobre su espalda se alzaría una vara de madera, la cual le recordaría que los golpes en su lomo abren las orejas:

> Escucha lo que voy a decirte: a tu edad yo me hallaba encerrado en un bastón, y el bastón fue quien me enseñó. Así estuve durante meses, tendido sobre el suelo mientras mis padres, mis hermanos y mis hermanas se hallaban todo el día en el campo realizando sus tareas. El bastón sólo me abandonó cuando fui mejor que aquel que me precedía, cuando fui el primero entre mis compañeros, pues fui mejor que ellos gracias a la destreza de mis escritos.

Para alcanzar este grado de perfección, no empleaban el papiro, que era un material muy costoso. Usaban materiales perecederos, sobre todo plaquetas de yeso que, una vez escritas, podían ser rascadas para reiniciar sus prácticas. Cuando el aprendiz de escriba se disponía a realizar la copia de un texto o a elaborar un documento administrativo, se sentaba con las piernas cruzadas y apoyaba su tabla de escritura sobre sus rodillas. A su alcance tenía su paleta de escriba, una pequeña y estrecha tabla de madera con dos orificios y una hendidura rectangular. En los orificios depositaba las pastillas de tinta, de color negro y rojo. La hendidura servía para escurrir el pincel. Estos estaban hechos de tallos de plantas, normalmente de papiro. Contaban además con un estuche para los pinceles, un pequeño mortero para deshacer las pastillas de tinta y una bolsita de cuero donde llevaban agua para mezclar las pastillas y conseguir la tinta. Los escribas que habían ejercido durante el Imperio Antiguo habían escrito siempre en columnas.

A partir de la XII Dinastía se implanta el modelo de la escritura en línea, ya que permitía mayor velocidad y la ejecución de trazos mucho más sencillos. Durante los imperios antiguo, medio y nuevo tan sólo había dos sistemas de escritura: el jeroglífico y el hierático. A partir de la XXVI Dinastía se implanta el demótico, una variante del hierático, pero mucho más cursivo y con trazos menos trabajados. El hierático del Imperio Antiguo guardaba una gran similitud con los signos jeroglíficos y al estar escrito

258

en columnas el escriba necesitaba más tiento y tardaba mucho más en escribir. En el Imperio Medio, la escritura hierática sufre algunos cambios. De principio, los signos se modificaron y se crearon dos tipos de escritura: una para las cartas y documentos administrativos, donde se escribía muy deprisa y no importaba la finura del trazo; y otra para las obras literarias. Posteriormente, durante el reinado de Thutmosis III, regresaría la moda del Imperio Antiguo, y los caracteres hieráticos volverían a parecerse a los signos jeroglíficos.

Hasta nosotros han llegado documentos donde podemos ver como el alumno iba escribiendo y el maestro, por detrás, corregía sus faltas de ortografía.

Y es que el escriba que ya se hallaba formado era el único capaz de contabilizar la administración de los templos, redactar escritos de compras, testamentos, recoger los impuestos del fisco, llevar las cuentas de los graneros, de las mercancías y un larguísimo etcétera. En realidad eran unos privilegiados, ya que su estatus les permitía gozar de ciertas comodidades que la clase media baja no poseía. *La Sátira de los oficios* no se engañaba en absoluto. Ser escriba era uno de los mejores oficios del Antiguo Egipto.

Capítulo V
Las pirámides del Imperio Medio

EL RETORNO A LA PIRÁMIDE

Los acontecimientos del I Período Intermedio, que relatamos en el capítulo anterior, provocaron una seria crisis en el país y este hecho marcó profundamente al aspecto religioso. Ello se puede comprobar en los enterramientos reales y, si bien no tenemos apenas datos de los reyes que formaron parte de este período, los restos arqueológicos dejan a la luz unas pobres moradas para la eternidad[80]. Sabemos que durante este período se elevaron pirámides, como la que un rey de la VIII Dinastía se hizo construir en Saqqara Sur, si bien es verdad que no se parecía ni de lejos ni siquiera a las pequeñas pirámides de la VI Dinastía.

Durante el Imperio Medio nace una nueva forma de pirámide, que dista mucho de las magníficas construcciones del Imperio Antiguo, y la prueba es que ninguna de ellas ha llegado en buen estado a nuestros días. Un ejemplo de lo que estamos hablando es la entrada a la pirámide, que originalmente se situaba en la cara norte totalmente camuflada. Las últimas pirámides del Imperio Medio prácticamente colgaban un letrero que ponía «por aquí a la cámara funeraria». Asimismo, ya no se construían pirámides

---

[80]Si nos atenemos a los hallazgos que los arqueólogos han hecho en el Alto Egipto, podemos observar el creciente poder de los nomarcas, y algunas moradas para la eternidad que son realmente bellas. Si nos atenemos a los hallazgos del Bajo Egipto, la situación es la inversa.

satélites para la reina, sino que eran enterradas con sus esposos. Cabe resaltar una característica que unió a todos los arquitectos reales: el regreso al diseño de la Pirámide Escalonada. Muchas de ellas albergaron en su cámara funeraria, el lugar más secreto e íntimo de la pirámide, referencias inequívocas hacia Djeser Netherijet, en lo que podríamos incluso denominar como un tributo personal de los reyes de la XII Dinastía.

No obstante, a veces hacemos referencia a las pirámides del Imperio Medio, y solemos pensar que las dos dinastías que componen este período hicieron construir sus tumbas basándose en la forma piramidal que se había iniciado siglos atrás con el noble arquitecto Imhotep. Y sin embargo, los reyes de la XI Dinastía conservaron el esquema tradicional de las mastabas del Imperio Antiguo, esto es, una serie de corredores que desembocaban en la cámara funeraria con un conjunto de habitaciones adyacentes que hacían las veces de almacenes. Si bien desconocemos el lugar donde fueron enterrados Mentuhotep I y Mentuhotep IV, el resto del linaje parece estar muy unido al área de Deir el-Bahari. En este lugar, Mentuhotep II excavó su tumba en lo que se conoce como 'La colina de Thot', y a pocos metros de distancia erigió su santuario funerario. Esta construcción tenía un enorme parecido con las pirámides del Imperio Antiguo, y además llevaría el nombre de 'Santuario de millones de años'. El lugar no fue escogido al azar, ya que rodeando por doquier al conjunto funerario se hallan las mastabas de los antepasados de Mentuhotep, el linaje de los Intef. La discusión sobre esta morada para la eternidad está servida. Para algunos especialistas, no existe ninguna duda de que Mentuhotep rompió con todas las tradiciones antiguas respecto a la forma de los enterramientos. Y es que este lugar fue una increíble sucesión de terrazas que se unían a la roca natural. Sin duda alguna, el santuario de Hatshepsut de Deir el-Bahari es una viva imagen. Otros egiptólogos, sin embargo, coinciden al señalar que este hecho vino derivado de una copia de las mastabas que los nobles tebanos se habían hecho construir durante el I Período Intermedio. No obstante, no se ha encontrado una sola morada para la eternidad de semejante composición arquitectónica.

Podríamos dividir este conjunto arquitectónico en tres secciones: una parte edificada, otra parte colgante y una tercera excavada en plena roca. Para acceder al santuario era necesario cruzar una amplia calzada rodeada por estatuas del dios Osiris. En la zona occidental se alzaba la fachada del edificio. Se había erigido una serie de pilares que sostenían la parte colgante, que desembocaba directamente en un pórtico de piedra caliza. Una rampa permitía el acceso a una terraza. En el pórtico de entrada el rey había hecho tallar las escenas de sus batallas. Existió también una zona que los egiptólogos han bautizado como «ambulatorio», donde se colocaron un total de ciento cuarenta pilares, en un orden de dos hileras en el lado oeste y tres hileras en cada uno de los lados restantes. El segundo nivel comunicaba con la roca del acantilado. Aquí se excavaron varias moradas para la eternidad. A doce metros de profundidad, totalmente en piedra caliza, está la morada para la eternidad del rey. Constaba de dos secciones: una capilla hecha del más fino alabastro, donde el *Ka* del rey difunto reviviría eternamente atravesando las fronteras del tiempo; y la propia cámara funeraria. Según la reconstrucción que los egiptólogos han hecho de este complejo, lo encontraríamos culminado por una pirámide. En lo que concierne al misterioso Mentuhotep IV, su morada para la eternidad todavía no ha sido identificada. Se cree que estaría, muy posiblemente, también en la zona de Deir el-Bahari. Asimismo, se le atribuye un 'Santuario de millones de años', muy cerca del Santuario de Hatshepsut. Realmente, la edificación debió causar asombro en su época, pues constaba de una parte que se levantaba sobre la roca y otra colgante, que se unía a la fachada principal del edificio mediante una serie de pilares. En este, su centro religioso que alimentaría a su *Ka* por toda la eternidad, Mentuhotep II hizo que se representaran sus gestas militares, acontecidas en la reunificación del país.

Como dijimos, las hipótesis de por qué Mentuhotep eligió esta forma arquitectónica nos deja al aire una pregunta casi obligada. ¿Por qué sus sucesores se volvieron hacia la pirámide y abandonaron el nuevo canon? Lo cierto es que, si tomamos un plano que nos muestre la reconstrucción de dicho templo funerario y la comparamos con el santuario de Hatshepsut, salta a la vista el parecido. ¿Por qué esta reina de la XVIII Dinastía eligió imitar aquel modelo? Tal vez la respuesta esté en la figura de Senenmut, aunque no adelantemos acontecimientos.

Lo único cierto es que ignoramos si Mentuhotep IV eligió para el Más Allá la misma forma a modo de terrazas. Sin embargo, la llegada de Amenemhat I no sólo marcaría el punto de regreso a la pirámide, sino que es un momento en el que se quiso imitar el Egipto del Imperio Antiguo, así en la vida como en la muerte. Es un hecho incontestable que toda la historia de este período tiene su vista puesta en los días de la Edad Dorada, aunque, como podremos comprobar, tan sólo pudieron poner el empeño. Así pues, cuando hablamos de las pirámides del Imperio Medio, nos estamos refiriendo a los reyes de la XII Dinastía, el linaje de los Amenemhat y los Senwosret, si bien es cierto que los reyes de la XIII Dinastía se hicieron construir modestas pirámides, e incluso podemos afirmar que la forma piramidal fue el elemento predominante en los tebanos de la XVII Dinastía, aunque, eso sí, formas piramidales que nada tienen que ver con las que estamos a punto de conocer. Las ruinosas pirámides de este período nos muestran que los monarcas sí desearon retornar a la forma primigenia, pero o bien no pudieron o bien no pusieron ni el empeño ni los medios necesarios para ello. La mejor forma de comprenderlo es pasar a describir las pirámides de los reyes de la XII Dinastía.

LA PIRÁMIDE DE AMENEMHAT I

Habría que esperar, para poder ver nuevamente una pirámide, al reinado de Amenemhat I. También hemos señalado que el nuevo rey, en un inicio, planeó la construcción de un complejo funerario que imitaba al de Mentuhotep II. El lugar escogido fue El-Listh, una localidad situada a dos kilómetros de El Fayum. Aquí se inició la obra de un complejo de terrazas, pero se quedó sólo en eso, un proyecto. Se ignora si Amenemhat lo había deseado así desde un principio, pero lo cierto es que en medio del recinto levantó su pirámide, rodeada de muros y terrazas anexas. Se cree que uno de los motivos fue el querer anexionarse a los últimos reyes constructores de pirámides, una forma de borrar el oscuro pasado del I Período Intermedio.

El primer rey de la XII Dinastía escogió para ella el nombre de 'Amenemhat es elevado a la perfección'. Hoy día se levanta tan sólo veinte metros del suelo, pero en la antigüedad alcanzó una altura de casi setenta metros. Tenía setenta y ocho metros de lado y su ángulo de inclinación fue de 54° E 27' 44''. Esta es la primera obra faraónica tras el paréntesis del I Período Intermedio. Amenemhat, según creemos, había edificado en esta zona cercana a El Fayum su ciudad Amenemhat Itchy Tawy y, para poder transportar los bloques, necesitaba crear un medio de comunicación entre el río dios y su pirámide. Así pues, construyó un canal, un complejo sistema de comunicación entre el Nilo y la nueva capital. Al final del brazo artificial se colocó un muelle con un gran embarcadero. Hasta aquí llegaban los buques cargados con los bloques de piedra de las distintas canteras del país. Aunque si bien llegaron al puerto de El Listh bloques de las canteras de Egipto, también lo hicieron otros que procedían de otras construcciones. Así, podemos ver in situ restos de los complejos de las pirámides de Gizeh, Abusir y Saqqara. Este hecho es, para un sector de la egiptología, una prueba del pillaje y la usurpación de monumentos que los reyes tenían como una costumbre. Sin embargo, tal vez porque no queremos mancillar esa imagen tan sobria que tenemos de los faraones, otros expertos nos invitan a pensar que en realidad estos complejos se hallaban ya derruidos, y que Amenemhat se dedicó sólo a reutilizar los bloques caídos. Esta hipótesis parece bastante factible por un detalle que salta a la vista. Suele decirse que los bloques que contienen el jeroglífico de Jufu provenían de su santuario funerario de Gizeh y, sin embargo, junto a la Esfinge, el santuario construido por Jafre está todavía en pie. Es más, vemos como otros templos, incluso más cercanos, se vieron libres de ese pillaje.

Para acceder al interior de la pirámide es necesario que nos dirijamos a su cara norte. Aquí se encuentra la entrada, casi a ras de suelo. Una puerta falsa de granito rojo nos conduce a un pequeño corredor: el pasillo de entrada, que se construyó con granito rosa. La entrada está situada en el eje vertical de la pirámide. En la actualidad, es imposible acceder al interior de la cámara funeraria, ya que se halla inundada del agua que filtra el Nilo por los canales subterráneos. Se ha intentado en varias ocasiones extraer el agua, pero en todas ellas los esfuerzos han sido inútiles.

El complejo exterior es de un corte simple. No existían pirámides satélites y, para protegerlo de las inclemencias del desierto, se levantó una muralla de ladrillos de adobe. De los santuarios adyacentes apenas sobreviven las losas de cimentación. El santuario funerario recibió en la antigüedad el nombre de 'La belleza de Amenemhat' y era de corte similar al de Mentuhotep. La importancia de este santuario es increíble, ya que aquí se han hallado gran cantidad de datos. Sabemos que en el año vigésimo del reinado de Amenemhat I, su hijo Senwosret I fue asimilado al trono y ejercía como regente del reino. Asimismo, sabemos que en su año trigésimo Amenemhat celebró su *Heb-Sed*. Del santuario del valle apenas sabemos nada, pues hoy día se encuentra bajo una necrópolis moderna.

Los miembros de la familia real fueron enterrados en una zona próxima a la cara oeste de la pirámide y las tumbas están repartidas en dos sectores. Hay un primer grupo dentro del recinto amurallado de terrazas, que estuvieron destinadas a los miembros de la familia real y algún alto dignatario, como el visir Antefijer. Un segundo grupo de moradas para la eternidad se encuentra fuera del perímetro de terrazas, pero dentro del complejo de la pirámide, y estaban destinadas a las mujeres de la familia real. Se trata de un total de veintidós nichos, donde entre otras estaba la princesa Neferu, hija de Amenemhat y esposa de Senwosret I, y también la princesa Neferiatenen, esposa de Amenemhat.

No es demasiado lo que hoy se puede ver de esta pirámide, no obstante, es importante por lo que su construcción significa: un regreso a la Edad de Oro.

LA PIRÁMIDE DE SENWOSRET I

Senwosret siguió los pasos de su padre y escogió El Listh como lugar para la eternidad. Su pirámide llevó el nombre de 'Senwosret tiene su mirada sobre las Dos Tierras' aunque en otros textos se hace referencia a la pirámide como 'Los lugares de Senwosret están vigilados'. Al igual que su padre, no construyó una pirámide descomunal, pues esta tan sólo alcanzó una altura de setenta y un metros, ciento cinco metros de lado y un ángulo de 49º E 23' 55". Por los restos arqueológicos que se han hallado en las inmediaciones, cabe suponer que aquí se levantó la ciudad de Jenemsut, y que muy posiblemente albergó a los constructores de la pirámide, así como escribas, arquitectos y demás cuerpo técnico.

El joven rey empleó piedra local en su morada para la eternidad. Los arquitectos reales se plantearon una idea innovadora y la plasmaron sobre el terreno. Esta genial idea fue la de construir un marco en toda la superficie, con un total de ocho paredes de piedra bruta, tal cual salía de la roca madre. Se extienden a lo largo de las cuatro esquinas y cada una de estas ocho paredes fue dividida con otras tres que se cruzaban. Luego, dicho marco se rellenó con piedra caliza, arena, material sobrante de las canteras y argamasa y sólo quedó el trabajo de forrar el exterior de la pirámide con los bloques de revestimiento, que se unieron entre sí mediante un sistema de cola de milano.

Al interior de la pirámide se accedía a través de una entrada a ras de suelo que estaba situada en su cara norte. Lo primero que encuentra el visitante es un altar de granito con una falsa puerta. Las paredes restantes estaban decoradas con escenas de varias divinidades. En ellas, podemos ver como se hacen ofrendas de animales a los dioses y al propio *Ka* del rey difunto. La cámara funeraria presenta un estado deplorable. Al igual que la de su padre Amenemhat I, está totalmente repleta de agua filtrada por las arenas del desierto y ha sido imposible evacuarla. Se estima que el agua alcanza los veinticinco metros de profundidad.

Rodeando la pirámide se descubrieron los restos de un total de nueve pirámides satélites construidas para las mujeres de la familia real. Junto a la cara este de la pirámide se halló un escondrijo, del cual se desenterraron diez estatuas de gran tamaño[81].

Del recinto exterior, el monumento que se conserva en mejor estado es el Santuario del Valle. El motivo es que a lo largo de los siglos las arenas del desierto se ocuparon de protegerlo de las inclemencias del tiempo. Los romanos, a su vez, construyeron un cementerio sobre estas ruinas, lo que ayudó a su preservación.

También se ha conservado bastante bien el santuario funerario, que en la antigüedad recibió el nombre de 'El culto de Senwosret es estable'. Gracias a los textos que se han conservado en muy buen estado, sabemos que los obreros comenzaron a colocar los bloques de este santuario en el año vigesimosegundo del reinado de Senwosret. Sabemos que, en una primera instancia, se pensó en un modelo de terrazas, imitando el santuario de Mentuhotep II. Alrededor de este complejo es hallaron diversas estatuas osirianas del rey, que portaba sobre su cabeza la corona del Alto o del Bajo Egipto. Similar a la del resto de monarcas, este complejo funerario constaba principalmente de un gran pasillo que se comunicaba con un patio abierto. Rodeando el patio se abrían una serie de estancias, donde se almacenaban diversos materiales. Sobre el patio, una azotea perimetral reposaba

---

[81]La teoría que se baraja, y quizá muy bien estudiada, es que en un principio estas estatuas sedentes del rey fueran a ser colocadas en una zona del santuario funerario que más tarde sufrió algún tipo de modificación, y debido a esto las estatuas fueron desechadas.

sobre un total de veinticuatro pilares de piedra caliza, que estarían nuevamente unidos a las veinticuatro horas del día. Cruzando un largo pasillo se hallaba el sanctasanctórum del templo.

LA PIRÁMIDE DE AMENEMHAT II

Amenemhat II hizo construir su pirámide en la zona de Dashur, al este de la Pirámide Roja de Snofru. En la actualidad recibe el nombre de Pirámide Blanca, pero su nombre original era 'Amenenmhat es poderoso'. Los estudios para determinar su altura no han llegado a una conclusión, ya que se desconoce incluso el ángulo de sus lados. Sin embargo, sí sabemos que la medida de estos está entre los cuarenta y cinco y cincuenta metros.

Y es que de esta pirámide apenas queda un puñado de piedras. Su estructura fue desmantelada ya en la antigüedad y con los santuarios adyacentes ocurre lo mismo. Sabemos que el santuario funerario recibió el nombre de 'El placer de Amenemhat', y se levantó en el lado este de la pirámide. No obstante, los estudios realizados a esta pirámide nos muestran que para erigirla los arquitectos imitaron el proyecto de Senwosret I. Se levantó un marco, cuyas líneas horizontales formaban una especie de rejilla. Una vez esta especie de armazón se hubo levantado, los huecos se rellenaron con arena. El detalle significativo de esta pirámide es su entrada, ya que 'Senwosret tiene su mirada sobre las Dos Tierras' es la última pirámide que ubica su entrada en el lado norte, y esta concretamente se sitúa en el centro de esta cara norte. El corredor descendente tiene un falso techo de piedra caliza que termina en el típico sistema de rastrillos compuesto por tres losas de granito.

Lo que es en sí la cámara funeraria está considerada como única en su forma de construcción. Está dotada de un falso techo, al igual que el corredor descendente. Su orientación es este-oeste, pero está emplazada a través de una perforación que se hunde ya desde el pasillo de entrada. Tenía un lugar reservado para los vasos canopes y en sus paredes se practicaron una serie de aberturas donde se alojaron estatuas osirianas del faraón. En el extremo oeste se halló un sarcófago de cuarcita vacío.

En el exterior, tras la pirámide, se ha hallado una serie de tumbas de varios miembros de la familia real. Esto ocurrió en 1894, cuando el arqueólogo francés Jacques de Morgan encontró, tras el recinto amurallado de la pirámide, cuatro cámaras funerarias. Las que están relacionadas con Amenemhat II son las de la princesa Ita y la princesa Jenemet. No obstante, describiremos este y otros magníficos hallazgos al final de este capítulo.

Amenemhat II, por supuesto, no lo sabía, pero con su pirámide, no sólo creó un lugar de reposo eterno para su *Ka*, sino un punto de partida para los próximos faraones del Imperio Medio y un modelo a imitar para los arquitectos venideros.

LA PIRÁMIDE DE SENWOSRET II

En la región de El-Lahun, el nuevo faraón ordenó erigir su morada para la eternidad y le puso como nombre 'Senwosret está satisfecho'. La pirámide alcanzó en la antigüedad una altura total de cuarenta y ocho metros, con unos lados de ciento siete metros y un ángulo de 42° E 35 '. Los obreros del rey edificaron este monumento sobre un montículo rocoso, lo que les proporcionaba una sólida base, y se dispusieron a revolucionar el complejo constructor, que había seguido más o menos unos patrones del Imperio Antiguo. En un primer término, macizaron la construcción con ladrillos de adobe y, a continuación la revistieron con bloques de caliza de las canteras de Tura. También hay que constatar el curioso sistema de drenaje que existe alrededor de la pirámide, lo cual indica que Senwosret II fue testigo de las desgracias que afectaron a las pirámides de sus antecesores. Pensando en los moradores nocturnos, el soberano ordenó construir la entrada a su morada para la eternidad en la cara sur en lugar de en la cara norte. El resultado fue obvio, y a pesar de que William Flinders Petrie tardó varios meses en hallar la entrada e internarse en el monumento, dos mil años más tarde, no encontró más que desolación.

Otro elemento extraño es la capilla norte. Como su propio nombre indica, esta estancia destinada a ofrendar al rey difunto se situaba en la cara norte de la pirámide, pero Senwosret II la manda construir en el lado este de la pirámide, abrazando al astro que se levanta. Si antaño estas estancias eran amplias, esta es más bien de ridículas dimensiones. Traspasada esta capilla, se abre un pasillo estrecho, demasiado estrecho como para que un sarcófago se pudiera deslizar al interior. Esto ha hecho pensar a los egiptólogos, lógicamente por otro lado, que el sarcófago fue colocado antes de levantar los muros del corredor. Otra sorpresa nos aguarda en este punto, pues bajo un paso descendente se halla la cámara funeraria de una princesa cuyo nombre se desconoce, forrada con roca de granito. Petrie halló un precioso sarcófago de granito rojo. Al lado de este encontramos una mesa de ofrendas tallada en alabastro, con un cartucho del rey grabado. En la esquina sur-oeste, Petrie halló un compartimiento lateral donde reposaban los restos de una pierna momificada, posiblemente de Senwosret II. La maldición de los saqueadores de pirámides había visitado al rey difunto.

Sin embargo, la enigmática figura de Senwosret todavía escondía una sorpresa más. En el año 1913, Flinders Petrie y Guy Brunton hallaron, en un barranco al sur de la pirámide, ocho mastabas de la familia real. En realidad, nos encontramos ante un conjunto de galerías, que a simple vista parece una simple construcción. Se sospecha que al menos, en un principio, cuatro de estas galerías estaban cubiertas por una pirámide. En cada galería hay un corredor que desemboca en cuatro compartimientos, todos concebidos para albergar un sarcófago en su interior. Un segundo nivel conduce hacia ocho habitáculos que también contenían sarcófagos. Dos de ellos tenían el nombre de la propietaria: la princesa Ment y la princesa Senet-Senebti. En otro segundo grupo de galerías se halló el ajuar funerario de la princesa Sit-Hathor. Este ajuar es hoy conocido como «el tesoro de El-Lahun», y no sería aventurado asegurar que es todo lo que se ha podido rescatar de la XII Dinastía, ya que la morada para la eternidad de Sit-Hathor fue la única que se salvó de los saqueadores, como veremos más adelante.

El recinto del complejo funerario de Senwosret II se hallaba flanqueado por un enorme jardín en el que había varias clases de árboles. Con toda seguridad, serían árboles de donde se extraerían los productos para los ritos, tales como el incienso. Al este de la pirámide, Petrie halló los cimientos de un santuario que constaba de un amplio patio y una columnata. Aquí, en un pozo poco profundo, se encontraron los depósitos de fundación, que consistían en cerámicas y placas de ladrillo con los cartuchos reales de Senwosret.

LA PIRÁMIDE DE SENWOSRET III

El rey Senwosret III erigió su pirámide en Dashur, al norte de la Pirámide Roja de Snofru. No sabemos el nombre con el que era conocida en la antigüedad, pero sí que alcanzó los setenta y ocho metros de altura y unos ciento cinco metros de lado. Los ángulos de sus caras eran de 56º E 18' 35''. Su interior está bastante arruinado, debido más que nada a las incursiones de Howard Vyse y John Perring en el año 1839. No obstante, aunque existen varios grafitis fechados en el reinado de Ramsés II que nos cuentan la admiración que producía la pirámide de Senwosret, los textos nos dicen que a finales de la XX Dinastía el edificio estaba ya en ruinas.

Para su construcción los métodos no variaron demasiado y sin embargo es un monumento un tanto especial. La entrada está situada en su cara noroeste, se abre ante un corredor descendente que gira hacia el este y luego al sur para desembocar en una antecámara. Una vez traspasada esta, se encuentra la cámara funeraria. Uno de los aspectos que hacen a esta pirámide distinta a muchas otras de su época que la cámara del sarcófago no se halla en el eje de la pirámide, sino un tanto desplazada. Está hecha con piedra caliza y su techumbre se compone de cinco parejas de bloques de treinta toneladas que forman un conjunto de vigas. Como no podía ser de otra manera, el sarcófago de granito se halla mirando hacia el este y oculto dentro de una de las paredes. Su diseño es muy similar al del faraón Djeser, pero, a pesar de que las paredes de piedra fueron revocadas con estuco, los ladrones consiguieron encontrar el sarcófago y saquearlo, aunque todo parece indicar que el rey no se enterró finalmente en su pirámide, que fue saqueada en época faraónica. Durante el reinado de los hicsos se la despojó de toda decoración interior.

En el recinto exterior, al este de la pirámide, se construyeron cuatro pirámides satélite destinadas a las hijas reales. Aquí tuvo lugar un increíble hallazgo a comienzos de 1994, ya que se halló una tumba intacta. Cuando los arqueólogos se introdujeron en ella llegaron a un corredor que conducía a una cámara funeraria que caía justo sobre el eje oeste de la pirámide del rey. En su interior había un conjunto funerario de vasos canopes con el nombre de Jnum-et-nefer-hedj-et-weret, que sería Weret III, la Gran Esposa Real de Senwosret II y madre de Senwosret III.

Al sur del complejo funerario se hallaron también tres trincheras que contenían unos barcos elaborados con madera de cedro del Líbano: eran las 'Barcas de millones de años' de Senwosret, y estaban intactas. En otra trinchera se hallaron los restos de otros tres o cuatro buques.

Esta pirámide tal vez no haya desvelado todos sus secretos; es un profundo y enigmático interrogante al tiempo que una obra maestra de la ingeniería de su época, ya que supo adjuntar a la voluntad de la eternidad los estilos arquitectónicos del Imperio Antiguo, y reunió en su interior todos los valores que más apreciaron la casta de monarcas del Imperio Medio.

LAS PIRÁMIDES DE AMENEMHAT III

La Pirámide de Dashur

Amenemhat III decidió construir su pirámide en Dashur, volviendo su vista hacia la imperiosa herencia del rey Snofru. Sabemos que tenía una altura de ochenta y un metros, ciento cinco metros de lado y el ángulo de sus caras era de 57° E 15' 50". Para erigir su pirámide puso una cimentación de arcilla dura, lo cual no hizo esperar los nefastos resultados. Además de cometer este pequeño traspiés, los arquitectos reales desafiaron las leyes que los antiguos constructores de pirámides habían fijado desde tiempos inmemorables. No creyeron que el peso de la techumbre que debía soportar la cámara del rey se viese afectado de manera alguna, así que lo que hicieron fue un replanteo interior nefasto, sin adecuar las paredes de carga. Muy poco después de que la pirámide fuese culminada comenzaron a producirse deslizamientos y las grietas hicieron aparición. Antes incluso de que el revestimiento de piedra se acoplase a la cámara de la reina, el techo comenzó a ceder, las paredes centrales se hundieron, y el resultado es que esta pirámide es hoy tan sólo un silencioso habitante de Dashur.

La estructura interior de esta pirámide es bastante compleja. Difiere mucho de sus homólogas de esta dinastía. Para empezar, está dividida en dos secciones. La primera de ellas está destinada para uso único del faraón, siendo la otra sección para sus esposas. Es necesario atravesar un pasillo antes de llegar a cualquiera de estas alas. En un primer término tenemos la cámara de la reina o, como suelen denominarla algunos especialistas, la cámara de las esposas reales. Para poder verla debemos situarnos hacia el norte, donde se nos abre un corredor que, a través de un angosto pasillo, nos conduce en dirección sur. Esta sección se halla bajo la meridional de la pirámide. Hay constancia de que existe una segunda entrada justo enfrente de la cámara funeraria del rey. Para poder introducirnos en esta cámara de la reina debemos descender una pequeña escalera que desemboca

Pirámide de Amenemhat III en Dashur.
Fotografía de Nacho Ares.

en una antesala. Aquí se hallaron varios objetos que contenían el nombre en jeroglífico de la reina Aat, una de las esposas de Amenemhat III, que sabemos que murió con casi treinta y cinco años de edad. A poca distancia se encuentra una habitación reservada a la reina Neferptah, una joven que rondaba los veinticinco años a la hora de su muerte. Tanto las momias como su ajuar funerario se hallaron en sus cámaras. Del ajuar funerario poco se pudo rescatar, pues los objetos de valor fueron saqueados. Tan sólo quedaron siete platos de alabastro en forma de pato, unas jarras de alabastro para mezclar ungüentos, un juego de vasos canopes, unas pocas joyas y una colección de vajillas de obsidiana, alabastro y granito.

Como no podía ser de otra forma, la cámara del rey está orientada en el lado este de la pirámide. La pirámide de Amenemhat III es la que contiene más corredores y pasillos, más incluso que cualquier otra del Imperio Antiguo. Nos hallamos ante una serie de laberintos que giran sin cesar, de norte a sur y de este a oeste, en un intento sin duda de confundir a los saqueadores. La cámara del rey está construida con piedra caliza y orientada hacia el oeste. Aquí había un gran sarcófago de granito rosa.

En lo que refiere a los edificios exteriores, el santuario del valle está en muy mal estado, pero no obstante ha facilitado una valiosa información. Su constitución era simple: dos amplias parcelas de acceso público situadas en dos terrazas ascendentes. La fachada tenía forma de pilono y en el interior se erigió una pirámide que todavía no se ha podido localizar. Una gran avenida transportaba al rey desde el santuario del valle hasta el santuario funerario, y en uno de sus extremos se abrían una serie de viviendas donde residían la totalidad de los sacerdotes ritualistas.

Al santuario funerario se accedía mediante una gran entrada que desembocaba en un gran patio con dieciocho pilastras de granito culminadas en forma de planta de papiro. Al norte de este recinto sobreviven los restos de lo que se sospecha era una capilla de reducidas dimensiones. El resto del complejo ha desaparecido.

La Pirámide de Hawara

Así pues, tras el disgusto de haber construido una pirámide cuyo resultado deja mucho que desear, Amenemhat III volvió su vista hacia Hawara, a muy poca distancia de El-Fayum. La pirámide de Hawara era conocida en la antigüedad como 'La que vive para Amenemhat'. Alcanzó la altura de cincuenta y ocho metros, cien metros de lado y el ángulo de sus caras era de 48 E 45'. Después de los quince años empleados en la construcción de la pirámide de Dashur, sabiendo que no se podían permitir otro error de semejante calibre, el arquitecto real se esforzó al máximo en exponer a su rey un modelo seguro para este nuevo proyecto. Para ello, comenzó excavando una zanja a modo de base rectangular sobre la roca madre y a continuación colocó una hilera de bloques de piedra caliza para obtener una plataforma estable y firmemente nivelada. Este hecho condicionaba que la cámara funeraria se albergase en el interior de la pirámide y no bajo ella. A continuación, imitó los modelos de la Edad de las Pirámides y, como lo habían hecho los arquitectos de la IV Dinastía, colocó un bloque de cuarcita que pesa más de cien toneladas sobre el techo de la cámara del sarcófago. Un detalle significativo es que todos y cada uno de los abalorios que contiene esta cámara fueron tallados en la piedra y no añadidos. Sobre la losa de cuarcita se añadieron otras tres de similar composición. Se colocaron de tal forma que el espacio existente es el justo para introducir la momia del rey en su catafalco y el ajuar funerario, y al mismo tiempo permite que se pudiese colocar una losa más pequeña a modo de tapa de cierre. Para lograrlo, se diseñó un sistema de vacío de arena. Una vez que se expulsaba la arena por medio de unos orificios, las losas eran movidas sin gran dificultad. Cuando los bloques estaban ya a los lados de la cámara se podían deslizar y taponar así la entrada totalmente al interior. Para culminar esta obra maestra de ingeniería, la losa más grande del conjunto cubría totalmente las más pequeñas, quedando así totalmente sellada la cámara funeraria. Aun con todo este magnífico dispositivo de seguridad, el arquitecto real parece que no las tenía todas consigo y agregó una cámara superior encima de las losas de caliza. Colocó unos bloques de más de cincuenta toneladas y sobre ellos alzó una cámara de adobe. No obstante, huelga decir que ya en tiempos antiguos la pirámide fue violada y saqueada y que hoy está bastante destrozada. Los ladrones profanaron y destrozaron la momia del rey difunto y desvalijaron todo su ajuar funerario. A continuación, quemaron el sarcófago de madera que albergaba el cuerpo inerte de este gran rey del Imperio Medio.

Para cuando Flinders Petrie logró acceder a la antecámara, halló en ella los restos del saqueo, entre otras cosas una mesa de ofrendas que contenía el nombre de la princesa Neferptah, cuya pirámide se halla al sureste de Hawara. Sabemos, gracias a las investigaciones de este gran arqueólogo, que existió un Santuario del Valle, el cual se comunicaba con la pirámide gracias a una gran calzada que arrancaba desde la esquina suroeste. Petrie, igualmente, excavó lo que antaño fue el santuario funerario en busca del famoso laberinto descrito en los libros de Diodoro, Heródoto, Estrabón o Plinio el Viejo. Sin embargo, el equipo no halló nada en absoluto, y puesto que sólo llegar a la cámara funeraria de la pirámide había costado dos años de duro trabajo abandonaron la idea del laberinto.

Tal vez perdido entre las arenas se encuentre todavía el susodicho laberinto de Hawara, al igual que la ciudad que Amenemhat I construyó,

Amenemhat Itchi-Tawi, que todavía permanece oculta en medio de la bruma de las centurias, esperando a que la descubra algún soñador de los tantos y tantos que hoy excavan a orillas del Nilo.

LA PIRÁMIDE DE AMENEMHAT IV Y NEFERU-SOBEK

El Imperio Medio culmina con el reinado de Amenemhat IV y Neferu-Sobek, de los cuales desconocemos su lugar de enterramiento. Si bien los egiptólogos sospechan que se hicieron construir sendas pirámides, no hay absolutamente ningún texto o resto arqueológico que así lo confirme. A escasos cinco kilómetros de Dashur se halla la región conocida como El-Mazghuna y, si están carentes de propietario, desde luego son el último rescoldo de la XII Dinastía.

Los egiptólogos catalogan estas dos pirámides como la Pirámide Norte y la Pirámide Meridional. La primera es la más grande de las dos y se halla en un estado lamentable. Se sabe que su entrada está situada en la cara este y que su constitución interior es de corte similar a sus homólogas de esta dinastía. Tiene una serie de pasillos interiores unidos a unas pequeñas cámaras que, a su vez, se unen a otros pasillos descendentes que desembocan finalmente en la cámara funeraria. Esta fue construida en piedra caliza y se halló en su interior un sarcófago de cuarcita que nunca fue sellado, por lo que jamás albergó cuerpo alguno en su interior. La tapa permanecía con su sistema de izado, esperando recibir el cuerpo momificado del rey que jamás llegó, aunque más bien habría que decir de la reina, ya que se la atribuye a Neferu-Sobek.

En cuanto a la Pirámide Meridional, fue estudiada en la primera mitad de 1900 y se dedujo que su corte era muy parecido al de las primeras pirámides del Imperio Medio. No obstante, nunca llegó a terminarse. Tenía situada la entrada también en su lado sur e, igual que su vecina, contaba con una serie de pasillos y cámaras que giraban sobre sí hasta llegar a la cámara funeraria. Esta está situada en el eje de la pirámide, e igualmente construida con piedra caliza. Un único hecho sitúa a Amenemhat IV como el propietario de esta construcción, y es que esta cámara del sarcófago es idéntica a la que Amenemhat construyó en su pirámide de Hawara.

Se descubrieron algunos restos del ajuar funerario, excesivamente escasos como para poner punto y final a la segunda edad dorada del Antiguo Egipto, puesto que con estos dos reyes, Amenemhat IV y Neferu-Sobek, termina el Imperio Medio.

LOS TESOROS DEL IMPERIO MEDIO

Como ya pudimos ver, no han sido demasiadas las joyas de uso diario procedentes del Imperio Antiguo que se hayan salvado de los saqueadores de tumbas[82]. Tampoco se nos escapa un detalle sorprendente. Se sospecha que los hurtos a gran escala en las tumbas de nobles y reyes se iniciaron en los primeros años del I Período Intermedio, pero las tumbas de los reyes no aparecen desmanteladas. Los ladrones no tuvieron que demoler ninguna cara norte de las pirámides para hallar la entrada a ellas. Sabemos que las entradas a las pirámides del Imperio Antiguo estaban bastante bien disimuladas. Así que esto nos hace sospechar que los saqueadores sabían el punto exacto en el que comenzar a excavar, lo cual significa que o bien tenían en su poder los planos de la tumba o bien contaban con la ayuda de algún funcionario. En todo caso, la administración estaba corrompida, y a buen seguro los ladrones se beneficiaron de la inestimable ayuda de los vigilantes de las necrópolis.

Como ya comentamos, los tesoros más destacados del Imperio Antiguo serían las joyas que aparecieron en la pirámide del rey Sejemjet, las joyas de la reina Hetepheres y algún otro hallazgo como el ajuar de la reina anónima o el collar de cuentas de Ptahshepses. Pero afortunadamente el Imperio Medio nos ha legado unas buenas colecciones que no sólo sirven para maravillarnos ante la vida de lujo de los nobles y príncipes, sino para comprender también la evolución social que Egipto tuvo en este período histórico. Los amuletos que la gente de a pie utilizaba sufrieron pequeñas modificaciones o transformaciones. También aparecen nuevos modelos de joyas como los amuletos tubulares. Estos, básicamente, constaban de un

---

[82]Resulta casi imposible saber en qué momento exacto comienzan los saqueos de las tumbas, si bien muchos egiptólogos opinan que estos se iniciaban en el instante que la comitiva funeraria abandonaba la necrópolis.

cilindro de oro de cortas dimensiones y eran empleados como colgantes. Su uso nace en la XII Dinastía, y la confección de estas joyas tiene claros signos extranjeros, ya que sus dueñas primeramente fueron princesas sirias o palestinas que llegaron a la corte real para establecer matrimonios de paz entre ambos pueblos. Con el transcurso de los años, este amuleto sería adoptado por todo el pueblo e incluso llegaría a marcar una moda y se copiarían los contrapesos que se empleaban para los grandes collares de cuentas que caían por la espalda.

Igualmente, durante la XII Dinastía surgen técnicas para trabajar los materiales que no existían en el Imperio Antiguo. Estas nuevas formas de confeccionar las joyas provienen, según algunos expertos, de los artesanos asiáticos que llegaron a Egipto bien durante el I Período Intermedio o bien durante los primeros años de la XII Dinastía.

Pero no sólo debemos considerar el hallazgo de estas joyas, sino que debemos tener en gran consideración a los hombres que trabajaron en estos lugares, donde los reyes del Imperio Medio levantaron sus pirámides. Los excavadores del siglo XIX eran hijos de su tiempo, pero gracias a sus métodos hoy podemos admirar las diversas piezas halladas en Egipto que están repartidas por todos los museos del mundo, y no sería justo despedir el Imperio Medio sin hacer mención a los tesoros rescatados de este período.

Jacques de Morgan inició una campaña de excavación en Dashur entre los años 1894 y 1895. Investigó, catalogó e hizo inventario en la pirámide de Amenemhat II. Aquí, De Morgan halló las tumbas de las princesas y reinas reales, que milagrosamente habían escapado del pillaje de la Antigüedad e incluso del que tuvo lugar durante la Edad Media. En la Pirámide de Amenemhat II descubrió las tumbas de las princesas Ita y Jnumet. Ita fue hija de Amenemhat II y esposa de Senwosret II. En su tumba se halló un precioso ataúd muy deteriorado. En el interior, una joya increíble, como antes no se había visto en Egipto. Se trata de una daga, un puñal encastrado en tres secciones. En un primer lugar tenemos el pomo, en forma de media luna y confeccionado íntegramente en lapislázuli[83]. La segunda sección sería la empuñadura, un tubo de forma oval, que se adelgaza

---

[83] El experto en joyas egipcias Hans Wolfgang Müller opinaba que nos hallamos ante la pieza de lapislázuli más grande elaborada en toda la historia de Egipto. Ni siquiera durante el Imperio Nuevo se talló una pieza semejante.

sensiblemente desde su centro hasta sus extremos. Está decorado con incrustaciones de lapislázuli y feldespato verde, unidas entre sí con un fino hilo de oro. La tercera sección sería la hoja, que, aunque es de bronce, se une a la empuñadura mediante un encastre de oro puro. El hecho de que no se haya encontrado una daga similar de este período sugiere a los expertos que tal vez este puñal fue confeccionado en los talleres reales únicamente para la princesa Ita, e igualmente se cree que tal vez o bien el artesano no era egipcio y conocía modelos distintos a los vistos, o bien el artista dejó volar su imaginación.

La princesa Jnumet fue hija de Amenemhat II y posiblemente también era esposa de Senwosret II, y su tumba fue la que más joyas pudo salvar de los ladrones: dos coronas, un collar decorado con dos cabezas de halcones, collares de cuentas, colgantes y pulseras con diversos amuletos, tobilleras de oro y ceñidores. Una de las coronas es de motivos florales. En su centro tiene un rosetón hecho de turquesa, lapislázuli y obsidiana. Pero sin duda, la joya más hermosa es el collar de cuentas con cabezas de halcones. Se trata de ocho filas de cuentas ensartadas en unos finos alambres de oro, seis pequeñas y dos más grandes. Lo más singular de este collar es que cuando De Morgan lo encontró en la cámara funeraria estaba prácticamente deshecho. El resto de las joyas de Jnumet son pequeñas obras maestras, de las cuales puede sobresalir sobre todas ellas una ajorca de oro para el tobillo.

Jacques de Morgan también excavó la pirámide de Senwosret III. Tras hallar las pirámides destinadas a las princesas reales, el arqueólogo francés encontró una galería en la que se alojaban ocho tumbas, cada una con su sarcófago. Sólo dos de los sarcófagos contenían inscripciones que delataban a sus propietarios. Las princesas Mereret y Senetsenbets, ambas hijas de Senwosret II. También halló la tumba de la princesa Sit-Hathor, posible esposa de Senwosret III. De los objetos hallados en la tumba de Sit-Hathor, cabría destacar una serie de collares ensartados y pectorales de Senwosret II. La princesa Mereret, enterrada a muy poca distancia de Sit-Hathor, albergaba en su tumba dos preciosos pectorales. Ambos tienen un corte similar al de Senwosret II. Uno de ellos contenía el nombre de Senwosret III y el otro el cartucho real de Amenemhat III.

El otro yacimiento arqueológico que nos sorprendió gratamente fue el complejo de Lahum. Flinders Petrie consiguió la concesión para excavar en la región de El Fayum en el año 1887. En la campaña de 1913 y 1914, Petrie dedicó sus esfuerzos a investigar el complejo de la pirámide de Senwosret II. Fue en 1914 cuando Petrie halló cuatro nichos. Tres de ellos habían sido saqueados de manera muy violenta. En una de las tumbas la momia estaba despedazada. Los saqueadores la habían desmembrado en busca de los amuletos mágicos y sus restos estaban diseminados por toda la cámara funeraria. Sin embargo, se pudo leer el nombre de la desdichada princesa gracias a los vasos canopes, que todavía conservaban las vísceras de la pobre Sit-Hathor-Iunit, hija de Senwosret II. Petrie, siempre metódico y anotándolo todo, tras explorar la tumba pudo constatar un hecho increíble que le proporcionaría un trabajo casi faraónico. Flinders Petrie y Guy Brunton estaban convencidos de que aquella lastimosa tumba no tenía nada que mereciese la pena ser excavado, pero aquel era el único hueco que quedaba por explorar en el recinto funerario, así que se disponían a realizar una exploración superficial cuando de entre los cascajos y el barro solidificado comenzaron a asomar varios tubos de oro macizo. Los arqueólogos decidieron en ese momento sacar de allí a todos los obreros e intentar mantener un sepulcral silencio sobre el hallazgo. Envió a las cuadrillas a otro sector y dejó aquella tumba en manos de Brunton, el cual debió quedar eclipsado ante la cantidad de trabajo duro que tenía por delante. Durante casi una semana entera, el ayudante de Petrie trabajó incluso de noche con la ayuda de una pobre luz. A medida que iba desmenuzando la capa de arcilla seca, iban asomando más y más cuentas de oro, más y más tubos de oro. El trabajo era tan sumamente delicado que la mayor parte de su labor tuvo que hacerla con un fino alfiler. Afortunadamente, Brunton había aprendido los métodos del padre de la arqueología en Egipto y, al contrario que De Morgan, Petrie medía y anotaba hasta el último detalle antes de mover la pieza encontrada. Esto fue una gran suerte, ya que gracias a las anotaciones de Brunton las cuentas pudieron ser reconstruidas en el mismo orden en que fueron encontradas. Las enseñanzas de Petrie permitieron recuperar no sólo un sinfín de objetos en todo Egipto, sino que gracias a las anotaciones obtendríamos una gran cantidad de información que los objetos por sí solos no podrían decirnos. Esto lo asimiló muy bien un joven ayudante de Petrie, llamado Howard Carter, y sus años como aprendiz serían cruciales a la hora de afrontar el increíble descubrimiento de la tumba del faraón niño Tut-Anj-Amón, en el Valle de los Reyes.

El ajuar funerario rescatado en la tumba de Sit-Hathor-Iunit en Lahum sobrepasaba con creces los hallazgos de Dashur. Entre las joyas había una corona, un espejo, varios brazaletes de cuentas, ajorcas para los tobillos, ceñidores, varios amuletos de oro, un *uraeus* y pectorales con el nombre de Senwosret II y Amenemhat III. La práctica totalidad de las joyas fue utilizada en vida por la princesa, tal y como muestra su desgaste. Este hecho nos permite tener una idea de su complexión física. Tras una reconstrucción bastante aproximada, sabemos que tenía una cintura muy delgada, que era de estatura media y que tanto sus muñecas como sus tobillos eran también muy delgados y finos. De los tesoros hallados por Petrie cabe destacar varios objetos. En un cofre, encontrado en el fondo de la cámara, se halló una peluca y una corona real, con dos plumas de oro y un *uraeus* también de oro. Los pectorales de Sit-Ha-thor-Iunit son muy similares a los hallados en Dashur, pero están elaborados con mucha más maestría. Otra pieza que cabe destacar, sin duda alguna, es el espejo de plata y obsidiana. Está considerado como uno de los objetos más exquisitos y sublimes que jamás elaboró un artesano en Egipto. Nos hallamos ante una obra maestra, compuesta por un centro de plata pura en un noventa por ciento y una empuñadura de obsidiana con forma de tallo de papiro. La empuñadura comienza con una cabeza de Hathor, que en realidad es una clara alusión al nombre de Sit-Hathor-Iunit, que podría traducirse como 'Hija de Hathor de Dendera'. Lo que resulta incomprensible es que los ladrones de tumbas que saquearon esta necrópolis dejaran atrás semejante

Corona de la princesa Sit-Hathor-Iunit,
Museo de El Cairo, Egipto.
Fotografía de Nacho Ares.

Espejo de Sit-Hator-Iunit,
Museo de El Cairo, Egipto.
Fotografía de Nacho Ares.

tesoro. Afortunados debemos sentirnos ante tal torpeza, pues todos estos objetos han arrojado un haz de luz ante tanta bruma que se ciñe sobre la vida de estas reinas y princesas. Lo que no llegaremos a saber, desgraciadamente, es el papel concreto que jugaron en conjunto con sus esposos, con quienes vivieron estos apasionantes días del Imperio Medio.

Capítulo VI
El dominio hicso y la llegada del Imperio Nuevo

EL II PERÍODO INTERMEDIO, EL DOMINIO HICSO Y LA GESTA TEBANA

Los egiptólogos no terminan en ponerse de acuerdo en los hechos que siguieron al final del Imperio Medio, y esto es producto de las pocas pruebas y evidencias arqueológicas. Uno de los motivos por los que desconocemos parte de este momento en la historia de Egipto es que muchos de los acontecimientos se desarrollaron en el Bajo Egipto, en la zona del Delta del Nilo[84]. No obstante, hay suficientes evidencias arqueológicas como para hacernos una idea bastante aproximada.

Parece ser que el paso de la XII a la XIII Dinastía tuvo lugar sin demasiada brusquedad ni conflictos. Con la XIII Dinastía llegan un número indeterminado de reyes, más de cincuenta, para un período histórico demasiado corto. Este es el momento conocido en la egiptología como el II Período Intermedio.

De estos efímeros faraones conocemos muy poco. Unos detalles de unos y nada en absoluto de otros. El linaje real de la XII Dinastía parece

---

[84]La condición húmeda de esta mitad del país nos ha impedido recuperar textos y objetos, condición que, por el clima muy seco y el calor terrible, sí se ha dado en el Alto Egipto.

haberse mantenido mediante una serie de ramas secundarias familiares, pero también hay constancia de que en otros casos, pocos, el rey coronado era de origen plebeyo. Estas líneas se veían rotas muy pronto o al menos eso demuestran una serie de irregularidades arqueológicas.

Si desde los días del gran Amenemhat III se había consolidado un tránsito controlado de extranjeros en Egipto, la XIII Dinastía abrió de par en par las puertas de sus fronteras, bajó las guardias de los puestos de vigilancia y tanto los sirios como los palestinos terminaron por ejercer una política independiente que, inexplicablemente, los faraones de este período no pudieron controlar. Dependiendo de los especialistas, unos opinan que la XIV Dinastía está formada por los sirios y palestinos, y a continuación tenemos la XV Dinastía que sería la de los hicsos.

Sea como fuere, la fuerza de esta gente se asienta en la zona de Ávaris, en el Delta. Casi todos los egiptólogos coinciden en señalar que el secreto de su éxito fue un arma innovadora: el carro tirado por caballos. Precisamente es en este momento cuando los especialistas creen que hizo aparición por vez primera la rueda en Egipto, aunque, como ya hemos visto, hay indicios que nos sugieren lo contrario. En estos días en los que se acaba de instaurar la XIV Dinastía, tenemos dos nombres que nos ayudarán a hacernos una idea de lo que ocurría realmente. El primero de ellos es un tal Nehesi, que se supone asiático o de antepasados asiáticos. Este hombre formó coalición con los hicsos en el Bajo Egipto. De aquellos que continuaban poniendo resistencia, cabe destacar a un tal Wahibre, un descendiente de los últimos reyes de la XIII Dinastía que tuvieron que recluirse en Tebas, y parece ser intentó al menos mantener su área de influencia libre de los hicsos. Igualmente, podemos destacar dos monarcas que fueron importantísimos, cada uno en su tiempo. El primero de ellos es un rey tebano de nombre Djehuti, que parece ser el fundador de la XVI Dinastía. Se supone que tomó parte en una confrontación con los hicsos y, después de algunos combates, logró propiciar una especie de tregua que se prolongaría varios años. Tal vez fuera con esta tregua cuando podemos ver, tal y como algunos textos nos cuentan, que los rebaños de Tebas podían pastar en los terrenos hicsos y estos a su vez podían circular por el territorio tebano para comerciar con los nubios. El segundo hombre es un rey hicso, de nombre Jian, que vivió bajo la XV Dinastía y llevó a sus tropas más allá de la ciudad de Abydos, que parecía ser el punto de inflexión entre los dos

Estatua de Hor Wahibre, rey de la XII
Dinastía, Museo de El Cairo, Egipto.
Fotografía de Nacho Ares.

reinos. Llegó a Tebas y tomó la ciudad, debemos entender que hallando resistencia en su camino. A continuación, comandó a sus hombres hasta Gebelein donde mantendría el control durante largos años. De hecho, sería su hijo quien cerrara la dinastía y el fin del reinado hicso en Egipto: el rey Apofis.

Los hechos que se sucedieron tras esta toma de Tebas no están demasiado claros, pero una de las causas sí parece estar identificada con una serie de malas crecidas y la aparición de hambrunas que comenzaron a asolar el Alto Egipto y, tras la ocupación de Tebas, llegó una especie de olvido por parte de los hicsos sobre esta zona. Aquello que muchos egiptólogos catalogan como la primera mitad de la XVII Dinastía, cuyos integrantes parecen haber recuperado la línea sanguínea familiar, se ve culminado con la figura de Senajtenre Tao I. Sin embargo, el pilar de este hombre y la causante de la rebelión que devolvió la libertad a Egipto fue su esposa, la reina Teti-Sherit.

Sabemos que su padre era Tuena, un juez de reputación intachable en Tebas y que, a todas luces, tenía una o bien una fuerte influencia en la corte real o bien lazos con la familia real en una línea indirecta, puesto que logró situar a su hija ni más ni menos que en el trono de las Dos Tierras como consorte real. Su madre era una 'Dama de la casa', de nombre Neferu. Esta mujer, que murió heptagenaria, supo hacer buen uso de la condición que tenía, no sólo de reina de Egipto, sino también 'Madre del rey' y 'Madre de la reina', pues inculcó a sus dos hijos la idea y el anhelo de la libertad.

Iah-Hotep y Seqenenre Tao II, ambos hijos de Teti-Sherit y Senaj-tenre, son los reyes tebanos. Están recluidos en un área tan pequeña que cualquier intento de sedición resulta insultante a ojos de los hicsos, los ilegítimos monarcas que se sientan sobre el trono de las Dos Tierras.

Hacia el año 1558 a. C., el rey hicso Apofis se presenta ante los egipcios como un temible bárbaro y, según las crónicas, como un tipo bastante vil y cruel. No se sabe exactamente cuándo ni cómo, pero el rey Tao I muere, posiblemente en combate, y al frente del trono egipcio queda Teti-Sherit. Pero ella sola se ve incapaz de animar a su pueblo para que continúe con la sublevación. Hasta ese momento, podemos imaginar que la vida de los príncipes Seqenenre e Iah-Hotep era bastante difícil, e incluso es más que probable que Seqenenre acompañase a su padre en alguna batalla. Se sabe que había un margen, una especie de zona de seguridad que aproximadamente llegaba hasta Abydos, donde se trazaba la línea imaginaria que los tebanos no querían cruzar, pues más allá estaban las auténticas guarni-

ciones de los hicsos. Sabemos, gracias a una estela, que Iah-Hotep y Seqenenre Tao II comenzaron a reunir una coalición de tebanos para convertirlos en soldados y que fueron colocados bajo la tutela de la divinidad local, Amón. Muy posiblemente, pudieron pasar años hasta que se inicia en serio la lucha por conquistar la ciudad de Ávaris, el auténtico corazón extranjero que se halla en el Delta del Nilo. En el transcurso de estos años, el rey y su consorte real tuvieron sus primeros hijos: Kamose, Ahmose y Ahmés-Nefertari. De esta historia conocemos tan sólo el comienzo, gracias a

Momia de Seqenenre Tao II.
Fotografía de S.C.A.

286

que fue escrito en un papiro conocido como Papiro Salier I, datado en el Imperio Nuevo. Apofis deseaba conquistar Tebas de una vez por todas, así que envía un mensajero ante Seqenenre para comunicarle que los hipopótamos que residen en la orilla tebana braman con tal fiereza que los ecos resuenan en Ávaris. Así pues, advierte al tebano que será mejor que vacíe las aguas de los estanques y arponee a los animales, so pena de ver cómo los hicsos caen sobre Tebas como una plaga de moscas. En un primer momento, Seqenenre despide al mensajero, pidiéndole que diga a Apofis que no se preocupe, que se hará tal y como él desea. Una vez el hicso se ha marchado, reúne a sus generales y nobles en una asamblea de emergencia. Si los planes de Apofis son apoderarse de Tebas, deberá pagar con la sangre de muchos de sus soldados para conseguirlo. La guerra es inevitable y el momento de la verdad ha llegado. En lo que concierne al número de tropas que comandaba el rey tebano, se desconoce todo absolutamente. En una de sus primeras incursiones sabemos que Seqenenre recibe una herida en una mejilla que, a pesar de su gravedad, consiguió cicatrizar. Esta primera contienda no hizo sino aumentar el auge guerrero de esta casta tebana y el momento de la verdad llegó al fin para Seqenenre. Desconocemos el lugar exacto de la confrontación, así como el número de tropas que forjaron esta épica contienda. Lo único cierto es que Seqenenre fue vencido en el fragor de la batalla. Las heridas que sufrió en el pecho y el cráneo fueron mortales de necesidad. Su momia, recuperada por Gastón Maspero en 1881, muestra el rostro de un hombre cuyo cuerpo inerte regresó a Tebas, donde lo aguardaban dos reinas viudas.

No sabemos lo que ocurrió a continuación, pero, a juzgar por los hechos y las evidencias, Iah-Hotep se rehizo a sí misma, tal y como Egipto lo había hecho en los momentos difíciles, y tomó el mando de la reconquista. El rey Apofis, sin duda alguna, debió creer que tan sólo había que asestar el golpe definitivo a la orgullosa Tebas. Pero el rey asiático se quedó boquiabierto al comprobar aquel espectáculo sin igual: una reina, una mujer excepcional, como jamás antes habían visto las centurias, se alzaba ahora ante ellos, impávida, con las dos coronas de oro sobre su cabeza.

A pesar de ella se coloca al frente de la situación, será su hijo Kamose el que tome el control del conflicto, 'El que ha nacido de la potencia'. Debemos entender que Kamose efectúa alguna incursión en territorio enemigo, sin duda con resultados positivos. Él mismo nos cuenta: «Bajé el río para que los asiáticos siguieran a Amón, el Justo de consejos, con mis soldados a mi lado como una llama de fuego». Otro relato del propio Kamose se hace, como poco, escalofriante. Se trata de un asedio contra el príncipe Teti: «Pasaba la noche en mi barco y mi corazón estaba feliz. Maat me aconsejaba y, cuando la tierra se iluminó, me abalancé sobre él como un halcón». Este ataque en concreto se inició al amanecer y, cuando el sol se hallaba en su cenit, todo había concluido. De esta batalla, Kamose hizo muchos prisioneros, los cuales se unieron al ejército de liberación a cambio de salvar sus vidas.

En algún momento entre estos años que estamos viviendo, el rey Apofis ve que su situación no es tan favorable como él creía. Así pues, decide pasar a la acción. Su idea es proponer una coalición al vecino país de Kush y tentar a su rey con un reparto de beneficios cuando la masacre se haya consumado. Desde Ávaris parte un mensajero que evitará los caminos principales, intentando adentrarse en las vías secundarias. Sin embargo, estos son precisamente los caminos que los tebanos intentan defender, y una avanzadilla de reconocimiento de Kamose detecta y apresa a ese desdichado «correo exprés». Ante estos hechos, el nuevo faraón está desconcertado, pues Tebas se halla ahora entre dos fuegos. Y, sobre todo, una pregunta retumba en su mente: ¿es este el único correo que Apofis ha enviado? Ya no existe más que una salida: el ataque inminente.

La fiereza que demuestra el faraón de Tebas es descomunal a medida que avanza hacia el norte, rumbo al Delta del Nilo. Una tras otra, las marcas de los hicsos van cayendo y las ciudades son asoladas. La sangre cubre las plazas de los pueblos y los cadáveres se agolpan en las orillas del río. Iah-Hotep, por seguridad, se ocupa de la protección del sur y los nubios no podrán entrar por esa vía. No obstante, Apofis no sabe todavía que sus refuerzos de la tierra de Kush no llegarán jamás para ayudarlo en esta guerra que libran hicsos y egipcios. La suerte de ambos reyes está echada.

Finalmente, el temido día ha llegado para el hicso, y desde su fortaleza de Ávaris ya pueden verse las velas de los navíos egipcios que se aproximan a la ciudad. La temible flota de Kamose ha llegado. Los buques egipcios destrozan y hunden a las naves enemigas, que apenas pueden oponer resistencia ante semejante avalancha bélica. Cuando Kamose se ha deshecho de la barrera de buques hicsos, desembarca para consumar la ansiada victoria. Pero los dioses de Egipto habían decidido otra cosa. Los hechos nos hacen sospechar que el rey fue herido en la contienda y se vio obligado a cortar su avance. Sus heridas debieron ser serias, ya que, poco después de este momento, su nombre desaparece de los anales reales.

No cuesta imaginarnos la escena de una reina asolada, medio derrotada. Su esposo y su primogénito han muerto a manos de unos extranjeros que mantienen a su amado Egipto bajo un yugo de opresión. Mira hacia su hijo de diez años y se pregunta si tendrá fuerzas para seguir adelante. La respuesta a este enigma no se hace esperar, y de inmediato vuelve a asumir las dos coronas sobre su frente. Ella será la que extermine a sus enemigos, será el Horus de Oro sobre la tierra. Sin permitir que el enemigo se regocije siquiera por aquella momentánea victoria, hace valer su hegemonía en las ciudades conquistadas, al tiempo que descubre y elimina a los simpatizantes y espías que los hicsos tenían en ellas.

Desconocemos en qué momento Ahmose asume el rol de general de su ejército, pero por otros episodios posteriores es muy posible que a los doce o trece años fuese declarado ya en su mayoría de edad para ello. En estos momentos esenciales, la reina de Tebas, auténtico jefe militar, va enseñando a su hijo las labores de comandante. Es ella la que pone fin a una revuelta en el sur, exterminando sin dudar a una coalición de partidarios de los hicsos. Estos actos no sólo favorecen al jovencísimo Ahmose, sino que reconforta a las tropas. Ahmose toma a su ejército y se planta ante la ciudad de Ávaris, donde, oculto en la sombra, se encuentra un Apofís desconcertado.

Los avatares de esta etapa final, con la consecuente expulsión de los hicsos del territorio egipcio, nos han sido regalados por un valiente soldado que luchó codo con codo al lado de su soberano. Se trata de Ahmosis, el hijo de Ábana. Gracias a su autobiografía conocemos de primera mano las gestas de Seqenenre Tao y de su hijo Kamose.

Cabe suponer que como este personaje habría muchos otros alrededor del rey y que, sólo por su bravura y por su coraje, Ahmosis sobresalió por encima de sus compañeros de filas. Nacido en la ciudad de Nejen, fue ganándose la confianza de su señor gracias a las anteriores incursiones que había realizado. Ahmosis y Ahmose podría decirse que lucharon codo con codo, conquistando una ciudad tras otra. A cada paso que daban, el Bajo Egipto volvía a fundirse con el Alto Egipto y la otrora insistencia de los hicsos daba paso a la reapertura de los santuarios, a la vuelta a la normalidad.

A bordo del buque principal, que llevaba por nombre 'Toro Salvaje', viajaba Ahmosis, el hijo de Ábana, en compañía del faraón cuando avistaron

Estela de Ahmose, Museo de El Cairo, Egipto. Fotografía de Nacho Ares.

la ciudad de Ávaris. Al llegar al Delta del Nilo, Ahmosis, el hijo de Ábana, tomó el mando de una escuadra a través de un brazo del río que llevaba por nombre Pa-Djedju y comenzó asedio que duró meses. Hubo gran cantidad de episodios épicos y el propio Ahmosis, el hijo de Ábana, nos cuenta cómo él mismo capturó a varios hicsos que luego le fueron entregados como sirvientes. Finalmente, el punto neurálgico de Ávaris cayó y el terror hizo aparición. Por todas las calles de la ciudad se extendió la muerte. Los soldados asiáticos caían a decenas, mientras que los egipcios, exaltados en su victoria, morían en menor número. No hubo piedad. La hegemonía de los hicsos había desaparecido y un nuevo viento soplaba desde el Delta hasta Elefantina: el viento de la libertad.

El regreso a Tebas fue triunfal. En el muelle, una comitiva esperó a Ahmose y en torno al buque real se agolparon decenas de egipcios enloquecidos, gritando el nombre de su rey. Ahmosis, el hijo de Ábana, fue condecorado con dos moscas de oro, galardón máximo de un militar, y los prisioneros le fueron entregados. Sin embargo, Ahmose no se alegró de su victoria. Sus ojos no se apartaban del norte, y a buen seguro tampoco los de su madre Iah-Hotep. Así pues, nuevamente ondearon los emblemas del *Sema Tawy*, la unión del Alto y Bajo Egipto a manos de los portaestandartes, y las tropas pusieron rumbo hacia la fortaleza de Sahuren, que había servido de prisión y tumba para muchos egipcios. Durante tres años, Ahmose persiguió a los hicsos y los pocos supervivientes jamás volvieron a acercarse a las fronteras defendidas por el faraón. No obstante, Ahmose no estaba satisfecho, pues sus ojos se volvían inexorablemente hacia el sur, ya que el joven halcón no había olvidado que los kushitas habían formado una coalición con los hicsos. Tomó nuevamente el mando de sus tropas, las embarcó y puso rumbo hacia Jent-Nefer. Allí, tal y como nos narra el fiel soldado Ahmosis, el hijo de Ábana, tuvo lugar una gran matanza que disipó cualquier intento de sedición.

Había nacido una casta militar, una nueva serie de monarquía basada en la continua defensa. Los años de sometimiento pasaron factura a todos los pueblos adyacentes que de una forma u otra habían confabulado en contra de Egipto. De esa forma, Ahmose pasó varios años más manteniendo activas todas las guarniciones de sus fronteras. Había nacido la XVIII Dinastía, una de las más grandes de toda la historia de Egipto. De aquí surgirían reyes que serían el espejo y modelo de futuras generaciones de reyes. Egipto conocerá un período de riqueza sin igual y expandiría sus fronteras hasta límites insospechados. Egipto sería, durante cientos de años, la mayor potencia de su época y engendraría tradiciones que con el paso de las centurias heredaría el mundo moderno. Nada se movería bajo la tierra sin que el faraón de Egipto lo supiera. Nadie respiraría en la tierra si el faraón de Egipto no le otorgaba su aliento divino. Nunca antes los reyes habían tenido tanto poder. Y en este panorama tan grandioso tuvieron cabida magníficos reyes, grandes batallas y el poder del clero, que terminaría deteriorando y rasgando el fino velo que era la figura del último ramésida.

EL IMPERIO NUEVO

Ahmose y la XVIII Dinastía

De aquellos gloriosos años en los que Menfis había sido el centro del Antiguo Egipto apenas quedaban recuerdos. Tebas, la grande, se convirtió en la nueva capital del país, en la nueva balanza de las Dos Tierras. Y al frente de ella, Amón, el Oculto.

El faraón Ahmose estaba casado con su hermana, la gran reina Ahmés-Nefertari. No cabe duda alguna de que esta mujer fue de carácter y porte excepcional. Su nombre aparece en infinidad de documentos, y gracias a estos sabemos que su esposo tenía muy en cuenta los consejos que ella le proporcionaba y que, de hecho, su palabra tenía tanto peso como la del propio rey.

En principio, Ahmés-Nefertari fue la que tomó las riendas del gobierno mientras su esposo luchaba tanto en el sur como en el noreste del país. Su nombre dará lugar a una genealogía de mujeres cuyo linaje se extenderá por todo el Imperio Nuevo. Es fácil reconocerlas porque tienen incluido en su nombre el de Ahmés o bien el de Nefertari. Una de las medidas que la reina adopta es la de garantizar para las mujeres reales un poder dentro del clero, anexionándose la casta sacerdotal para evitar que todo el poder recaiga sobre los sacerdotes de Amón. Para ello, ella misma será la 'Primera esposa del dios', una derivación del antiquísimo título de 'Mano del dios' que habían detentado las reinas del Imperio Antiguo. Pero los sacerdotes de Amón vieron en esta gran reina un posible enemigo y al final tuvo que ceder parcialmente a sus ambiciones.

Ella le dio a Ahmose su primer hijo, Ahmés-Anj, que fallecería sin poder coronarse rey, por lo que el camino al trono se allanaría para su segundo

Hacha de guerra de Ahmose procedente de la tumba de Iah-Hotep, Museo de El Cairo, Egipto. Fotografía de S.C.A.

Frontal con cabezas de venado y gacelas, procedente de la tumba de Iah-Hotep,
Museo Metropolitano de Nueva York. Fotografía de Nacho Ares.

hijo, el príncipe Amenhotep, primero de los reyes en incluir el nombre del
dios tebano. Con la gesta de Ahmose, Egipto dio un giro bastante notable
a su modo de vida, pues en cierta forma asumió que su singularidad y su
origen como nación eran codiciados por muchos pueblos que tan sólo necesitarían un signo de debilidad para abalanzarse como hienas sobre un
cuerpo moribundo. Por ello Ahmose vivió el resto de sus días entre su trono
y su caballo, alternando la palabra con la espada. Con todo esto, llegó el
día en el que el destino puso ante el rey otra terrible prueba de valor.

La gran reina Iah-Hotep ha fallecido con ochenta años. Supo transmitir a sus hijos la fuerza verdadera del país del Nilo, y este hecho se ve
reflejado en todos los objetos que aparecieron en su morada para la eternidad. Situada en la necrópolis de Tebas, Ahmose preparó una magnífica
morada para la eternidad para su amada madre. Esta tumba fue descubierta
por Auguste Mariette, aunque tristemente la momia de Iah-Hotep fue quemada por el hombre que en aquel año de 1854 ejercía como gobernador de
Qena. No obstante, su tesoro pudo ser salvado, para mayor gloria de aquella mujer heroica y valiente, que inculcó en sus hijos el espíritu de libertad
que Egipto había perdido con la invasión de los hicsos. Este maravilloso

tesoro estaba compuesto por pulseras de cuentas y multitud de objetos de oro: colgantes y cadenas, un grupo de brazaletes rígidos con la talla de las escenas de la coronación de Ahmose, pectorales en los que las divinidades ofrendaban al hijo de la reina, muñequeras, un hacha con los cartuchos reales de Ahmose y puñales. Lo más valioso es una serie de varias condecoraciones militares en forma de moscas de oro, del tamaño de una palma de la mano, que se conceden a los más valientes guerreros. Estas condecoraciones jamás se habían entregado a una mujer, y el hecho de que Ahmose se las entregase a su madre, en vida o tras su óbito, nos enseña cuál fue el carácter de Iah-Hotep, y que ella fue en verdad la que empujó al ejército a la lucha.

Finalmente, Osiris acudió a la cita con su amado hermano, el rey del Alto y del Bajo Egipto Ahmose Nebpehire, y dio por fin un descanso merecido a este rey tan importante para la historia del mundo antiguo. Ciertamente, ocuparía un lugar de privilegio en todos los anales reales, ya que Ahmose fue el símbolo de la libertad a los ojos de los antiguos egipcios.

Los años de guerra han dado como resultado que el país del Nilo, el país de Kemet, comience, inevitablemente, un camino largo y duro hacia un cenit esplendoroso que dará como resultado el mayor imperio que el mundo haya visto jamás. Ha comenzado la XVIII Dinastía.

Amenhotep I

Nuevamente, tras la muerte de Ahmose, un hijo real toma el testigo de su padre y se sienta en ese trono de luz que era, en resumen, Egipto entero. Su nombre era Amenhotep, y sería el primero de los faraones en llevar el nombre del dios Amón. Y eso a pesar de que Amenhotep no estaba destinado a reinar. Su nombre significa 'El principio oculto [Amón] está en plenitud'. Continuó con todas las labores que Ahmose había dejado pendientes, aunque en el ámbito militar su reinado fue bastante pacífico. Se casó con su hermana Meritamón, una mujer excepcional que alcanzó gran poder como 'Esposa del dios'. Meritamón no dio ningún hijo a su esposo y murió muy joven. Todo parece indicar que la joven reina pudo haber muerto en un parto prematuro, con la consecuente pérdida del hijo deseado. Así que el viudo Amenhotep I volvió a pedirle a su madre que lo ayudara en las labores de estado, puesto que no se volvió a casar ni se le conocen otras esposas secundarias.

Los textos que nos hablan sobre el reinado de Amenhotep I son muy escasos. Los egiptólogos suelen datar su reinado en un período no superior a los veintiséis años, aunque Dodson y Hilton nos proponen un reinado de veintiuno. No obstante, tenemos en Karnak una celebración de su *Heb-Sed*, que, como vimos anteriormente, se celebraba cada treinta años, aunque también es cierto que no todos los reyes la celebraban en su trigésimo aniversario. Tal vez por motivos de salud la *Heb-Sed* tuvo que adelantarse al año veinticinco o veintiséis.

En su primer año de reinado tiene lugar una incursión en el Delta, parece ser que con algún que otro muerto egipcio. Así, Amenhotep se convirtió en el propio Seth y sembró el terror entre sus enemigos. Tal fue así que la acción militar fue cuestión de horas. Deberemos rescatar para la causa a un viejo conocido, que no es otro sino Ahmosis, el hijo de Ábana. En el año octavo de su reinado Amenhotep ve como los nubios se rebelan en el sur. Envía a su general al frente de un destacamento que librará una cruenta batalla más allá de la segunda catarata. Debemos entender que Ahmosis, el hijo de Ábana debería tener ya una edad considerable. En su regreso a Egipto, tras imponer nuevamente el orden, trajo gran cantidad de cautivos y al frente del país de Kush se quedó un hombre de confianza llamado Turi.

Pero Amenhotep, sobre todo, es un rey que tiene como única meta que Egipto vuelva a recobrar su esplendor. Los cinceles volvieron a convertirse en la música de las canteras, los talleres de los escultores volvieron a recrear la vida en sus estatuas, los arquitectos reales volvieron a plasmar sobre el papiro la voluntad de su señor. Pero sobre todo había que salvaguardar la herencia milenaria que sus antepasados le habían otorgado. Las pérdidas que produjeron los años de gobierno hicso son incalculables, no sólo en el aspecto de los edificios que se perdieron para siempre, sino de la documentación escrita que desapareció. Todo el trabajo de los escribas del Antiguo Imperio parecía no haber existido nunca.

En los lugares más importantes Amenhotep dejó su huella para la eternidad. Karnak era un modesto santuario. Para llevar a cabo aquello que el rey tenía en mente, se trajo piedra arenisca desde las canteras de El Sisila; piedra de alabastro desde Hatnub y Bosra y piedra caliza desde Tura. Una vez el santuario estuvo erigido, lo adornó con las escenas de la vida cotidiana de la corte real, reflejó momentos de su propia vida y plasmó para la eternidad los momentos más significativos de su fiesta *Heb-Sed*.

Existe alguna duda al respecto sobre a quién pertenece el honor de haber constituido la comunidad de artesanos de Deir el-Medineh, pero hay varias pruebas que señalan como iniciador de esta comunidad al rey Amenhotep I. Y los artesanos de 'El lugar de la verdad' jamás olvidaron este hecho. A su muerte, Amenhotep tiene el honor de ser declarado un dios. Se convierte en el patrón de las necrópolis tebanas junto a su madre Ahmés-Nefertari. Así, ambos nombres aparecen para ser recordados en el culto del faraón. Pero donde más se rinde homenaje a esta pareja, ya divina, es en Deir el-Medineh, al oeste de Tebas. Es aquí, en la ciudad de los artesanos del Valle de los Reyes, en el lecho de esta pequeña ciudad, donde se establece que la estación de *Peret* será dedicada a su memoria. Su morada para la eternidad plantea, como podremos ver, serias dudas. Pero lo que más sorprende es el nuevo modelo que instaura, la separación de la tumba en sí del santuario donde se celebrarán los ritos, algo insólito e innovador.

La XVIII Dinastía no podía haber comenzado de otra forma. Cuando las aguas del Nilo bajen con su habitual fuerza, germinarán las potencias regeneradoras de vida, los que viven de Maat, los que perviven bajo el aliento divino, los reyes de Egipto. La etapa más gloriosa de Egipto ha comenzado.

Thutmosis I

La paternidad de Thutmosis I es todavía objeto de debate y un gran enigma[85] El príncipe Thutmosis estaba casado con una mujer llamada Mutnefert, pero tuvo que desposarse con la princesa Ahmés-Ta-Sherit, hermana pequeña de la reina madre Ahmés-Nefertari, ya que tan sólo la sangre descendiente de la antepasada Iah-Hotep podía garantizarle la subida al trono de Egipto. Thutmosis I tuvo varios hijos. Con Mutnefert engen-

---

[85]Sabemos que fue hijo de un príncipe, como así lo atestigua él mismo en una estela, donde se jacta de ser «el hijo real de un hijo real, el predestinado por Amón». Según unos recientes estudios llevados a cabo por los egiptólogos Aidan Dodson y Salima Ikram, su padre sería un hijo de Ahmose y Ahmés-Nefertari, el príncipe Ahmés-Sapair, cuya momia apareció en la *cachette* de Deir el-Bahari en 1881.

dró a los príncipes Wadjmose, Amenmes y el que sería Thutmosis II, y con la reina Ahmés-Ta-Sherit tuvo a las princesas Hatshepsut y Neferubiti.

Sabemos que cuando Thutmosis llegó a reinar era un hombre maduro que había sido comandante en jefe del ejército de Amenhotep I. Ignoramos si llegó alguna vez a verse envuelto en alguna batalla. Se cree que reinó durante doce años, y su subida al trono contribuyó al desenlace que situaría a la XVIII Dinastía como una de las más gloriosas de la historia egipcia. Cuando llevaba un año y medio sentado sobre el trono de Horus inició una serie de campañas militares, y junto a él luchaba Ahmosis, el hijo de Ábana. Precisamente sería el almirante quien llevase una flota mientras por tierra viajaban los ejércitos comandados por Thutmosis; el rey se enfrentó a una rebelión en el área de Jent-Nefer. Las batallas libradas en estos días fueron cruentas y sangrientas; así debemos deducirlo de la autobiografía de Ahmosis, el hijo de Ábana.

El ejército de Thutmosis todavía estuvo navegando río abajo durante ocho meses hasta llegar a la tercera catarata. Y cuando regresó a Tebas llevó el cuerpo del jefe de los rebeldes, posiblemente colgado del mástil de su barco, una clara advertencia contra aquellos que pensaran en la desobediencia. Pero no sólo Nubia daba problemas a la estabilidad real, sino que los sirios se confabularon contra las leyes egipcias que regían aquellas tierras, y Thutmosis los persiguió hasta la ciudad de Retenu. Al final de su reinado, las fronteras de Egipto se habían extendido desde el África más profunda hasta las ciudades próximas al río Jordán.

En el aspecto constructivo, Thutmosis fue el iniciador del gran complejo de Karnak. Una estela hallada en Abydos nos narra como el arquitecto real Ineni comenzó las obras de un complejo destinado al dios Amón. Construyó una sala hipóstila con columnas de cedro del Líbano que sirvió para honrar las victorias militares de su rey. Thutmosis fortaleció la economía del país, amplió el santuario de Osiris e incluso realizó alguna obra de restauración en los santuarios de Gizeh.

Cuando la posición de las fronteras se hizo estable, el rey inició obras en varios puntos del país. Construyó edificios en Aramat, en Menfis, en Edfú e incluso en el país de Kush, donde Turi había establecido una firme y férrea administración que ya alcanzaba hasta la cuarta catarata, en la región de Napata. Tenemos también varias estelas con su nombre en el Sinaí y en Wadi Hammamant.

La vejez terminó por alcanzar al vigoroso rey, y tras doce años de un reinado muy próspero para su país, moría Ajeperkare Thutmosis en una aparente paz y tranquilidad, porque el futuro del reino estaba garantizado. Se hizo construir el primer hipogeo del Valle de los Reyes, pero los egiptólogos no están seguros totalmente de dónde colocar su ubicación.

Thutmosis II

Thutmosis II, cuyo nombre de nacimiento significa 'Grande es la forma de Re' era el tercer hijo de Thutmosis I y Mutnefert. Su llegada al trono fue más obra del destino que por la gracia divina, ya que sus hermanos mayores murieron a muy corta edad. Thutmosis II ya estaba casado cuando fue elegido para reinar y se había desposado con una reina de nombre Iset, que parece ser que fue una princesa extranjera; un matrimonio de conveniencia en toda regla. Pero para reinar, Thutmosis se vio obligado a casarse con su media hermana, la princesa Hatshepsut. Sin embargo, entre ellos había un problema que no tenía solución. Por un lado, Hatshepsut había sido educada por la reina madre Ahmés-Nefertari para ser la 'Esposa del dios Amón' y por otro lado por su padre para ser reina de Egipto, supuestamente al lado de un gran rey. Hatshepsut reunía todos los valores de una gran mujer destinada a realizar grandes gestas por su pueblo. En la otra cara de la moneda estaba el débil Thutmosis, que no era ni de lejos un hombre enérgico capaz de ponerse al frente de sus tropas y sofocar siquiera una rebelión de chiquillos. Era un hombre bastante enfermo según parece, así que desde un inicio Hatshepsut se vio obligada a tomar bastantes decisiones, que por unos motivos u otros su esposo no era capaz de tomar. Hatshepsut había nacido para ser reina de Egipto, su sangre se lo reclamaba. Su madre era Ahmés-Ta-Sherit, hija de reinas de un linaje divino que había devuelto la estabilidad a las Dos Tierras. Pero había un pequeño problema, y es que Thutmosis I no pertenecía a la genealogía dinástica, y por ello se jugó con la idea de que el dios Amón, habiendo tomado la forma de Thutmosis I, había engendrado a Hatshepsut en el vientre de su madre. Con esto, debemos deducir que Thutmosis I deseaba que su hija reinase sobre el Doble País, y por ello en su año segundo de reinado recurrió al Oráculo de Amón, cuya sentencia se recogería en la Capilla Roja de Karnak que Hatshepsut construiría años más tarde. No obstante, no hay por qué dudar de las palabras de la, en aquellos días, princesa, pues Amón proclamó a toda la tierra de Egipto que ella era la escogida para llevar las riendas del gobierno y que las Dos Tierras le pertenecían a ella. Es muy posible que Thutmosis I viese en Hatshepsut al hijo que nunca tuvo, pero la realidad es que tampoco tenía mejores opciones. Tenía tres hijos habidos con el matrimonio con Mutnefert, y los tres eran de salud delicada. Pero ella tenía la fuerza de su padre, la valentía y el coraje de sus antepasados. ¿Quién podía poner en duda que realmente ella era la reina legítima de Egipto?

Algunos textos nos señalan que Thutmosis II realizó una corregencia con su padre, pero sin embargo era Hatshepsut quien contaba en las decisiones importantes. No obstante, sí erigió algún monumento en su nombre, como un santuario que edificó en la zona de Medineth-Abú, que sería terminado por su hijo Thutmosis III. También ordenó construir un pilono de piedra caliza en Karnak, pero sería culminado por su hijo. Y es que Hatshepsut fue la que erigió obras con Thutmosis I, como los obeliscos de Karnak que contienen los nombres de padre e hija, y Hatshepsut era la que consultaba los planos reales con el arquitecto Ineni. Para muchos egiptólogos, el pilono de piedra caliza de Karnak fue levantado por Hatshepsut, que permitió que su esposo apareciese ofrendando y recibiendo las dos coronas.

La política exterior de Thutmosis II estuvo marcada por varias campañas militares en la zona de Palestina y el país de Kush. Ya en su año primero de reinado el ejército debe desplazarse a Nubia para sofocar una rebelión. Pero al frente del ejército no iba Thutmosis II, sino el virrey de Kush, Seni. Los cortesanos se referían a él con palabras como 'El halcón que está en el nido'. Durante otra de las campañas nubias, Seni envió a Tebas a un grupo de príncipes nubios para educarlos como si fuesen hijos del *Kap*. En realidad, tanta era la fragilidad de Thutmosis que sólo participó en una de sus campañas militares, posiblemente la que se llevó a cabo en la región de Nahrin. Suele decirse que Thutmosis II reinó durante doce años, aunque hay pruebas más que fiables que nos indican que tan sólo fueron cuatro. La enfermedad provocó la muerte del joven rey, el cual ascendió al cielo y se reunió con sus hermanos los dioses. Ahora, Hatshepsut sí iba a gobernar a su amado Egipto, si ello le era permitido por su sobrino Thutmosis III, nacido del matrimonio entre Thutmosis II y la concubina Iset. Pero para ella no había duda alguna, pues el dios Amón había dado su veredicto años atrás. Ella era la única capaz de reinar sobre las Dos Tierras, ella era Hatshepsut Jnumet Imen, reina de Egipto.

Hatshepsut

Hatshepsut debía de tener unos quince años cuando su padre Thutmosis falleció, y durante veintidós años intentará que el timón del estado navegue lo más recto posible. Realmente hay un pequeño lío de fechas en el reinado de Hatshepsut. El hecho se produce al no contar los años en los que ella desempeñó los cargos de regente y de corregente con Thutmosis III. Por ello, suele verse el lector sumido en un pequeño mar de números, cuando lo realmente importante es que Hatshepsut se hace con el poder sobre el año 1479, fecha de la muerte de su esposo, y ella fallece sobre el año 1457, lo que nos da un total de veintidós años de reinado.

A la muerte de Thutmosis I, hemos de imaginar que el pueblo y la corte estaban de acuerdo con que Hatshepsut rigiera el destino de Egipto, si acaso no lo había hecho anteriormente cuando su padre se hallaba en sus campañas militares. De aquí hemos de deducir que aquellos que la sirvieron aun cuando su esposo hubo fallecido no vieran problema alguno en que Hatshepsut continuase gobernando su amado país, tal y como dice el arquitecto real Ineni:

> Hatshepsut conducía los asuntos del estado según sus deseos. El país inclinó la cabeza ante ella, la perfecta expresión divina nacida de Dios. Ella era el cable que sirve para jalar el noroeste, y el poste al que se amarra el sur. Ella era el guardián perfecto del timón, la soberana que da las órdenes, aquella cuyos excelentes puntos de vista pacifican las Dos Tierras cuando habla.

Hatshepsut es la adorada de Amón, la 'Mano del Dios' y 'La que ve a Horus y a Seth'.

Ella sabía que su actuación debía ser como regente, ya que el heredero al trono era el jovencísimo Thutmosis III. No obstante, el vigésimo día del segundo mes de la estación de *Shemu*, el oráculo del dios Amón profetizó en el templo de Luxor que debía ser coronada reina de Egipto.

Hatshepsut representada como esfinge. Museo de El Cairo, Egipto.
Fotografía de Nacho Ares.

La noticia fue revelada sin dar una fecha concreta. Teóricamente, el faraón reinante era Thutmosis III, pero los datos arqueológicos nos muestran a un joven incapaz de reinar dada su corta edad.

Así pues, tenemos que cuando teóricamente era el año séptimo del reinado de Thutmosis III Hatshepsut es coronada como faraón. Este es el motivo de que en las listas reales aparezca el nombre del joven príncipe antes que el de su tía, si bien, si nos fijamos en las fechas, vemos que el reinado de Thutmosis III es posterior. No han faltado los conspiradores que han escrito auténticas falsedades en contra de esta gran mujer, incluso llegando a afirmar que Hatshepsut encerró a Thutmosis hasta que este pudo liberarse, o bien que fue una cruel tía que envió a su sobrino a combatir a países lejanos con la esperanza de que este muriese en combate. Pero, como tendremos oportunidad de comprobar, la verdad fue bien distinta. En Deir el-Bahari se hallaron numerosos papiros, y algunos de ellos recogen los actos de inauguración de canteras y santuarios, todos ellos llevados a cabo por la reina y su sobrino. Durante varias etapas distintas y distantes entre

Estatua osiríaca de
Hatshepsut, templo
de Deir el Bahari.
Fotografía de
Nacho Ares.

ellas, la reina y Thutmosis aparecen representados juntos en varios relieves, coronados como Señor del Alto y del Bajo Egipto. Estos hechos demuestran que existió un perfecto entendimiento entre los dos.

Estamos pues, en el año séptimo del reinado de Thutmosis III. El ser
gobernante de Egipto no es deseo de los hombres, sino que esto sólo puede
suceder por acción divina. El faraón, designado por Dios, es un ser inmortal. Así lo proclamó la orden de Amón, el Señor de los Tronos de las Dos
Tierras: que él en persona había decidido crear al nuevo rey de Egipto. Es
indudable que Hatshepsut no era una princesa común. Fue muy culta,
amante de las letras y de la historia de sus antepasados. Esto le permitió
tener constancia de un milagro que el dios Re había obrado siglos atrás,
pues el propio dios Re había adoptado forma humana y había engendrado

a tres reyes en el vientre de la dama Reddjedet. Así que, ¿quién se atrevería a negar que ella fuera hija directa del dios Amón?

El dios Amón estaba buscando a la mujer adecuada para engendrar en ella un hijo que llevase a Egipto hasta las cumbres más altas. El encargado de buscar a esa mujer es el dios Thot, el cual se acerca a la residencia real porque Amón desea conocer el nombre de la joven esposa de Thutmosis I. Cuando el dios Thot regresa a su presencia, le comunica que se trata de la reina Ahmés-Nefertari, la mujer más bella que existe en toda la tierra de Egipto y en toda la tierra hasta sus confines. El dios Amón se muestra satisfecho y se dispone a satisfacer su deseo. Después de una noche mágica de amor y pasión, la reina Ahmés-Nefertari lleva en su vientre al hijo de la carne del dios.

Hatshepsut ya ha nacido y Hathor la lleva ante su padre divino, el cual la estrecha y la besa. La Vaca Celeste le proporcionará una juventud eterna y la recién nacida se halla plena de energía divina. Así pues, Amón-Re la presentó a los dioses, la condujo a Heliópolis y allí la coronó como rey del Alto y del Bajo Egipto.

Las evidencias arqueológicas son confusas, pero todo parece indicar que Hatshepsut se convirtió en rey de Egipto cuando habían transcurrido siete años desde la muerte de Thutmosis II. Así, durante este tiempo habría estado ejerciendo el papel de reina regente del reino. Cuando asume totalmente su papel de rey, todo señala que comenzó a enseñarle el oficio de rey al joven Thutmosis III. El hecho de alzarse como rey obligaba a Hatshepsut a verse concebida como una pareja real, ya que ella no se casó.

El gobierno de Hatshepsut fue próspero y fructífero, y esto sin duda vino derivado de su consejo de ministros. Algunos de ellos ya habían servido a las órdenes de su padre Thutmosis I. De entre todos sus ministros destacaron dos sobre el resto, y concibieron junto a su reina una tierra de amor y prosperidad: Hapuseneb y Senenmut.

La procedencia de Hapuseneb no está demasiado clara. Todo parece indicar que su familia estaba bien vista en la corte real, e incluso puede que viviesen en las dependencias anexas a la residencia. Su padre Hapu ocupaba el cargo de sacerdote lector en el templo de Karnak. Su madre era una nodriza real llamada Iah-Hotep. Es más que sospechoso este nombre, ya que contiene una clarísima evidencia de que su origen estaba ligado a la gran reina de este mismo nombre, esposa de Seqenenre y madre de Ahmose. Sus hijos también estuvieron vinculados al complejo religioso, dos como oficiantes de los cultos funerarios de Thutmosis I y dos hijas que llegaron a ser 'Cantoras de Amón'.

La tarea de Hapuseneb debió de ser abrumadora, pues aparte de las enormes responsabilidades que conllevaba ser el regidor de Karnak, tenía que vigilar también a los sacerdotes del resto de santuarios del país, y administrar y controlar que se celebrasen los ritos en los distintos santuarios. Esta fue una tarea que supo cumplir muy bien, lo que le valió el título de 'Noble', 'Compañero del rey', 'Gran compañero', 'Amado del rey' y 'Portador del Sello Real'. En muy poco tiempo, Hapuseneb alcanzó las cotas más altas cuando fue nombrado visir y gobernador del Bajo Egipto. Hapuseneb debió morir sobre el año vigésimo del reinado de su amada reina Hatshepsut, y su morada para la eternidad se halla ubicada en la colina de Gurna. Es de corte sencillo y posee una única cámara que está orientada hacia el oeste. Como no podía ser de otra forma, Hapuseneb hizo que toda su vida fuera recogida en una autobiografía, donde podemos verlo orgulloso y satisfecho de todas las cosas buenas que hizo en vida.

Senenmut es otro hombre cuya historia es más que curiosa, casi admirable. Sus orígenes son humildes. Había nacido en la ciudad de Iunu. Su padre Ramose era un hombre corriente, no poseía ningún título. Su madre Hatnefer era otra persona sencilla, cuyo único título era el de 'Dama de la casa'. Parece ser que durante algún momento del reinado de Thutmosis I Senenmut comenzó a iniciarse en la Casa de la Vida de Tebas. No cabe ninguna duda de que Senenmut y Hatshepsut debieron tener un contacto directo antes de que esta llegase a gobernar, pues sólo así se explica que cuando nuestra protagonista se casa con Thutmosis II Senenmut es nombrado 'Administrador de los bienes de la gran esposa real'. Antes de la muerte de Thutmosis II, Senenmut ya poseía el cargo de 'Supervisor de los supervisores de los trabajos del rey'. Y es que nos hallamos ante un hombre brillante, tanto, que es muy posible que Senenmut fuese el amante de Hatshepsut incluso mientras Thutmosis II vivía. No es que la reina fuese infiel, sino que el matrimonio real era sólo protocolario. Algunos egiptólogos opinan que Neferure, cuyo padre se cree que era Thutmosis II, fue en realidad hija de Senenmut. Cuando Hatshepsut llevaba ya siete años como faraón, encargó a Senenmut que iniciase las construcciones de su 'Santuario de millones de años', el Djeser Djeseru o, lo que es lo mismo,

'Santuario de millones de años' de Hatshepsut, Deir el-Bahari.
Fotografía de Nacho Ares.

el 'Sublime de los sublimes'. Además de las construcciones de todo el país supervisa también las expediciones. El cargo es el de 'Gran administrador de Amón', y este nuevo nombramiento abarca todas las facetas, entre las que se incluyen la edificación de santuarios para honrar al dios.

La Sala de los Nacimientos Divinos, donde se narra la escena que antes hemos descrito, la concepción milagrosa de Ahmés-Nefertari, fue concebida por Senenmut. El éxito obtenido de la expedición al país de Punt, junto a su amigo Nehesi, el almirante de la flota naval, también se encuentra en el santuario funerario de Hatshepsut. La vida le sonreía, su reina le sonreía. La mano de Senenmut llegó hasta Edfú o el Sinaí.

No sabemos qué ocurrió exactamente, pero Senenmut desaparece de escena sobre el año decimosexto sin que todavía a día de hoy sepamos qué fue lo que ocurrió. Lo más lógico sería pensar que falleció, pero han surgido teorías que señalan que fue desprovisto de todos los favores de la reina porque se apropió de ciertos privilegios sólo dignos de un rey. Gracias a Senenmut, la reina puedo realizar con éxito uno de los principales deberes de un faraón: la construcción de templos para los dioses.

Uno de los lugares al que Hatshepsut dedicó una particular atención fue el santuario de la diosa Pajet, en Beni Hassan. Como hemos visto, durante su año séptimo de reinado, Hatshepsut ordena a Senenmut que inicie las obras de su 'Santuario de millones de años'. Este se halla adosado a un acantilado cercano al templo de Mentuhotep II. En realidad, está justo detrás del Valle de los Reyes, dominado por la cima, esa pirámide natural que gobierna el Valle de las Reinas. Deir el-Bahari es también el lugar donde se rendía culto al *Ka* de Thutmosis I, la Morada de Amón el oculto y de Hathor. Antaño, el templo estaba rodeado de grandes jardines con acacias, sicómoros, árboles de mirra e incienso y hermosas flores que llenaban el paraje con un delicioso aroma. Los estanques naturales que adornaban el recinto completaban un sinfín de maravillas que daban frescura al exterior del Djeser-Djeseru.

En una pequeña fosa se hallaron los depósitos de fundación, que consistían en unas tijeras, ladrillos, cedazos para la arena, cordel y algunos elementos de cerámica. Ella misma delimitó el recinto tensando el cordel, plantó los cimientos que delimitaban el emplazamiento y las obras se iniciaron de inmediato. Su disposición es de terrazas superpuestas y en el interior se celebraban cultos para Amón-Re, Anubis y Hathor. En la terraza superior, todavía en pie, se hallan varias estatuas que muestran a la reina Hatshepsut representada como Orisis, cruzando así ella misma las puertas de la muerte y renaciendo al día siguiente, convirtiéndose como Re en un nuevo amanecer. Cierto día, Amón se dirigió a su hija y le reveló cuál era su deseo y cuál debía ser la conducta de ella. La palabra divina alcanzaba directamente el corazón del hombre mediante la expresión del jeroglífico, que es la palabra de Dios. Así pues, una vez Hatshepsut supo el deseo de su padre Amón, ordenó a Senenmut la construcción de varios obeliscos. Dos de ellos fueron erigidos al comienzo de su reinado, dos más entre los años decimoquinto y decimosexto. En las canteras de Aswan se tallaron las agujas de piedra, de trescientas toneladas. Dos obeliscos fueron tallados, transportados y colocados en su sitio en tan sólo siete meses[86].

_____

[86]Para el transporte desde Aswan hasta Karnak se construyeron dos grandes buques de noventa metros de eslora, y cada buque era tirado por un grupo de diez barcas. Un especialista sondeaba el Nilo desde la parte delantera de cada comitiva, evitando así los bancos de arena. Esta proeza fue escrita en los muros sagrados del 'Sublime de los sublimes'.

Obelisco de Hatshepsut
en Karnak. Fotografía de
Nacho Ares.

Al igual que la construcción de las pirámides de Gizeh, sigue siendo uno de los mejores secretos guardados del mundo.

Para que nos hagamos una idea de lo que estamos hablando, en 1880 Egipto hizo varias donaciones a los Estados Unidos. Entre ellas un obelisco, y se dispuso un barco para trasladar el monolito hasta Nueva York, un vapor postal al que fue necesario abrir la quilla. Tuvieron que construir un ferrocarril especialmente diseñado para el transporte y afrontar una serie de problemas con los que los ingenieros no habían contado. Sólo conseguían avanzar treinta metros al día y se hicieron tres turnos de ocho horas, por lo que el obelisco iba rodando entre los raíles noche y día. A pesar de toda la tecnología industrial con la que contaban los americanos de finales del siglo XIX, fueron necesarios cuatro meses para que aquel monolito de piedra recorriese tan sólo tres kilómetros. Senenmut, en siete meses, talló dos obeliscos, los pulió, los trasladó doscientos cincuenta kilómetros río arriba, los levantó en Karnak y los rellenó con escritura jeroglífica. La prueba de la magnitud de estas obras se halla in situ en la cantera de Aswan, una aguja gigantesca de cincuenta metros de altura y casi mil toneladas de peso que se resquebrajó cuando lo estaban extrayendo de la roca madre. De haberse puesto en pie, habría sido el obelisco más grande que Hatshepsut habría colocado en Ipet-Isut, y muy posiblemente tan sólo dos reyes hubieran superado semejante obra.

Otro gran logro de nuestra reina fue la expedición al país de Punt, que está documentada en su 'Santuario de millones de años'. Este viaje al Punt es una de las acciones más emblemáticas que la reina llevó a cabo durante su reinado. Los testimonios de estas travesías, como hemos visto, se remontan al Imperio Antiguo. La documentación existente nos muestra que la expedición partió desde Tebas hacia Coptos y de aquí al Mar Rojo. Una vez los buques estuvieron en disposición de navegar, descendieron hasta la zona sur de Sudán. La expedición se planeó en el año octavo del reinado de Hatshepsut, y del Punt se traerían a Egipto todos los artículos necesarios para el culto a las divinidades. No en vano, esta tierra era denominada como *Taa-Meri*, literalmente 'La tierra del dios'[87].

Los astilleros reales iniciaron la construcción de cinco buques. Cada uno medía veinticuatro metros de eslora, seis metros de ancho y poco más de dos metros de calado. La tripulación de la expedición ascendió a un total de doscientos diez hombres. Durante ocho días, una caravana tirada por asnos atravesó las rutas de caravaneros, y entre las mercancías no sólo se hallaban los alimentos y los regalos que se llevaban como moneda de cambio, sino también debían de viajar los buques desmontados, que luego serían montados una vez la expedición llegara al mar.

No sería de extrañar que los habitantes de Punt hubieran crecido creyendo toda su vida que ellos y las tribus con las que posiblemente guerreaban eran los únicos habitantes del planeta. Así que no nos cabe duda alguna de que este encuentro tuvo que ser muy impresionante para ellos.

---

[87]Algunos autores han señalado que esta tierra era el concepto que Egipto tenía de todo aquello que resultara exótico a sus ojos, pero lo cierto es que los antiguos textos ya señalan al Punt como el lugar del que los dioses partieron hacia Egipto.

Los escribas que viajaron en la expedición tomaron nota de absolutamente todo aquello que sus ojos vieron. De sus extrañas viviendas, construidas con troncos y paja y elevadas a varios metros del suelo para evitar ataques nocturnos de las fieras, de la enorme variedad de animales desconocidos para ellos y de las vestimentas y costumbres de aquellas gentes tan extrañas. Las descripciones de los reyes del Punt son esclarecedoras por sí solas. La reina Iti nos es mostrada con una extremada gordura, mientras que el rey Paheru lleva una gran barba y una de sus piernas contiene gran cantidad de aros metálicos.

Ocho meses después de haber partido de Tebas, la expedición regresó victoriosa y jubilosa al palacio real. En las bodegas de los buques traían oro, plantas exóticas, marfil, pieles de animales, fieras salvajes y un gran número de árboles de incienso envueltos con sus raíces. Los muros del Djeser-Djeseru nos muestran unas celebraciones por todo lo alto. Desfiles militares y gente aclamando a los soldados y a la comitiva se ven por todo el muro de la segunda terraza. Todo fue recogido en una inscripción fechada en el año noveno, donde también se recoge el asombro que sintieron las gentes del Punt cuando vieron Egipto por vez primera. Se llevó a cabo una celebración en Karnak para honrar al dios Amón y los árboles fueron plantados en el recinto exterior del 'Santuario de millones de años' de Hatshepsut, donde todavía yacen sus raíces.

Relieve de la expedición al Punt. Fotografía de Nacho Ares.

Pero se produjo un hecho que ningún mortal puede evitar. La vejez terminó alcanzando a esta gran reina. El reinado de Hatshepsut finaliza cuando se recoge la última mención de Hatshepsut y Thutmosis III y la primera de Thutmosis III en solitario, y la fecha exacta es el año vigesimosegundo, el décimo día del segundo mes de la estación de *Peret*.

Thutmosis III

El reinado de Hatshepsut se caracterizó por su falta de campañas militares, de las cuales Thutmosis era el comandante en jefe. Pero esto no quiere decir que no hicieran acto de presencia en tierras extranjeras. Realmente, esta es la única explicación a veintidós años de paz. Thutmosis III tuvo varias esposas: desposó a una princesa llamada Sat-Iah, que murió prematuramente al dar a luz a uno de sus hijos, y a las dos hijas de Hatshepsut, Neferure y Meritre-Hatshepsut. Hatshepsut deseaba que las futuras reinas de Egipto tuvieran un papel importante en el gobierno y quería que Neferure fuese la primera en ponerlo en práctica. Cuando esta se desposó con Thutmosis III adquirió el título de 'Gran esposa real', pero su madre le entregó los títulos de 'Mano del dios' y 'Esposa del dios'. Así, todo indicaba que la línea dinástica de Ahmés-Nefertari emprendería un nuevo modelo de gobierno, y lo que Hatshepsut pretendía era que, de manera interrumpida, todas las reinas gobernasen igual que ella lo había hecho incluso estando vivo Thutmosis II. Pero Thutmosis III tenía otras ideas en su cabeza. El hecho de que Hatshepsut hubiera reinado se debía únicamente a que no había tenido hermanos que hubieran podido reinar, a que él era demasiado pequeño cuando ella tomó el poder. Nunca había pensado en arrebatárselo, pero tampoco estaba dispuesto a permitir que todos los aspirantes al trono tuvieran que esperar veinte años para gobernar. Así que a partir de la muerte de Hatshepsut todo lo que le ocurre a Neferure son meras especulaciones. Sólo sabemos que sobrevivió a su madre un par de años y luego se desvaneció de la historia como una gota de agua en un estanque.

Todavía menos sabemos de la otra reina, Meritre-Hatshepsut. Tan sólo hay unas pocas representaciones suyas como esposa de Thutmosis. Sin embargo, fue la madre del futuro rey, Amenhotep II. El motivo de esta escasez de datos bien pudiera hallarse en El-Fayum. Se trata de una administración

Thutmosis III,
Museo de
El Cairo, Egipto.
Fotografía de
Nacho Ares.

creada por Thutmosis III, el palacio de Mer-Ur, donde todas las princesas,
fuesen o no fuesen de sangre real, fueron destinadas a pasar sus días. Todas ellas eran 'Ornamento real', concubinas que darían al rey un hijo que
no estaría destinado a reinar. Posteriormente podrían ser entregadas como
esposas a otros miembros de la corte. La idea de Thutmosis era que estos
vástagos jamás pudieran reclamar el trono, unos por ser últimos en la línea
de sucesión y otros porque su sangre real estaría excesivamente mezclada
y diluida. De esta forma, Thutmosis III ponía fin al plan de Hatshepsut.

Thutmosis III resalta por encima de ningún otro rey por su carácter militar. Fue, de hecho, un excelente guerrero. En un primer momento, parece
ser que fue jefe de carros; posteriormente pasaría a ser jefe de los arqueros. Siempre estuvo en primera fila de batalla, lo cual nos dice de él que
fue un luchador muy valiente. A la muerte de su tía, la situación cambió
drásticamente, ya que la tierra de Mitanni se mostró demasiado violenta.
Había formado una peligrosa coalición de príncipes extranjeros con el único
objetivo de invadir los territorios egipcios. El rey de Qadesh encabezó las
revueltas que provocaron las movilizaciones de Thutmosis. Su primera
campaña tuvo lugar entre el final de su año primero y durante todo su año

segundo de reinado. Todas estas acciones militares están recogidas en los muros de Karnak y se conocen como los Anales de Thutmosis. Sus acciones en Megiddo fueron recogidas por el escriba Tanen. Cuando el ejército de Thutmosis, que había viajado siguiendo las rutas del norte, se encontraba muy cerca de Megiddo, decidió tomar la ruta de Aruna, un camino mucho más corto hacia la plaza fuerte pero situado en un paso demasiado estrecho donde los hombres tendrían que pasar en fila de a uno. Esto propiciaba una situación idónea para una emboscada y los generales de Thutmosis lo sabían. La cosa podía terminar en una carnicería, así que el rey intentó tranquilizar a las tropas. Todos los efectivos temían lo que era a todas luces un suicidio, pero el resultado fue como el rey había planeado.

No obstante, Thutmosis no ataca de inmediato, no tiene prisa. Los egipcios montan sus tiendas, avituallan a sus caballos y hacen vida normal ante los ojos impasibles de los cananeos. Cuando los rebeldes deciden dar el primer paso, lo intentan de modo que el sol deslumbre a los soldados del faraón en los ojos, pero Re no hace sino proveer de energía a su pueblo. Las tropas de Thutmosis están a un paso de Megiddo y los carros del faraón asedian las rutas de escape. Los cananeos se ven imposibilitados a regresar a la fortaleza y caen bajo el ataque de los carros. Luego, la infantería extermina a los enemigos de su rey. Thutmosis III volvió hacia sí la victoria. La batalla debió de ser cruel. Las tropas rebeldes habían reunido a más de trescientos príncipes de Siria y Palestina, cada uno con un pequeño ejército. Nadie en la fortaleza esperaba un ataque semejante, con tanta fiereza. La masacre se va haciendo evidente, los cuerpos destrozados por los carros de guerra inundaron la llanura de Megiddo, el olor a sangre flotaba sobre el campo de batalla y los gritos de los heridos fueron apagados con los ecos de la victoria de Thutmosis. Pero ocurrió algo con lo que Thutmosis no contaba, y es que su propio ejército se convirtiera en una banda de saqueadores, rapiñando las pertenencias que los enemigos iban dejando en su frenética huida. Esto les dio el tiempo suficiente para que muchos de ellos lograsen entrar en la plaza fuerte, la cual sufrirá un asedio de siete meses. Finalmente, cayó Megiddo para Thutmosis III, y los príncipes que habían fomentado las revueltas fueron apresados, y con ellos sus carros hechos de oro puro. En el tempo de Karnak cada una de estas ciudades vencidas es representada con un prisionero con las manos atadas a su espalda. Tras esta gran victoria vendrán muchas otras. La toma de Megiddo significó el control del pasillo sirio-palestino, y con este hecho se frenó el avance de Mitanni, ya que ambos se disputaban el control de Siria.

Pero el rey del Alto y del Bajo Egipto estaba muy preocupado, ya que sabía que esta victoria sería efímera. Así pues, dispuso una forma de controlar estas ciudades sirio-palestinas. Fueron divididas en distritos, y el rey en persona acudiría cada año a recibir los tributos y los impuestos. Durante su año trigesimotercero de reinado llegó su octava campaña militar, y llevó a las tropas egipcias hasta el Éufrates para someter a las tribus beduinas que amenazaban al faraón. Entre el año trigesimocuarto y el año cuadragesimosegundo, Egipto había extendido sus fronteras de una forma sin igual; nadie volvería a repetir sus éxitos militares.

Existe una curiosa estela que nos habla de la hazaña de un general llamado Djehuti, de cómo se las ingenió para tomar la ciudad de Jaffa. Tras varios meses de asedio decidió usar la astucia, porque ya comenzaba a temerse lo peor. Así, hizo introducir en la ciudad varias vasijas de aceite, en señal de que las hostilidades se convirtieran en una tregua con una rendición sin violencia. Los asediados ya habían comenzado a sentir el hambre en sus cuerpos, así que aceptaron las vasijas de aceite. Lo que no sabían era que en algunas de esas vasijas iban soldados egipcios que, una vez que la nocturnidad envolvió la plaza fuerte, abrieron los portones y tomaron la ciudad palestina.

Cuando Thutmosis, después de diecisiete campañas militares de las cuales no perdió ni una sola, tuvo su reino en tranquilidad, se dedicó a construir. Honró a su padre Amón-Re y le dio las gracias por tantas victorias levantando para él magníficos monumentos. Los obeliscos arañaban los cielos, pilonos macizos donde el rey infundía la Maat por todo el Doble País. Karnak era un cántico a la grandeza de Amón, y Thutmosis levanta colosales estatuas que hacen vivir el *Ka* de las divinidades. Obró por todo el país, y durante sus años de constructor todo Egipto gozó de la gracia y la benevolencia de un gobernante sin igual.

Su 'Santuario de millones de años' es el Anj-Menu, el 'Brillante de Monumentos', integrado en el conjunto de Karnak. Se compone de tres partes: una sala de pilares y columnas, capillas consagradas a la simbología de la resurrección y otra designada a la resurrección de la naturaleza bajo el calor del disco solar. Era el año cuadragesimotercero de su reinado y Thutmosis estaba ya llegando al final de su vida. Así pues, el encargado de

Estatua de Thutmosis III
sentado en su trono.
Museo de El Cairo, Egipto.
Fotografía de Nacho Ares.

terminar de inspeccionar este santuario fue Amenhotep II, porque Thutmosis tenía una gran preocupación de la que tenía que ocuparse personalmente. Su hijo pronto reinaría, así que era necesario que el nombre de Hatshepsut, el de Neferure y el de Meritre-Hatshepsut fuesen eliminados de determinados lugares de los templos, para que ello se viese como un castigo e infundiera el temor ante una nueva reina que intentase dejar a sus sucesores fuera del trono. Pero parece ser que Thutmosis no deseaba dañar estas memorias, sino lanzar un aviso para navegantes, lo cual suponemos que hizo con un profundo dolor en su corazón. Suprimió los elementos regios que Hatshepsut portaba en algunas de las estatuas del Djeser-Djeseru y levantó un muro en Karnak donde grabó sus anales, ocultando así la representación de la *Heb-Sed* de Hatshepsut. Lo que sí está claro es que Thutmosis no borró ningún nombre de su tía para incluir su propio nombre en él.

Pero sin duda alguna, la prueba más palpable de que Thutmosis III no deseaba que sus tres reinas no fuesen suprimidas de la historia es una pieza funeraria de alabastro que formó parte de su ajuar funerario, donde se puede leer: «El buen dios, la Señora de las Dos Tierras, Maat-Ka-Re, dotada de vida, la Hija de Re, la hija de su carne, Hatshepsut, eternamente justificada». Resulta evidente aquí que no había deseo de sembrar el odio, ya que, si nos fijamos, Thutmosis la nombra tanto por su nombre de rey, Maat-Ka-Re, como por su nombre de reina, Hatshepsut. ¿Por qué se habría hecho enterrar Thutmosis III con un recuerdo de su tía si fuese cierto que sentía un odio profundo hacia ella? Seguramente en el ajuar funerario del rey difunto habría muchos más objetos que contendrían inscripciones muy similares a esta, lo cual nos demostraría que no existió tal odio. Tampoco hemos de olvidar que la mayor persecución al nombre de Hatshepsut y de su familia llegó en la XIX Dinastía, cuando se suprimieron la mayor parte de los cartuchos reales con su nombre para colocar luego o bien el nombre de Seti I o el de su hijo Ramsés II.

Sobre el año 1424 Thutmosis III ascendió al cielo y se unió con sus hermanos los dioses, convirtiéndose así en una estrella de luz imperecedera. Tras una vida de más de setenta años hizo de su amado Egipto un gran imperio que se extendía desde el Éufrates hasta lo más profundo de Sudán. Durante los años de Menjeperre, la tierra y los océanos estuvieron bajo su puño, llegando su frontera sur hasta lo más alto de la tierra y su frontera norte hasta los pilares que sostienen el cielo.

Amenhotep II

Realmente, Thutmosis III pensó que Hatshepsut había subido al trono gracias a una carambola del destino. Pero la ascensión al trono de Amenhotep II fue, si cabe, más rocambolesca todavía. Para empezar, debemos saber que el pequeño príncipe Amenhotep ocupaba el sexto o séptimo lugar en el orden de sucesión al trono. Estaría viviendo en el palacio de Mer-Ur o bien residiendo en la Casa de la Vida del santuario de Re, en Heliópolis, ya que fue asociado al trono un año antes de que su padre muriese, así que el nuevo heredero tuvo que aprender a marchas forzadas el oficio de rey. Amenhotep II se casó con Tiaa, de la cual sabemos muy poco, a pesar de que usurpó la mayoría de los monumentos de Meritre-Hatshepsut.

Una vez se ha sentado en el trono, Amenhotep II tiene como difícil misión intentar al menos emular las gestas de su padre, lo cual parecería una tarea casi imposible. No obstante, su ejército se moviliza por vez primera cuando tan sólo llevaba unos pocos meses reinando. Palestina había aguardado durante años la muerte de Thutmosis para poder rebelarse contra las leyes egipcias. Los palestinos echaron cuentas de que Amenhotep II no había existido para el mundo hasta hacía apenas un año y, sin duda, el nuevo rey de Egipto no sería capaz de sofocar la revuelta que hará que Egipto pierda nuevamente el control de las rutas sirio-palestinas. Pero Amenhotep II sorprendió a todo el mundo, mostrando una valentía y una fuerza fuera de lo común. En las cercanías del río Orontes un grupo de rebeldes había preparado una emboscada, pero la caballería los exterminó uno a uno, y el propio Amenhotep trajo atados en su carro cuarenta prisioneros. Luego, encaminó sus tropas hacia Niy, pero los habitantes de esta región se rindieron sin oponer resistencia y sus vidas fueron respetadas. La revuelta lo llevó

Relieve de Karnak,
prisioneros golpeados.
Fotografía de
Nacho Ares.

nuevamente a Qadesh, pero ante el poderío militar que desplegó en el campo de batalla la plaza fuerte se rindió, así que hizo prisioneros a todos los príncipes asiáticos que se habían confabulado contra él. Tal fue la victoria que el camino de regreso a Egipto se convirtió en una gran cacería que duró todo el retorno desde Qadesh a Tebas.

Gracias a esta acción nadie osaba levantar la cabeza sobre los Nueve Arcos, y Egipto conoció ocho años de paz y prosperidad.

Pero durante el año noveno las revueltas estallaron nuevamente, esta vez en Retenu. En esta acción Amenhotep hizo numerosos prisioneros que serían conducidos a Egipto y seguramente acabarían sus días trabajando en las minas y canteras de piedra de todo el país. En total, fueron trescientos treinta y dos prisioneros, trescientas setenta y dos bajas enemigas y cincuenta y cuatro caballos con otros tantos carros de combate. Pero esta victoria no satisfizo al rey, pues sabía que la situación no estaba ni mucho menos controlada. Era necesario dar un escarmiento a todos los jefes que amenazaban con turbar la paz del rey, y los textos nos narran una escena que, de ser verdadera, nos muestra a un faraón egipcio cruel en exceso. A siete de estos jefes los ajustició el propio Amenhotep con su maza de guerra. A seis de ellos los llevó a Tebas, donde permanecieron colgados de los muros como señal de victoria. Al último lo condujo a la tierra de Kush, un aviso para los nubios. Gracias a un férreo control, el país de Kush estuvo sometido durante todo el reinado de Amenhotep II, las revueltas que existieron no fueron de consideración y, a lo largo de su reinado, los tributos que llegaban desde Kush lo hicieron con regularidad y en cantidades abundantes.

Así, con una paz extendida en todo su imperio, el rey se dedicó por entero a la construcción. Realizó grandes e importantes obras y reformas en Karnak, donde continuó la labor de su padre. Los obreros del rey actuaban desde el Delta hasta Nubia, donde levantó un gran santuario en Kalabcha, inaugurando así una tradición de construir grandes templos en las tierras de Kush como símbolo inequívoco del poder regio del faraón.

Amenhotep II tuvo varios hijos, pero la historia se repetía, pues al final de su reinado se vio obligado a asociar al trono a su sexto hijo, un príncipe con el que nadie contaba, un joven que vivía tranquilamente en el palacio de Mer-Ur: Thutmosis IV. Finalmente, Amenhotep II falleció con cincuenta años después de veintiséis años rigiendo los designios de

Egipto. Amenhotep sería conocido como el del brazo justiciero, aquel que veló por la seguridad de su pueblo y de la casta real.

Thutmosis IV

Cuando fue asociado al trono, Thutmosis IV ya estaba casado. Tuvo, al menos, tres esposas: Iaret, Nefertari y Mutenmuia. Las dos primeras engendraron varios hijos, entre ellos un varón: el príncipe Amenemhat, que murió prematuramente. El resto de la descendencia era toda femenina. Dos años antes de la muerte de Amenhotep II, Mutenmuia da a luz un hijo. El origen de Mutenmuia es bastante incierto. Se barajan varias posibilidades dentro de las complicadas ramas familiares de este período. Lo único cierto que sabemos es que Mutenmuia no recibió un trato especial, ni siquiera fue nombrada 'Gran esposa real'. Todos los títulos que poseyó esta mujer los consiguió una vez muerto su esposo, cuando su hijo la elevó al rango de 'Esposa real' y 'Madre del rey'.

Thutmosis alcanzó el trono en un momento histórico en el que se había iniciado un oscuro movimiento en el interior de Mer-Ur. Algunos egiptólogos han expuesto ciertas intrigas que venían de manos de las princesas y las concubinas allí recluidas. Llegó un momento en el que había tantos hijos de las 'Ornamento real' que todos podían tener un derecho de sucesión. Así que sus madres no dudaron en luchar y conspirar para que sus hijos alcanzasen el poder. No obstante, no existe ninguna prueba documentada de estos hechos. Las muertes de infantes eran muy comunes en la antigüedad, cuando cualquier insignificante enfermedad podía convertirse en mortal de necesidad. Este es uno de los principales motivos por los que los faraones deseaban tener muchos hijos, para evitar que su línea sucesoria no se viese nunca interrumpida.

Pero a Thutmosis sí se le presentó un problema grave: a finales del reinado de su padre, Amenhotep II, a Egipto llegaban de todos los rincones del reino grandes cantidades de oro, plata, cobre, piedras preciosas, maderas nobles, bronce, estaño, ganado, prisioneros y un sinfín de materias primas. Esto, al tiempo que enriquecía al país, presentó un inconveniente que pronto afloró en la corte. El clero de Amón recibía una gran parte de todos estos botines, con lo que el poder de sus pontífices era más que evidente cuando Thut-

Luis González González

Thutmosis IV,
Museo de El Cairo, Egipto.
Fotografía de Nacho Ares.

mosis llegó al trono. Los faraones anteriores habían sido proclamados gracias a Amón, y ya Hatshepsut había tenido que colocar a un hombre de su total confianza al frente de Karnak. El reinado de Thutmosis IV sólo duraría diez años, pero ya desde el primero tuvo los primeros enfrentamientos con el clero de Amón. El rey no quiso hacer ninguna concesión a los sacerdotes cuando estos llegaron para preparar la proclamación de Thutmosis como rey del Alto y del Bajo Egipto. Pero el nuevo rey no estaba dispuesto a concederle más privilegios al pontificado tebano, así que decidió buscar la forma de equilibrar los poderes entre el clero de Karnak y el antiguo clero de Heliópolis.

Lo ocurrido se recoge en la estela que se halla a los pies de la Esfinge de Gizeh. En realidad, esta es una habilísima maniobra político-religiosa del rey, que ya se había atisbado con Thutmosis III. El faraón es el único dueño de Egipto y nombra al primer profeta de Amón, pero no le concede ningún cargo de responsabilidad en las decisiones de gobierno. En cambio, volvió sus ojos hacia Re-Horajti, el dios solar de Heliópolis encarnado en la figura de la Esfinge. Así, Thutmosis dejó claro que su trono le había sido entregado por Re de Heliópolis, no por Amón de Tebas. Tras unos primeros momentos de tensiones, da la impresión de que el rey consiguió un equilibrio entre la religión y el poder, y conseguía dominarlos a ambos.

Su política exterior parece haber sido bastante pacifista. En los años de Thutmosis muchos sirios llegan a Egipto contratados como albañiles, pues son buenos construyendo fortalezas y sus salarios no son muy altos.

Gracias a unas alusiones halladas en una tumba tebana, sabemos que tuvo que sofocar una pequeña revuelta en Gaza, pero se desconocen los hechos y el final de esta incursión. Todos los textos indican que el Antiguo Próximo Oriente rendía tributo a Egipto, quizá porque todavía las figuras de Thutmosis III y Amenhotep II infundían gran terror entre estos pueblos. Un texto hallado en la tumba de un escriba del ejército llamado Tjanuni nos cuenta a modo de autobiografía sus vivencias en las campañas militares del rey, si bien es cierto que el escriba omitió las partes donde se deberían haber narrado los combates, o tal vez no los hubo, ya que sólo se narran las entregas de los tributos recibidos.

Sin embargo, las cosas fueron distintas en el país de Kush. Algunos textos se refieren a una escaramuza que protagonizó un jefe nubio entre la primera catarata y la zona de Wawat.

De la faceta constructora de Thutmosis IV es poco lo que podemos contar. Se han encontrado los restos de un pilono que construyó en Karnak y su santuario funerario de Tebas. Restauró el templo de su padre en Menfis y concluyó muchas de sus obras, entre ellas la extracción del mayor obelisco que jamás se esculpió en Egipto. Había sido iniciado por su

Estela de Thutmosis IV a los pies de la Esfinge. Fotografía de Nacho Ares.

padre, pero a la muerte de este las obras se detuvieron varios años. Mide cuarenta y cuatro metros de altura y hoy en día se encuentra en la plaza de San Juan de Letrán, en Roma. Quizá sea esta la imagen que simboliza mejor el reinado de Thutmosis IV: una aguja gigantesca, estable y serena, rica y dictada por la regla de Maat, una obra viva que se levanta hacia el cielo y comulga directamente con la luz de Re.

Amenhotep III

El reinado de Nebmaatre Amenhotep III va a ser uno de los más grandiosos de este período. Anteriormente hemos citado el nombre de la madre de Amenhotep, la reina Mutenmuia, la cual adquirió los títulos regios durante el reinado de su hijo. Pero no sólo adquirió títulos regios, sino que la historia de la madre de Hatshepsut volvió a repetirse nuevamente con Mutenmuia, en quien el dios Amón engendró un hijo adoptando la forma de Thutmosis mientras esta yacía en su lecho real. El ejemplo es el mismo, las mismas escenas con distintos textos, y las razones también pudieron ser las mismas.

Durante cuarenta años, Egipto conocerá una época de prosperidad y lujos como antes no se habían conocido. Las victorias militares que habían traído tantos tributos pagados por los vasallos han convertido a Tebas en una capital increíblemente rica. Pero con Amenhotep III Tebas todavía conocerá mayores esplendores. El rey proporciona una época donde se aumenta la riqueza de los nobles, un período donde los hombres y mujeres de todo Egipto adquirirán una notable elegancia, prosperarán en sus amplios jardines y las fiestas nocturnas de la corte marcarán un antes y un después. En lo sucesivo, se implanta esta moda de celebraciones, donde los grandes y transparentes vestidos convertirán a las egipcias en las mujeres más bellas del Antiguo Próximo Oriente. Se traen finos y caros vestidos del extranjero y las modas del peinado se revolucionan con complicadas pelucas. De Creta, Mecenas, Asia y Nubia llegan gran cantidad de productos de primera necesidad, como ánforas y objetos de vidrio para almacenar los alimentos. Podríamos decir que la clase media baja también da un salto cualitativo. Por toda la capital se ven palmeras datileras, sicómoros y granados que prestan su sombra a los más ancianos. Los caminos son seguros, las bandas de saqueadores han sido exterminadas y las rutas de caravanas fluyen con un ritmo casi frenético durante todo el día. Pero sería injusto alabar solamente al rey, porque, como bien es sabido, detrás de un gran hombre siempre hay una gran mujer: la reina Tiy.

Cuando Amenhotep III sube al trono ya está casado con Tiy. Ella sobrevive a su marido y es posible que aconsejara a su hijo Amenhotep IV en determinados asuntos de Estado. Sabemos que no era de origen real y que procedía de la región de Ajmín. Su padre fue Yuia, un sacerdote que cumplía sus funciones en el templo de Min, que comandaba los carros de guerra y además era el intendente de las caballerizas del rey. Según su momia, que apareció junto a la de su esposa en una tumba privada del Valle de los Reyes, nos encontramos ante un hombre de alta estatura y de una buena complexión física. Su madre era Tuia, la superiora de la casa *jeneret* del dios Min, una versión similar al palacio de Mer-Ur, de uso únicamente femenino y de carácter religioso y económico. Además de Tiy, tenían otros dos hijos, dos varones, Aanen y Ay. Aanen alcanzó importantes puestos dentro del clero amonita. Ay sería un personaje influyente en la corte como 'Padre divino' y ocuparía el trono a la muerte de Tut-Anj-Amón. La reina tenía su propia administración dentro del palacio real de Malgata, a donde la familia real se trasladó. Incluía joyeros, orfebres, carpinteros, panaderos, cerveceros, cocineros, escribas, almacenes médicos y laboratorios farmacéuticos.

Amenhotep III, Museo de El Cairo, Egipto. Fotografía de Nacho Ares.

Estatua de una reina identificada con Tiy, Museo de El Cairo, Egipto. Fotografía de Nacho Ares.

La reina Tiy dio a su esposo varios hijos, entre los que destacan el primogénito llamado Thutmosis, la princesa Sat-Amón y Amenhotep. Thutmosis falleció prematuramente, lo cual colocó a Amenhotep IV en la línea sucesoria.

Las tensiones entre el clero de Amón y la casa real fueron latentes. El hecho de que los reyes se mudasen al palacio de Malgata ya es un síntoma claro. Al principio, el rey continuó con la política de su padre, equilibrando los poderes entre Menfis y Tebas. Sin embargo, Amenhotep III incluyó en esta balanza de dos un tercer jugador que hacía tiempo que no recibía favores reales: el clero heliopolitano. Gracias a los sacerdotes del dios Re, los sacerdotes de Tebas vieron como su poder se contrarrestaba todavía más. Amenhotep III no permite ningún conflicto religioso; él es el rey, encarnación de Dios, y nadie jamás deberá discutir su autoridad y mucho menos aún sus decisiones.

Existe un hecho que preocupa a los egiptólogos y es la falta de información desde el año decimoprimero al año trigésimo. Nos hallamos ante un período de dos décadas donde apenas si hay textos que indiquen los problemas del reino, dentro y fuera de Egipto. En la opinión de muchos expertos[88],

---

[88]Cabría destacar sobre todo a Francisco Martín Valentín, director del Instituto de Estudios del Antiguo Egipto, especialista en esta segunda mitad de la XVIII Dinastía, cuya obra *Amenhotep III, el esplendor de Egipto* es la mejor monografía que existe en castellano sobre este augusto rey.

Amenhotep, el hijo de Hapu,
Museo de El Cairo, Egipto.
Fotografía de Nacho Ares.

Amenhotep tenía un reino que funcionaba a la perfección, por eso no hubo acontecimientos importantes. Sin embargo, veinte años son demasiados años para que no ocurra nada en absoluto. Un sector de la comunidad egiptológica opina que el rey se abandonó a sus riquezas, mientras la corte era dirigida por un personaje muy carismático: Amenhotep, el hijo de Hapu.

Este Amenhotep fue un hombre cuya familia estaba ligada a la corte. Era pariente cercano de Ramose, alcalde de Tebas y visir del Bajo Egipto. Fue más bien un hombre sensato y solitario, que se asombró y temió la agitación político-religiosa que le tocó vivir. A través de las nueve estatuas suyas que han llegado hasta nosotros, vemos que estaba afincado en las antiguas tradiciones y que no deseaba ni cambios bruscos ni elementos de discordia en los templos. De su vida privada no conocemos nada en absoluto, ni siquiera si estuvo casado. Fue el responsable de todas las edificaciones de Amenhotep III, entre las que cabría destacar la construcción del santuario de Montu y Jonsu en Karnak; la construcción del Ipet-Reshut, que es Luxor, el 'Harén meridional', el 'Santuario de millones de años' del rey y los templos jubilares de Nubia, Soleb y Sedinga. Falleció tras las celebraciones de la primera *Heb-Sed* de Amenhotep III, en la que ocupó un lugar de honor. Durante la Época Baja, Amenhotep, el hijo de Hapu tuvo un destino idéntico al de Imhotep; se convirtió en dios, y las gentes de todo Egipto acudían ante su presencia para reclamar sus favores.

Mientras el país de los faraones continuaba con su modo de vida inalterable al paso de los milenios, el mapa político exterior cambiaba rápidamente. Asiria, que había sido tributaria y vasalla de Egipto, Mitanni y Babilonia han adquirido un poder lo suficientemente grande como para formar unos reinos independientes. Así, se envían cartas en las que se pide su actuación militar. Pero Amenhotep no es un guerrero, sino un diplomático. Organizó un cruce de obsequios con estas potencias, lo cual provocó un flujo de comercio que satisfizo a todos por igual. Había una gran cantidad de actividad comercial con Babilonia, Chipre y muchas otras ciudades del Levante. Durante el reinado de Amenhotep III, todos estos pueblos vivían hermanados porque el rey de Egipto se ocupaba de hermanarlos. El rey recibe pedidos de oro para que sus hermanos embellezcan sus tierras, aludiendo que «en Egipto el oro es como el polvo del desierto». También se ayudó de los matrimonios de alianzas, desposando a varias princesas extranjeras.

Durante esos años, los hititas se habían vuelto más fuertes. Subbiluliuma, rey de Hatti, era un político astuto y hábil, pero también perverso y sanguinario. Su único deseo era eliminar la influencia que Egipto tenía sobre los territorios que él quería conquistar. Y comenzó con Mitanni, donde llevó a cabo una gran matanza. Los hititas pensaban que este rey tan diplomático no levantaría un solo dedo y que comenzaría una serie de acciones políticas de reconciliación. Pero se equivocaron. Amenhotep se puso al frente de su ejército y exterminó las filas hititas de Mitanni. Tras esta derrota, Subbliluiuma comenzó a hacer pactos con las tribus que odiaban a Egipto. Cuando los espías informaron de la situación a la corte de Tebas, Amenhotep pecó de exceso de confianza. Concedió un voto de favor a los gobernadores que tenía en estos protectorados, lo cual provocó demasiadas tensiones durante mucho tiempo, que dieron lugar a alguna que otra escaramuza.

Una estela nos presenta al rey frente a una tablilla. El faraón está plácido y sonriente, pero también viejo y cansado. Su obra ha sido gloriosa y la riqueza del país está garantizada. Muere después de casi cuarenta años de reinado, aunque su hijo había sido nombrado corregente desde hacía al menos doce y se ocupó de los asuntos del estado, como podremos comprobar. Ninguno de los que vivió en su tiempo pudo decir que Egipto no fue la tierra más bella. El peligro hitita ha sido conjurado y los protectorados son fieles. El estado es rico, mucho más rico de lo que nunca lo fue. Ahora, mantener todo este imperio dependerá de la capacidad que tenga el joven faraón que se prepara para reinar en solitario. Amenhotep IV está listo para ceñir la doble corona.

Amenhotep IV / Ajenatón

Sobre el año vigesimoctavo del reinado de Amenhotep III, su hijo es asociado al trono como corregente del reino. La verdad es que antes de esta asociación al trono el príncipe Amenhotep no existía para el mundo. Desconocemos dónde pasó su infancia y los hechos más destacados de esta. Egipto se prepara para vivir una aventura muy extraña, que durante diecisiete años causará más de un disgusto al clero de Amón y a una serie de antepasados que pagarían cara su fidelidad al dios de Tebas. El reinado de Amenhotep IV o Ajenatón es una etapa oscura y difícil de explicar. Egipto vivió una revolución religiosa, vio modificadas sus milenarias costumbres. El nuevo rey intentó crear una sociedad diferente, en la que la avaricia de los sacerdotes no tuviera cabida. Podríamos definirlo como un visionario que consiguió poner en práctica su sueño gracias al poder real con el que estaba investido[89]. No obstante, no todo son elogios al rey. Recientemente se practicó una serie de pruebas entre distintas momias de este período y restos óseos, lo que ha permitido establecer un árbol genealógico que une a Tut-Anj-Amón, Ajenatón y la reina Tiy. Antes de estas pruebas de ADN se escribieron un montón de historias inciertas sobre los últimos reyes de esta dinastía. Amenhotep IV sube al trono con unos quince años, posiblemente ya casado con la princesa Nefertiti, con la que tuvo seis hijas: Meritatón, Meketatón, Anjesenatón, Neferneferuatón, Neferneferure y Setepenre. Amenhotep IV además tuvo otra esposa conocida, una mujer llamada Kiya, hija de la princesa Gilluhepa, originaria de Mitanni, que se había casado anteriormente con Amenhotep III y se creía la madre del único hijo varón del rey, un joven llamado Tut-Anj-Atón.

---

[89]Martín Valentín es el mayor experto español en lo que concierne a Ajenatón, y por consiguiente en todos los factores que rigieron esta última mitad de la XVIII Dinastía. Su opinión es que en el fondo, Ajenatón fue una víctima de la puesta en escena iniciada por Thutmosis IV, llevada a la perfección por Amenhotep III y finalmente, hasta sus últimas consecuencias, por Ajenatón.

Busto de Ajenatón,
Museo de El Cairo, Egipto. Fotografía
de Nacho Ares.

Nefertiti es una de las reinas más fascinantes y enigmáticas del Imperio Nuevo. Su procedencia no está clara; es muy posible que fuese hija de Ay, el hermano de la reina Tiy. Con la llegada de la joven pareja al trono, Nefertiti asume rápidamente sus responsabilidades, siendo su baluarte y amiga la reina madre Tiy. Los expertos opinan que su poder político se extendió también fuera de Egipto, tal y como lo demuestran varias escenas donde la reina ciñe la corona que sólo debe ceñir el rey.

Desde el primer día, Amenhotep IV se declara como 'Primer profeta de Re-Horajti', y es evidente que desde el año primero hasta el sexto tuvieron que ocurrir varios enfrentamientos entre el clero de Amón y la casa real. Sólo así se explica que en su año cuarto de reinado, mientras viaja por el Egipto Medio, se detenga un paraje desolado donde no existe nada más que desierto. Allí tiene una visión que cambiará el rumbo de la historia de Egipto para siempre. En el décimo noveno día del tercer mes de la estación de *Peret*, se escribió por última vez el nombre de Amenhotep VI. En su año 6 de reinado, Egipto conoce el nuevo nombre de su soberano: Ajenatón, 'El espíritu eficaz de Atón'; y da a conocer que el país tendrá una nueva capital: Ajet-Atón, 'La ciudad del horizonte de Atón', en la actual Tell el-Amarna. Nos hallamos ante una ciudad que no se parecía a las demás. Debió de ser terminada sobre el año noveno o décimo, lo cual implica que la construyeron muy rápido y que la corte tuvo que trasladarse a medida que los departamentos oficiales se iban concluyendo. Ocupó una gran extensión de terreno, unos cien

327

kilómetros cuadrados. Comprendía una calle principal que nacía en el palacio septentrional y terminaba en el palacio real. Se trataba de una construcción de espacios abiertos, con un gran patio central donde había numerosas estatuas de Ajenatón. Al norte del palacio estaban los edificios administrativos, oficinas de policía, el tesoro o asuntos exteriores. Allí cerca, culminado por dos altas torres, estaba el Gem-Atón, el gran santuario de Atón, una enorme capilla cuyo eje apuntaba directamente al *uadi* donde se había excavado la morada para la eternidad del rey. El palacio real estaba protegido por una guardia personal, separada del resto de barrios.

Para entender esta gran urbe debemos imaginar que tuvo que producirse una importante migración, ya que eran necesarias muchas personas para ocuparse de todos los departamentos, y a los ojos de los arqueólogos que han estudiado sus ruinas en Tebas no podía haber tanta población y además seguro que no todos los tebanos cambiaron su residencia.

Sin embargo, la política exterior de Ajenatón fue un desastre. El imperio que Thutmosis III había construido, que luego había sido consolidado por sus sucesores, se desintegró. Se ha sugerido la posibilidad de que uno de sus embajadores lo engañó y le hizo perder el control de Bibblos, Megiddo, Palestina, Fenicia y Mitanni. Todas las informaciones que poseemos sobre el reinado de Amenhotep III y de su hijo son, cómo no, fruto de una maravillosa casualidad. Corría el año de 1887, y una campesina se hallaba recogiendo viejos ladrillos de barro para utilizarlos como fertilizantes. Pero lo que encontró fue un gran número de pequeñas tablillas de arcilla con unos extraños dibujos grabados. No era escritura jeroglífica ni tampoco hierática. Era como si las patas de unas aves diminutas se hubieran posado sobre el barro cuando aún estaba fresco. En un principio no le dio importancia, así que se deshizo de un gran número de ellas y el resto se las vendió a un vecino por diez piastras egipcias. Afortunadamente, este hombre se las vendió a su vez a un anticuario, lo que propició su salvación. Y es que se había encontrado el archivo real de 'La ciudad del horizonte de Atón', un descubrimiento crucial para comprender cómo funcionaba la política exterior de este período, la clave del éxito de Amenhotep III.

Siria y Palestina están controladas por tres funcionarios que dependían directamente del rey. El primero residía en Gaza, ocupando Canaán y la costa fenicia de la actual Beirut. El segundo en Sumer, que recoge el país de Amurru y se extiende desde Ugarit hasta Bibblos. El tercero se hallaba en Kudimu, rigiendo la provincia de Apu, que iba desde Qadesh hasta el norte de Palestina y Damasco. Pero algo ocurrió, un grave incidente que provocó la ira de Dusratta, el rey de Mitanni, el cual había enviado dos correos a la corte de Ajet-Atón.

Parece ser que la situación no pintaba nada bien entre Egipto y Mitanni. Todo parece indicar que Ajenatón se abandonó, no cuidó las relaciones y las confabulaciones entre los pueblos crecieron en contra del rey. Los años sucesivos trajeron una serie de desidias por parte de Ajenatón con unas consecuencias horribles. Los puertos fenicios ya no comerciaron con Egipto y Mitanni desapareció de la faz de la tierra. Una serie de tribus guerreras invaden Palestina y, por si esto fuera poco, Jerusalén y Megiddo son ocupadas por otras tribus de beduinos. Asia ya no pertenece a Egipto. Ajenatón ha dado prioridad a sus problemas religiosos en vez de conservar el imperio heredado. Algunos expertos opinan que tal vez Ajenatón pudo haber sido traicionado por algunos de sus hombres de confianza y no supo ver la evolución política del momento. Antaño, la sola presencia del rey de Egipto montado en su carro de oro y el despliegue militar causaba terror a los insurrectos. Pero ahora, la figura del faraón era el títere del pueblo.

Escena de adoración de la pareja real al dios Atón, Museo de El Cairo, Egipto.
Fotografía de Nacho Ares.

El final de su reinado es un auténtico misterio. Nefertiti desapareció después del año decimoquinto, cuando muere la princesa Meketatón, probablemente por un brote de peste. Ajenatón tomó por esposa a su primogénita, pero Meritatón también debió morir poco tiempo después.

Cabe una posibilidad que muchos egiptólogos barajan. Nefertiti se habría retirado a un palacio en compañía del jovencísimo Tut-Anj-Atón. Junto al joven príncipe se halla su hija Anjesenatón. Cuando fallece Ajenatón, la joven pareja es todavía muy joven para reinar, así que será necesario que alguien se ocupe del trono, y ese será un desconocido personaje llamado Smenjkare.

Smenjkare

Si ha existido alguna vez un rey olvidado en la historia del Antiguo Egipto, este es sin duda Smenjkare. Nos enfrentamos a un nombre que está rodeado de oscuridad, no sabemos nada acerca de él ni de sus orígenes, ni cómo subió al trono, cómo murió, ni siquiera dónde fue enterrado. Existe un largo debate acerca de su paternidad y, como podremos comprobar, se parece más a una rocambolesca unión de cabos sueltos que a un estudio serio y riguroso. Pero esto es inevitable, ya que ante la ausencia de datos concretos la egiptología sólo puede jugar con elucubraciones. Su paternidad puede atribuírsele tan sólo a dos personajes: Amenhotep III o Ajenatón. Su nombre de coronación es Anjeperure, siendo su epíteto Anjeperure Waen're. Hemos de tener en cuenta que el epíteto de Ajenatón era también Waen're, lo cual nos muestra otra posible pista hacia la misma paternidad.

Las escenas que nos han llegado de él en compañía de Ajenatón nos muestran que entre ellos existió un vínculo muy fuerte. Algunos autores deberían ser obligados a revisar sus obras, en las que escriben que esto demuestra una homosexualidad que estaba fuera de lo común en estos días en los que nos movemos. Pero, como veremos, bien pudiera ser que ese cariño estuviera más que justificado.

Smenjkare fue nombrado corregente en el año decimoquinto de Ajenatón, tal y como lo demuestran unos brazaletes hallados en la tumba de Tut-Anj-Amón. Carter también encontró un cofre que contenía los nombres reales de Ajenatón y Anjeperure. Está claro que el primero es el rey hereje, pero el segundo, si no es Smenjkare, ¿quién más podía aparecerse como figura regia? De sus actos sólo sabemos que emprendió una obra en Karnak. Con este hecho, podemos bien interpretar que Smenjkare había retomado las antiguas tradiciones desechadas por el mismo Ajenatón. De ser cierta esta teoría, nos indicaría que ya se hallaba excavando su morada para la eternidad en el Valle de los Reyes, pero saber cuál es muy difícil. Dos candidatas serían la KV 62 y la KV 55. El hecho que Smenjkare desaparezca de escena tal y como llegó, como un relámpago, nos sugiere que se produjo el óbito real. Aquí es donde hace varios años apareció una nueva teoría de una egiptóloga llamada Julia Samson, una trama que desde luego no carece de sentido. Sabemos que uno de los nombres regios utilizados por Nefertiti era el de Nefer-Neferu-Atón, y el *praenomen* de Smenjkare fue precisamente este, Nefer-Neferu-Atón. Ya hemos visto cómo hay varios relieves donde Nefertiti ciñe la corona destinada al rey. La teoría es que cabría la posibilidad de que Ajenatón pudiera estar enfermo y que Nefertiti hubiera ocupado su puesto, lo cual explicaría esos indicios de homosexualidad que algunos autores han señalado. Este hecho colocaría a Ajenatón como el ocupante de la KV 55 y, como podremos descubrir dentro de muy poco, Julia Samson no iba desencaminada a este respecto. Esto explicaría la construcción del santuario de Tebas y también la unión entre Smenjkare y Meritatón. Y es que Nefertiti habría actuado igual que lo hiciera Hatshepsut. Nefer-Neferu-Atón habría ocupado el trono como un rey masculino a pesar de ser una mujer, y el matrimonio con su propia hija no sería más que un simbolismo programado para adjudicarle a ella el trono en caso de que Nefertiti falleciese.

Todas estas hipótesis podrían ser desveladas en pocos años, pues la ciencia nos ha permitido dar un salto de gigante en este aspecto. Gracias a los estudios realizados a finales de 2009, cuyos resultados fueron expuestos a comienzos de 2010, tal vez podamos ir hilando pistas que nos lleven a conocer el lugar exacto de la tumba de Smenjkare o, en su defecto, demostrar que Nefertiti y Smenjkare fueron la misma persona, aunque sinceramente todo este episodio es una espiral de incógnitas de la que sólo podemos sacar algo en claro: tras este corto reinado se puso fin a un ciclo que había durado veinte años, el fin del sueño de Ajenatón. Ahora, tras la desaparición de este efímero rey, los sacerdotes de Amón echarían el cierre a la aventura de Atón, y para ello contarían con dos jovencísimos príncipes. Tut-Anj-Atón y su esposa Anjesenatón, la nueva pareja real.

Tut-Anj-Amón

El nombre de Tut-Anj-Amón es uno de esos nombres que producen una extraña sensación en nuestro cuerpo. Sólo con pronunciarlo parece que nos viéramos transportados a mundos pretéritos, de lujos, riquezas, fastuosos y lujuriosos palacios donde el rey de Egipto tenía todo aquello que su mente podía imaginar. Y tal vez sea cierto, eso y mucho más. El caso es que decir Tut-Anj-Amón es decir todo y nada en la egiptología. Nos hallamos ante el rey que muy posiblemente fuera el menos importante de su tiempo, ya que no alcanzó ningún logro destacable, y sin embargo ha cautivado nuestros corazones desde que en 1922 se descubrió su tumba, prácticamente intacta, en el Valle de los Reyes.

Vaso canope de Kiya, esposa de Ajenatón. Museo de El Cairo, Egipto. Fotografía de Nacho Ares.

El príncipe Tut-Anj-Atón nació y vivió sus primeros años en 'La ciudad del horizonte de Atón', en la corte Amarna. Su nombre significa 'La imagen viviente de Atón', y cuando Smenjkare sube al trono es un jovencísimo príncipe de unos seis años de edad. Es muy fácil imaginarnos al príncipe jugando con todos sus juguetes, que después de más de tres mil años han llegado hasta nosotros, disfrutando de una vida ociosa y sin preocupaciones, mientras en la corte se mastica la ansiedad ante aquello que, inevitablemente, debe ocurrir. Sobre sus padres se han escrito varias teorías, aunque lo cierto es que sólo había un aspirante: Ajenatón. Tenemos casi la certeza de que se su madre fue Kiya. Lo único seguro era que estaba casado con Anjesenatón.

El joven rey Tut estuvo guiado por Ay, el hermano de la reina Tiy; y por el general Pa-Atón-em-heb, que había sido el general de todos los ejércitos de Ajenatón. Cuando Tut-Anj-Atón fue coronado rey tuvo que trasladarse a Tebas para ser ungido como nuevo soberano. Con el traslado a Tebas todo cambia. Incluidos los nombres de los reyes y de algunos de sus funcionarios. Ahora, el nombre del rey será Nebjerperrure Tut-Anj-Amón, el de la reina Anjesenamón, y el general, antes llamado Pa-Atón-em-heb, será ahora conocido como Horemheb.

Tut-Anj-Amón adopta, como todo buen rey, cinco títulos o nombres con los que será conocido en toda su tierra:

- Nombre de Horus: *Ka Najt Tut Mesut*, 'Toro poderoso cuyas imágenes se sustentan'.
- Nombre de Nebti: *Nefer Hepu Segereh Tawy Sehetep Neteru Nebu*, 'Cuyas leyes son el bien, el que apacigua a las Dos Señoras, el que propicia a todos los dioses'.
- Nombre de Horus de Oro: *Wetjes Jau Sehetep Neteru*, 'El que manifiesta la realeza, aquel que propicia a todos los dioses'.
- Nombre de *Nesu-Bit*: *Nesu Bit Neb JeperwRe*, 'El portador del sello Bit, señor del ser de Re'.
- Nombre de Hijo de Re: *Sa-Re Tut-Anj-Amen Heqa Iunu Sema*, 'Hijo de Re, La viva imagen de Amón, señor del Alto Egipto, señor de Heliópolis'.

Ay y Horemheb son dos apoyos claves para Tut-Anj-Amón, ya que el regreso a Tebas, la caída de Atón y el olvido de Ajet-Atón sin duda debieron suponer un choque muy fuerte para esos niños de apenas diez años de edad. Tal vez el gobierno de Ajenatón había sido un error, pero todavía era posible subsanarlo en parte y, para que esto pudiera realizarse, estas dos figuras eran claves junto al rey. Es muy posible que los sacerdotes de Amón convenciesen al joven rey de que abandonar la ciudad del sol era lo más conveniente, que fuese el propio tiempo quien se encargase de devorarla con el paso de las centurias y los milenios. Una estela de cuarzo nos relata cómo se produjo el regreso a Tebas, aunque unos pocos años después Horemheb se apropiase de esas palabras, quizá porque eran palabras suyas puestas en boca del rey Tut-Anj-Amón[90].

El faraón niño ha comenzado la reconstrucción de los templos, que muy posiblemente no estuvieran tan deteriorados, aunque algunos sí abandonados. Los monumentos habrían seguido en pie, pero a buen seguro el estado de los jardines, de las capillas y de los altares debía ser deplorable, ya que sobre todo en la última etapa de Ajenatón se llevó a cabo una persecución de todo aquello que contuviera el nombre de Amón escrito en sus muros. Así fue como Tut-Anj-Amón ordenó elaborar unas estatuas de oro macizo con incrustaciones de piedras preciosas a la gloria y semejanza de Amón de Tebas y Ptah de Menfis. Las riquezas que los santuarios habían tenido otrora les fueron restituidas, y el faraón se hace representar en Luxor ofreciendo flores al dios Amón. En Karnak se aparece entre Mut y Amón, adoptando la imagen divina de Jonsu y pasando a formar parte de la tríada tebana: Padre-Madre-Hijo.

La situación política que se da en el imperio egipcio es ya insostenible. Aunque él no participa en ninguna expedición militar, Horemheb sí que trajo varias victorias para su rey. Este hecho nos viene dado por las representaciones en las que las comitivas de embajadores extranjeros traen obsequios y regalos de los países del sur y del norte, productos exóticos del Kush, oro, animales e incluso príncipes nubios que vienen a rendirle pleitesía, así que es de imaginar que Horemheb comenzó a estabilizar la política exterior.

---

[90]Se trata de la Estela de la Restauración.

Han pasado nueve años desde que el joven Tut-Anj-Amón llegase al trono de las Dos Tierras. Ya no es un niño y de hecho ha logrado realizar muchas buenas acciones y otras muchas que estarían por llegar, pues en su cuerpo de adolescente va emergiendo la conciencia de un auténtico rey de Egipto. El pueblo le ama y todos sus fieles saben que es garante de prosperidad en el Alto y el Bajo País.

Pero Amón tenía otro destino para su joven hijo. A los dieciocho años Tut-Anj-Amón muere repentinamente. Su morada para la eternidad no es-

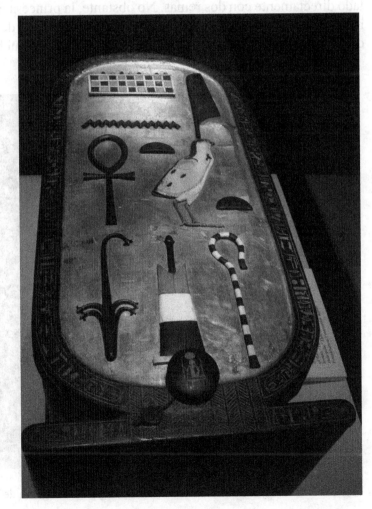

Cofre con forma de cartucho real con el nombre de Tut-Anj-Amón, Museo de El Cairo, Egipto. Fotografía de Nacho Ares.

taba terminada, lo cual provoca que sea enterrado en otra mucho más pequeña de lo habitual. Durante los setenta días que duró la momificación de su cuerpo real Egipto lloró la muerte de su soberano, pero también su esposa, la dulce y bella Anjesenamón, que ve cómo sobre ella se cierne una terrible tormenta.

Los hechos que se desarrollaron a partir de este momento no están nada claros, pero sí sabemos que no pintaban nada bien para la joven reina. Anjesenamón no ha engendrado ningún hijo varón y la rama familiar de Amenhotep III estaba rota. Ay era el único candidato al trono por estar vinculado directamente con dos reinas. No obstante, la princesa de Amarna comete un acto que bien pudo haber sido catalogado como de traición. Y es que Anjesenamón escribe al príncipe Zenanza, hijo de Subbiluliuma, rey

Busto de Tut-Anj-Amón. Museo de El Cairo, Egipto. Fotografía de Nacho Ares.

de Hatti. Tras unos intercambios epistolares se acuerda que el príncipe hitita viaje a Egipto para desposarse con ella, pero una vez ha entrado en territorio egipcio es muerto en una emboscada.

Llegados a este punto, debemos plantearnos dos cosas importantes al respecto de esta trágica muerte. Por un lado, podemos pensar que la reina viuda no habría ocultado sus deseos de establecer este matrimonio de conveniencia, pero que esto no habría gustado en la corte real, ya que jamás se había producido en Egipto nada semejante: que un extranjero se convirtiera en faraón de las Dos Tierras. Por otro lado, podría ser que Anjesenamón mantuviera en secreto su correspondencia, lo cual demostraría que la reina estaba siendo vigilada. Si todos los actos de la hija de Ajenatón estaban supervisados bien por Ay, bien por Horemheb, ¿quién ordenó el asesinato del hijo de Subbiluliuma? Si la reina tenía una red de espionaje que controlaba sus movimientos, ¿quién podía beneficiase de la muerte del príncipe hitita? El que sucedió a Tut-Anj-Amón en el trono fue Ay. Debemos pensar que Anjesenamón intentaba desesperadamente que su linaje no desapareciera de la faz de la tierra, como finalmente ocurrió. Ella tenía alrededor de unos veinte años, posiblemente era dos años mayor que su difunto esposo. La reina estaba angustiada, de eso no cabe ninguna duda, porque sobre ella podía cernirse una pesada sombra, la de su abuelo el 'Padre divino' Ay. Es más que probable que la situación hubiera degenerado hasta puntos insospechados. El harén de Anjesenamón carecía del poder suficiente como para hacer frente a las presiones que ejercían Ay o Horemheb, o incluso ambos a la vez. Se ha sugerido la posibilidad de que estas cartas fueron escritas por Nefertiti, pero parece improbable ya que Ajenatón ya había nombrado a Smenjkare como sucesor. Además quedaba la hija real Anjesenamón, casada con Tut-Anj-Atón, hijo también de Ajenatón. A la vista de los hechos, lo más probable es que Anjesenamón fuese acusada de traición y condenada. No es probable que fuese condenada a muerte, sino más bien a un destierro. Tan sólo cabe preguntarse dónde está el cuerpo y la tumba de la reina viuda, pues a nadie se le escapa un pequeño detalle. En la tumba de Tut-Anj-Amón había miles de objetos con los nombres del rey, de los cortesanos, de la nodriza, de su padre y abuelos, de Smenjkare y de sus hermanas. Pero no había ni un solo objeto con el nombre de Anjesenamón. En el muro oeste de la cámara funeraria están inscritos los nombres de los que participaron en el ritual de la 'Apertura de la boca y de los ojos', y el nombre de ella no aparece por ningún lado. Sencillamente, desapareció de la historia. O eso creían aquellos que dictaminaron tan horrible condena, pues Anjesenamón no es una simple representación esbozada en el respaldo de un trono de oro. Ni siquiera es la tierna imagen junto con su marido Tut-Anj-Amón. Anjesenamón simboliza también la agonía de una dinastía y el intento de sobrevivir en un momento alborotado de la historia de Egipto. Pero sobre todo, por encima de cualquier preciosa obra dorada o cualquier boceto plasmado en cualquier material, Anjesenamón fue, es y será la esposa eternamente joven, la amiga y amante del rey. La Señora que reverdece las Dos Tierras. La gran maga del rey, su esposo con la máscara de oro. Con sus caricias, con su amor y con su dulzura le transmite de forma ininterrumpida la vida eterna.

No cabe duda de que el rey Tut-Anj-Amón es el faraón egipcio que más inspiración ha dado al género literario. Después de tres mil años de silencio, un inglés llamado Howard Carter hizo lo que muchos no dudan en catalogar como el hallazgo más increíble de la historia de la arqueología. Tut-Anj-Amón descansaba en su sarcófago y ante el hallazgo tan increíble no podía dejar de practicársele un análisis con los métodos más modernos que ofrecía aquel año de 1925. El doctor Douglas Derry sugirió que la causa de la muerte del joven rey había sido la tuberculosis. En el año 1969, el doctor R.G. Harrison practicó un examen de rayos X a la momia y descubrió que le faltaba el esternón y algunas costillas. Pero súbitamente apareció una oscura mancha en el cerebro. Se dictaminó que esta se había producido por una hemorragia bajo las membranas. Tenía una lesión en la región occipital, y esa era, sin ninguna duda, la causa de su muerte. Años después, el egiptólogo y también médico Bob Brier, mediante unas radiografías y un nuevo examen, afirmó rotundamente que Nebjeperure Tut-Anj-Amón había sido víctima de una lesión en el occipucio, y que había tardado al menos dos meses en morir, una lenta agonía antes de entrar en una fase de deshidratación o de algo peor todavía, una neumonía.

El mundo ya sabía como había muerto el rey niño, su momia era el espejo de una gran tragedia. ¿Cómo se habría producido semejante lesión? Una gran altura, una caída desde su carro de combate, un accidente. Poco a poco comenzó a aflorar lo que algunos no dudaron en catalogar como la terrible verdad: que dicha lesión sólo había podido ser producida por un objeto contundente, como una maza de guerra. La hipótesis del asesinato cobró más fuerza que nunca, ya que el ambiente político religioso que envolvió a Tut-Anj-Amón así lo hacía imaginar. El asunto se convirtió en una auténtica cruzada para descubrir a su asesino y, claro, tan sólo había dos hombres que podían aspirar a ese título, Ay o Horemheb. En 1997, Brier obtiene la respuesta y la plasma en una obra titulada *El asesinato de Tutankhamón*, donde defiende claramente que bajo su punto de vista las pruebas son contundentes y no admiten error alguno: el asesino es Ay.

Pero en el año 2005 todo el expediente Tut-Anj-Amón da un giro inesperado. Cuando ya todo el mundo se había acostumbrado a ver al pobre 'Padre divino' Ay cumpliendo una condena de cadena perpetua por asesinato, el 9 de marzo la prensa española daba una noticia. Se había realizado un TAC a la momia del rey, y las conclusiones del equipo médico fueron tajantes. Resultó que Tut-Anj-Amón no había muerto asesinado, sino que había sufrido una severa fractura en su pierna izquierda, que no llegó a curarse y tuvo una infección. No había señales de violencia en su nuca, gozaba de una salud envidiable y nunca tuvo ni deshidratación ni neumonía, sino que desde su infancia había recibido una buena alimentación. El huesecillo que había condenado a Ay era el producto de las prácticas de momificación y el doctor Zahi Hawass dijo contundentemente que el caso Tut-Anj-Amón estaba cerrado y que podía cerrarse para siempre. Pero resultó que no. En septiembre del año 2007 el director del Consejo Supremo de Antigüedades de Egipto, Zahi Hawass, firma un permiso para que se realicen una serie de pruebas de ADN en varias momias de la XVIII Dinastía. En concreto eran diez momias y todas posibles parientes del rey niño. Así se reunió un grupo de antropólogos, radiólogos y genetistas que practicaron los exámenes. Los trabajos duraron dos años y un mes, y los resultados son más que sorprendentes. La identidad de la momia hallada en la KV 35, que se sospechaba pertenecía a la reina Tiy, se pudo confirmar. Los huesos que aparecieron en la KV 55 y que se adjudicaban a Smenjkare resultaron ser de su padre Ajenatón, tal y como lo demostraron varios rasgos genéticos que sólo comparten Ajenatón y Tut-Anj-Amón. Otra momia que había aparecido también en la KV 35 resultó ser la de su madre, pero no era Kiya, sino que las pruebas nos dicen que se trataba de una hija de Amenhotep III y Tiy. Pero estos estudios no sólo sirvieron para realizar las comparativas de ADN sino que demostraron que la representación artística de Ajenatón no correspondía al físico real del rey. Se le había tachado de hermafrodita y de padecer el síndrome de Marfan, lo cual es falso. El estudio del 2009 corroboró los resultados del 2005: la pierna del rey estaba muy débil, y para colmo había contraído la malaria. No puede escapársenos un detalle muy significativo, y es que Horward Carter ya tuvo esta terrible sospecha en 1923 acerca de la cojera del rey. Advirtió que se habían encontrado en la tumba numerosos bastones de los que se utilizan para ayudarse a caminar, y que prácticamente todos tenían claros síntomas de desgaste, lo cual indicaba que se habían utilizado en vida. Además, se hizo eco de una extraña escena hallada en una de las capillas que albergaban el cuerpo de la momia, donde el rey está apoyándose en algo que parece ser una muleta o un bastón.

La momia de Tut-Anj-Amón es la única que descansa hoy día en su morada para la eternidad en el Valle de los Reyes. Después de casi noventa años desde su descubrimiento ha tenido que sufrir las visitas del FBI y ver como todo el mundo había descubierto a un asesino que jamás existió. Con el rey Tut no sólo se pone fin a la aventura de Amarna, sino que podemos decir que con él termina el linaje de sangre real que había iniciado la XVIII Dinastía. Una nueva era se abría ahora para los gobernantes de las Dos Tierras.

Ay

Como hemos podido comprobar, este final de la XVIII Dinastía ha provocado un brusco cambio en todas las formas de regir el país. Los regímenes políticos y religiosos tuvieron una serie de nombres que, para bien o para mal, cambiaron para siempre el destino de las dos tierras. Uno de estos hombres fue Ay. Realmente, es muy poco lo que sabemos de este hombre. Sabemos que durante el reinado de Amenhotep III poseía el título de inspector de los caballos del rey al igual que su padre Yuia. Cuando Ajenatón alcanzó el trono se convirtió en canciller real y 'Padre divino'. Con Ajenatón fue un consejero muy valorado y con Tut-Anj-Amón desempeñó el cargo de visir. Fue uno de los dignatarios más importantes de su tiempo. Alcanzó el trono con setenta años, edad a la que un hombre no aspira a los entresijos del poder, sino más bien a que cuando llegue su hora la muerte le sobrevenga de la manera más dulce posible. De haber tenido aspiraciones reales, no habría dejado que su antecesor llegase a cumplir la mayoría de edad y le habría arrebatado el trono.

Ay gobierna Egipto durante cinco años y siguió fiel a la política de restauración, si bien es cierto que en el interior de su tumba del Valle de los Reyes se realizó un hallazgo que ponía de manifiesto que la revolución religiosa de Ajenatón no había sido tan drástica y que tal vez la persecución de los sacerdotes de Amón fue menor de lo que creemos, ya que Ay hizo grabar en los muros de su cámara funeraria el Himno a Atón.

Parece ser que Ay tuvo un hijo llamado Najtmin, que sin duda debiera ser su sucesor, pero falleció antes que su padre, con lo que el viejo y anciano rey iba a morir sin descendencia.

Su faceta como constructor nos es desconocida. Se especula que tal vez Horemheb usurpara sus edificios, aunque en Medineth-Abú se hallaron los restos de un santuario funerario que contenía su nombre. El hecho de que él ya ciñese la corona en los funerales de su antecesor es, casi con toda probabilidad, un derecho que le venía asignado al ser el hermano de una reina y el suegro de un rey. No obstante, no debemos olvidar el expediente Anjesenamón, el cual todavía está muy lejos de ser esclarecido. Hasta ese momento, mejor será no hacer conclusiones precipitadas.

Horemheb

Durante el reinado de Amenhotep III, entre las filas egipcias hay un joven escriba llamado Hasemhab Horemheb. Estamos ante un hombre más bien corpulento y de estatura media alta. Cuando el trono es ocupado por Amenhotep IV, el escriba del ejército Horemheb ha alcanzado el grado de general; es un hombre cuya palabra cuenta mucho para su rey porque sus decisiones son justas. Es un hombre que ama a su país, que ama a su rey. Con la llegada de Tut-Anj-Amón al trono de Egipto, Horemheb es nombrado príncipe y elegido del rey. Egipto estaba con sus fronteras al borde del caos, y durante el año sexto del reinado del joven rey reafirma nuevamente las fronteras. Los reyes de Babilonia y de Asiria vuelven a tributar al Señor de las Dos Tierras, se envían a su corte delegaciones comerciales y embajadores con numerosos presentes. La estrella de Horemheb brilló a lo largo de tres reinados y ahora él era el faraón de Egipto porque el linaje real se había extinguido. Su nombre de coronación es Djeserjeperre, y toma los títulos de Horemheb Meriamun, 'El amado de Amón'. Pone punto final a la aventura de Amarna y decide borrar esos últimos años de la historia como si no hubiesen existido[91].

Realmente, Horemheb amaba a Tut-Anj-Amón y no le consideraba culpable de ningún acto vil contra los dioses de Egipto. Por ello, inicia la desmantelación de Ajet-Atón. Si Ay levantó también algún monumento, este fue derribado. Todo aquello que contenía un ápice de arte que recordara al rey Ajenatón acabó de relleno en alguna de las construcciones de Horemheb y sus sucesores. Sin embargo, lo que Tut-Anj-Amón había levantado para Amón fue respetado, no se persiguió su memoria. Durante treinta años reina un auténtico faraón en Egipto. No cabe duda de que las reformas de la administración que se iniciaron bajo el reinado de Tut-Anj-Amón no habrían terminado todavía cuando él llegó al trono. Los cambios son lentos y las administraciones tardan en notar los nuevos efectos deseados.

Horemheb tuvo al menos dos esposas, una de nombre desconocido y otra llamada Mutnedjmet, a la que vemos en la estatua de coronación oficiando con su esposo. Es muy posible que nos hallemos ante la hermana de Nefertiti, aunque esta reina no tiene el título de 'Hija del rey'. No obstante, es muy posible que no lo ostentase porque se había decidido que Ay jamás había existido como rey. No obstante, sí es nombrada gran princesa hereditaria y soberana del Alto y del Bajo Egipto. En algunas representaciones, el nombre de Mutnedjemet fue escrito sobre el de Anjesenamón, tal vez para tapar la traición que, a los ojos de su pueblo, había cometido la esposa de Tut-Anj-Amón. Cuando Horemheb todavía no era rey, se hizo excavar una tumba en Menfis, donde se halló la momia de una mujer y los restos de varios fetos[92].

El reinado de Horemheb recupera el sentido de la antigua administración. Las rutas comerciales vuelven a ser seguras y los ladrones huyen porque las patrullas de policía vuelven a vigilar los caminos. Es muy posible que la administración tampoco estuviese tocada de muerte, ya que las estelas que narran hechos de este tipo suelen ser un poco exageradas, pero no cabe duda

---

[91]Horemheb en absoluto estaba de acuerdo con la política de Ajenatón, y sin embargo fue fiel a su rey. Se hace representar en los textos como heredero directo de Amenhotep III.
[92]Algunos autores han señalado que esta mujer, de unos cuarenta años de edad, sería Mutnedjemet. No obstante, no se explica el hecho de que fuese enterrada en Menfis y no en el Valle de las Reinas, a no ser que Horemheb sólo la quisiera para poder acceder al trono y que no la considerase una reina auténtica por haber sido hija de Ay.

de que la reestructuración de la administración interna es iniciada por Tut-Anj-Amón pero llevada a cabo por el mismo hombre, Horemheb.

Pero al nuevo rey, de casta militar, se le plantea un nuevo reto. Una vez se ha puesto fin a la locura de Ajenatón, los profetas de Amón reclaman aquello que antaño habían poseído. El clero desea un aumento del poder, está claro que querían que algunos personajes fuesen nombrados en puestos importantes, para así poder tener el control de parte del Estado. Pero Horemheb sabía que devolver estos privilegios era perder parte de su poder. Tomando nota de algunos de sus más brillantes antepasados, Horemheb busca entre sus fieles a hombres capaces de ocupar determinados cargos en la administración de Amón y los coloca al frente, expulsando a aquellos que han pretendido tomar parte en las decisiones del país.

Como constructor, Horemheb se apropió de todas las obras de Tut-Anj-Amón, pero construyó en Karnak y amplió Deir el-Medineh.

Durante su reinado sólo se conoce una acción militar contra los hititas. El resto de las acciones militares de Horemheb son pequeñas campañas en Nubia, que se limitan a un mero desfile, un espectáculo que realizan las tropas del rey para dejar constancia de que todavía son capaces de luchar, que siguen ahí y que el poder del rey está más fuerte que nunca. Como soldado, conoce las infraestructuras del ejército y realiza unas modificaciones. Lo divide en dos grandes grupos, uno destinado a controlar el Alto País y las posibles revueltas del país de Kush. El otro grupo está destinado a controlar las rutas del norte, las que conducen hacia Asia. Esta reorganización también alcanzó los tribunales de justicia, ya que había demasiados funcionarios acomodados que cometían demasiadas injusticias. En sus puestos introdujo a nuevas y jóvenes promesas, ansiosos de demostrar su valía como profesionales de la justicia, que se hallaban en los escalones más bajos de la jerarquía jurídica.

Con Horemheb finaliza la XVIII Dinastía. Doscientos cincuenta y un años después de que Ahmose expulsara a los hicsos de Egipto, su linaje se había extinguido, ya no existían miembros de aquella realeza capaces de ocupar el trono de las Dos Tierras. Horemheb carecía de hijos, y como sucesor buscó entre sus filas al hombre más fiel y capaz: un general llamado Pa-Ramsés, que pasaría a la historia como el primero del largo linaje de los ramésidas. Ha comenzado la XIX Dinastía y Egipto se abre ante una nueva etapa, que será decisiva para el destino del Imperio Nuevo.

LA XIX DINASTÍA

Ramsés I

La antigua capital de los hicsos, Ávaris, había sido convertida en un centro militar durante toda la XVIII Dinastía. Desde allí se llevaba un control sobre todos los puestos que enlazaban tanto el Camino de Horus como los Muros del Príncipe, que conducían al comercio con Asia. En aquella zona había servido en más de una ocasión el general Horemheb, que por aquellos días tenía su residencia en Menfis. Durante el reinado de Tut-Anj-Amón comandó alguna incursión para paliar las escasas rebeliones que se produjeron al norte de Canaán, donde contó con la inestimable ayuda de un antiguo compañero de armas, un comandante de tropas llamado Pa-Ramsés, el cual había combatido mano a mano con Horemheb. Este comandante conocía los entresijos del ejército y sabía cómo tratar a los hombres. Fue el responsable de la toma de la fortaleza de Sile, en la zona sirio-palestina. Ambos soldados contaban con una edad muy similar, si acaso parece ser que Pa-Ramsés era un par de años más joven. Este militar era hijo de un intendente de las caballerizas reales, de nombre Seti. Tras haber ocupado el puesto de jefe de carros y jefe de los arqueros, fue nombrado comandante de las Marcas del este. Años más tarde, fue ascendido a correo real, y su misión consistía en entregar los despachos oficiales en las cortes de los países extranjeros que mantenían buenas relaciones con Egipto. Luego, con la llegada de Horemheb al trono, fue nombrado general al mando de la fortaleza de Tajarú, el puesto más importante de donde partían todas las expediciones militares. Con el tiempo y su historial impecable, Pa-Ramsés fue reclamado a Tebas, donde fue nombrado visir. Horemheb escogió a Ramsés para sucederlo en el trono tres o cuatro años antes de su muerte.

Ramsés subió al trono aun sabiendo que muy pronto él correría la misma suerte, ya que contaba con cerca de setenta años. Era extremadamente longevo para esta época, así que ya se había ocupado de preparar a su hijo Seti, que un día no muy lejano ocuparía su lugar en el trono de Horus. Sería Seti quien comandase las pocas campañas que Ramsés I acometió en la zona de Palestina. Estos actos quedarían reflejados en Karnak y Abydos. Junto a Seti viajaba un jovencísimo príncipe de cinco años de edad, llamado Ramsés, como su abuelo.

Una de las primeras cosas que Ramsés I hizo nada más llegar al trono fue continuar las obras que Amenhotep III había iniciado en Karnak y que Ajenatón había rehusado terminar. Para ello, muy posiblemente, Ramsés terminó de desmantelar todas las obras dedicadas a Atón que Ajenatón había ordenado construir en el recinto sagrado del dios Amón.

Desafortunadamente, después de tan sólo dos años gobernando, murió Ramsés I y pocos meses después lo hizo su esposa Sit-Re, la cual realizó una gran innovación, ya que fue la primera reina en hacerse enterrar en el Valle de las Reinas, necrópolis que hasta la fecha sólo utilizaban las princesas reales. Ahora, el príncipe heredero Seti estaba listo para gobernar. Egipto se abría ante la XIX Dinastía, y había que intentar recuperar el esplendor de los años pasados, tal y como lo reflejaban los muros de Karnak, donde se relataban las gestas de Ahmose, Thutmosis I, Thutmosis III o Amenhotep II.

Seti I

Cuando Seti I sube al trono debía tener unos veintiocho años, y tuvo un importantísimo apoyo durante todo este tiempo, su esposa Tuya. Ella fue su gran esposa real, y ayudó a su marido a gobernar el país: ella dictaba las órdenes mientras su esposo se hallaba combatiendo. Así aprendió los valores el joven príncipe Ramsés, de manos de su madre. Los retratos que nos han llegado de ella nos la muestran muy bella, una mujer majestuosa, altiva y serena. Curiosamente, en el Vaticano está la mayor estatua que la representa, de tres metros de altura, donde sigue impávida ante el ir y venir de las centurias. Tanto Seti como su hijo Ramsés sintieron una profunda admiración y gran respeto por ella. Tuya sobrevivió, al menos, a su esposo durante veintidós años en los que no volvió a casarse y se concentró en el único hombre que le quedaba en su vida, su hijo. Su papel sería determinante. Era la mujer con más peso en la corte y nadie osaba contradecirla porque sus decisiones siempre fueron sabias y largamente meditadas. Después de su muerte fue muy venerada, todo el pueblo tuvo una gran admiración por ella, dulce de rostro y de grácil voz. Tuya falleció con casi setenta y cinco años. Sin embargo, siempre permanecerá bella, desafiando a la muerte, un espejo de oro donde se refleja el último gran linaje de reyes.

Seti ofrendando en el templo de Abydos. Fotografía de Nacho Ares.

Sus tareas al mando del estado llegaron pronto, pues en el año primero de reinado Seti se pone al frente de su ejército y se dirige hacia las ciudades asiáticas de Kharu y Theyu[93].

El ejército de Seti contaba con tres divisiones: la de Amón, la de Seth y la de Re. Primero cayó la ciudad de Gaza. Luego la ciudad de Pekaan, que, a pesar de aparecer nombrada numerosas veces, no se ha podido ubicar exactamente en un mapa. La documentación existente nos narra cómo Seti, montado en su carro de oro, luchó y derrotó al enemigo en esta ciudad. La sola visión del ejército de Seti I debía de cortar la respiración. Se señala al rey como la encarnación de Sejmet durante su año de peste, lo

---

[93]Son dos pueblos beduinos que se dedicaban al pillaje y formaron una coalición para enfrentarse a él.

cual nos indica que realizó grandes matanzas[94]. Sin duda, la visión de los campos de batalla debía de ser dantesca, cuerpos mutilados y sangre por todos los valles. Los carros enemigos se agolparían para ser evaluados y confiscados. En algún punto sin concretar de aquellas llanuras se acumularían montones de manos amputadas[95].

Durante sus campañas militares, Seti atacó un gran número de ciudades e instauró nuevamente el control egipcio, dejando allí algunas guarniciones y hombres de su confianza para dirigirlas. Lo que Seti pretendía

Relieve de Karnak donde se hace un recuento de manos cortadas.
Fotografía de Nacho Ares.

[94]Esto hace referencia a un hecho de la mitología egipcia, cuando el dios Re, cansado de la infidelidad de su pueblo, envía a la diosa leona Sejmet para que aniquile a la humanidad. En realidad, guarda una cierta semejanza con la historia del Diluvio Universal.
[95]Esta era la forma en la que los egipcios contaban las bajas enemigas, cortándoles una de sus manos y apilándolas en grandes montones.

realmente era que los hititas, que se habían vuelto un poco más molestos y fuertes, no lo vieran como un reyezuelo, sino que el prestigio de Egipto se instaurara nuevamente en todo el Antiguo Próximo Oriente. Allí donde no lo hubiera había que implantarlo otra vez. Así, de su mano, desde los confines de Libia hasta las aguas del Jordán, la mano de Seti I, rey de Egipto, dejó pacificadas todas las tierras.

Con los territorios controlados, Seti decidió regresar a Egipto y dedicarse a una de las facetas que más amaba: construir para los dioses. Pero en el camino de regreso, el ejército sufrió una emboscada por un grupo de beduinos, lo que casi le cuesta un disgusto. Finalmente, tras una extenuante batalla, el rey pone fin a tan negligente acto y los habitantes de las arenas son muertos en su mayoría.

Los libios dieron también muchos problemas a la estabilidad que Egipto tenía en aquellas rutas comerciales. Corría su año tercero de reinado y Seti estaba cansado ya de los derramamientos inútiles de sangre. Para disuadirlos, pensó en una estratagema, un plan que resultase infalible y que al mismo tiempo evitara tanto el gasto económico del desplazamiento de sus tropas como las inútiles muertes de aquellos insensatos. Así, decidió que se aparecería ante las tribus libias bajo el nombre de Hor-Tema, 'El Horus vengador'. Seti se acercó al reyezuelo que comandaba las revueltas bajo un consejo previamente pactado. Con una de sus manos, el rey aseguró que aquel villano no podría escapar de su fatal destino, al tiempo que con la otra sostenía una jabalina con la que ensartaría a sus enemigos libios. Le dio a escoger entre su vida, sirviendo al faraón con la mano que le tendía, o la muerte irremediable bajo la sagrada figura de Horus, puesto que él no era un mortal cualquiera, era el rey de Egipto, capaz de dar muerte a su enemigo y exterminar toda su semilla. Junto a él estaba su joven hijo Ramsés, el cual aprendió de aquella interesante maniobra diplomática. Por supuesto, el libio escogió la vida, temiendo sobre todo la figura sacra de Seti I.

En aquel mismo año, Hatti era ya una amenaza real. Desde Thutmosis III los hititas habían crecido en poderío militar. Durante este tiempo se habían destrozado internamente, habían pasado ese período que es necesario hasta lograr una corte estable. De la población hitita el noventa por ciento de sus habitantes vivía por y para la guerra. No cabía otra forma de vida, luchar o ser vencido era lo único que movía a este pueblo. Pero Seti no tenía ninguna prisa por entrar en combate. Es más, durante un año entero ignoró a su enemigo, estando muy seguro de sí mismo. Así llegó su año cuarto de gobierno, cuando la situación llegó al punto límite, pues los hititas habían avanzado hasta las mismas fronteras de su territorio. Partió nuevamente con su ejército, que durante aquel año de inactividad había estado reponiendo todo su arsenal militar, tanto armas como carros de combate, así como los caballos más bellos y veloces de todo el país. Qadesh era el punto estratégico que ambos reyes querían controlar, y esa zona que otrora era tributaria del faraón hoy había sido invadida por Hatti. Los hititas tenían un gran poderío militar, muchos más hombres, más carros de combate, y la orografía jugaba en su favor. Pero había algo que los hititas no tenían. A Seti I.

Todas las incursiones de Seti se convirtieron en victorias. No obstante, tampoco quería recuperar aquella zona a cualquier precio. Viendo que aquello podía acabar en una auténtica carnicería, decidió astutamente que lo realmente esencial para el comercio de Egipto era el pasillo sirio-palestino, ya que por aquellos días el futuro del comercio exterior se movía por los puertos fenicios. A pesar de haber dejado el control de la fortaleza de Qadesh a los hititas, Seti consiguió importantes victorias en esa zona que le proporcionaron numerosos botines de guerra. Las escenas de sus gestas militares podemos verlas esculpidas en los muros de Karnak.

Pero Seti también fue un hombre culto que se preocupó por el estudio de sus antepasados. Conoció los secretos más íntimos de los grandes reyes que habían gobernado en Egipto y para no ser menos que ellos se empapó de antiguos textos. Así, Seti se hace llamar 'El que respeta los nacimientos', de igual manera que su brillante antecesor Amenemhat I. Con este hecho pone de manifiesto que él era el continuador de las más sagradas tradiciones tras una época de caos y oscuridad, el reinado de Amenhotep IV / Ajenatón.

Bajo el reinado de Seti I, los campos vuelven a preñarse con la simiente de la vida, los distintos sectores de la administración se han recompuesto, se ha erradicado aquello que no era productivo y se ha instaurado lo que hace reverdecer al Doble País. En el aspecto militar hizo modificaciones en las tres divisiones que representaban a las tres ciudades más importantes del reino, Tebas, Menfis y Heliópolis. Los soldados son reclutados bajo unas estrictas condiciones tanto físicas como de inteligencia.

Aprenderán tácticas de combate que les permitirán salvar el pellejo en más de una ocasión. También introduce mejoras en las intendencias. Los soldados son ahora mejor tratados, se les otorgan dos kilos de pan al día, dos trajes de tela al mes y comen carne, pescado y legumbres al menos tres veces a la semana. En otras épocas, los soldados tenían en sus cuerpos a sus peores enemigos: los piojos y la hambruna, pues su dieta se basaba en agua, pan y cebollas.

La prosperidad se había instalado en el pueblo, hasta que cierto día en el horizonte asomó la sombra del caos. Eran los hititas que, tras haber superado una terrible epidemia de peste, se habían reorganizado con la intención de provocar el terror en las fronteras egipcias. Así hicieron coaliciones con unos beduinos y tomaron el norte de Siria, atacando las tropas egipcias allí acantonadas que protegían las rutas comerciales de Gaza.

El dios Thot entrega vida eterna a Seti I, templo de Abydos.
Fotografía de Nacho Ares.

Lista real del templo de Abydos. Fotografía de Nacho Ares.

Se vio el peligro de la posible unión entre hititas, amorritas y arameos. No había tiempo que perder, así que el halcón emprende el vuelo y la sombra de la muerte cayó sobre todos estos pueblos que habían conspirado contra el rey de Egipto. Tras asegurar sus fronteras, regresó a Tebas. Nuevamente, se conformó con los puertos fenicios y el pasillo sirio-palestino. De esta forma, el norte de Siria continuó bajo la influencia hitita y por tanto el peligro no había sido erradicado. El enemigo huiría a lamerse sus heridas, pero la fiera regresaría tarde o temprano.

No sólo introdujo mejoras en el ejército; las clases medias también se vieron beneficiadas. Los hombres que excavaban y extraían el metal del Mar Rojo recorrían senderos y caminos muy peligrosos y en ocasiones muchos llegaban a morir de sed. Aumentó su salario y mejoró mucho sus comodidades. El propio rey inspeccionó todas las minas y ordenó que se abrieran más pozos de agua. Era necesario que los gremios de la construcción, canteros, yeseros, albañiles, dibujantes y carpinteros estuviesen en plena paz y armonía. Las obras se extienden por todo el país. Karnak es embellecido por la mano de Seti I, pero su obra cumbre es sin duda el santuario de Osiris en Abydos.

Estamos ante el que sin duda es el santuario más bello de Egipto, el que mejor conserva sus relieves, donde los extraños juegos de luces hacen revivir a las divinidades allí representadas. Su nombre antiguo era 'Seti es glorioso al oeste de Tebas'. Aquí se hallaba una pequeña urbe administrativa que en la antigüedad era un centro visitado por gran multitud de gente, pues era cita obligada cuando se celebraba 'La hermosa fiesta del valle', que siguió en activo hasta la llegada del Imperio Romano.

Se sospecha que en realidad lo que hizo fue reconstruir una pequeña construcción que databa de la IV Dinastía, entre los reinados de Jufu o Jafre. En sus años de gloria, este santuario estaba rodeado por una gran muralla de ladrillo de adobe, con firmes columnas que la mantenían en pie. Una pequeña rampa nos conduce a un patio, donde tras subir una escalinata nos introducimos a través de un soportal en el interior del Santuario de Seti I. Las figuras grabadas en las salas hipóstilas se mueven a medida que el visitante también lo hace, los grabados parecen haber sido tallados el día anterior. Cerca de una capilla destinada al dios Osiris se halla la Lista real de Abydos, de la cual tanto hemos hablado ya, que alberga en cartuchos los nombres en jeroglífico desde Menes hasta Seti I. Aquí, en este templo, se celebraban los Misterios de Osiris, una festividad que se alojaba dentro del calendario religioso. La fiesta comenzaba el cuarto mes del año, en el mes de Joiak, a partir del día 12 y hasta que el mes finalizaba. Aquí se dieron cita las primeras obras de teatro mucho antes de que Grecia fuese ni siquiera soñara por Zeus. Los sacerdotes oficiaban como actores, reconstruían la vida, muerte y resurrección de Osiris. Para culminar el evento, el último día se interpretaba la batalla entre Horus y Seth.

Todo lo que concierne a Seti I es, en cierto modo, un canto a la grandeza. Encarnó la tormenta y la tempestad en una misma forma. De carácter guerrero, fue un hombre de paz y sumamente religioso, capaz de lo mejor y de lo peor, siempre buscando el equilibrio que permitiera que su amado Egipto viviera años de prosperidad. Pero cuando había llegado a su año decimoséptimo de reinado, cuando contaba con casi cincuenta años, falleció el buen dios Seti I, en el esplendor de su reinado. Ramsés, su primogénito y heredero, acababa de cumplir veinticinco años de edad. Con el paso de las centurias sería llamado El Grande.

Ramsés II

Ramsés murió con noventa y dos años de edad después de haber reinado durante sesenta y siete años, y su momia es el rostro de la grandiosidad que un faraón debía poseer. Parece estar muerto, pero en realidad tras su rostro Egipto permanece firme bajo su mando. Sereno y con su nariz aguileña, su fuerte mandíbula y sus hermosas manos, nos damos cuenta de que estamos ante el eterno protector de Egipto, nos hallamos ante aquel donde el sol reposaba en Occidente. Su momia apareció en la *cachette* de Deir el-Bahari, donde los sacerdotes de la XXI la pusieron a salvo del saqueo que se inició con la desaparición del Imperio Nuevo.

Se le ha acusado de usurpador y de ser un gran propagandista para su pueblo. No obstante, siglos después de su muerte, se continuaban grabando escarabajos mágicos con su nombre en jeroglífico. Cuando fue coronado rey en Karnak a los veinticinco años ya estaba casado con su esposa Nefertari. Nos resultaría imposible definir el amor y la ternura que Ramsés tuvo hacia su gran esposa real Nefertari. A pesar de que el rey tenía otra esposa a la que también amaba, la segunda gran esposa real Isetneferet, Nefertari fue la preferida, aquella por la que el sol brillaba cada mañana. Era un fabuloso matrimonio, porque Ramsés era feliz y Egipto era feliz ante la mirada de su hermosa reina. Nefertari Merit-en-Mut era una descendiente de la gran Ahmés-Nefertari y estaba emparentada con el viejo Ay en un grado que todavía desconocemos. Era originaria de Tebas y hay datos que nos hacen pensar que la reina antes de casarse con Ramsés deseaba ingresar como sacerdotisa de la diosa Hathor. Se habían casado cuando Ramsés había cumplido los veinte años, y todos en la corte decían de ella que era muy hermosa, de una extremada belleza y delicadeza. Nefertari dio ocho hijos a Ramsés, desempeñó un papel fundamental en las decisiones de Estado y se convirtió en indispensable, junto con la reina madre Tuya e Isetneferet, para la prosperidad del reinado de su esposo. La guerra contra Hatti fue el punto fuerte de Nefertari, ya que inició una política de reconciliación con la reina hitita en la que hubo gran cantidad de intercambio epistolar de la que surgió una enorme amistad y un respeto sin límites entre las dos reinas. No sabemos con exactitud la fecha de su muerte ni cuántos años tenía al morir, pero se cree que en el año trigésimo del reinado de su esposo, con el motivo de la *Heb-Sed*, Nefertari ya había

Estatua de Ramsés II en
el templo de Luxor.
Fotografía de Nacho Ares.

fallecido y había sido enterrada en el Valle de las Reinas. La tumba de Nefertari es un auténtico libro de la sabiduría, del amor y de la felicidad. Más
allá de la esposa real vemos a la gran madre de Egipto.

Pensando en el peligro hitita, Ramsés sabe que es preciso que su residencia se fije mucho más al norte, para mantener un estricto control sobre Hatti y poder acudir a la batalla en el menor tiempo posible. Así que
Ramsés decidió que la antigua Ávaris, de donde era originaria su familia,
sería el epicentro del control asiático. Nacía Per-Ramsés y, con esta fundación, el nuevo rey sometía la memoria de los hicsos al tiempo que se
situaba en un punto estratégico para salvaguardar sus rutas comerciales.
La nueva capital hizo que los libios y los sirios estuvieran ojo avizor. La

ciudad cubrió un total de setenta y cinco mil metros cuadrados. En su complejo interior había santuarios, establos, barrios administrativos y residenciales, talleres, palacios reales, palacetes, un cementerio y un gran número de áreas domésticas. El palacio real era de grandes dimensiones. Su piso estaba cubierto de oro y durante unas excavaciones se halló un cartucho con el nombre de Ramsés. También se encontraron varios talleres donde se elaboraban las armas. Los arqueólogos han podido rescatar varios carros, decenas de puntas de flecha, jabalinas, puñales y dagas de bronce y armaduras hechas con placas de cobre.

En el seno de Per-Ramsés, el faraón va adquiriendo conciencia del verdadero peligro hitita. Ramsés ve cómo es necesario hacer una nueva reforma en el ejército y añade una división más, la de Seth[96].

Así comienza su reinado, con el fantasma de la guerra invadiendo el valle del Nilo. Al tiempo que sofocaba revueltas en Libia o en Kush su corazón está vigilando el norte de sus fronteras, donde los hititas se ponen cada vez más nerviosos. Su red de espionaje lo mantiene continuamente informado. El emperador Muwatalli es un tipo casi tan intrépido como Ramsés. El enfrentamiento es inminente, ya que Muwatalli sueña con apoderarse de Egipto y no cejará hasta conseguirlo o caer muerto en el intento. Así pues, durante el último año ha estado fabricando armas y carros de combate mucho más rápidos y mejorados que los de los hititas. En su año quinto de reinado la suerte estaba echada y la guerra era inevitable. El lugar elegido para la batalla se situó a unos trescientos kilómetros al noroeste de la ciudad de Damasco, a orillas del río Orontes, donde se alzaba la plaza fuerte de Qadesh. Los hititas creían que Ramsés debería desplazarse demasiado lejos de Egipto, con todo lo que eso conlleva para su intendencia, arsenales, alimentos y demás avituallamiento. Sin alimentos, sin agua, Muwatalli está convencido de que la suerte le va a sonreír y que pronto será amo y señor de Egipto.

Las cuatro divisiones egipcias formaban un contingente de más de veinte mil hombres. Con todo lo que esto significa, parten de la ciudad de Per-Ramsés rumbo hacia un destino glorioso. Ramsés encabeza a su

---

[96]Esta división no estaba formada por egipcios, sino por libios, piratas sarracenos, amurritas y otras gentes de vida belicosa. Les condonó cualquiera que fuera su deuda a cambio de luchar por Egipto, y el resultado fue extraordinario.

ejército ante la división de Amón, un pequeño cuerpo independiente que se mueve en primera línea de fuego. Cuando se encuentran a pocos kilómetros de la fortaleza ocurre un hecho que da un giro inesperado a la situación. La avanzadilla de exploradores que va delante de Ramsés captura a dos desertores del ejército hitita. Tras un interrogatorio, sus informaciones son claras y sorprendentes. Muwatalli ha huido hacia el norte tras haber comprobado con sus propios ojos el poderío del ejército egipcio. El rey está eufórico ante estas noticias y, en lo que muchos no dudan en catalogar como un acto estúpido de juventud, se lanza sin temor hacia Aleppo. Su inexperiencia en la toma de decisiones provoca que no contra-

Nefertari Merit-en-Mut, templo de Abú Simbel. Fotografía de Nacho Ares.

rreste esa información enviando otra avanzada para comprobar que, efectivamente, las tropas hititas han huido. Así que cuando se halla frente al río Orontes, ante las mismísimas puertas de la fortaleza de Qadesh, los hititas atacan al rey. Entre la división de Re y la división de Amón había demasiada distancia de separación, por lo que estos primeros son dispersados fácilmente por los dos mil quinientos carros de combate hititas que han ocupado toda la llanura. El enemigo se está cebando con la división de Re, están provocando muchas muertes, y la división de Amón, presa del pánico, comienza su huida. Ramsés asiste atónito a la retirada de sus hombres, y de repente se encuentra solo ante miles de carros de combate y con unos pocos hombres a su lado, su estado mayor, que en el momento del ataque se hallaba en la tienda real disponiendo el plan de asedio. Pero Ramsés no se acobarda. Sin perder sus nervios, el rey se enfrenta a una jauría de hititas que pretenden asesinarlo. Los egipcios que formaban la división de Re y todavía quedan en el campo de batalla intentan llegar hasta su rey para protegerlo y, mientras, Ramsés se defiende como un león, es como un toro que se encuentra acorralado y embiste a sus enemigos provocando la muerte entre sus filas. Sus saetas dan todas en el blanco y, ayudado por los valientes que poco a poco se le van uniendo, se produce una carnicería que va en aumento. Los hititas caen con sus gargantas perforadas por las flechas de Ramsés, con los cráneos destrozados y los vientres desgarrados por las espadas de sus soldados, al tiempo que el enorme león del rey masacra cuerpos, abre pechos en canal, mutila piernas y brazos de un bocado o aplasta sus cabezas con sus mandíbulas. El espectáculo es dantesco, tanto que Muwatalli, que se hallaba en compañía de su hijo Uri-Techup, ve como sus hombres van cayendo y retrocediendo. Allí, desde lo alto de la fortaleza, los hititas comienzan a huir despavoridos.

A pesar de que todo esto quedará registrado en los muros de todos los santuarios que Ramsés levante y que la figura del rey quedó exaltada para su mayor gloria, no cabe duda de que la realidad fue que Ramsés cayó en una emboscada y salvó la vida por muy poco. La infantería hitita ya no tuvo tiempo de actuar porque los refuerzos llegaron y la situación se compensó. Muwatalli contempla cómo tras la división de Ptah llega la de Seth, y entonces la suerte cambió de bando. Atemorizado tras los muros de Qadesh, aguarda a que Ramsés haga su próximo movimiento. Pero Ramsés, una vez que sus hombres han aniquilado todo rastro del enemigo en la llanura, comprende la visión de su padre Seti. Al igual que él lo había comprendido años atrás, la toma de esa fortaleza se convertirá en una auténtica carnicería por ambos bandos, una lucha estúpida que no tendrá ningún ganador. Las tropas se diezmarían hasta descuartizarse entre ellas, y Ramsés no quiere perder la mayor parte de su contingente. Ahora, Muwatalli sabe que Ramsés no es un rey cualquiera, como en un principio había pensado, y que para vencerlo necesitará más que un millar de soldados. Así que si miramos la batalla de Qadesh desde este punto de vista, Ramsés ganó esta contienda, ya que frenó en seco el ardor conquistador de Muwatalli. El faraón de Egipto regresa triunfante a Per-Ramsés consciente de que la guerra ni mucho menos ha terminado, pero sí sabe que al menos, a partir de ahora, los hititas van a ser mucho más prudentes.

Durante el año octavo, Ramsés II conduce a su ejército hacia las fortalezas de Palestina, que se habían sublevado. Así, reduce a la nada los bastiones de Apur en Amurru, Asqelón y Tunip, que se hallaba casi fronteriza con el país de Hatti. Año tras año, los hititas intentan mellar el poderío de Ramsés, pero no sólo no lo consiguen, sino que se hace más fuerte y patente. Todos los príncipes extranjeros se horrorizan con sólo escuchar su nombre. Ramsés ha causado un efecto tan devastador en estas tierras que entre Egipto y Hatti ya no se volverán a producir enfrentamientos tan violentos.

Entre el año décimo y el año decimoctavo de Ramsés sus tropas han ido librando batallas en diversos puntos conflictivos. En Moab y Nebej son capturados un gran número de prisioneros, entre los que se encuentran gran cantidad de hebreos. Estos llegan a Egipto para trabajar como prisioneros de guerra, bien en la recolección de uvas, en las minas, en las canteras o en la elaboración de ladrillos de barro. Al cabo de pocos años desaparece su condición de prisioneros. Para este momento, muchos ya han adoptado nombres egipcios e incluso se han casado con mujeres egipcias. Entre los hebreos hay un gran número que regenta sus propios negocios. La mayoría se dedica al comercio con mercancías exóticas que inundan los hogares de los altos dignatarios[97].

---

[97]A Ramsés se le ha atribuido ser el faraón que sufrió el Éxodo hebreo, donde más de seiscientos mil judíos habrían salido de Egipto después de que el faraón hubiera sufrido las terribles plagas. Aunque en la Biblia esto se cita como un acontecimiento real, para los egipcios jamás ocurrió. De hecho, no se recoge en ningún momento nada ni remotamente parecido.

Durante toda su vida, Ramsés II emprendió un proyecto constructivo como Egipto no había conocido jamás. Es verdad que en las edificaciones de otros reyes del pasado él plasmó su nombre, pero no para adjudicárselas como obra suya, sino para dejar constancia de que él mantenía el orden sobre todo Egipto. Termina la sala hipóstila de Seti en Abydos. Con una superficie de cuatro mil ochocientos metros cuadrados, se compone de ciento treinta y cuatro columnas que se alzan hacia el cielo hasta una altura de veinticuatro metros.

El 'Santuario de millones de años' de Ramsés II es lo que hoy conocemos como el Ramesseum, que en sus días de plena ebullición recibía el nombre de 'El Palacio de Ramsés que se unió en Tebas a la morada de Amón'. Nos hallamos ante un edificio que en la actualidad se encuentra muy deteriorado debido a varios terremotos y el saqueo de la antigüedad. Situado en la región tebana, en la orilla occidental del Nilo se alza una estructura que consta de dos grandes patios y de muchos talleres donde se elaboran desde vestidos hasta alfarería. También está dotado de numerosas habitaciones reservadas a servir como residencia a los sacerdotes que rendirán culto eterno a Ramsés una vez ascienda a los cielos. La gran maravilla del Ramesseum es su gran sala hipóstila, que contiene cuarenta y ocho columnas de piedra. En uno de los muros está uno de los numerosos relieves esparcidos por todo el país, que representa a los hijos de Ramsés en procesión. Gracias a estos relieves conocemos prácticamente toda su descendencia. Con Nefertari tuvo ocho hijos y con la reina Isetneferet al menos cinco, pero a raíz de las investigaciones realizadas en todos los relieves donde aparecen todos estos príncipes y princesas, sabemos que Ramsés II tuvo entre noventa y ocho y ciento tres hijos[98].

Las obras de Ramsés se extienden por todo Egipto. Derr, Uadi es-Sebua, Menfis, Tebas e incluso Nubia. A su lado, en su faceta de constructor está su hijo Jaemwaset, artífice de grandes restauraciones en muchas de las pirámides del Imperio Antiguo. El príncipe Jaemwaset destacó sobre todos los restantes muchachos de la corte real. Algunos egiptólogos creen que de haber sobrevivido a su padre su reinado habría sido mucho

---

[98]Se ha considerado la posibilidad de que este carácter de 'Hijo real' formase parte de una especie de título que Ramsés concedió a los hijos de algunos de sus dignatarios, pero esta hipótesis parece poco probable.

más fructífero que el de Merenptah. Él es el supervisor de todas las obras de su padre, él es el que construye el Ramesseum, la sala hipóstila de Karnak, amplía el templo de Luxor, erige el gran santuario de Ptah en Menfis y es el artífice del diseño de Per-Ramsés. Su huella está en casi todas las pirámides del Imperio Antiguo, en santuarios funerarios y en gran cantidad de tumbas de los nobles de otros tiempos.

Corre el año vigesimoprimero de Ramsés, y ya han transcurrido catorce desde que Egipto y Hatti midieran sus fuerzas en la batalla de Qadesh. Muwatalli ha muerto y ahora el reino es regido por su hermano Hatusill, el cual está hastiado de tanta hambre y miseria para su pueblo. Una alianza con Ramsés es una buena elección, garantiza protección y alimento en tiempos de escasez. Así, en este año vigesimoprimero se firma el primer tratado de paz de la historia. La reina Tadu-Hepa y Nefertari llevan ya varios años preparando el camino. El día 21 del primer mes de la segunda estación se firma el tratado[99]. En este se aseguran de que las agresiones entre ambos sean suprimidas, que los términos que los dos reyes han acordado sean respetados por sus herederos, que se unan en armas si un pueblo extranjero ataca a cualquiera de los dos.

Durante estos años, Ramsés también ha iniciado una magna obra en Nubia: el templo de Abú Simbel. En el invierno del año vigesimocuarto Ramsés coloca a su esposa en compañía de los dioses. La doble pareja real accede al templo consagrado a la regeneración del *Ka* de Ramsés, avanzando por un pasillo de entrada bordeado por gigantescas estatuas que muestran a Ramsés a imagen de Osiris. Nefertari es representada como la gran maga, aquella que dará a su esposo la energía con la que vencerá a la muerte. En el templo dedicado a Nefertari aparece del mismo tamaño que su esposo, lo cual denota la importancia que tuvo en vida, y es ella quien ofrenda a todas las divinidades. Vemos el acto de coronación de la reina, en el que, con suprema elegancia y de una infinita belleza, con su cuerpo esbelto y torneado, sostiene un *Anj* en su mano derecha mientras con la izquierda sujeta un cetro floral. Su corona es un sol entre dos cuernos y dos altas plumas, lo que la convierte en la reencarnación de todas las diosas creadoras. Cuando

---

[99]Originalmente se escribe en lengua babilónica, pero los archivos que han llegado hasta nosotros son los grabados de los templos egipcios y una copia que apareció en los archivos de Bogazkoy, la capital del antiguo Hatti.

Abú Simbel. Fotografía de Nacho Ares.

Ramsés erigió el templo de Abú Simbel, consagrado a su figura y a la de su amada esposa, ordenó esculpir: «La gran esposa real Nefertari, amada de Mut, por siempre jamás, Nefertari, por cuyo resplandor brilla el sol». Aparece tocada con el sistro de Hathor, ofrece lotos y papiros a la diosa Mut, ofrenda a Isis y le rinde homenaje a Tueris. Coronada por las más importantes diosas de Egipto, Nefertari se convierte en diosa y señora, mientras Isis y Hathor la magnetizan otorgándole la vida eterna.

Ha llegado ya el año trigésimo de reinado, y Nefertari ya no está entre los vivos. El encargado de celebrar los rituales de la *Heb-Sed* es el príncipe Jaemwaset. El favorito de su padre realizará los preparativos de las siguientes *Heb-Sed* en un intervalo de tres años, llegando a completar tan sólo nueve de los catorce festivales que Ramsés celebró. En el año quincuagesimocuarto del reinado de Ramsés II el Grande, muere Jaemwaset, un hombre casi anciano. Su tumba no se ha encontrado todavía, pero es

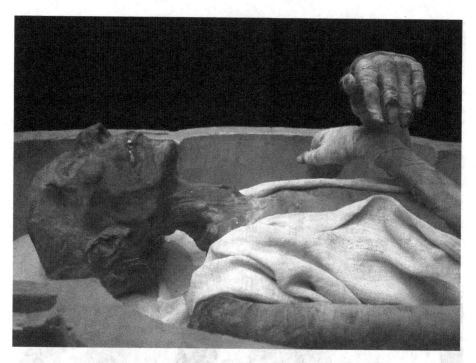

Momia de Ramsés II. Museo de El Cairo, Egipto. Fotografía de Nacho Ares.

más que posible que su momia sea la que Auguste Mariette halló en el Serapeum en 1851[100].

Egipto es un país rico y próspero. La paz con el Hatti ha permitido que Ramsés alcance su vejez en relativa tranquilidad. Y es que a lo largo de su vida ha visto como todos sus amigos fallecían. También lo hicieron sus dos grandes amores, Nefertari e Isetneferet. Casi una veintena de sus hijos también han fallecido, y al que más ha sentido ha sido su favorito, Jaemwaset. Pero al mirar atrás Ramsés está orgulloso de todo lo que ha hecho. Ha convertido Egipto en la capital del mundo civilizado, es la piedra angular del Antiguo Próximo Oriente. Cuando ya ha cumplido noventa

---

[100] El ajuar funerario era de carácter real, pero es que alrededor de todo el Serapeum se han encontrado casi dos mil quinientos bloques que contienen su nombre, y sus títulos y representaciones están en todos estos bloques de piedra. Para los egiptólogos no hay duda de que son los restos de su tumba, que sin duda hizo construir en su amado Serapeum.

y dos años de vida, fallece después de sesenta y siete años sentado en el trono de Horus. Es enterrado en el Valle de los Reyes, pero su tumba desgraciadamente fue saqueada y se encuentra en un estado deplorable. No podemos evitar pensar que si un rey sin importancia como Tut-Anj-Amón se hizo enterrar con tanta fastuosidad, ¿cuántas cosas hermosas y bellezas no vistas jamás por el hombre se hallarían en la tumba de Ramsés? Para la historia, Ramsés II, aquel que por derecho propio será recordado como El Grande, permanecerá en la memoria de los egipcios hasta el fin del mundo faraónico, y siempre será visto como el perfecto ejemplo de los añorados días de gloria. Ramsés brilla ahora sentado junto a su padre, Amón-Re, el Señor de los tronos de las Dos Tierras.

Merenptah

Debido al gran reinado de su padre, Merenptah es ya un hombre de cuarenta y ocho años cuando alcanza el trono, lo que por aquel entonces era ya una edad bastante avanzada. Ha heredado un país rico y próspero, pero su papel como corregente ya lo había preparado para gobernar en solitario. En vida de su padre había sido el jefe de todos los ejércitos del rey, hasta que en el año cuadragésimo Ramsés lo asoció al trono para que fuera ocupándose de parte de las responsabilidades.

No es demasiado lo que sabemos de Merenptah. Sus huellas están en Karnak, en la ciudad de Athirbis y en su 'Santuario de millones de años'. Aquí fue hallada una estela en la que se narra una gran victoria del Señor del Alto y del Bajo Egipto. Había heredado la fortaleza y el vigor de su padre en la guerra. Esta estela había pertenecido al gran Amenhotep III, pero Merenptah la usurpó e hizo grabar en ella los resultados de esta campaña militar que se llevó a cabo durante su año quinto de reinado. Aquí es donde el nombre de Israel aparece por primera vez en la historia. Se ha querido ver en este hecho un reflejo real del Éxodo bíblico, pero lo que narra la estela es una incursión militar en la zona de Palestina, donde unas tribus se habían rebelado, saqueando y robando, causando alborotos en los territorios del faraón, el cual acudió en persona a poner orden y no le tembló el pulso a la hora de hacerlo. Cuando finaliza la batalla, las tierras estaban pacificadas y volvían a ser seguras.

Parece ser que después de que esta campaña finalizase y las cosas se calmaran en el panorama político, durante su año octavo hubo una serie de hambrunas que estaban diezmando a varias tribus asiáticas, las cuales pidieron al buen dios Merenptah permiso para entrar en Egipto con sus rebaños, pues las zonas del Delta tenían abundante pasto y la comida no escaseaba en Egipto. Uno de los problemas a los que tuvo que hacer frente, si cabe el más grave, fue una horda de destrucción que llegó por el norte. Eran los Pueblos del Mar, que llegaron a Egipto durante su año quinto de reinado. Esta casta guerrera fue, casi con total seguridad, una mezcla entre piratas sarracenos, chipriotas y de otos países de las islas del Mediterráneo. En un primer golpe se hacen con Creta y Grecia. Ugarit es arrasada y Siria y Palestina son invadidas. Los correos llegarán a tiempo de avisar al faraón, ya que estas gentes se confabulan con los libios llegando a construir un ejército de unos diecisiete mil efectivos. Egipto va a ser mordido por un fuego cruzado. Los Pueblos del Mar se adentran por el Delta en sus buques de guerra, con la intención de tomar Menfis y Heliópolis. El ataque coge por sorpresa al hijo de Ramsés y, durante breves instantes, los piratas ven cercana la victoria. Pero lo que ellos jamás habrían podido esperar es que en un plazo de seis horas el ejército de Merenptah iba a exterminar a más de ocho mil piratas, lo cual provoca un pánico sin igual en sus filas que los hace huir despavoridos. Se obtiene un gran botín de prisioneros. Nadie levantaría la cabeza entre los Nueve Arcos. No fue necesario pedir ayuda a Hatti, el cual se interesó por la salud de su hermano egipcio, así como ofreció todo cuanto fuera preciso para salvaguardar la seguridad de Egipto. Pero no obstante, fue Merenptah quien tuvo que socorrer a los hititas cuando estos se vieron amenazados por una fuerza del norte. El tratado de Ramsés y Hatusill era sagrado, y ambos lo respetaron.

Merenptah abandonó Per-Ramsés como lugar de residencia. El hogar de Ramsés no perdió ninguno de sus privilegios ni poderes, pero el nuevo rey convirtió nuevamente a Menfis en el centro administrativo.

El programa constructivo de Merenptah fue bastante activo. Levantó edificios en Tebas, en Luxor, agrandó el templo de Osiris, construyó un santuario en Dendera y su nombre fue grabado en gran cantidad de estelas, en Medineth-Habú, Hermópolis, Heliópolis, Amarah o Uadi es-Sebua.

El reinado de Merenptah duró tan sólo once años, pero durante este tiempo consiguió mantener la paz en Egipto y conjurar el peligro de los

Pueblos del Mar. Su momia fue rescatada de su tumba del Valle de los Reyes y dispuesta en la tumba de Amenhotep II junto con otras momias reales. Ahora, a su hijo le tocará asumir el control y cuidar de su amado Egipto.

Seti II

Tras la muerte de Merenptah, el estado comienza una lenta agonía, sumido en medio de una fuerte crisis y una serie de conspiraciones como antes jamás se habían conocido en Egipto. Ahora, en el trono está sentado el nieto de Ramsés, que lleva por nombre Seti, haciendo honor así, por lo menos, a dos de sus antepasados. De su reinado desconocemos prácticamente todo.

Reinará en Egipto durante seis años, y su nombre pasará a la historia no por sus grandes gestas militares, ni siquiera por sus magníficas construcciones, sino por el oscuro complot que se tejió a su alrededor, que llevó al desenlace de una muerte más que sospechosa[101]. Es posible que Seti II tuviera diez años al subir al trono y, con esa corta edad, era presa fácil de los varios descendientes de Ramsés que deseaban para sí la herencia de su antepasado. Tenemos constancia de dos de sus esposas reales, de las cuales Twosret es la madre de su primogénito, el cual no sobreviviría a la infancia. Su otra esposa se llamaba Tajat, una hipotética hija de Ramsés II. El infante primogénito parece ser que no vivió lo suficiente como para ceñir la doble corona y su lugar fue ocupado por Siptah, el hijo más joven que gobernó bajo la regencia de Twosret, a pesar de que ella no era su madre, pues se sospecha de Tajat pudo haber conspirado contra el rey, como luego veremos.

Su reinado parece que transcurre muy tranquilo. Asia está pacificada y el Kush tampoco causa problemas a este joven rey. No hay datos que hagan sospechar que el ejército del rey se haya movilizado en ninguna incursión ni tampoco ninguna campaña seria. La única actividad que tuvo Seti II fue en las minas del Sinaí, donde las bandas de beduinos asaltaron en algunas ocasiones las caravanas que traían a Egipto el preciado producto de la madre tierra.

---

[101]Muchos egiptólogos opinan que el origen del problema yace en el excesivo reinado de Ramsés II y en el extremado número de sus hijos.

Estatua de Seti II,
Rosicrucian Egyptian
Museum de California.
Fotografía de Broken Sphere.

En lo que a su faceta constructora se refiere, apenas hay restos de sus obras. Trabajó en la zona de Hermópolis, donde terminó algunos edificios que había iniciado su abuelo, Ramsés II. Su trono fue usurpado en el sur de Egipto y se sospecha que todo ocurrió entre el año segundo o quinto por un joven príncipe de nombre Amenmeses, que ejercía como virrey en el país de Kush. Es de suponer que Amenmeses comandaba un ejército considerable, con el que entró en Tebas y logró hacerse con la corona. Si este personaje era hijo de Tajat y esta a su vez era hija de Ramsés II, nos hallamos ante un choque mortal por la herencia del trono. Seti II habría huido, tal vez, a Menfis. Durante estos tres años es de imaginar que hubo algún conflicto bélico y que Amenmeses fue muerto en él, porque en el año quinto de Seti II, el Alto Egipto vuelve a estar en su poder y parece ser que la historia es olvidada a base de martillo.

Amenmeses

Nos hallamos ahora ante otro de esos pequeños líos que nos ofrece la egiptología, debido a la bruma oscura y pesada que cubre a los personajes de este período. Algunos autores sostienen que Seti II y Seti Merenptah eran la misma persona y que, cuando Amenmeses usurpa el trono, este se hallaba en el Sinaí, luchando contra los beduinos. Se ignoran los hechos, pero la usurpación es clara, ya que la tumba de Amenmeses será ultrajada y sus nombres reales serán martilleados por su sucesor allí donde se hallaran inscritos. Todos los datos existentes provienen de dos estatuas del complejo de Karnak que pertenecían a la gran esposa Tajat.

Durante el año segundo de Seti II, Amenmeses se hace con el control del Alto País. La pista de este hombre puede remontarse hasta la vida de Merenptah, donde el hijo de Ramsés ya tenía en la zona del Kush un virrey llamado Messui. El caso es que Seti II, ante el control del otro heredero de Ramsés II, se vio obligado a desplazarse al norte. A raíz de las últimas investigaciones, la hipótesis de la guerra civil es ya un hecho consumado. Durante estos tres años, Egipto cae nuevamente en una guerra interna por el poder. Las titulaturas de Amenmeses se extienden desde Tebas hasta Nubia, en cuatro lugares en concreto: Karnak, Medineth-Habú, Deir el-Medineh y en la zona de Buhen. En la sala hipóstila del santuario de Amón están las dos estatuas de cuarzo que representan a Amenmeses, que luego usurparía Seti II una vez volvió a recuperar el Alto Egipto. Es de suponer que Amenmeses fue muerto durante la reconquista del sur del país y, con su desaparición, el ciclo eterno de Egipto continuó girando, como si este breve paréntesis no hubiera existido, ya que no se ha conservado dato alguno ni de la usurpación ni de las batallas ni del regreso de Seti II a Tebas.

Siptah

El final del Imperio Nuevo está lleno de convulsiones políticas y religiosas. La figura de Siptah aparece tan nublosa como su propio reinado. No sabemos quiénes fueron sus padres. Algunos autores señalan que era hijo de Tia, esposa de Amenmeses. Por otro lado, se baraja la posibilidad de que fuese hijo de Twosret y Seti II. La verdad es que la lista de descendientes de Ramsés II es interminable, y lo preocupante es que todos se sentían con derecho legítimo para gobernar.

Los expertos opinan que tal vez pudo haber sufrido una enfermedad degenerativa en sus piernas, lo cual le habría limitado mucho a la hora de controlar su reino. Originalmente, su nombre era Ramsés Siptah. Ascendió al poder siendo aún muy joven y Twosret actuó como reina regente, ayudando al joven y enseñándole el oficio de rey. Independientemente de la paternidad del monarca, la pareja Siptah-Twosret parece haberse consolidado de antemano, como sugieren varias estelas esculpidas por altos funcionarios del país de Kush. El más importante de estos funcionarios fue sin duda el canciller Bay, un hombre misterioso que debió jugar un papel fundamental para que Siptah pudiera ocupar el trono, ya que él mismo se jacta de ser «aquel que estableció a Su Majestad sobre el trono de su padre». Siptah reina por un espacio de tiempo no superior a seis años, y su desaparición ha suscitado las teorías más oscuras. Los secretos que esconden el regicidio planean sobre toda la corte. No obstante, sabemos que padeció de poliomielitis y que durante su corta vida estuvo rodeado de otras enfermedades, por lo que la hipótesis del regicidio carece de sentido.

Twosret

El momento en el que Twosret llega al trono es uno de los más delicados de este período. Ella era la gran esposa real de Seti II, y gobernó como regente de un príncipe que muy posiblemente no era hijo suyo. Lo que sabemos de Twosret, excepto esto, es apenas nada. Su reinado tuvo cierta actividad no sólo en el Sinaí, sino que su nombre aparece grabado en algunas estelas de Palestina y Siria. De su papel como constructora todo es incierto. Hay evidencias de que tal vez erigió algún santuario en Heliópolis y en Tebas, donde se halla su 'Santuario de millones de años'. La mayoría de la información que poseemos sobre Twosret ha sido extraída de los relieves de su morada para la eternidad del Valle de los Reyes. En esta tumba, ella es la que hace ofrendas a un Merenptah Siptah infante y, una vez que ha llegado al trono, la vemos con los títulos de 'La Señora de las Dos Tierras', 'La que reúne el Alto y el Bajo Egipto', 'La princesa hereditaria'.

Como hemos comentado, en el juego de la ascensión al trono de Siptah y la regencia de Twosret aparece el nombre de un personaje misterioso. De origen sirio, Bay era el canciller de Twosret, y tuvo gran influencia en la corte. No sería de extrañar que tras la muerte de Siptah continuasen las conspiraciones por derrocar a Twosret y hacerse con el trono, tal y como lo refleja el Papiro Harris:

> La tierra de Egipto estaba en manos de cabecillas y alcaldes de pueblo. Uno mataba a su vecino, grande o pequeño. Y después de esto, vinieron otros tiempos de años vacíos. Iarsu, un sirio que estaba con ellos como jefe, impuso tributo en la tierra entera, ante él, toda junta. Unió a sus compañeros y tomaron sus posesiones. Hicieron que los dioses fueran como los hombres y ninguna ofrenda fue presentada en los templos.

Este Iarsu no es otro sino Bay, y cuando se hace mención a una serie de «años vacíos», se alude a la usurpación de un trono. Sin embargo, Bay jamás ocupó el trono, así que debemos retrasarnos y mirar hacia Amenmeses. Es posible que también estén aludiendo a la figura de Siptah como rey no legítimo, pues si en verdad había sido hijo de Amenmeses no habría estado bien visto por algún sector de la corte. Aun así, Bay fue un hombre decisivo para que el reinado de Twosret fuese tranquilo y estable. Él había sido escriba real, copero e intendente del tesoro. Fue el consejero particular de la reina y se sospecha que también su amante. En realidad, el tal Bay debía de ser un personaje con muchísima influencia, porque es el que estableció a Twosret en el trono. Twosret fallece después de un cortísimo reinado de dos años. Su tumba en el valle no estaba preparada todavía. Sería terminada por su sucesor, Setnajt, y a pesar de que hay pruebas evidentes de que se odiaban terminaron compartiendo juntos la eternidad.

LA XX DINASTÍA

Setnajt

La Dinastía XIX ha llegado a su fin. Ha comenzado una nueva etapa de Egipto, aunque estos reinados son un cobijo sólo apto para nostálgicos. El trono es ocupado por Setnajt, un personaje del que desconocemos absolutamente todo sobre sus padres, auque hay ciertos indicios que señalan que era nieto de Ramsés II. Se casó con una mujer de nombre Tiy, cuya nomenclatura muestra de manera inequívoca que sus raíces se hundían en la XVIII Dinastía. Es muy posible que Setnajt llegase al trono a una edad bastante avanzada, ya que su reinado sólo dura dos años. Realizó incursiones en varias ciudades que se hallaban en el poder de los asiáticos y, una vez hubo recuperado el control, restauró los santuarios y volvió a abrir las rutas comerciales que se habían estancado. Nuevamente, en Egipto volvió a entrar oro, plata y cobre, aunque en cantidades mucho menores que en épocas pretéritas. En la zona del Kush realmente no tuvo demasiados problemas, ya que allí gobernaba desde hacía muchos años el virrey Hor, que había servido también a Siptah, y después de jurar fidelidad al nuevo rey Setnajt no vio en él un enemigo y no estimó oportuno realizar ningún cambio a este respecto.

Durante el reinado de Setnajt los obreros de Deir el-Medineh terminaron la tumba de Twosret, pero no habían podido terminar la suya, así que lo que se hizo fue enterrar juntos a los dos reyes, a pesar de que el Papiro Harris I hace alusiones al odio que parecían mostrarse.

El inicio de la XX Dinastía es el comienzo del fin del Imperio Nuevo. El detrimento real era inminente y tan sólo un hombre pudo decir que fue capaz de gobernar como un auténtico rey del Alto y del Bajo Egipto, sólo un hombre fue digno de ese título. Ramsés III, el último gran faraón de Egipto.

Ramsés III

Cuando Ramsés III sube al trono, lo hace siendo un joven príncipe heredero. Está casado con una de sus hermanas, la cual lleva el nombre de su madre, Tiy, que le proporcionaría un grave disgusto al final de su reinado. Los dos primeros años del reinado de Ramsés III son una reconstrucción de los daños que habían provocado las numerosas batallas entre Amenmeses y Seti II. Sería a partir de su año quinto de reinado cuando los problemas parecen haberse instalado en su corte.

En el año octavo, la tribu de los mashuesh, de origen libio, ha reunido da varios jefes de clanes y se ha armado con un ejército de varios miles de hombres. Su intención es atacar Egipto y matar a Ramsés. Tal vez más que nunca la imagen real estuviera muy deteriorada, y esta posiblemente fuera una buena ocasión para intentar la invasión. Pero Ramsés cae sobre los libios como un halcón, con tanta fuerza que el ejército de Su Majestad parece encarnar la venganza de Sejmet, y los libios son exterminados. Los pocos supervivientes son hechos prisioneros y pasarán a formar parte de la comunidad más activa de las canteras de Tura y Aswan. Tras esta primera victoria, Ramsés III se dedica a reorganizar sus fronteras y a consolidar sus puestos fronterizos con Asia. Pero Ramsés no esperaba que los infiernos vinieran a instalarse en las tierras rojas de Egipto. En su año octavo de reinado retorna la peste de los Pueblos del Mar, esta vez en mayor número, con mejores buques y mejor organizados. Ramsés no pierde la compostura y se inspira en su venerado antepasado Usermaatre Setepenre Ramsés II para llevar el orden a al tierra de los dioses. La batalla amenaza con ser brutal.

A pesar de que Ramsés había luchado contra los libios hacía pocos años, su ejército estaba en un perfecto estado. Sus armas eran numerosas y buenas, así que está preparado para el combate. Sus espías le informan de

Pilono de Medineth Habú. Fotografía de Nacho Ares.

que las hordas de destrucción pretenden ocupar primeramente las ciudades del norte, y lo que pretenden no es saquear sino ocupar los territorios, ya que con ellos viajan mujeres y niños. El intento de atacar por tierra fracasa, pues Ramsés ya lo había previsto. El grupo que avanza por mar ignora la derrota terrestre y cree que sus buques arrasarán las murallas de Menfis, Heliópolis y luego Tebas. Lo que no sabían era que Ramsés había ordenado la fabricación de una gran flota y así como las naves enemigas asoman por el Delta se ven rodeadas por un número enorme de navíos de guerra. Esta es la primera gran batalla naval que se realiza en Egipto, más que la que Kamose y Ahmose habían librado contra los hicsos. En un primer momento los barcos egipcios soportan las embestidas de los piratas. No tardan demasiado en tomar ventaja sobre el enemigo y comienza una serie de abordajes, cuyo resultado es que las naves de los Pueblos del Mar comienzan a hundirse sin remedio en medio de las llamas. Los cadáveres se amontonan en las orillas del Nilo; los pocos que sobreviven huyen despavoridos.

El resultado de esta horda de destrucción es el final del imperio hitita, que fue masacrado y exterminado por los Pueblos del Mar. Los pocos que sobrevivieron huyeron a la zona de Siria y Palestina, donde parece ser que terminaron por convertirse en comerciantes marítimos. El panorama del Mediterráneo había cambiado mucho y demasiado deprisa. Ramsés III consiguió evitar que los Pueblos del Mar invadieran Egipto y quizá también evitó que su destino fuera el mismo que el de Hatti. Pero los libios, eternos enemigos, habían roto la tregua de paz, pensando que las tropas de Ramsés estaban resentidas por esta cruenta batalla. Pero no era así, ya que el rey había reclutado a un gran número de mercenarios nubios. Ramsés opta por dar un escarmiento mayúsculo. Los libios ya no serán un problema durante su reinado. Tras todas estas contiendas, él en persona vuelve a inspeccionar los cuarteles y las tropas, se encarga de verificar el estado de las armas y los complementos de los soldados. No permitirá que su ejército carezca de nada, por cualquier eventual peligro que pueda surgir. Una vez que Egipto está seguro, se encomienda a su tarea como constructor.

Su modelo fue Ramsés II, pero en absoluto logró imitar ni de lejos las obras de su glorioso antepasado. Durante su reinado se produce la primera huelga de obreros documentada de la historia. La administración ya comenzaba a dar sus primeros pasos hacia el desmoronamiento y lo más triste es que, aun viéndolo, Ramsés no podía hacer nada por remediarlo.

Relieve Medineth Habú. Fotografía de Marion Golsteijn.

El final del reinado de Ramsés III viene marcado por una conspiración que muy posiblemente terminó con su vida. Fue de tal magnitud que salpicó a los cargos que residían más allá de Egipto. Aunque la conspiración fue descubierta se hallaba ya muy avanzada, y se ignora si Ramsés murió por este motivo Lo que sí sabemos es que él mismo inició el juicio contra los acusados. El intento de regicidio, según se ha podido reconstruir a partir de varios documentos escritos, lo comenzó la segunda esposa real, Tiy, la cual logró conformar una red de cuarenta personas, nada menos, para asesinar a su esposo. Todo esto es el resultado de las envidias y las conjuras que se daban cita en los harenes reales. Tiy pretendía que su hijo Pentaure fuese coronado rey, en detrimento del hijo de Iset, Ramsés. Como ya hemos comentado, es muy posible que esta mujer descendiera de alguna rama de las grandes reinas de la XVIII Dinastía, y se creyera legitimada para realizar tan abominable acto sacrílego. Su derecho sanguíneo le concedía el derecho de reclamar el trono para su hijo y estaba convencida de que el tribunal divino guiaba sus actos. La trama nació en el palacio de la ciudad de Per-Ramsés, donde residieron todos los ramésidas de esta dinastía. El plan tenía que verse culminado en Tebas, cuando el rey acudiese a las celebraciones de la fiesta de Opet. Para ello, Tiy no sólo se hizo rodear de personas físicas, sino que contrató los servicios de unos magos negros que elaboraron figuras de cera a imagen y semejanza de Ramsés y las dotó de vida mediante sortilegios malignos. La reina Tiy se rodeó de siete mayordomos reales, dos inspectores de hacienda, dos portaestandartes reales, dos escribas y varios funcionarios de la Casa Jeneret. Estos, a su vez, se encargaron de reclutar al resto de los conspiradores. La trama fue de tal alcance que tres jueces y dos oficiales que instruían el caso fueron destituidos por estar corruptos. Menos uno de los jueces, del que no se logró mostrar su culpabilidad, los demás también fueron juzgados y condenados. Uno de ellos, de nombre Pebes, se suicidó antes de que el castigo se ejecutase. El propio Ramsés advierte a su tribunal que debe prestar la máxima atención a los acusados y estudiar concienzudamente todas sus declaraciones. Realmente, la conclusión del caso no tiene desperdicio. Todos los juzgados fueron hallados culpables y condenados. Se cree que algunos murieron casi al momento, otros, sin embargo, verían sus cuerpos sometidos a las más horribles torturas con el fin de averiguar hasta donde se extendía la conjura. Otros murieron decapitados o bien condenados a morir de hambre, y los que murieron por su propia mano podrían haberse administrado a sí mismos una dosis letal de veneno. Esta no es la primera vez que se plantea un regicidio en el Antiguo Egipto, pero con toda seguridad es el caso mejor documentado. Así llegaba el fin del reinado de Ramsés III, aquel que tanto había añorado los años gloriosos de su admirado ancestro. Después de treinta y dos años de un reinado más que aceptable comenzaba la lenta agonía de los faraones de la XX Dinastía.

Ramsés IV

En este momento de la historia de Egipto parece haber un período de malas cosechas, tal y como vemos en el hecho de la huelga de los obreros de Ramsés, los cuales han protestado por la escasez de alimentos. Ramsés IV no es capaz de tener el control total del país. Los problemas se duplicaban a cada momento y no lo hacían sólo en un sector determinado, sino en todos los ámbitos: el trabajo, la economía, la agricultura.

Ramsés IV llegó al trono a una edad ya madura. Se especula que tenía unos cuarenta años cuando su padre murió. Estaba casado con una princesa que era hija de Tiy, Duat-en-Opet. La principal preocupación del nuevo monarca era qué hacer con sus obreros. Las minas eran una prioridad, ya que de sus entrañas se extraían todos los productos tan preciados y necesitados. Sin embargo, las minas de Uadi-Harmammant albergaban a varios miles de obreros que se quejaban continuamente, ya que las provisiones de alimento cada vez eran más escasas y sus ropas se habían convertido en harapos. Sus sandalias provocaban intensos dolores en los pies porque estaban corroídas por los guijarros de los caminos. La situación es insostenible. Con este panorama, las obras que Ramsés IV había iniciado en Karnak y Heliópolis se paralizaron al no poder hacer frente a los pagos. En Deir el-Bahari, donde estaba construyendo su 'Santuario

Ramsés IV en el templo de Jonsu. Fotografía de N. Sabes.

de millones de años', los cinceles dejaron de sonar y las piedras dejaron de moverse. En las minas cada vez se extraía menos materia prima, los productos no circulaban en los mercados y los altercados empezaron a ser cada vez más frecuentes. Ramsés dio órdenes estrictas a sus policías: que intervinieran para controlar los disturbios sin utilizar la fuerza bruta. Egipto era una sombra de sí mismo.

Lo más increíble de todo esto es que el propio Ramsés IV fue el que ocultó el Papiro Harris en la tumba de su padre, que detalla con precisión la revuelta de Deir el-Medineh, así que debemos de suponer que este escrito se redactó bajo su mandato, muy posiblemente para reflejar los hechos que ocurrían bajo su reinado.

Después de siete años de continuos conflictos, Ramsés IV moría dejando a su hijo una herencia que a buen seguro este no deseaba.

Ramsés V

Ramsés V llega al trono de Egipto cuando el caos es la fuente primordial que gobierna el país. Los años de Ramsés II planean como una sombra sobre todos estos monarcas y, sin embargo, esos días de gloria parecen estar tan lejanos como los días de las grandes pirámides. El reinado de Ramsés tan sólo comprende cinco años. Lo que más conocemos de él es su momia, que fue ocultada en la KV 35 y nos ha mostrado a un hombre que murió de viruela a una edad de unos treinta y cinco a cuarenta años. Su morada para la eternidad no llegó a terminarse y todo lo que se conoce de su corto reinado puede resumirse a una simple estela hallada en Gebel el-Silsila. Su nombre está documentado en varios objetos hallados en el Sinaí y en algunas zonas de influencia de la zona occidental de Asia.

El reinado de Ramsés V sigue la misma senda que los anteriores. No había forma de parar aquella horrible hambruna que consumía a su pueblo. Las relaciones comerciales con los países extranjeros fueron bastante buenas, lo que sin duda le sirvió para introducir alimentos en el país. Egipto ya no es respetado como antaño y esto lo saben los faraones de este período, pero no son capaces de lograr una fórmula que erradique todos los problemas que día a día se van acrecentando. Incluso las patrullas comienzan a estar descontentas y se unen a las protestas. Era inevitable, ya que un país con el estómago hambriento es como una bomba de relojería preparada para estallar en el momento más inesperado.

Ramsés VI

Ramsés VI reinó durante ocho años. El país no ha mejorado; el que ayer era rico, hoy lo es más. El que ayer era pobre hoy ya no tiene nada que llevarse a la boca. Los cabezas de familia ya no pueden alimentar a sus hijos y un espíritu de rebeldía comienza a apoderarse de los corazones de los más desdichados. Parece ser que Ramsés VI usurpó el trono de su sobrino cuando este estaba enfermo de viruela. No obstante, no persiguió su memoria ni cometió actos contra él. Para dejar constancia de su reinado, erigió estatuas suyas en Bubastis, Coptos y Karnak y llevó a un grupo de obreros hasta el reino de Kush[102].

Su tumba sería saqueada de manera excesivamente violenta. Cuando los sacerdotes de la XXI Dinastía le dieron nueva sepultura, tuvieron que fijar los restos de su momia a un tablero de madera, ya que los ladrones de tumbas se habían cebado con el cuerpo en busca del tan preciado metal dorado. En aquellos días, el robo y el saqueo era el único modo de sustento, y esto implica que toda la administración estaba corrompida.

Ramsés VII

Ramsés VII era el hijo de su antecesor, y también gobernó por un espacio de ocho años. No son muchos los lugares donde se encuentra documentado su nombre y apenas se conocen actos que haya emprendido. Se cree que el control de este rey se limitó a la zona menfita. La inflación, como un cáncer galopante, estaba devorando todo el país. El hambre y la miseria son la única herencia de un reinado casi fantasmal, ya que con el país empobrecido, robos y saqueos por todas las ciudades y la administración que ya no funcionaba, Ramsés VII no tuvo oportunidad alguna de

---

[102]Muchos egiptólogos opinan que en realidad, lo que llevó hasta Kush fueron prisioneros de guerra y algún que otro delincuente.

reinar, porque no ya no existía ningún país que gobernar. El cuadro es realmente apocalíptico, y los testimonios que existen son bastante pocos. Se trata de documentos que todavía necesitan un examen exhaustivo para poderlos interpretar correctamente. El único honor que cabe otorgarle a este rey es que, en los tiempos modernos, su morada para la eternidad del Valle de los Reyes fue catalogada como la número 1.

Ramsés VIII

Ramsés VIII era hijo de Ramsés III. Es sin duda es uno de los reyes más enigmáticos de esta dinastía. La verdad es que de su vida y su reinado no se sabe absolutamente nada, ni siquiera dónde fue enterrado, ya que su morada para la eternidad todavía no ha sido hallada en la necrópolis real. Su momia tampoco ha sido descubierta en ninguno de los escondrijos reales. Se baraja la posibilidad de que Ramsés VIII no quisiera excavar su tumba en el valle porque los saqueos ya habrían comenzado. Es posible que escogiera la que ya tenía asignada en el Valle de las Reinas cuando no había llegado al trono y simplemente era el príncipe Setiherjopeshef. Así que desconocemos si Ramsés VIII es un enigma arqueológico o una nueva tumba que no ha sido hallada todavía en el Valle de los Reyes. Los escasos dos años que duró su reinado son la última fuente donde se cita la ciudad de Per-Ramsés. No fue abandonada, ya que los restos arqueológicos así lo atestiguan. Sin embargo, perdió toda su importancia. Este hecho puede indicarnos que, finalmente, el poder del clero de Amón era prácticamente total y habría obligado a que la realeza regresara un poco más al sur para poder dominarla a su antojo. No obstante, no se sabe a dónde se trasladó su corte, si al sur o si acaso huyó un poco más al norte.

Ramsés IX

El reinado de Ramsés IX es el punto de inflexión entre el caos y la desaparición de la dinastía. Se sabe que tras su largo gobierno, que duró diecinueve años, Egipto estaba a merced de sus enemigos, tanto los extranjeros como los que residían en el Alto Egipto, el clero de Amón.

Relieve de Ramsés IX, Metropolitan Museum, Nueva York. Fotografía de Keith Schengili-Roberts.

Por un lado, tenemos la seria alteración del orden que se produjo en el Delta del Nilo. Los libios estaban haciendo incursiones bestiales en esta zona, matando a los campesinos y robándoles lo poco que tenían. La situación fue muy grave, y Ramsés IX sólo dispone de los ejércitos locales de los nomarcas que viven en su área de influencia. Por otro lado, el primer profeta de Amón, Amenhotep, aprovechó que el rey legítimo estaba luchando con los libios y se hizo representar de igual manera que el rey, adjudicándose los atributos reales y siendo mostrado a igual tamaño. Por último, al hambre que asolaba a Egipto se unió una ola de vandalismo como no se había visto jamás. En su año noveno de reinado se descubrió que la tumba donde se habían enterrado Ramsés V y VI había sido saqueada y sus momias ultrajadas. Aquello terminó de sacudir los cimientos del estado. Ya no se podía caer más bajo. Aquello era una abominación y el castigo debía ser ejemplar. El encargado de realizar las investigaciones fue el alcalde de Tebas, Pazair. Durante el tiempo que duró su investigación descubrió que el intendente de la zona oeste de Tebas, Pewerre, estaba implicado en los hechos. Los detalles se han encontrado en varios papiros. La historia comienza citando el año decimosexto de Ramsés IX y hace referencia a un control rutinario en la necrópolis del valle. Fueron enviados dos inspectores, el escriba del visir y el escriba del intendente del palacio real, porque el propio Pewerre informó al visir Jaemwaset del saqueo. El tribunal fue compuesto por el propio visir del Alto Egipto, Jaemwaset; por el mayordomo real Nesuamon, por el portador del estandarte real Neferkare-em-per-Amón y por el propio Pazair. En el transcurso de un día, los funcionarios constataron que la tumba de Amenhotep I había sido saqueada y la pirámide de Sobekemsaf también había sido violada, ya que habían entrado por un túnel excavado bajo la base de la pirámide. Lo más curioso es que el papiro alude a que el túnel comenzaron a excavarlo desde la tumba de Nebamón, que había sido supervisor del granero del rey Thutmosis III. También inspeccionaron otras tumbas reales que hallaron intactas, entre otras la de Seqenenre Tao y la de Ahmés-Sapair. El papiro menciona a su vez que las tumbas de los nobles de Tebas que fueron inspeccionadas al oeste de la ciudad estaban todas violadas y vacías.

Parece ser que Pewerre entregó al visir Jaemwaset los nombres de los culpables, los cuales fueron capturados, encarcelados e interrogados. Sobra decir que confesaron todos los hechos y que sin duda los interrogatorios debieron ser muy severos. Cuando finalizó su reinado, todas las tumbas del valle habían sido saqueadas. Se realizó una investigación y se constató que incluso los ladrones habían entrado en el sepulcro de Tut-Anj-Amón, pero los saqueadores fueron sorprendidos dentro del hipogeo, tal y como siglos más tarde constataría Howard Carter.

Ramsés X

Muy poco o nada sabemos de Ramsés X. Solo existen unas pocas referencias en Karnak. Es el rey de la XX Dinastía del que menos se sabe, a pesar de que pudo haber reinado durante diez años. Durante su reinado sólo sabemos que los obreros realizaron una huelga que duró muchos años, que no había alimento y que los robos y los saqueos fueron en aumento. Igual que Ramsés VIII, no se sabe dónde fue enterrado. Su tumba del valle no llegó a terminarse, posiblemente porque él mismo ordenó que no continuaran excavándola, dado que todas y cada una de las moradas para la eternidad del Valle de los Reyes habían sido expoliadas.

Ramsés XI

Cuando el último ramésida sube al trono de Egipto, el país ya está dividido. Durante los treinta años que dura su reinado, el rey se encuentra ante una nación quebrada en dos, un país que no sabe a quién obedecer, si al poder del faraón o al poder del sumo sacerdote de Amón. Hay un hecho que demuestra la desesperación y la desolación absoluta que envolvía al rey. Delega en sus visires y generales todo el poder para que puedan manejar las áreas del país gobernadas por el clero de Amón. Esto significa que va a estallar una guerra civil. Una horrible y sangrienta guerra que dejará al país más hundido de lo que ya lo está. Aquí es cuando aparece por vez primera un personaje llamado Herihor, el cual tuvo gran influencia en la corte de Ramsés y hasta incluso pudo haber compartido el poder. Así, en su año decimoséptimo de reinado, la guerra civil estalló nuevamente en Egipto.

El reinado de Ramsés XI será recordado como 'El año de la hiena'. Su tumba fue la última que se excavó en el Valle de los Reyes, pero no se llegó a terminar. Tampoco se sabe cuál fue su último lugar de reposo eterno y su tumba sería, durante la XXI Dinastía, utilizada como almacén y taller de restauración para las momias que fueron trasladadas a los escondrijos de Deir el-Bahari y la KV 35.

Con su muerte no sólo se pone fin a una dinastía, sino que termina el reinado de los grandes faraones, un período que había durado casi cinco siglos. La época de los Thutmosis y de los Amenhotep era una nube disipada en un cielo de verano. Egipto no volvería a ser jamás una potencia mundial. Era el fin de una civilización, porque con el fin del Imperio Nuevo, Egipto estará a merced de las potencias más fuertes de cada época. Desde luego, no fueron tiempos fáciles de vivir, ya que los egipcios vivían rodeados por los ecos del esplendor. A donde quiera que mirasen sus ojos veían grandes moradas para los dioses, gigantescas pirámides que se podían ver a kilómetros de distancia, tumbas excavadas en los acantilados donde habían descansado grandes y poderosos reyes. Y sin embargo, nunca su vida había sido tan mísera como ahora.

LA SOCIEDAD DEL ANTIGUO EGIPTO

A lo largo de tres mil años, Egipto conoció períodos de pobreza y períodos de riqueza. La sociedad que vivió los períodos de la grandeza faraónica fue consolidando un mundo compuesto por los distintos extractos sociales. La sociedad del Egipto faraónico era una auténtica pirámide que se iniciaba con el campesino en la base de la pirámide y terminaba con el faraón como cúspide de la misma. El Nilo fue su auténtico motor central y los egipcios supieron aprovechar esta circunstancia desde los albores del tiempo primigenio. Los campesinos egipcios se sentían orgullosos de su río dios. No obstante, los agricultores egipcios tenían un trabajo extremadamente duro, que los consumía diariamente más que cualquier otro oficio, tal y como nos lo recuerda la *Sátira de los Oficios*. El campo proporcionaba el grano que componía la alimentación básica de la sociedad egipcia. Gracias a los relieves de las tumbas y a la documentación de los autores antiguos, podemos comprobar que desde muy temprano se produjo una simbiosis entre la agricultura y la ganadería. La cría de animales no sólo favorecía al campesino, sino también era fundamental para el desarrollo de los rituales en los templos, pues los animales eran destinados a los sacrificios.

La cría del ganado tiene sus orígenes en el despertar del ser humano. Durante el predinástico ya se desarrolló una forma de ganadería que iba ligada a los trabajos del campo. Al amanecer conducían sus rebaños hasta los prados donde la hierba fresca se encontrase en abundancia. Solían hacer el viaje en grupos, por los posibles contratiempos que a buen seguro iban a tener. Cuando el pastoreo se realizaba en prados lejanos, el boyero tenía que sortear mil y una dificultades. Asimismo, los pastores también tenían que vigilar constantemente a sus rebaños. A lo largo de la jornada siempre surgían inconvenientes con los animales, y por ello llevaban consigo una bolsa de tela atada a un palo, donde guardaban sus objetos personales y los útiles para prepararse la comida. El camino al prado solía tener muchos escollos que sortear, como canales, pantanos, ladrones de ganado o, mucho peor, fieras salvajes. Contra los ladrones de ganado bastaba con la sola presencia del grupo de boyeros, que podía disuadir cualquier intento de robo. Contra los depredadores, los palos sólo serían útiles si estos atacaban en solitario. Si acudía una manada de chacales, el palo no sería lo suficientemente intimidatorio, y entonces tan sólo las divinidades podrían velar por su seguridad.

Maqueta de un establo, Metropolitan Museum, Nueva York. Fotografía de Keith Schengili-Roberts.

Un método que se desarrolló desde el comienzo de la ganadería y que se mostró muy eficaz contra el robo de ganado fue el sello. Doblegaban las reses en el suelo y sobre su lomo aplicaban el sello que previamente había sido calentado en el fuego. En esta labor estaban presentes los escribas, que anotaban el número de animales marcados y hacían una descripción del sello empleado. Asimismo, si un animal moría, había que confirmarlo también. Este método fue eficaz para impedir incluso el robo entre ganaderos.

Un buen ganadero tenía que ser meticuloso a la hora de clasificar su ganado. Los bueyes originarios del país poseían unos largos cuernos con forma de lira y solían ser los más hermosos ejemplares. A menudo terminaban sus días como estupendos guisos en las mesas reales o en las haciendas de los santuarios donde servían como ofrendas a las divinidades. Durante el Imperio Medio se desarrolló una nueva forma de trabajo, y en este hecho influyó la presencia de gentes llegadas desde distintos puntos del Oriente Medio y determinadas zonas del norte de África. Estos venían con sus costumbres y con sus métodos de trabajo. Los egipcios tan sólo mejoraron aquello que les era más productivo. Finalmente, los ptolomeos introdujeron la gallina en Egipto. Una curiosidad de estos criaderos tan exóticos es que durante el Imperio Nuevo, los órix y los antílopes estaban ya tan domesticados que terminaron por convertirse en animales de compañía. Las hienas y los chacales también fueron educados para ser empleados en las labores de caza.

El Nilo bajaba crecido con una puntualidad sorprendente y los antiguos egipcios estaban convencidos de que Hapi velaba por sus intereses, procurándoles siempre unas buenas crecidas. La labor del campesino implicaba al menos tres personas trabajando en el campo. Los útiles y métodos empleados por los egipcios de hace tres mil años no difieren demasiado de los utensilios que se emplean hoy día. Normalmente, el campesino pudiente solía tener un buey o una vaca que le facilitaba el trabajo. Aquel que no podía permitirse un animal de tiro veía su esfuerzo multiplicado por tres. El animal tiraba de un arado y avanzaba marcando el surco. Detrás, una o dos personas iban arrojando las semillas del grano. En algunas tumbas privadas vemos como tras ellos camina un rebaño de animales que van pisando el terreno y enterrando la semilla, dejándola fuera del alcance de los pájaros u otros animales de pasto. Durante la época de la cosecha solía juntarse toda la familia, incluidas las mujeres, que co-

Escena de la siembra, Tumba de Senedjem.

laboraban únicamente en las tareas de separar el grano de la paja. Una vez
que todo el grano había sido recolectado, cargaban las espigas a lomos de
los asnos y las transportaban hasta un lugar especial donde se separaba el
grano de la paja. Esta tarea comenzaba con el trillado, y parece ser que esta
parte era realizada por los bueyes o vacas, los cuales pisaban las espigas
y hacían que el grano se soltase. Cuando el grano estaba ya suelto, las mujeres lo lanzaban al aire y la paja se separaba del grano, quedando suspendida en el aire y cayendo lejos de él. Una vez se había amontonado todo
el grano, los asnos volvían a ser el medio de transporte hasta los graneros. En cada granero había un escriba que llevaba un control estricto de
todo lo que entraba, ya que cuando los recaudadores de impuestos llegasen
para cobrar el tributo al faraón las cuentas tenían que ser exactas. Una vez
los escribas se habían asegurado de que el tributo del faraón estaba recau-
dado, los granos de trigo o de cebada eran transportados a los graneros

Una mujer transportando pan,
Museo de El Cairo, Egipto.
Fotografía de Nacho Ares.

reales. La parte de la cosecha restante era empleada para el uso propio del dueño, con la cual también pagaría a los campesinos que habían estado trabajando.

Con el grano de trigo se fabricaba el pan, que constituía el alimento consumido por toda la sociedad del Antiguo Egipto, desde los campesinos hasta la realeza. Su elaboración dependía del tipo de harina, ya que había distintos en cuanto a olor, sabor y textura. Uno de los principales, y casi el único, inconveniente de estos panes era que producían un increíble desgaste dental. Carecemos de documentos históricos que nos hablen de cómo eran los hornos en los que se cocía el pan, no obstante, sí nos han llegado algunos restos arqueológicos como los ya citados en Gizeh y bastantes maquetas de panaderías en muchas tumbas. Es como si en las propias tumbas se hubieran plasmado folletos explicativos de una ruta turística y con los hallazgos realizados pudiera verse realmente todo aquello que tantas veces apareció pintado con bellos colores sobre las paredes estucadas de yeso blanco. Lo que sí tenemos bastante documentado es cómo se realizaban las hornadas. Está recogido en varias tumbas privadas: la de Ti, la de Meketre o la de Nebamón, donde hemos aprendido que las espigas se humedecían en agua, luego eran golpeadas para separar el grano y a continuación se introducían en morteros de piedra. Se continuaba con un proceso de secado, tamizado y por último el molido del grano. Durante el Imperio Antiguo las muelas estaban a ras de suelo, lo que dificultaba mucho el proceso. A partir del Imperio Medio, posiblemente con la llegada de artesanos extranjeros, se ideó una plataforma para suspender las muelas, lo que aceleraba la producción y disminuía el esfuerzo físico. Durante el Imperio Nuevo, estas plataformas son nuevamente modificadas, y el proceso se vuelve mucho más cómodo para el panadero.

Por increíble que pueda parecernos, nos han llegado muchas clases de panes, algunos incluso tienen cinco mil años de antigüedad. Este hecho sólo ha sido posible gracias al clima del país, capaz de conservar los alimentos orgánicos. Así pues, vemos una larga lista de panes, desde alargados, cilíndricos, cónicos, con forma humana, de animales, de disco solar o de alguna divinidad. Por supuesto, las texturas varían dependiendo de las sustancias que se le añadieran al pan. La flor de Emer se empleó mucho, también la semilla de coriandro, la miel, la mantequilla, huevos de aves, grasas vegetales y una larga lista de ingredientes. Nos queda un último tipo de pan que se cocía por cientos de unidades, aquél destinado a las mesas de ofrendas. Su proceso de elaboración era idéntico, pero no tenía tantos condimentos especiales ni exóticos.

Como ya hemos referido, el otro ingrediente básico de la dieta egipcia era la cerveza, tan apreciada que en muchas ocasiones los salarios de los trabajadores se pagaban con medidas de cerveza. La cerveza, si hacemos caso de

Mujer elaborando cerveza,
Museo de El Cairo, Egipto.
Fotografía de Nacho Ares.

las representaciones y maquetas, era siempre elaborada por la mujer. Al igual que el pan, existía una gran variedad de sabores y el secreto de estas mezclas residía en las diversas especias que podían utilizarse. Así, para elaborar cerveza dulce se utilizaban dátiles, hierbas variadas y determinados elementos vegetales que no han sido todavía totalmente identificados. Cuando la mujer ya dispone de todos los ingredientes para fabricar una buena cerveza, pone los granos de trigo en remojo en el interior de un cuenco de barro. Así pasan un día entero, hasta que los granos se ablandan. Luego, sólo queda escurrirlos y dejarlos que sequen. Cuando todos los granos están bien secos, se vuelven a mojar y se muelen. Una vez hecho el polvo de trigo, se hacen unos pequeños panes y se dejan reposar en lugares donde haya una buena temperatura, para que así puedan fermentar. A continuación, se filtraba el pan por un tamiz, para eliminar las posibles impurezas, y se mezclaba con los aditivos escogidos previamente. La masa que se producía después del filtrado se guardaba en tinajas de barro que tenían que estar perfectamente tapadas. Pasado un tiempo, la cerveza estaba lista para ser consumida. Para poder beber este tipo de cerveza era necesario colarla previamente, y se cree que las técnicas de los antiguos egipcios son idénticas a las que todavía hoy utilizan algunas tribus de Sudán.

Visto lo visto, no debemos pensar que los egipcios estaban borrachos todo el día. Las cervezas egipcias tenían un grado de alcohol muy bajo, a no ser que se deseara lo contrario. Esto ocurría sobre todo en las casas de cerveza y en las festividades. Durante la celebración de la 'Hermosa fiesta del valle' el vino y la cerveza corría a raudales. Cuando se honraba a Tenenet, la diosa de la cerveza, el fermento se consumía por todo el país, acompañado por una gran cantidad de pasteles y frutas variadas. El consumo de cerveza se mantuvo durante toda la época faraónica como elemento base de su dieta, un alimento que en muchas ocasiones era denominado como «el oro líquido de los faraones».

Pero los campesinos no sólo trabajaban el trigo, sino también los había que se dedicaban por entero al cuidado de sus vides. El cultivo de la uva comenzó a ser tan selecto y a gozar de tanta fama que todos los reyes del Antiguo Próximo Oriente ansiaban tener en sus gigantescas bodegas los más selectos caldos que se elaboraban a orillas del Nilo. Las vides se plantaban en pequeños huertos o en grandes extensiones; no existía un lugar único de explotación. Los tipos de vino que se elaboraron en

Egipto variaron según las modas del momento. Por ejemplo, durante el Imperio Antiguo predominaba el consumo de vino tinto, pero a partir de la XII Dinastía el vino blanco comenzó a abrirse paso hasta ser el más consumido durante todo el Imperio Nuevo. Los testimonios vivos, como siempre, son las espléndidas moradas para la eternidad de los altos dignatarios, las cuales muestran grandes y hermosos viñedos, como la tumba de Sennefer, conocida como 'La tumba de las vides'. En Egipto nace lo que ellos denominaban «mención honorífica del vino», que nosotros llamamos «denominación de origen». Con el tiempo, sobre todo durante el Imperio Nuevo, los santuarios comenzaron a monopolizar el negocio y la producción de vino pasó a depender únicamente de equipos profesionales formados para estas tareas.

Las uvas crecían en parras levantadas y separadas entre ellas, de forma que el racimo se expandía sin problema. Una vez que el intendente confirmaba que la uva había obtenido el punto óptimo de maduración, se daba inicio al proceso de la vendimia. Los numerosos y grandes racimos eran cortados por los operarios y depositados en cestos. Cuando el recipiente estaba lleno de uvas, se traspasaban a otro cesto todavía más grande, y de aquí iban directamente a las tinas. Aquí comenzaba la fase de vinificación, donde las uvas eran pisadas por operarios descalzos. De aquí salían los espléndidos caldos egipcios.

La naturaleza es muy sabia y, como corresponde, el hombre aprendió a escuchar sus enseñanzas y a beneficiarse de ellas. Así, los egipcios pronto aprovecharon las pieles y pepitas de las uvas para elaborar el mosto. Los restos de la uva eran colocados en unos sacos de lona trenzada a modo de vaina. Dos operarios colocaban una vara de madera en cada extremo de la vaina y, sirviéndose del efecto del trenzado, iban girando las varas, lo que provocaba que se exprimiese todo el líquido, que luego era filtrado por distintas telas, cada una más fina que la anterior, y luego se depositaba en tinajas de barro esperando su tiempo de fermentación.

Como siempre, en las producciones que dependían del estado nos falta mencionar al meticuloso escriba, que llevaba un absoluto control de todo el proceso y era el encargado de colocar el sello que garantizaba que este producto tenía su denominación de origen. Gracias a ello, conocemos de primera mano auténticos tesoros que no sólo nos hablan del proceso, sino que sabemos la calidad del vino, el tipo de uva utilizado, la procedencia de la semilla, dónde fue plantada y finalmente el nombre del propietario a quien iba destinado ese vino. En muchos casos, cuando el vino tenía carácter de ajuar funerario, se anotaba también la tumba correspondiente a ese propietario.

Los productos que hemos citado necesitan todos ellos un elemento común: los recipientes de cerámica. Los alfareros constituían un gremio muy antiguo. Durante el período Naqada I ya se fabricaban vasijas y recipientes de barro muy perfeccionados en la zona del Alto Egipto. Era un oficio duro, tan duro como lo podía ser el de agricultor. Cuando la tierra llegaba a los talleres, primeramente se machacaban los terrones para conseguir una tierra bien suelta. Se humedecía bien y se moldeaba hasta que se lograba una mezcla homogénea. A continuación, se le añadían una serie de condimentos que garantizaban su consistencia a la hora de meterla en el horno. Si el alfarero trabajaba para los templos tenía una producción diaria asignada y estaba vigilado por un escriba que recogía meticulosamente el número de vasijas producido en un día. Era conveniente alfarero fabricase el mismo número cada día de trabajo, ya que si no el escriba podía acusarlo de estar holgazaneando. También existía el artesano libre, el cual trabajaba en su propio taller a una escala reducida, pero también podía tener la ventaja de que podía perder más tiempo en un objeto determinado y hacerlo más hermoso y fuerte. Este solía vender sus productos en los mercados mediante el trueque para canjearlos por otros enseres que necesitase.

Otro de los oficios que se antojan indispensables en la sociedad del Antiguo Egipto era el de los carpinteros. Son muchos los arcones, camas, alacenas, sillas, mesas, cunas, taburetes y tantos otros objetos de madera que han llegado hasta nosotros. Ya desde muy temprano se conoció el método del espigado, que recibía además un fuerte encolado elaborado con resinas. La madera era una materia muy preciada, ya que en Egipto escaseaba. Las especies autóctonas eran el sicómoro, la acacia, el sauce y el tamarisco. Así que las maderas nobles, como el cedro, el ciprés, el ébano o el pino tenían que comprarse en el exterior, sobre todo en el Líbano y en Siria. Muchas de las herramientas que los carpinteros egipcios utilizaban hace tres mil años han llegado hasta nosotros en un buen estado de conservación. No difieren demasiado de las que se utilizan hoy en día. Es más, gracias a las representaciones y a varias maquetas de carpinterías halladas en algunas tumbas como la de Meketre, sabemos que el sistema de trabajo

Trono del rey Tut-Anj-Amón.
Museo de El Cairo, Egipto.
Fotografía de Nacho Ares.

casi permaneció inalterado hasta el siglo XIX de nuestra era. Durante el Imperio Antiguo se realizaron bellos muebles y se introdujo una nueva herramienta que facilitaba mucho el trabajo: la barrena. Para lijar las piezas de madera, los carpinteros empleaban unas pequeñas bolas de piedra arenisca. Esta técnica puede resultar perfecta cuando el objeto que se va a pulir es una superficie lisa, pero, ¿cómo pudieron pulir los sillones reales hallados en la tumba de Tut-Anj-Amón? No hemos de olvidar que sólo las patas de los tronos contienen rebajes a distintas profundidades y molduras distintas y las patas de los tronos tenían forma de pezuña de león.

El mobiliario funerario de la reina Hetepheres ya da muestras de una increíble perfección a la hora de realizar los ensamblajes. Hasta nosotros ha llegado una gran cantidad de objetos de madera, pero los más hermosos son sin duda los hallados en la tumba de Tut-Anj-Amón. Las obras maestras de los carpinteros fueron los ataúdes. Si bien es cierto que de otros períodos nos han llegado los restos de varios ataúdes, los ejemplos más bellos datan del Imperio Nuevo y por supuesto estaban en la tumba del rey Tut. El primero de ellos es de madera recubierta con finas láminas de oro embutidas y fijadas con clavos de oro. Dentro de este ataúd había otro de características similares. El primero de los ataúdes es el que se halla en la propia tumba del rey, dentro del sarcófago de cuarcita, donde actualmente reposa su momia. El segundo de los ataúdes está expuesto en la sala n.º 3 de la primera planta del Museo de El Cairo. Hay una pieza hallada en esta tumba que suele causar asombro, no por su belleza, sino por resultar bastante inusual. Se trata de una cama plegable que el rey niño utilizó cuando viajaba de un palacio a otro.

La pericia de los carpinteros quedaba de manifiesto a la hora de elaborar las piezas más pequeñas, que solían ser empleadas por las mujeres en sus tocadores. Diminutas cajitas de sicómoro o cedro donde se albergaban los polvos para el maquillaje sorprenden no sólo por su diminuto tamaño, sino por la precisión de sus formas y sus líneas. Pero los carpinteros también jugaron un importante papel en los astilleros reales. Gracias a las abundantes escenas y a las maquetas, tenemos una idea aproximada de cómo trabajaban estos astilleros. Por ejemplo, los barcos egipcios no tenían quilla, lo cual podía producir bastante desequilibrio en la nave. Para ensamblar el casco empleaban espigos de madera lo recubrían con cuerdas. Este sistema les permitía construir los barcos en Menfis, desmontarlos y trasladarlos hasta el punto elegido del Mar Rojo, como en las expediciones de Henenu o Nehesi. Las vergas eran dobles, lo cual daba mayor robustez a las velas, que se hinchaban de aire con más facilidad. No poseían timón, sino dos espadillas de madera que guiaban la nave. Los barcos egipcios, además de contar con una vela central, también solían llevar remos.

Así pues, ya hemos visto que el carpintero egipcio elaboraba toda clase de cosas, las cuales no todas acababan en las tumbas de reyes y nobles, sino que la gente de a pie también necesitaba taburetes, cunas, mesas, arcones para sus pertenencias y camas para dormir. Así, muchos de estos productos tenían como destino final el mercado, ya que el carpintero a su vez precisaba de pucheros de barro, pan, cerveza, leche, legumbres, carne o pescado.

Ha llegado la hora de ir al mercado. En el centro de Tebas, justo al oeste de la Doble Casa del Oro y de la Plata, desde muy temprano van llegando los comerciantes que montarán sus puestos. Aquí será posible encontrar todo tipo de productos. Desde las más lejanas aldeas acuden alfareros, carpinteros, pescadores, cazadores, campesinos y ganaderos. Hoy también vendrán los dependientes del santuario de Amón, ya que este año ha sido de riqueza y ha habido una excelente cosecha. Los graneros y las bodegas del templo ya no pueden albergar ni más grano ni más ánforas de vino, así que harán la competencia a los vendedores libres. Todos y cada uno de los vendedores intentarán conseguir mediante el trueque los enseres y alimentos que necesiten a cambio de sus productos. El trueque se realizaba mediante el *shat*, una unidad de cambio. Todo el mundo tenía una aproximación de cuantos *shat* valía el producto que ofrecía y el producto que deseaba comprar. Cada *shat* equivalía a doce *deben*, unos mil gramos de metal. Cada *deben* se dividía en doce *kittes*, que pesaban nueve gramos de metal. Tanto los *shat* como los *deben* y los *kittes* podían ser de oro, plata o cobre, dependiendo de la calidad de lo que se deseaba adquirir. El producto era colocado en una balanza y se añadían unas pesas que equivalían a las unidades correspondientes, y así se tasaba el valor del bien deseado.

Barco de madera. Museo de El Cairo, Egipto. Fotografía de Nacho Ares.

Por todo el mercado puede verse a los oficiales de policía, los cuales tendrán que evitar los posibles robos y vigilar que los mercaderes no hagan trampas con las pesas. Poco a poco comienzan a llegar los posibles compradores y el mercado se llena de gente. El bullicio se hace notar y los compradores comienzan a vociferar anunciándose para que la gente acuda a comprar a su puesto. De repente aparece una joven y bella mujer con un asno que porta unas grandes alforjas. Es terriblemente hermosa, pero su vestido deshilachado anuncia que no es demasiado pudiente. También salta a la vista su avanzado estado de gestación. Viene de una aldea que está a una hora de camino de Tebas, así que hoy ha recorrido una gran distancia y se encuentra fatigada. Ella es Nefermaat, la esposa del panadero Kaemhat. En su asno trae los productos que su esposo ha elaborado durante la noche: panes, cerveza dulce y pasteles de miel. Nefermaat desea un vestido nuevo, pues el que lleva puesto tiene varias estaciones. Además, necesita una cuna cómoda para cuando nazca su bebé. Se asoma al mercado y comienza a comprobar la calidad del género. El comerciante sirio tiene un precioso vestido que vale doce *shat*, pero el hombre no necesita nada de lo que ella ofrece, así que le pide como cambio cuatro cacharros de cerámica. Nefermaat dirige sus pasos hacia el puesto del alfarero que vio unos metros atrás, cuyos pucheros parecen sólidos y están bellamente decorados. Tras la negociación, el alfarero acepta la tasación de los cuatro cacharros por doce *shat* y ella a cambio le ofrece quince panes medianos que cuestan lo mismo. El alfarero está encantado, ya que los panes parecen muy sabrosos y, como necesita un taburete nuevo, intentará hacer negocio con el carpintero que está frente a su puesto. Nefermaat ya ha realizado el cambio con el comerciante sirio, y se siente orgullosa del negocio realizado. El alfarero también ha realizado su trueque, ya tiene su taburete nuevo, llevará a su casa los panes que le han sobrado y tendrá alimento para un par de días. Nefermaat se acerca al puesto del mismo carpintero, ya que es el único que tiene una cuna para el bebé que pronto nacerá. El carpintero, en un principio, pretende hacer una pequeña trampa en la pesa, pero la presencia de un oficial de policía que está vigilando esa zona lo disuade de su idea. Así que se tasa un precio justo por la cuna, quince *shat*. Nefermaat todavía posee las dos jarras de cerveza dulce y cincuenta pasteles de miel, pero el carpintero pide apios, cebollas y lechugas frescas. Así, la joven esposa del panadero se acerca al puesto de una anciana que ofrece los productos de su campo. Tras un primer regateo, le informa de que por quince *shat* le dará un manojo de apios, cinco cebollas dulces y un manojo de lechugas frescas. A cambio, aceptará las dos jarras de cerveza. El precio es justo, así que, tras conseguir la cuna de su amado primogénito, Nefermaat se encuentra feliz. Como todavía le quedan los cincuenta pastelitos de miel, hará la compra de varios días. Se muestra hábil en el arte del regateo y en poco tiempo logra intercambiar sus dulces por cinco percas del Nilo, cuatro faisanes y tres medidas de leche de cabra. La mujer, tras haber cargado todo en las alforjas de su asno, regresa a su hogar satisfecha por la realización de un trabajo bien hecho.

Podríamos encontrar a cualquier egipcia, podría ser la propia Nefermaat, en su casa preparando los alimentos que el día anterior había adquirido en el mercado de Tebas. El hogar de Nefermaat no difiere demasiado del resto de hogares humildes de Egipto. Su casa es modesta, construida con ladrillos de barro estucados con yeso blanco. Tiene un recibidor donde acoge a las visitas con una capilla donde hay una estatua de la diosa hipopótamo Tueris, que protegerá la vida de su hijo cuando llegue el alumbramiento. Posee una gran sala de techo alto, que en las noches de verano resulta muy agradable para descansar gracias a unos pequeños orificios repartidos estratégicamente en la pared, por donde se introduce el viento del norte que refresca toda la casa. Tras esta sala se encuentran los dormitorios y la cocina. Tiene una pequeña escalera que conduce a la terraza y, durante las noches estivales, ella y su esposo disfrutan de una buena jarra de cerveza dulce mientras contemplan las estrellas.

Nefermaat ostentaba un título que se les había otorgado a las mujeres desde el Imperio Medio. Su nombre era Per-Nebet, 'Dama de la Casa'. Podría pensarse que tras estas palabras yace un cierto tono machista porque la mujer debe estar al cargo de su casa, y estaríamos cometiendo un terrible error. La sociedad del Antiguo Egipto no es machista en absoluto, y la prueba de ello es que la mujer tiene los mismos derechos que el hombre. Muchas de las mujeres egipcias tenían una profesión que les proporcionaba su sustento. Tenían un oficio fuera de sus hogares y, en la mayoría de las ocasiones, las tareas domésticas también eran realizadas por sus esposos. A lo largo de la historia de Egipto han existido mujeres que ejercieron de nomarcas, que supervisaron la Doble Casa del Oro y de la Plata e incluso que fueron superioras de los tejidos, lo cual significa ver a una mujer al frente del negocio textil que servía como fuente de ingresos a la casa real. La mujer podía heredar y legar sus bienes a quien quisiera aunque su esposo no estuviera de acuerdo con esa decisión. Si su esposo le pegaba, este corría el riesgo de que la ley lo dejase arruinado. Si él la engañaba a ella, la ley le obligaba a una manutención indefinida y debía abandonar el hogar marital.

Al respecto del matrimonio, no existía ninguna ley que obligase a la mujer a vivir con ningún hombre. Una mujer soltera poseía autonomía jurídica que la respaldaba. Sus bienes eran administrados por ella misma y nadie podía juzgarla. Esta independencia de la mujer chocó mucho a los griegos, los cuales calificaron este acto como inmoral. No existía una edad legal para casarse, aunque se estimaba en unos quince años. Hoy día tal vez nos pueda parecer inmoral, pero hemos de tener en cuenta que en estos días, una mujer de treinta años ya era considerada madura, pues la esperanza de vida en las mujeres de esta época oscilaba entre los cuarenta y cinco y los cincuenta años. A esto hay que sumarle la enorme tasa de mortalidad infantil, por lo que la madre naturaleza había preparado a la mujer para que sobre sus quince años su cuerpo estuviera en condiciones de concebir hijos.

Desde muy jóvenes los egipcios eran educados en el respeto al matrimonio, y no lo consideraban un acto ni mucho menos religioso. El simple hecho de tener un hijo era la impronta que los mantendría vivos cuando hubieran muerto, y sus descendientes recordarían a sus antepasados, y la rueda de la vida continuaría girando hasta el fin de los tiempos. El matrimonio era como alcanzar la estabilidad y, si tenías la suerte de conseguir una buena esposa o esposo, era la felicidad plena. Los egipcios llamaban al matrimonio *gereg per* o, lo que es lo mismo, 'vivir juntos'. El acto se consumaba con dos palabras bajo la escucha de un escriba, el cual anotaba las frases de uno y de otro: «Tú eres mi marido y yo soy tu mujer». Estas palabras eran suficientes y, a partir de que entraban en el hogar conyugal, él se refería a su esposa como *mi hermana*, y ella se refería a su esposo como *mi hermano*. Esto no significa que fueran hijos de los mismos padres, sino que al fundar un hogar se convertían en uno solo, carne de su carne.

La mujer egipcia gozaba de una independencia tan grande que conservaba su nombre de soltera, asegurándose así el recuerdo de su filiación materna. Cuando la pareja era feliz, el amor reinaba en su hogar y sólo la muerte podía romper este vínculo. Aun así, había excepciones donde ni siquiera la muerte podía alejar al uno del otro, como la mujer que hizo esculpir este texto en la tumba de su esposo:

> Nosotros deseamos reposar juntos y Dios no podrá separarnos. Tan verdad como que siempre vivirás en mi corazón, que allí donde tú estés yo iré, pues no te abandonaré jamás. Estaremos sentados todos los días uno junto al otro, pues juntos hemos de ir al país de la eternidad, y nuestros nombres no se olvidarán jamás. Qué maravilloso será el día en el que podamos contemplar la luz del sol eternamente.

Así pues, Nefermaat y su marido Kaemhat saben que el hijo que está llegando será la bendición de su hogar. El acto de dar a luz los egipcios lo llamaban 'llegar a la tierra'. La parturienta era desnudada y asistida por un grupo de comadronas, que la sujetaban por la espalda y los brazos. Una tercera comadrona estaba preparada para recoger al niño. Si este no conseguía llegar al mundo por su vía natural, se recurría a la cirugía, y los riesgos del parto se multiplicaban por cinco. Nefermaat ha tenido una hija, que ha nacido completamente sana. La primera cosa que la madre pensaba al tener a su bebé en brazos era el nombre que este iba a recibir. El nombre era muy importante en la sociedad del Antiguo Egipto, ya que contiene un significado que orientará la vida del que lo lleva. La hija de Nefermaat se llamará Tawy, nombre que alude al nombre de Egipto. Una de las cosas que debe enseñarle es la natación, así que desde muy temprano va enseñando a su hija a estar en contacto con el agua. Cuando alcance la edad apropiada le enseñará a nadar para así poder evitar una muerte accidental si cae al río mientras juega. Las niñas egipcias tienen una gran variedad de juguetes para divertirse. Muñecas de trapo, cacharros de madera, jugar con su mascota, juegos de danza o saltar a la comba son algunos de los ejemplos que nos pueden enseñar que, al menos en este aspecto, el mundo no ha cambiado demasiado.

Los años transcurren deprisa, y Tawy es ya toda una mujer. Hasta ahora había estado acostumbrada a ir desnuda, pero con sus doce años ha llegado su primera menstruación, por lo que a partir de ese momento deberá acostumbrarse a los vestidos. «La vida de un joven es como un sicómoro torcido, y el árbol sólo puede ser enderezado a través de la palabra». Con este dicho, se recalca la importancia de la educación. Tawy tendrá la oportunidad de convertirse en gimnasta o tal vez en acróbata o,

Merire y su esposa Inuia, XVIII Dinastía, Museo de El Cairo, Egipto.
Fotografía de Nacho Ares.

mejor todavía, si tiene cualidades, incluso podrá ejercer como sacerdotisa en alguno de los templos de Tebas. El camino al templo no estaba cerrado para las mujeres. Es más, tal y como lo demuestran los antiquísimos títulos reales de 'Mano del dios', es evidente que la mujer jugaba un papel fundamental en la vida religiosa. Las mujeres que ostentaban altos rangos tenían un alto nivel de vida. Como pago de su trabajo, gozaban de una hectárea de terreno para su alimentación y una parte de los ingresos que eran destinados a la manutención del templo que dirigía. Todas las mujeres que llegaban a las cofradías tenían un compromiso con el santuario que mantenían a rajatabla. Al contrario que en otras culturas de esta época, en los templos donde regían las sacerdotisas no era necesaria la presencia de un hombre que tomara las decisiones más importantes. Tampoco era preciso que las mujeres fueran exuberantes, ni ricas ni pobres, ya que la divinidad tan sólo buscaría la belleza en sus corazones.

Pero la paz que reinaba en la aldea de Nefermaat se vio truncada, ya que algo horrible había sucedido en Tebas. Como por arte de magia, el día se hizo noche y en poco tiempo llegó la fatal noticia desde el palacio real. El halcón había ascendido al cielo, el rey había muerto. Los hombres de Egipto se convirtieron en huérfanos y las mujeres en viudas desfallecidas. Los llantos y los gritos de dolor se podían oír en todos los rincones, en todas las aldeas y ciudades. La muerte del faraón significaba que el caos podía irrumpir en la tierra en el momento más inesperado, la desolación y la muerte podía llegar y aniquilar a la raza humana. Por ello, el príncipe regente era ungido con las dos coronas de inmediato y, como buen hijo y digno sucesor, su primera misión era dar santa sepultura a su padre.

Los embalsamadores eran un gremio cuyo origen se pierde en la noche de los tiempos. Los antiguos egipcios no dejaron por escrito demasiados textos que detallaran este oficio ni describieran a los hombres que desempeñaban esta labor. Debemos recurrir a los autores clásicos para poder hacernos una idea sobre cómo transcurría este proceso, desde que el cuerpo llegaba a los talleres hasta que la momia real estaba lista para iniciar su periplo por las doce horas de la noche. Parece ser que los embalsamadores tenían un lugar reservado en el templo; no obstante, se sabe que también actuaban casi in situ, pues en el Valle de los Reyes se halló el lugar donde muy posiblemente fue embalsamada la momia del rey Tut-Anj-Amón. Los textos se refieren a estos talleres como lugares lúgubres que olían bastante mal, seguramente más por la mezcla de resinas, natrón y ungüentos necesarios para el trabajo que por el propio cadáver. El rey difunto era llevado a estos lugares, ya fueran en el templo o bien improvisados, donde recibía sus primeros tratos. Era tumbado sobre una mesa de madera. A sus pies, un oficiante con una máscara de Anubis realizaba lo que se conocía como *El ritual de los Misterios*. Durante la IV Dinastía el cerebro no era extraído del cuerpo, pero a partir del Imperio Medio se decidió que este órgano también debía ser retirado, y para ello rompían el tabique nasal introduciendo un hierro largo y afilado. A continuación, con un cuchillo de sílex se realizaba una incisión en el costado izquierdo del cuerpo, por donde eran extraídas las vísceras. Los órganos internos eran deshidratados en una solución de natrón. Una vez se habían desecado, eran envueltos en vendas y colocados en

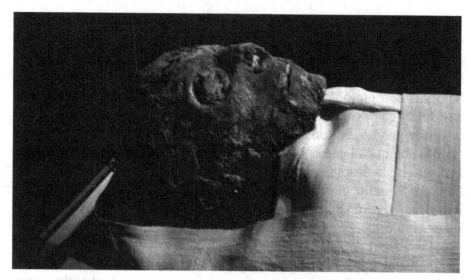

Momia de Ahmosis I, Museo de El Cairo. Fotografía de Nacho Ares.

los cuatro vasos canopes[103]. El corazón era retirado y una vez embalsamado sería devuelto a su lugar, ya que los egipcios pensaban que ahí residía la razón, y sería un órgano vital una vez el difunto llegara a la Sala de las Dos Maat. El cuerpo era sumergido por completo en natrón. El proceso de momificación duraba unos setenta días, si bien es cierto que, en el caso de los pobres, el cuerpo no tendría tantas atenciones, por lo que los rituales durarían mucho menos tiempo: se estima que unos cuarenta días. Una vez que el cuerpo estaba desecado, era lavado con aceites y esencias aromáticas. El interior se rellenaba con lino empapado en resinas o también se podía emplear cebollas. Ahora, el cuerpo del rey difunto sería untado con unas resinas especiales mezcladas con unos ungüentos que previamente han sido magnetizados por medio de sortilegios mágicos. Llegados a este

---

[103]Este nombre deriva del griego Canopio, que era el timonel del barco de Menelao, rey espartano y esposo de Helena, la cual tras fugarse con el príncipe Paris fue el origen de la guerra entre Esparta y Troya. Según cuenta la leyenda, este Canopio fue enterrado en Egipto cuando la nave de Menelao recaló en el país de los faraones. Estos vasos canopes tenían cuerpo de hombre y sus cabezas eran las de los cuatro hijos de Horus. El chacal Duamutef custodiaba el estómago; Hapi, con su forma de babuino, los pulmones; Amset, con su forma humana, el hígado; y Kebehsenuf, con su forma de halcón, los intestinos.

punto, cabe destacar un hecho tan increíble como misterioso. A la momia de Ramsés II se le introdujeron en su tórax plantas de tabaco silvestre mezclado con resinas y hojas de manzanilla. A nadie se le escapa que el origen del tabaco está documentado en la zona andina que separa los países de Perú y Ecuador. No se suele hacer mención a este hallazgo tan increíble, y cuando se menciona no se ahonda en la cuestión, no se tiene en cuenta que Egipto se halla a miles de kilómetros de Sudamérica. Así pues, este misterio está pendiente de ser resuelto.

Cuando la momia ya había recibido todos los tratos necesarios se procedía al vendaje del cuerpo del rey. Una de las partes que más atención recibía eran los dedos. En manos y pies eran vendados por separado y se les colocaban unas fundas de oro a modo de dedales. El cuerpo del rey ocultaba toda clase de joyas y amuletos. Los talleres reales incluso habrían fabricado joyas especiales para la ocasión. Anillos en todos los dedos de las manos, cinturones de oro y plata, pectorales, collares, brazaletes y amuletos mágicos de oro y piedras preciosas repartidos en lugares estratégicos por todo el cuerpo.

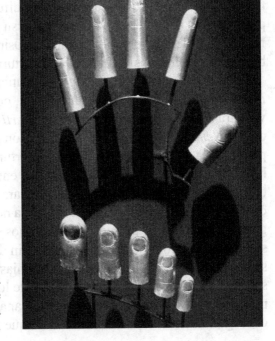

En cada vuelta de venda se colocaba un nuevo amuleto y los miembros del cuerpo ocultaban pasajes mágicos entre el reverso de las vendas de fino lino. Cuando ya habían transcurrido los setenta días, la momia ya había recibido todos los tratos necesarios para alcanzar la felicidad en el Más Allá. Ahora ya tan sólo restaba realizar el último viaje del rey difunto hacia la orilla de occidente.

Fundas para los dedos
de la mano izquierda
y pie derecho de
Tut-Anj-Amón. Fotografía
de Nacho Ares.

El catafalco era llevado hasta el embarcadero por un grupo de bueyes, los cuales no sólo llevaban el féretro real, sino además todo el ajuar funerario. La comitiva también estaba formada por sirvientes, sacerdotes, magos, la familia real y toda la corte de los altos dignatarios. Junto al catafalco, el sacerdote lector iba recitando fórmulas mágicas, las plañideras lloraban la tragedia, gritando, llorando y mesándose los cabellos. Mientras lloraban, estas mujeres, que componían una antigua cofradía, se llenaban la cabeza de barro y se rasgaban las vestiduras como señal de duelo y rebeldía ante la tragedia, al tiempo que lanzaban palabras de lamento, se tiraban de los pelos e incluso llegaban a arañarse el cuerpo. Todos los miembros de esta comitiva iban vestidos de azul, el color del luto. En los hombres, el luto también incluía el no afeitarse la barba y no cortarse el cabello.

El catafalco era custodiado por doce hombres que oficiaban de riguroso blanco. Se trata de los más allegados al rey, los grandes de la casa real, entre los que están los intendentes y el visir.

Tras desembarcar en al orilla occidental se reagrupaba el cortejo fúnebre y se dirigía hacia la necrópolis, cuyo nombre es 'Tierra Sagrada'. La momia es descargada del catafalco y el ataúd conducido a la puerta de su morada para la eternidad. La entrada del difunto en el Más Allá no sólo depende de sus acciones en vida, sino que su condición física debe ser perfecta para poder moverse por el reino de Osiris. Es necesario que sus miembros sean reanimados mediante la 'Apertura de la boca y de los ojos'.

Para esta ceremonia se empleaban unos instrumentos específicos. El *Peseshekef* era una herramienta de sílex, con forma de anzuelo, que servía para abrir la boca. Con la azuela *Neterti* se purificaba al difunto, junto con el *Nemeset* y el *Ur-Heqau*, un bastón con cabeza de carnero o serpiente. Una vez que el ritual de la 'Apertura de la boca y de los ojos' se ha completado, los albañiles sellaban la entrada con piedras y la revocaban con yeso. Antes de que el yeso fraguara, estampaban el sello de la necrópolis, lo cual atestiguaría que la tumba no había sido violada. El nuevo gobernante debía garantizar los ritos diarios en su honor, asegurarse de que su nombre se pronunciase más allá del fin de los tiempos, ya que sólo así se podrá asegurar la vida eterna. Las momias reales que se hallan en el Museo de El Cairo nos muestran el rostro de los hombres que vivieron hace más de tres mil años, rostros serenos y apacibles, que tan sólo se puede conseguir cuando estás convencido de que has burlado a la muerte.

Capítulo VII
De las pirámides al Valle de los Reyes

LA ELECCIÓN DEL VALLE DE LOS REYES

Los reyes de todas las dinastías se hicieron enterrar con suculentos ajuares funerarios, ya fueran más o menos abundantes. Anillos de oro, pectorales de oro, brazaletes de plata y lapislázuli, colgantes de turquesas y toda clase de tesoros imaginables. Pero todas las esperanzas del monarca eran, en cierta forma, ilusorias. En cuanto el estado se veía alterado por cualquier cambio inesperado, como bien pudieron ser los llamados períodos intermedios, o cuando la capital cambiaba de ubicación, los vigilantes de las necrópolis dejaban de ser tan efectivos en su cometido, ya no custodiaban con sumo celo el suelo sagrado y esta era la oportunidad que los depredadores de tesoros habían estado esperando.

Podríamos decir que el oficio de saqueador de tumbas es tan antiguo como la propia costumbre de hacerse enterrar con tantos objetos de valor.

A la muerte de Ahmose, su hijo Amenhotep I inició un proyecto de gran envergadura, como ya señalamos: organizó la aldea de los artesanos, el 'Lugar de la verdad', Deir el-Medineh. Sin embargo, parece ser que él no fue el primero en construir una tumba en el valle, sino su sucesor Thutmosis I. Aunque sabemos que Amenhotep I fue el que inició la cofradía de Set-Maat, no hay documentación alguna que nos haga sospechar que también inició la construcción de tumbas en el Valle de los Reyes. Lo único certero es que los objetos hallados en la tumba de

Thutmosis I, así como la forma arquitectónica de la propia excavación, son idénticos a los de Thutmosis III, y tal vez incluso el sarcófago del primero debiera atribuírsele a ese último. Por este hecho, algunos autores sospechan que tal vez habría sido Hatshepsut la primera en hacer excavar una tumba en el *uadi*. Sea como fuere, era obvio que los reyes de la XVIII Dinastía no podían enterrarse en un lugar donde los ladrones pudieran campar a sus anchas sin que nadie los controlase. Así, se eligió un solitario paraje que se halla justo detrás de la colina de Deir el-Bahari, que los egipcios llamaron *Sejet Aa*, 'La gran pradera', que los árabes conocen hoy día como *Biban el Muluk*, 'Las puertas de los reyes'. En cuanto un faraón subía al trono, se reunía con su consejo y comenzaban los preparativos para la construcción de su morada para la eternidad. No somos capaces de entender por qué un rey escogía un lugar determinado del valle, pero sí sabemos que ello no correspondía a ningún

La antigua Set Maat, actual Deir el-Medineh. Fotografía de Nacho Ares.

tipo de capricho ni nada parecido. Los encargados de llevar a cabo la obra eran los artesanos de *Set Maat*, la cofradía de los constructores de Deir el-Medineh.

Situada en la ribera occidental de Tebas, muy cerca del Valle de los Reyes, se dieron cita, a partir de la XVIII Dinastía, gran número de artesanos: talladores de piedra, albañiles, yeseros, carpinteros, pintores, grabadores, dibujantes, todos vivían allí, en *Set Maat*. Se podría decir que esta aldea era un Egipto dentro del propio Egipto, puesto que esta cofradía de constructores se regía por sus propias leyes, teniendo escribas propios, jueces, tribunales y demás. Existía, por supuesto, la figura del faraón que regía por encima de todos ellos, pero se organizaban por sus propias normas y reglas. En su momento dorado, la aldea de Deir el-Medineh contó con unas setenta casas dentro de un recinto cuyas dimensiones eran de ciento treinta por cincuenta metros, y otras cincuenta casas apostadas fuera del recinto. Llegaron a registrarse un número aproximado de individuos, que oscilaba entre los setenta y ciento veinte sin contar esposa e hijos. Se trataba pues de una comunidad reducida, pero eran los mejores profesionales del país. Había una calle principal que atravesaba todo el pueblo. Las casas, con cimentaciones de piedra, eran erigidas sin embargo en material perecedero, ladrillo crudo. La primera estancia, junto a la entrada, estaba reservada al altar en el que los hombres honraban a sus divinidades y a sus antepasados. También disponía esta estancia de acceso al sótano. Una segunda estancia superior contenía varios dormitorios, baños, cocina y una terraza doble, donde sin duda sería un auténtico placer degustar una buena jarra de cerveza bien fresca en las calurosas noches de verano, mientras uno dormitaba frente al sendero que conducía al Valle de los Reyes, bañado por un suave y plateado reflejo de la luna.

A menudo, los moradores de *Set Maat* organizaban reuniones, donde los artesanos, sentados en sus bancos de piedra, transmitían los secretos del oficio a sus hijos, que estaban destinados a ser los continuadores de aquella gran comunidad. Si superaban las pruebas de iniciación, los elegidos comenzaban a vivir y a trabajar en el valle, pues tan sólo los mejores artistas podían trabajar en las tumbas de los reyes. Los obreros salían de la pequeña ciudad por el oeste. Trepaban por un escarpado a su derecha y luego se dirigían hacia el norte por un sendero en la montaña. Algunos tardarían días en regresar, por ello, no era raro ver cómo los más rezagados volvían sus cabezas para enviar un saludo amoroso a su esposa, que se alzaba al pie del camino. Canteros, albañiles, pintores. Toda una serie de personajes que formaban la élite del país recorrían la ladera de la montaña.

Los primeros en actuar eran los talladores de piedra. Quebraban la roca y la trabajaban con cinceles de cobre o bronce. Se establecía una larga cadena humana para recoger en cestos los escombros que se iban produciendo. Todas las herramientas pertenecían a la cofradía, nunca eran útiles personales. Los siguientes eran los pulidores, que debían preparar de la mejor forma la superficie de la roca para que luego se pudiesen expresar en su estado más puro todas las escenas y los textos jeroglíficos. Los dibujantes, tras asegurarse de que la pared se hallase en perfectas condiciones, realizaban los esbozos que les habían asignado. Mediante el sistema de cuadrícula, buscaban la estabilidad y la armonía de las formas. Tan sólo los más experimentados podían presumir de dibujar sin plantilla. Este primer dibujo se realizaba con pintura roja, para que el maestro dibujante realizase sus correcciones con pintura negra.

La pared ya está lista. Es hora de que los escultores acudan sin demora. Tallando finamente con su cincel la superficie marcada de color rojo, estos hombres han hecho que hoy día nos pasmemos ante la finura y la delicadeza con la que sus obras cobran vida ante nuestros ojos. Los pintores dan los últimos retoques a la obra. Vivos colores agrandan nuestros sentidos. El ocre, amarillo y rojo se obtenían a partir de un sulfuro natural de arsénico y óxido de hierro. El negro y el blanco, del carbono y de la tiza calcárea. Azul y rosa del lapislázuli o la azulita del Sinaí, así como una mezcla de ocre rojo y tiza.

Aunque de modestas dimensiones, los obreros de la cofradía de *Set Maat* lograron su cometido. La morada para la eternidad que acogerá al rey difunto está ya preparada.

Con la crisis de la XX Dinastía, el Valle de los Reyes fue abandonado y sólo fue cuestión de tiempo que los tesoros que albergaban aquellas tumbas cambiasen de dueño rápidamente. A partir de la XIX Dinastía, las entradas a las tumbas se habían hecho tan suntuosas que era como si los reyes hubieran puesto un letrero con una flecha que indicaba *por aquí al tesoro*. Los siglos trajeron nuevos habitantes al circo montañoso de Deir el-Bahari: los primeros cristianos, que aprovecharon muy bien algunas de las tumbas que habían quedado abiertas.

Hoy día, después de más de tres mil años, el hombre vuelve a acercarse al Valle de los Reyes con respeto y admiración. Los arqueólogos son los encargados de devolvernos el pasado y, en el caso de Egipto, se encargan que los nombres de los grandes faraones vuelvan a ser pronunciados y de que sus mesas de ofrendas no estén vacías. Son los que han hecho que la memoria de los grandes faraones del Antiguo Egipto llegue hasta nuestros días.

A continuación nos adentraremos en una época romántica. Desde que Egipto había sido conquistado por los árabes, hubo que esperar a 1589 para que por primera vez un cristiano llegase hasta Tebas. Había por aquel entonces varias tumbas reales que llevaban muchos siglos abiertas, todos los que las visitaban caían rendidos ante su magnificencia y nadie se explicaba cómo demonios aquellas maravillas llevaban ocultas tantas centurias. Hasta que finalmente, el 1 de julio de 1798, Egipto fue visitado por una extraña cohorte de sabios que acompañaban a Napoleón Bonaparte, el gran emperador francés. Había comenzado la era de los románticos, una gran etapa que se vivió durante el siglo XIX y la primera mitad del siglo XX. Es indescriptible la sensación que reinó en Egipto durante estos años, desde la llegada de Giovanni Battista Belzoni hasta la muerte de Howard Carter. El Valle de los Reyes fue un hervidero de hallazgos, nervios, traiciones, persecuciones bajo la luz de la luna, arrestos, interrogatorios, situaciones inéditas que serían el guión perfecto para una novela de cine negro. Pero el valle también se adaptó a los nuevos tiempos: intrigas políticas, manifestaciones, la dominación francesa e inglesa, la independencia y el odio hacia los antiguos invasores. Pero sin embargo, ellos fueron los que hicieron posible que Egipto sea hoy lo que es y que millones de personas al año vayan caminando por las antiguas avenidas de Luxor y Karnak, que visiten las pirámides y se maravillen ante el espectáculo que ofrece visitar el Valle de los Reyes. A continuación vamos a presentar una breve historia de los excavadores más destacados que trabajaron en el Valle de los Reyes, así como sus hallazgos, intentando siempre seguir una línea cronológica, excepto cuando los personajes desaparecen de la escena del valle[104]. Asimismo, a

---

[104]Existe una página en internet (www.thebanmappingproject.com) donde se ofrece un listado completo de todas las tumbas reales, así como planos en 3D, esquemas ilustrativos, vídeos del interior de las tumbas y planos explicativos donde se ven todos los elementos que componen las tumbas.

lo largo de este capítulo haremos referencia a las tumbas según su numeración y las siglas KV o WV. La primera hace referencia al nombre del valle en inglés, *King's Valley*; y la segunda hace referencia a un *uadi* cercano conocido como *West Valley* o valle del oeste. Igualmente, veremos las siglas QV, que corresponde a su nombre en inglés *Queen's Valley*, que hace mención al Valle de las Reinas.

LOS EXCAVADORES Y LAS TUMBAS DEL VALLE

Giovanni Battista Antonio Belzoni

El 5 de noviembre de 1778 vino al mundo Giovanni Battista Belzoni en la ciudad italiana de Padua. Hijo de un barbero, era un tipo que causaba gran estupor, pues medía más de dos metros y tenía una complexión física envidiable. Durante sus años de juventud, Belzoni intentó entrar en un monasterio para iniciar su carrera eclesiástica, pero las mujeres pudieron más que sus votos, y así recaló en Inglaterra, donde en 1803 realizaba un número circense que recordaba a los trabajos de Hércules. Pero este italiano era de espíritu inquieto; lo suyo no era el circo, así que intenta ganarse la vida por varios medios que lo trajeron a Madrid en el año 1811. Todo parecía indicar que este hombre estaba condenado a ser un aventurero y a vagar de país en país, hasta que conoció a una mujer que conquistaría su corazón. Sarah era también de carácter indómito, y el año de 1814 fue la fecha que cambió sus vidas. En aquellos días, el matrimonio Belzoni se hallaba en Malta, y llegó hasta él la noticia de que el pachá egipcio Mohamed Alí intentaba que su país encontrase un artilugio mágico que irradiase abundante agua en los campos egipcios. Así, el 9 de junio de 1815, Antonio y Sarah llegan a Alejandría, y ante sus ojos se abre todo aquello que habían estado soñando.

Los comienzos de Belzoni en Egipto no son fáciles, ya que el pachá había desestimado su máquina hidráulica y así se esfumó la posibilidad de hacer fortuna. En la primavera del año siguiente el matrimonio había dilapidado sus ahorros, había visto como sus sueños se esfumaban y había decidido que lo mejor sería abandonar el país. Gian volvería a los circos a trabajar como forzudo, puesto que parecía ser lo único que podía darles

Belzoni, de su obra *Narrativa de las operaciones y descubrimientos recientes dentro de las pirámides, templos, tumbas y excavaciones en Egipto y Nubia*, por Giovanni Battista Belzoni, Londres, 1820.

de comer. Pero cuando ya tenían su pasaporte preparado, el cónsul Henry Salt se quedó fascinado por la talla de aquel gigante. Había escuchado maravillas acerca de los artilugios mecánicos que había fabricado. Así pues, la capacidad de poder mover objetos de gran tonelaje le proporcionan un contrato laboral como ayudante del equipo de excavadores que trabajaban para Inglaterra. El trabajo era sencillo: excavar, encontrar el máximo de antigüedades posibles y enviarlas al Museo Británico.

Eran días de pillaje organizado y consentido por el gobierno egipcio, y esto le proporcionó grandes éxitos a Belzoni y mucho dinero. Excavaron en el Ramesseum, y de allí extrajeron una colosal cabeza de Ramsés II. Transportó hasta el río un gran obelisco tallado por Ptolomeo IX y entró en la pirámide de Jafre. Otro de sus mayores logros fue la apertura de Abú Simbel, que estaba prácticamente oculto bajo las arenas. Para estas fechas, la sociedad Salt-Belzoni tenía ya demasiadas fracturas, porque el cónsul ganaba grandes sumas de dinero y al italiano tan sólo le concedía unas migajas. Así que Belzoni decide emprender suerte por su cuenta; sabe que Egipto está repleto de tesoros y que ganará una fortuna si los vende al mejor postor.

Las condiciones de Gian Batista no eran de investigador, ni siquiera de erudito. Pero su sentimiento hacia Egipto cambió cuando descubrió el Valle de los Reyes. De hecho, Belzoni es el primer excavador del valle. Tras hacerse con un equipo de obreros comienza un minucioso estudio de aquel maravilloso lugar. Gracias a su inteligencia, se da cuenta de que aquel valle oculta un gran número de tumbas, amén de las que ya están abiertas desde la más remota antigüedad. Explora estas tumbas y además descubre varios pozos funerarios que contienen algunas momias de época tardía. Uno de los hipogeos que investigó fue el KV 13, que también había sido explorado por Pocoke y por la expedición napoleónica. Se trataba de la tumba de Bay, el canciller y escriba que había vivido bajo el reinado de Seti II y Siptah. Esta tumba, sin embargo, no llegó a ser completada y sería ocupada por algunos hijos de Ramsés III, Montuherjopeshef y Amenherjopeshef. Es un claro ejemplo de los últimos ramésidas, que se apropiaban de las tumbas abandonadas, donde instalaban a los miembros de su propia familia. Principalmente, esta tumba consta de tres pasillos, dos compartimientos, dos cámaras adyacentes y la cámara funeraria. A lo largo de los siglos, las lluvias habían depositado una gran cantidad de sedimentos y la totalidad de las techumbres habían sufrido daños irreparables. Su decoración ha desaparecido casi por completo debido a las inundaciones, que hicieron que las capas de yeso se desprendieran. Tan sólo quedan unos leves indicios de decoración. Inicialmente, la tumba del canciller Bay terminaba en el quinto pasillo. Luego, los siguientes y la cámara funeraria fueron excavados durante la XX Dinastía, aunque no queda absolutamente ningún resto de los relieves.

Este hallazgo no provocó desánimo en Belzoni, pues, según le habían informado, había otras cuarenta y siete tumbas en el valle, aunque él

Tumba de Ramsés III. Fotografía de P. J. Bubenik.

sospechaba que tal vez debiera considerarse un número más elevado. En aquellos días, la ansiedad por los tesoros le provocaba un fuego interno que poco a poco lo iba devorando sin remedio. Decidió que investigaría aquella tumba que años atrás había explorado James Bruce.

En 1768, James Bruce había llegado al Valle de los Reyes y se había dejado seducir por la majestuosidad del paraje. Investigó algunas de las tumbas que ya estaban abiertas y decidió comenzar por la KV 11, la morada para la eternidad de Ramsés III. La entrada a este hipogeo era tremendamente llamativa; se trataba de una gran entrada de piedra repleta de aquella extraña escritura. Los jeroglíficos aún no habían sido descifrados, pero Bruce quedó hechizado por las maravillas que esta tumba contenía. La escena que más le cautivó fue la de dos arpistas que tocan una gran arpa, lo que hizo que todavía hoy, la KV 11 sea conocida como «La tumba de los arpistas». Inicialmente, Ramsés III había escogido la KV 3, pero abandonó el proyecto. El corredor principal está flanqueado por unas capillas decoradas con bellas escenas acerca de la elaboración de los alimentos que formarán parte del ajuar funerario y que servirán como alimento en el Más Allá. Un grupo de divinidades ofrendan al rey, y los dioses que encarnan a los cuarenta y dos nomos también le hacen ofrendas y tributos. En los muros de los pasillos se encuentran representaciones de vasos, muebles, espadas, arcos, carros de guerra, lanzas y un sinfín de útiles de todo tipo. En el interior de la cámara funeraria Ramsés III está cortando espigas de trigo en los campos del Ialu, mientras que otros registros nos lo muestran sentado en la 'Barca de millones de años del dios Re'. En la actualidad, esta tumba ha sido restaurada y los colores han recuperado gran parte de su tono original. Pero Belzoni no halló ningún tesoro en esta tumba, así que en aquel año de 1816 decide visitar el lado oeste del valle, donde también hay otro hipogeo abierto desde la antigüedad, el WV 22. Esta tumba ya había sido visitada por la expedición de Napoleón, en concreto por Prosper Jollois, un joven de veintitrés años de edad; y el barón Edouard Villiers du Terrage, de veintinueve años de edad. Estos dos muchachos elaboraron un mapa detallado del valle, en el que catalogaron dieciséis tumbas, de las cuales once estaban abiertas. Inspeccionando el lado oeste del valle, hallaron, sin saberlo, la última morada de uno de los más grandes reyes de la XVIII Dinastía, la de Amenhotep III. En sus notas recogieron que los jeroglíficos estaban bellamente decorados, aunque no pudieron descifrar su mensaje. La tumba estaba destrozada por los saqueos de la antigüedad. El vandalismo nos ha privado de una de las más bellas tumbas del valle, cuya decoración sólo es comparable al mismísimo Karnak. Los dos ingenieros constataron que la mayor parte de los relieves se habían desprendido de la roca debido a las inundaciones. La WV 22 consta de varias salas con pilares, hermosas cámaras y una cámara del sarcófago dividida en dos mitades. El techo está recubierto con representaciones astronómicas. En su día, esta tumba albergó con toda seguridad el cuerpo de su gran esposa real Tiy, el de su hija Sat-Amón y el del príncipe Thutmosis. En esta tumba se halló una cabeza del rey elaborada con esquisto verde, otra de alabastro, un torso de madera de Tiy, un collar de bronce con el nombre del rey, una placa de bronce donde Shu y Tefnut protegían a la pareja real y cuatro estatuas funerarias. He aquí el magro resto de uno de los más grandes tesoros del Imperio Nuevo.

La morada para la eternidad del Amenhotep el Magno no escondía ningún tesoro, pero Belzoni intuyó que no podía ser la única excavada en ese lugar el valle. Con un bastón, fue tanteando el terreno hasta que halló una nueva entrada. Había encontrado la WV 23, la tumba de Ay.

A la luz de las velas, Belzoni avanza a través de dos corredores y tres cámaras. Pese a que algunas paredes están muy deterioradas, otras han conseguido burlar el desgaste de los siglos y, con aquella tenue luz, se maravilla ante las escenas de caza de patos en las marismas del Delta, la increíble representación de una escena en tres registros donde se ven doce monos. La bautiza como «La tumba de los monos», aunque él ignora que se halla ante una representación de las doce horas de la noche en las que el dios Re navega a través del mundo subterráneo. Cuando él y su esposa Sarah llegan a la cámara funeraria, se horrorizan ante semejante caos. Los ladrones actuaron con tanta saña que el sarcófago de cuarcita había sido fragmentado en miles de pedazos que se esparcían por toda la cámara. El italiano recogió lo que pudo y lo depositó en la tumba de Ramsés IX, que estaba abierta desde la antigüedad y no se sabía quién era el propietario. Su momia había desaparecido y, a juzgar por las evidencias, no debió correr mejor suerte que su sarcófago. Belzoni escribió en su diario que tuvo la sensación de que aquella tumba había sido arrasada por un devastador terremoto, y se preguntó qué clase de crimen habría cometido aquel insensato para que el destino lo tratara de semejante forma. En una de las paredes, Belzoni halló una inscripción que no pudo traducir, pero era una copia del gran Himno a Atón, una muestra indiscutible de que la herejía de el-Amarna en realidad pervivió durante un tiempo.

Tras la emoción llegó la desesperación, ya que esta tumba tampoco contenía ningún tesoro. A pesar de todo, Belzoni estaba acomodándose a la vida de excavador. No todos los hallazgos vienen acompañados de tesoros, y esta era una gran verdad que había aprendido. Para ganarse la confianza de los egipcios, Batista se vestía como ellos, había aprendido a hablar su lengua y aquello era algo que lo diferenciaba del resto de los extranjeros, que trataban a los nativos como una chusma. Su reputación fue en aumento, así como el respeto que sentían por él. Esto no sólo le valdría para intentar obtener algo de información acerca de tesoros todavía ocultos, sino que es reclamado para trabajar como excavador en varias expediciones. Pero Belzoni no desea abandonar el valle. Está convencido de que en el sector oeste deben existir otras tumbas. Así que realiza nuevas prospecciones y su empecinamiento da resultado. Acaba de descubrir una tumba que no ha sido abierta, ya que todavía tiene los muros originales, la WV 25. En realidad, lo que Belzoni había encontrado no era una tumba, sino un pozo funerario. El excavador y su esposa Sarah están tan emocionados que no les importa trabajar incluso con el más horrible calor. Sólo ven oro y joyas, pero cuando la barrera de cascotes y arena desaparece la decepción vuelve a invadirles. Ante ellos, tan sólo ocho ataúdes con sus momias, al parecer de época tardía. No había ni un solo objeto de valor. Más tarde, las momias desaparecerían inexplicablemente.

Belzoni llevaba ya varias campañas bastante infructuosas, pero aun así, sus hallazgos son bien recibidos. El 9 de junio de 1817 decide explorar la KV 19, la tumba de Ramsés Montuherjopeshef, hijo de Ramsés XI, que había capitaneado al ejército. Esta tumba estaba abierta desde la antigüedad, pero aun así decide explorarla a fondo para estar seguro de que no queda absolutamente nada. Para cualquier arqueólogo, el hallazgo de algunas momias sería un gran tesoro, pero para Belzoni sólo supuso otro duro golpe a su moral. En aquellos momentos, el gigante de Padua estaba realmente desesperado y comenzaba a plantear una rendición. Pero el valle tenía reservadas grandes sorpresas para él y, así, el 10 de octubre descubre una nueva tumba, la KV 16, perteneciente a Ramsés I. Al día siguiente ya había despejado todos los escombros y accedió al interior. Los colores y las escenas lo encandilaron al momento. Aunque Belzoni no lo sabía, había hallado la primera tumba donde se inscribió el *Libro de las Puertas*. En la cámara funeraria halló un sarcófago bellísimo, pero estaba vacío. No obstante, sí que encontró un pequeño tesoro compuesto por un grupo de estatuas de madera de sicómoro. Una de ellas representa al faraón y las otras a varios personajes con cabeza de león y de mono, que son las horas nocturnas y diurnas. Las vendió al Museo Británico por un buen precio, y este, incomprensiblemente, las extravió. Pero Belzoni ya había sucumbido al encanto de la tumba, estaba estupefacto ante la belleza de las escenas, tanto, que incluso removió la arena con su pie para asegurarse de que el artista no había dejado allí el pincel el día anterior. Ante el italiano se hallaba la diosa Maat junto al rey difunto, acompañado por Horus, Atum y la diosa Neith, que lo conducían ante el tribunal de Osiris. El faraón se halla arrodillado con la mano derecha en su pecho y el brazo izquierdo doblado a modo de escuadra, justificándose y regocijándose ante los personajes ataviados con cabezas de halcón y chacal. Hoy día, la tumba se halla en peligro. Parte del techo se derrumbó sobre el sarcófago y se temió lo peor. Afortunadamente, la catástrofe fue evitada, aunque los colores no cesan de estropearse y piden a gritos una restauración.

En aquel año de 1817, Belzoni realizó otro increíble descubrimiento. Se dirigió hacia el oeste de la zona que albergaba las tumbas KV 19, KV 20 y KV 43. Aquí se hallaba una zona en la que el italiano pensó que sería un buen lugar para excavar. Y lo fue, ya que a los pocos días encontró la KV 21. Lo primero que sorprendió a Belzoni es que el hipogeo no había sido dañado por el agua y esto animó un poco más al excavador. A medida que iba adentrándose en la tumba fueron apareciendo varios trozos de cerámica sin decorar y algunos escarabeos conmemorativos. A lo largo de sus casi cuarenta metros tiene una escalera, un corredor descendente, otra escalera y un nuevo corredor que conecta con la cámara funeraria. Sin embargo, hubo un pequeño detalle que no escapó al agudo Belzoni. ¿Por qué esta tumba carecía de pozo y decoraciones? En la cámara funeraria, que tiene un gran pilar central, Belzoni halló dos momias de mujer, aunque no había rastro de los sarcófagos ni de los ataúdes. El italiano debió considerar que aquellos dos cuerpos carecían de todo valor, ya que los dejó tal y como los encontró. La tumba aguardó pacientemente durante más de cien años, hasta que un egiptólogo llamado Donald Ryan se interesó por ella en 1988. Al año siguiente se hallaba excavando en la KV 21, pero esta vez sí se había llenado de cascotes y las momias habían sido despedazadas en algún momento posterior al hallazgo de Belzoni. El corte de la tumba está datado en la mitad de la XVIII Dinastía. No se ha podido saber la identidad de sus ocupantes, pero se sospecha que podrían ser dos de las esposas de Amenhotep II o Thutmosis IV. Para su teoría, Ryan se basa en el hecho de que las momias tenían el brazo izquierdo doblado sobre su pecho, lo que demuestra que eran reinas. No obstante, al carecer de nombre alguno, es posible que jamás descubramos la identidad de estas dos mujeres.

Tras este descubrimiento, Belzoni concentró sus esfuerzos en el sector sur del valle, donde halló un pozo funerario, el KV 30. El excavador no emprendió una limpieza a fondo, ya que estaba totalmente repleta de cascotes hasta el techo. Se sospecha que tan sólo acometió las tareas de desescombro de una de las cuatro cámaras que contiene la tumba. Los corredores y las cámaras anexas están talladas de forma extremadamente vulgar, no tienen líneas rectas y sufren desplomes inexplicables en sus muros. En la cámara funeraria, Belzoni halló un sarcófago que vendió al conde Belmore y este a su vez al Museo Británico. La ausencia de textos impide conocer también el nombre del ocupante de esta tumba. En aquella misma semana y a muy pocos metros de distancia apareció un nuevo pozo, el KV 31. Igual que el anterior, la ausencia de objetos, relieves y textos nos impide saber quien era el dignatario que ocupó la tumba.

El 16 de octubre Belzoni está desesperado, pero aun así planea una nueva campaña. No obstante, para esta ocasión elaborará un meticuloso estudio acerca de la progresión de las lluvias. Fue muy astuto, ya que comprobó que las aguas torrenciales desembocaban en una avenida. Sin duda, aquel terreno había sido rebajado para excavar una tumba. Sus capataces intentan disuadirlo de aquella locura, ya que Belzoni solo había hallado relieves y unas pobres estatuillas. Pero el italiano no hace caso. A dieciocho metros bajo del suelo aparece la entrada a una tumba repleta de cascotes. Ha encontrado la KV 17, la tumba de Seti I. Sólo tardó dos días en despejar el camino, y Gian Batista se adentró en el hipogeo para quedarse estupefacto con lo que allí encontró. Había sucumbido y en su corazón ya no primaban más las joyas que el arte que tan sólo se hallaba en las tumbas reales, y esto lo dejó reflejado en su diario. Y es que la tumba de Seti I está decorada por entero, desde el comienzo del corredor descendente hasta la sala del sarcófago. Por doquier, los colores de los bajorrelieves permanecen intactos, llenos de vida. Los techos están sobrevolados por buitres con sus alas desplegadas. Belzoni, en su camino hacia la cámara funeraria, se encuentra con un pozo. En un cantón de madera hay un trozo de cuerda que se desintegra en cuanto la toca. Ante la ansiedad que siente, debe esperar al día siguiente para poder colocar un tablón de madera a modo de pasarela y traspasar el vacío del pozo que amenaza con romperle la crisma si continúa avanzando. La tumba de Seti I consta de un gran número de partes. Una escalera conduce a un corredor, a otra nueva escalera que lleva a otro nuevo corredor que finaliza con el pozo, a continuación una sala con cuatro pilares, luego un pasillo que se detiene en otra sala con cuatro pilares, otro nuevo pasillo lleva hasta otra nueva escalera que conduce a otro nuevo corredor, que desemboca en una pequeña sala con seis pilares que contiene dos capillas adyacentes, luego la cámara funeraria con bóveda en cañón, que da acceso en su lado izquierdo a una nueva estancia donde se depositó el ajuar funerario y, finalmente, otra nueva sala con cuatro pilares.

Belzoni buscaba algo de valor, pero lo que encontró tampoco recompensaba tanto esfuerzo. Halló un cuerpo de toro, estatuas de distintos materiales, restos de gran cantidad de cerámicas y ninguna joya u otros objetos de valor. Pero Belzoni no tardó en comprender que el verdadero tesoro estaba ante sus ojos. El techo de la cámara funeraria de Seti está decorado con motivos astronómicos y astrológicos. El cuerpo del rey se regenera continuamente gracias a Nut. El *Ka* de Seti se halla en el centro del cosmos, rodeado de las estrellas imperecederas, de las cuales el rey representa a la Gran Estrella que se halla al oriente del cielo, que vivirá en las doce horas del día y las doce horas de la noche. Belzoni estaba ante la única y más grande biblioteca teológica que nos ha legado el Antiguo Egipto. En esta tumba está representado el *Libro de la Cámara Oculta*, también llamado *Libro de la Amduat, El Libro de las Puertas*, las *Letanías de Re* y *El Libro de la Vaca Divina*. Es un auténtico compendio mágico que transforma a la tumba en un salvoconducto hacia la eternidad. Las fuerzas del caos no tienen nada que hacer ante semejantes protecciones mágicas. Seti ha conseguido pasar a través de la Sala de las Dos Maat, su alma será eterna por siempre, inmutable a las centurias en los Campos del Ialu.

El arte que desprende esta tumba es increíble. Las escenas son perfectas. Belzoni advierte que algunas de las representaciones están trazadas con gran maestría, al tiempo que otras ni siquiera rozan la perfección. Los artistas quisieron que así sucediera: una forma de representar ambos extremos, que tan sólo fueron posibles gracias a la habilidad del artista.

El sarcófago de Seti I es de calcita, y Belzoni también advirtió que se hallaba ante un auténtico tesoro, una pieza única en el mundo. Se vuelve transparente cuando se le acerca una luz en cualquiera de sus paredes. Está decorado con *El Libro de las Puertas* y, por desgracia, la tapa del sarcófago fue arrancada y partida. Como el hombre es víctima de su propio afán de riqueza, la tapa fue reconstruida y llevada a Londres, donde está en un museo privado en Lincoln's Inn Field. La humanidad debiera replantearse la devolución de la mayoría de los objetos que salieron de Egipto en estas fechas. Tanto las momias como el ajuar funerario de cada tumba deberían descansar allí donde los faraones decidieron que pasarían el resto de la eternidad, por los siglos de los siglos.

Afortunadamente, su momia fue rescatada y ocultada en el escondrijo real de Deir el-Bahari. Cuando el italiano terminó de estudiar la cámara funeraria halló un pozo que conducía a un pasillo descendente excavado en la roca. Belzoni avanzó unos noventa metros, pero decidió que aquello era una locura y cedió en su intento. Con el paso de los años, otros excavadores intentaron llevar a cabo la empresa sin éxito. En 1960, Alí Abd el Rassul excavó el pasillo llegando a los ciento treinta y cinco metros, pero cedió en el intento. Finalmente, en el año 2007, Zahi Hawass accede a limpiar el pasadizo y se dispone a desvelar el enigma del túnel. A pesar de haber hallado algún objeto de cerámica con el nombre de Seti, se ha cerrado finalmente la excavación, ya que el túnel no conduce a ningún lugar.

El descubrimiento de la tumba de Seti I causó una gran conmoción por su belleza, y algunos opinan que el de Padua se guardó algún tesoro para él. Poco a poco Belzoni se va convirtiendo en un personaje odiado. Finalmente, ya nadie quiere hacer negocios con él y las excavaciones de la campaña de 1819 ni siquiera se inician. Abandona Egipto y viaja a Londres, donde organiza una exposición acerca de la tumba de Seti I. Escribió un libro narrando sus aventuras en Egipto y en 1822 la exposición de Seti llega a París. El éxito fue rotundo y, tras esta aventura, parte de Londres con destino a Tombuctú, con la idea de hallar las fuentes del Níger. Pero el gigante de Padua falleció de disentería el 3 de febrero de 1823. Egipto le había otorgado la fama y, con tan sólo cuarenta y cinco años de edad, falleció aquel aventurero que había descubierto la tumba de Ramsés I y la de su hijo Seti I.

James Burton

James Burton nació en Londres en el año 1788. Venido al mundo en el seno de una familia acomodada, recibió una buena educación, lo que le valió un pasaporte para Italia en el año 1822, donde entabló una gran amistad con un egiptólogo llamado John Gardner Wilkinson. En aquel mismo año Egipto comenzaba a ser ya el centro de atención de los primeros egiptólogos. Es el año en el que Champollion consigue traducir la piedra Rosetta, aunque todavía se necesitarían algunos años para completar un diccionario para los investigadores. El pachá Mohamed Alí ofreció a Burton un trabajo como geólogo y, a pesar de que el inglés no tenía ni idea de geología, aceptó de buen grado la invitación. Entre 1824 y 1825, Burton cayó rendido ante las maravillas que Egipto poseía. En 1825 puso rumbo a Tebas y recaló durante varios meses en el Valle de los Reyes. El resultado de esta campaña fue el hallazgo de la KV 5. La tumba pertenecía a Meriatum, un sumo sacerdote de Heliópolis que ostentó el título de 'Grande de los videntes de Heliópolis', lo cual indica que era un príncipe heredero. Pero Burton no sabía quien era este tal Meriatum; simplemente excavó un pequeño túnel y se introdujo en el interior del hipogeo. También realizó una pequeña investigación en la KV 10 y KV 29, ambas abiertas desde la antigüedad. Descubrió la KV 26, aunque estaba completamente repleta de cascotes y no pudo acceder al interior. Tomó un gran número de notas y realizó varios mapas del valle, los cuales serían valiosísimos para los posteriores egiptólogos que recalarían en el valle. Tras esta campaña, Burton dedicó tres años a la realización de un volumen acerca de las inscripciones jeroglíficas que había encontrado en el Valle de los Reyes. Un hecho curioso es que desde 1825 hasta 1834 no se sabe ni dónde estuvo ni qué trabajos realizó. Al año siguiente regresó a Inglaterra, donde vendió algunas antigüedades que había encontrado en sus excavaciones. Tras una vida un tanto misteriosa, James Burton moría en Edimburgo en el año 1862, después de haber perdido una gran cantidad de dinero y haber logrado que su familia lo repudiase. No obstante, su legado es importantísimo. Gracias a sus dibujos y mapas los egiptólogos actuales han podido realizar mejor su trabajo. Y, además, comparando sus dibujos con el estado actual de los monumentos, podemos hacernos una idea del desgaste al que se enfrentan las tumbas y los templos que él recogió en sus acuarelas.

John Gardner Wilkinson

Nacido en Inglaterra el 5 de octubre del año 1797, nos hallamos ante un personaje que fue crucial a la hora de estudiar por vez primera el Valle de los Reyes. Hijo de un sacerdote anglicano, recibió una exquisita educación universitaria. Durante varios años estuvo viajando por Europa, recalando finalmente en Italia, donde conoció al eminente egiptólogo sir William Gell. De él aprendió todo lo que hasta la fecha se sabía, y John cayó rendido ante la magia del Antiguo Egipto. No tardó mucho en poner sus pies en Alejandría en el año 1821. John Gardner Wilkinson tenía tan sólo veinticuatro años y estaba dispuesto a convertirse en un reputado egiptólogo. Lo primero que hizo fue ganarse la confianza de los nativos. Para ello, obró igual que Belzoni, adoptando sus costumbres, vistiéndose igual que ellos y hablando su mismo idioma. Recaló en el Valle de los Reyes y tomó gran cantidad de notas, recopilando todas las inscripciones que había en las tumbas que visitaba. Trazó un plano del valle y registró todas las tumbas que estaban abiertas, a las que dotó de una numeración que es la que continúa vigente hoy día. Entre 1824 y 1828 recogió todos los textos que había en el valle y realizó la primera cronología conocida del Imperio Nuevo. Trazó un plano de la antigua Tebas y no sólo catalogó las tumbas reales, sino que se dirigió a la necrópolis de los nobles, donde catalogó y recogió todo aquello que sus ojos vieron. Durante su estancia en el valle, Wilkinson descubrió la WV 24 y las KV 27 y 28, corredores funerarios cuyos propietarios nos son desconocidos. En el año 1849 regresó a Italia y se vio cautivado por el Canon de Turín, que se convirtió en una auténtica obsesión. Realizó una nueva traducción y reubicó en su lugar correspondiente a los monarcas que el papiro citaba. Tras años de estudio, regresó a Egipto en 1855 y excavó el área de la pirámide de Amenemhat III. Meses más tarde, sería el primer hombre en pisar la antigua Ajet-Atón, de la cual realizó un mapa y exploró las tumbas que había abiertas. Aquella campaña lo llevó hasta Nubia. Las notas y los mapas que Wilkinson realizó de todos los lugares que visitó son de un valor incalculable. Su precisión es tal que todavía hoy se siguen consultando, y sus libros son obra obligada de consulta. El más importante, sin duda, es el que escribió entre 1837 y 1841, con un título excesivamente largo: *Costumbres de los antiguos egipcios, incluyendo su vida privada, sus leyes, el arte, la religión, la agricultura y la historia, derivado de la comparación de los relieves, textos, esculturas y monumentos que todavía existen, con la consulta de los autores antiguos*. A pesar de este título tan largo, su trabajo se convirtió en la primera gran obra de consulta para sus coetáneos y además le proporcionó el título de *Sir*. Finalmente, Wilkinson fallecería en 1875 y su obra no tardaría en convertirse en una de las más importantes para el estudio del Antiguo Egipto, ya que existe una gran cantidad de monumentos que han podido ser restaurados gracias al trabajo que realizó, toda una vida dedicada al estudio del Antiguo Egipto.

Jean Françoise Champollion

23 de diciembre de 1790, en una modesta vivienda de la ciudad francesa de Figeaç, un librero asiste atónito a la irremediable muerte de su esposa embarazada, preparada para dar a luz. El médico ya ha dictado sentencia: la fémina morirá sin remedio. Entonces, aquel librero recordó la existencia de un conocidísimo curandero al que todo el mundo acudía buscando la luz que la medicina no podía aportar en aquellos días. Así fue como, viendo a la parturienta en tan mal estado, el curandero Jacquo preparó un brebaje a base de raíces y hojas de plantas medicinales. Al modo de las antiguas comadronas, fue como si toda la Enéada helipolitana asistiese al mágico evento y, después de tres días con sus tres noches, en contra de todos los pronósticos, nacía Jean Françoise Champollion, para mayor gloria de su padre y de su madre, la cual se recuperó de aquella terrible enfermedad.

La infancia de Jean Françoise ya resulta enigmática por sí sola, y es que nos hallamos ante un niño prodigio, un adelantado a su tiempo, que

Retrato de Champollion hecho
por Léon Cogniet.

a la edad de cinco años ya sabía leer y escribir con gran destreza. A los once años dominaba el latín, el griego y el hebreo antiguo; con dieciséis años hablaba ocho lenguas muertas, y podría decirse que la unión entre lo divino y lo terrenal dio como resultado a Champollion, el cual alcanzaría cotas inimaginables. Y como no hay dos sin tres, si había nacido el hombre adecuado para descifrar los jeroglíficos, el buen dios Re dispuso también la materia prima, en forma de estela. Ocurrió que la expedición napoleónica libró una batalla en la localidad egipcia de Rosetta, que también responde al nombre de Fort Rashid. Como la gran mayoría de los hallazgos arqueológicos, el destino tuvo un capricho y quiso que una guarnición de Napoleón se situase en esta localidad en 1799, con la intención de limpiar y restaurar las dependencias, levantar el fuerte Juliano y poder así hacer frente a los ingleses y a los turcos. Durante las obras, el lugarteniente Bourchardt halló una antigua estela oculta en el interior de un grueso

Texto de la Piedra Rosetta, Museo Británico, Londres. Fotografía de Nacho Ares.

muro. En la misma estela había tres clases de escritura, en un registro a tres bandas. En la parte superior se hallaba el texto en jeroglífico, en la banda central el texto escrito en demótico y en la banda inferior en griego antiguo. Cuando la armada francesa fue derrotada por el almirante Nelson en 1801, se firmó una amnistía y Napoleón fue obligado a abandonar Egipto. Los sabios que habían configurado aquella expedición se disponían para llevar a Francia toda una serie de antigüedades, y entre ellas estaba la Piedra Rosetta, que fue a parar a manos de un general llamado Menou, el cual realizó varias copias y se las guardó. Ocurrió que un diplomático inglés llamado Hamilton impidió que la reliquia partiera de Alejandría. La estela fue llevada ante el rey inglés Jorge II, el cual la donó al Museo Británico. Pero Menou había realizado aquellas valiosas copias, que pronto comenzaron a circular por Francia, y los más refutados lingüistas se pusieron manos a la obra. Champollion era uno de aquellos expertos. En 1822 ya había traducido la mayor parte del texto en griego, pero no había dado con la tecla adecuada para descifrar el texto en jeroglífico. Finalmente, tras meses de trabajo ininterrumpido, el 27 de septiembre de 1822 Jean Françoise Champollion expone los principios para descifrar los jeroglíficos. El texto que contenía la Piedra Rosetta era un decreto del rey Ptolomeo V en el año 196 a. C. Se conmemoraba la coronación del soberano y se instauraba su culto en todos los grandes santuarios del país. El valor de esta estela, como es lógico, no es el texto sino las tres bandas que dieron pie a que Champollion descifrara el idioma jeroglífico. Durante la época islámica, la piedra fue recortada para que encajara perfectamente en el muro, y posiblemente estuviera culminada por un disco solar alado con dos *uraeus* que estarían incrustados en la corona del Alto y del Bajo Egipto. No obstante, fue una suerte que a los árabes no les diera por romperla por la mitad.

Cuando Champollion ya ha descifrado el enigma, sucede un hecho curiosísimo que, más que casualidad, parece un guiño del destino. Jean Françoise se halla en el Instituto de Francia y ante él desfila una comitiva de barcas que llevan grandes obras de arte procedentes del Antiguo Egipto. Es Belzoni y su colección de la tumba de Seti I. Champollion se maravilló ante la exposición del italiano, y juntos intercambiaron opiniones y charlaron acerca del Valle de los Reyes. Belzoni le relataba lo que había visto, mientras Champollion casi iba traduciéndole de memoria aquellos signos tan hermosos que el italiano había contemplado tantas veces y que jamás había podido leer. Otro detalle curioso es que tanto los ingleses como los franceses intentaron sabotear la expedición a Egipto de Champollion, de mano del conde Forbin, el director de los Museos Nacionales. Pero ya nadie podía pararlo y, así, Champollion llega al Valle de los Reyes en 1828. Esta iba a ser su primera toma de contacto, ya que tras un breve período descendió hasta los límites de la segunda catarata, diccionario en mano, comprobando que su teoría era correcta. Durante este viaje, copió y estudió todos los textos que encontró y cuando regresó al Valle de los Reyes ya había transcurrido un año. En su segunda visita a la orilla occidental de Tebas, el joven egiptólogo ya tiene decidido que realizará un estudio en profundidad. Copia lo esencial de las escenas y los textos que están en las moradas para la eternidad, en ocasiones respirando polvo y en condiciones límites. Con mala luz, trabajando día y noche durante varios días, llegó a sufrir un desmayo en la tumba de Ramsés VI. Cuando llega el mes de mayo, Champollion ya ha decidido que se establecerá en el valle de manera indefinida. Visitó todos los hipogeos que estaban abiertos y copió la gran mayoría de los textos. A Champollion haber sido el artífice del desciframiento de los jeroglíficos le costó más de un disgusto. Le salieron enemigos en los lugares más insospechados, sobre todo en la Iglesia. Y es que cuando los textos comenzaron a hablar, muchos empezaron a descubrir que la Biblia no contenía la verdad absoluta, y que muchos de los pasajes bíblicos ya habían sido escritos miles de años atrás. Hasta ahora se venía creyendo que el mundo había comenzado con Adán y Eva y que apenas si tenía unos cinco mil años de antigüedad. Pero Champollion demuestra que el origen del mundo estaba mucho más allá de Moisés y la casta religiosa se puso en pie de guerra, tanto, que incluso le ofrecieron un puesto dentro del Vaticano. La respuesta del joven francés no se hizo esperar: afirmó que los egipcios no eran esos politeístas que hasta ahora le habían enseñado y que habían llegado a desarrollar una noción de la divinidad más pura que la cristiana.

Egipto resucitó con el trabajo de Champollion y, en apenas unos años, milenios de espiritualidad explotaron en todo el mundo conocido, ampliándose una serie de conceptos que hasta la fecha casi estaban prohibidos. Champollion hizo que Egipto cambiase las mentes de muchos hombres modernos. El camino que él inició es largo, muy largo, y todavía está lejos esa meta que significará que ya lo conocemos todo del Antiguo Egipto. Tal vez, incluso, ese momento no llegue jamás. La vida de Jean Françoise Champollion sobrepasa el marco de la egiptología, ya que su estancia en el Valle de los Reyes abre las puertas a un nuevo mundo para la historia. Su muerte, el 4 de marzo de 1832, cortó la progresión de la egiptología, que quién sabe cuánto habría avanzado en aquellos años. Pero Champollion había muerto consumido por su trabajo en el Valle de los Reyes. Murió de agotamiento un ilustre soñador incomprendido por el mundo de los hombres y sabio en el mundo de los dioses. Un soñador que había llegado al mundo de la mano de la madre naturaleza, y que a su muerte pasó a convertirse en una estrella imperecedera.

Karl Richard Lepsius

Karl Richard Lepsius nació en Naumburgo, Prusia, el 23 de diciembre de 1810. De familia acomodada, siempre estudió en las mejores escuelas y desde joven se sintió atraído por los textos de Champollion. Se había empapado tanto de la cultura egipcia que Champollion había descrito que en 1828 decidió que su destino era ser arqueólogo. A lo largo de varios años, había recorrido los museos de Holanda, Inglaterra y Francia, catalogando y estudiando varios textos, lo que le permitió elaborar un tratado acerca de la gramática de Champollion. Hizo un profundo estudio acerca de los varios diccionarios que existían en aquel momento y comprobó que muchos estaban equivocados. En 1836 visita Italia y conoce a Hipólito Rosellini, que había sido miembro de la expedición de Champollion. Con el maestro italiano aprendió mucho y en 1842 el rey Guillermo IV de Prusia lo propone para dirigir una expedición a Egipto. El país de los faraones está causando sensación en Europa, y todos los países quieren poseer una colección de piezas que demuestren que el suyo es un país culto. No obstante, no nos engañemos, Lepsius era hijo de su época y como tal actuó.

El equipo del prusiano estaba compuesto por los mejores en cada ramo: dibujantes, modeladores de yeso, arquitectos, delineantes, matemáticos y toda una cohorte de hombres talentosos. Se llegó a decir que la expedición de Richard Lepsius era comparable a la que años atrás había dirigido Napoleón Bonaparte. La comitiva arribó en el puerto de Alejandría y los primeros trabajos de Lepsius fueron en las regiones donde se habían levantado las grandes y medianas pirámides. Trabajó en Gizeh, en Abusir, en Saqqara y en Dashur. Su trabajo fue tan minucioso y meticuloso que sus notas han conformado auténticos tratados científicos acerca de la construcción de las pirámides, que hoy son obra obligada para todos los estudiantes de egiptología. Llegó hasta Nubia y, en el viaje de regreso, descubrió los encantos del Valle de los Reyes. Habría que destacar que Lepsius realizó un trabajo encomiable en todas las tumbas abiertas del valle, tradujo gran cantidad de textos jeroglíficos y anotó todo en sus cuadernos. También pasó una larga temporada instalado en Karnak, donde también tradujo los textos de los muros y corrigió algunas traducciones erróneas que él mismo había escrito.

Los expertos afirman que la expedición de Karl Richard Lepsius ha sido la mejor de todas las que se llevaron a cabo en Egipto. No sólo rescató tesoros olvidados, sino que catalogó todo aquello que sus ojos vieron desde el Delta hasta la Baja Nubia.

Lepsius obtuvo una cátedra de egiptología en 1846 en la Universidad de Berlín y fruto de esta cátedra nacería una nueva expedición. En 1869 fue invitado por el gobierno egipcio a la inauguración del Canal de Suez, y esta fue la última vez que pisó su amado Egipto. Karl Richard Lepsius moriría en Berlín en el año 1884. Su nombre es hoy recordado en todos los trabajos porque sus notas son esenciales para comprender el desarrollo de la egiptología, y sus campañas convirtieron al Museo de Berlín en uno de los más destacados de su época.

Auguste Mariette

Nos hallamos ante el último de una especie única, la de los excavadores que tenían como objetivo expoliar cuantos más tesoros pudieran. Ya lo comentamos anteriormente: Belzoni, Drovetti, Lepsius y Mariette, eran hijos de su tiempo.

Auguste Mariette vino al mundo el 11 de febrero de 1821 en una localidad francesa de nombre Bologne sur-Mer. Era hijo de una familia acomodada de la zona, bastante respetada. Su infancia transcurrió tranquila en su localidad natal, hasta que en 1838 se dispone a viajar a Inglaterra, donde trabajará de dibujante y dará clases de francés. Tres años después regresa a Francia; tiene pensado completar su educación y dedicarse a la enseñanza. Nada hacía presagiar que Mariette sería un nombre largamente recordado. Pero todo cambió en 1842 cuando su primo Nestor L'Hôte le encarga un trabajo. L´Hôte había sido ayudante de Champollion, lo había asistido como dibujante, había decidido organizar y clasificar todas las fichas y notas de la expedición y pensó que su primo podría ayudarle. Mariette aceptó de buen grado, ajeno totalmente al mundo de la egiptología. Pero a medida que avanzaba en su cometido, el espíritu del joven francés comenzó a volar, surcando los cielos del Valle de los Reyes, soñando con todas aquellas maravillas que su primo había plasmado en las acuarelas. Había caído, Mariette había sido mordido por el pato de los jeroglíficos y su picadura garantizaba un hechizo eterno, una vida entera dedicada al estudio del Antiguo Egipto. Así fue, entre los años 1842 y 1849 aprendió todo lo que había que saber acerca de los jeroglíficos gracias al diccionario de Champollion. La verdad es que el joven se sentía embrujado; los signos mágicos parecían haberse apoderado de él, parecían vivos, y aquello lo obsesionaba y lo fascinaba. A mediados de 1849, el joven aprendiz comenzó a moverse en el mundo de la naciente egiptología. Consigue ingresar en la plantilla de El Louvre, con la tarea de inventariar todas las inscripciones jeroglíficas que se encuentran en todas las piezas del museo. El resultado de su labor es increíble: había trabajado duro, noches enteras a la luz de las velas, y pronto su fama cruza las puertas del museo. Así es como los grandes dirigentes de El Louvre y algunos peces gordos de la política de la época proponen que Mariette encabece una expedición a Egipto, ya que Francia no puede, bajo ningún concepto, quedarse fuera de esa alocada carrera por conseguir cuantas más antigüedades.

Así fue como la ciudad de El Cairo recibió a Mariette en 1850. Tenía veintinueve años y de inmediato sintió un profundo arraigo por esta extraña tierra que no había visto jamás y que sin embargo sentía tan cercana a su alma. Estaba completamente enamorado del Antiguo Egipto. Todas y cada una de las maravillas que sus ojos veían cautivaban su corazón. Las pirámides, la Esfinge, las tumbas de los nobles de Gizeh. Su objetivo era la llanura de Saqqara, pero, contrariamente a las órdenes que había recibido, no dedicará sus esfuerzos a investigar las pirámides que allí se levantan, sino que lucha por una concesión para poder excavar.

Así fue como el 11 de septiembre de 1851 Auguste Mariette descubre el Serapeum. No resulta difícil imaginarse la situación: aquel hombre corpulento, con su gran barba y un turbante por sombrero, era el primer ser humano que pisaba aquel lugar en varios milenios. Con su antorcha recorrió los oscuros pasillos y halló veinticuatro estancias que contenían los sarcófagos de los toros Apis. Sin embargo, no había rastro alguno ni de las momias de los animales ni de ningún objeto ritual, y aquello le causó gran impresión. Cuando hallaron un sarcófago todavía sellado, Mariette, hijo de su tiempo, dispuso la carga justa de dinamita para que la tapa del sarcófago saltase por los aires. Dentro había una momia de un anciano, con una máscara funeraria y por doquier objetos con el nombre de Jaemwaset, el hijo de Ramsés II. Recogió varias de estas estelas que contenían el nombre del príncipe y las envió al museo. El descubrimiento del Serapeum le valió el título de Conservador del Servicio de Antigüedades. Así, el 1 de junio de 1858 nace un nuevo Mariette que ya no piensa en enviar objetos fuera del país. Está naciendo en su interior una idea revolucionaria para Egipto. Mariette presencia cómo miles de objetos abandonan el país, la gran mayoría de ellos rumbo a colecciones privadas que jamás verán la luz. Tan sólo los excéntricos millonarios serán los que disfruten de un legado que, realmente, pertenece a la humanidad. Así que propone al gobierno egipcio la construcción del Museo Nacional Egipcio en El Cairo, en la zona portuaria de Bulaq.

Mientras el museo se va haciendo realidad, Mariette excava sin cesar auspiciado por el virrey de Egipto, el cual está terriblemente satisfecho con su trabajo. Todo Egipto debe ser redescubierto, y así excava en Saqqara, donde encuentra un gran número de mastabas. En Meidum descubrió las maravillosas estatuas de Rahotep y Nofret, de las cuales ya hemos hablado, una auténtica obra de arte. En Gizeh rescata del olvido el santuario del valle de Jafre así como varias efigies del rey. Se internó en su pirámide y realizó grandes investigaciones. En Tebas rescató la estela que narra el viaje de Hatshepsut al Punt, así como la gran estela de Thutmosis III. Los santuarios de Abydos, Dendera y Edfú vieron la luz nuevamente gracias a las excavaciones de Auguste Mariette. Descubre la tumba de Iah-Hotep, y casi podemos decir que no hubo punto en Egipto que Mariette no excavara, y de hecho dedicó toda su vida a la conservación del arte egipcio. Si hoy existe el Museo de El Cairo es gracias a

Sarcófago de
Auguste
Mariette en
el Museo de
El Cairo, Egipto.
Fotografía de
Nacho Ares.

Mariette. Moriría en El Cairo en 1881 y, tras él, su herencia es la lucha encarnizada contra los traficantes de obras de arte, que en aquel entonces ya se habían convertido en una auténtica lacra para el país. Fue enterrado en un sarcófago de granito y depositado en el museo de Bulaq. Así era como se recompensaba el trabajo de este infatigable hombre: había sido enterrado como un auténtico faraón, con un sinfín de tesoros en su fastuosa morada para la eternidad. Más tarde, sería trasladado al Museo de El Cairo, donde una gran estatua y su sarcófago reciben a los visitantes que se acercan a contemplar las mil y una maravillas del Antiguo Egipto.

Gaston Maspero

Champollion ha muerto, y la naciente egiptología está conociendo una serie de horas bajas. No obstante, en las escuelas francesas y alemanas ya van destacando jóvenes que son pacientes y laboriosos, eruditos que aprenden el enigma de los jeroglíficos, se empapan de las vivencias de los antiguos aventureros y excavadores. No obstante, esta nueva generación ya no siente pasión por el expolio. Auguste Mariette está haciendo que nazca una nueva casta dedicada al estudio y la conservación de todas las obras de arte que van apareciendo. Y es que si cuarenta años atrás un collar de oro puro era considerado un tesoro y vendido al mejor postor, ahora es tratado como una obra de arte que oculta mucha información sobre su propietario, sobre cómo trabajaban los orfebres e incluso cómo pudo haber resultado el saqueo de la tumba. La egiptología se está convirtiendo en una ciencia que avanza poco a poco, pero con paso firme. Gaston Maspero había nacido en París el 23 de junio de 1846. Ya desde muy niño sintió la llamada de Egipto y cuando tuvo su primer contacto con el país del Nilo ya tenía clara cual iba a ser su profesión. Su empeño en los estudios fue tal que destacó por encima del resto de sus compañeros con notas excelentes. Su esfuerzo fue recompensado con un puesto de profesor de Egiptología en 1874, cuando tan sólo contaba con veintiocho años. En 1880, el gobierno francés lo nombra director de una misión arqueológica, llegando por fin a su amado Egipto.

Maspero se halla trabajando en la pirámide de Pepi I cuando tiene lugar el descubrimiento que narramos anteriormente, los *Textos de las Pirámides* y el chacal en la pirámide de Unas.

Gaston Maspero fue nombrado nuevo director del Museo Bulaq. La ciudad de El Cairo necesitaba también un director para la recién creada Escuela de Egiptología y el elegido es este joven francés de treinta y cinco años. La tarea, sin duda, se presenta muy complicada, pero lo que Maspero no sabía era que el destino tenía reservada otra gigantesca sorpresa para él.

En aquellos días de 1881 existía un convencimiento absoluto de que el Valle de los Reyes ya no escondía más tumbas que las ya descubiertas. Los tesoros que estas habrían albergado un día habían sido sustraídos en tiempos remotos, así que poca cosa más había que esperar del valle. Sin embargo, en marzo de ese año, por los mercados negros de antigüedades de El Cairo están circulando un gran número de objetos de un valor incalculable. Estos mercados eran vigilados por los miembros del museo Bulaq y, cuando examinan uno de los objetos, se percatan de que lo que tienen en las manos son vendas reales que pertenecieron a la momia de Pinedjem I, un faraón sacerdote de la XXI Dinastía. Como no podía ser de otra forma, inmediatamente se dio la voz de alarma. Tras unas pequeñas investigaciones, el 3 de abril de 1881 el director del museo llega a Luxor y se dirige a la cercana aldea de el-Qurna, al hogar de una conocida familia de trapicheros, los Abd el-Rassul.

Ahmed el-Rassul es el patriarca de esta pobre familia, que vive básicamente de los saqueos de las tumbas que aún no han sido descubiertas. Desde cierto punto de vista, es uno de los mejores arqueólogos que existen en Egipto. Por supuesto, niega los hechos, pero también sabe que en esta

Gaston Maspero.

ocasión se le ha ido de las manos, ya que ha tratado de vender demasiadas piezas juntas. Ahmed y su hermano Hussein son detenidos. Aun así, no dicen ni una sola palabra y al cabo de dos meses son puestos en libertad. Pero el mayor de los hermanos, Mohamed, ha cogido miedo de las autoridades, que lo están siguiendo a todas partes y lo amenazan con castigos físicos insoportables. Así que se derrumba y revela la ubicación del lugar donde se esconde ese fastuoso tesoro. Maspero no permite que las autoridades detengan a Mohamed, sino que intenta aprovechar la circunstancia y dar un golpe de efecto ante los ciudadanos, nombrándolo *reis* de las excavaciones de Tebas. Si el pueblo ve que aquel que colabora es recompensado de semejante forma, tal vez se vayan sucediendo los descubrimientos.

El 6 de junio de 1881, con un sol abrasador, uno de los mejores alumnos de Maspero llega a Luxor; se trata de Emile Brughs. Ascienden al circo rocoso de Deir el-Bahari e inician la búsqueda de esa tumba. En el extremo

Escondrijo de Deir el-Bahari, DB 320. Fotografía de Keith Hazell.

sur de la colina, en un saliente que se halla a sesenta metros de altura, descubren un pozo que tiene dos metros de largo y doce de profundidad. Brughs, en un principio, duda de que esa sea una tumba real, pero cuando se encuentra dentro recibe la sorpresa más impactante de su vida. Allí, en aquel agujero en medio de un paraje desolado, el oro brilla por todo el escondrijo. Anillos, amuletos, pectorales, brazaletes, estatuillas, toda una colección de tesoros como no se había visto antes en Egipto. Y eso no era todo, ya que en aquel escondrijo también había cuarenta momias, la mayoría con sus sarcófagos. Cuando empieza a leer las etiquetas no puede creer lo que ha encontrado: el sarcófago y la momia de Seqenenre Tao II; el sarcófago y la momia de la nodriza de Ahmés-Nefertari; el sarcófago y la momia de Ahmose; el sarcófago y la momia de Ahmés-Nefertari; el sarcófago y la momia de Amenhotep I; el sarcófago y la momia de Siamón, el hijo de Ahmose; el sarcófago de Sitamón, la hija de Ahmose; el sarcófago de Seniu, mayordomo real y escriba de la XVIII Dinastía; el sarcófago y la momia de Pediamón, XXI Dinastía; el sarcófago de Ahmés-Nenuttemehu, hija de Ahmose; el sarcófago y la momia de Bakt, XIX Dinastía; el sarcófago y la momia de Ahhotep II, XVIII Dinastía; el sarcófago y la momia de Thutmosis I, el sarcófago y la momia de Thutmosis II, una caja de madera con incrustaciones de marfil que contiene el nombre de Hatshepsut, un fragmento del sarcófago y la momia de Ramsés I; el sarcófago y la momia de Seti I; el sarcófago y la momia de Ramsés II; el sarcófago y la momia de Ramsés III; dos sarcófagos y la momia de Nezamt, esposa de Herihor; varias tapas de ataúdes y la momia de Pinedjem I que pertenecían a Thutmosis I; dos sarcófagos y la momia de Pinedjem II; dos sarcófagos y la momia de Henuttawy, esposa de Pinedjem I; sarcófago y momia de Mahasarte, profeta de Amón, XXI Dinastía; dos sarcófagos y la momia de Makare-Montuemhet, esposa de Pinedjem I; dos sarcófagos y la momia de Asetemajbit, esposa de Menjeperre, XXI Dinastía; dos sarcófagos y la momia de Tauhert, esposa de Mahasarte; el sarcófago de Nebseni, escriba de la XVIII Dinastías; sarcófago y momia de Nesjons, esposa de Pinedjem I; dos sarcófagos y la momia de Zeptahefanj, profeta de Amón, XXI Dinastía y dos sarcófagos y la momia de Estanebsher, hija de Pijnedjem I.

Es necesario trasladar los hallazgos y las momias a El Cairo, ya que Brughs teme que los ladrones vacíen la tumba durante la noche. Algunos sarcófagos son tan pesados que se necesitan varios hombres para transportarlos.

La noticia ha corrido como la pólvora y los aldeanos saben que algunos de los grandes reyes de la XVIII y la XIX Dinastía se disponen a surcar el Nilo, así que las gentes se acumularon en las orillas y al paso del barco se escucharon gritos y lloros de las mujeres que, a imagen de las antiguas plañideras, se tiraban de los cabellos y se embadurnaban con tierra mojada; mientras los hombres disparaban sus fusiles al aire en señal de respeto. Esta fue una anécdota que demostraba que el Egipto moderno sentía un gran respeto por la tierra negra de los grandes faraones.

El hallazgo tenía a Maspero exaltado, hasta el punto de que su emoción le llevó de inmediato al estudio de aquellas momias. Decidió que desenvolvería la de Thutmosis III, pero estaba en un estado deplorable. La cabeza se había desprendido del cuerpo, tenía las piernas rotas y las vendas estaban pegadas a la piel. Temiéndose lo peor, decidió que este gran rey debería aguardar tiempos mejores. Y el momento llegó cinco años después, cuando decidió que ya era hora de que las momias reales vieran nuevamente la luz. Tras desenvolver a Ramsés III, Maspero comprueba que la momificación de este rey no fue en absoluto un buen trabajo. Lo mismo ocurrió con Ahmés-Nefertari, ya que en cuanto se vio libre de las vendas su cuerpo se pulverizó. Así pues, teniendo en cuenta los dos primeros tropiezos, se lo pensó seriamente cuando se halló ante la momia de Ramsés II. ¿Acaso no era mejor que el valiente de Qadesh permaneciese oculto bajo el lino? Al menos, de esta forma, su conservación estaría asegurada. Pero al cabo de quince minutos, el rostro de Ramsés ya se encontraba frente a Maspero, con su nariz aguileña, sus pómulos salientes, sus orejas perfectamente torneadas, con su pecho ancho y con una altura de un metro setenta metros. El francés se hallaba ante el cuerpo de un hombre que tres mil años atrás había combatido contra los hititas en la celebérrima batalla de Qadesh.

La misma sensación tuvo con Seti I; un rostro sereno, tranquilo y desafiante al paso de los milenios, un rostro que parecía querer despertarse en cualquier momento y retomar el gobierno de su amado Egipto. Tras esta experiencia, Gaston Maspero abandonó el Servicio de Antigüedades y regresó a París, aunque en 1901 es reclamado nuevamente. El gobierno clama por la presencia de un hombre cuya reputación sea respetada tanto por los franceses como por los británicos. Así, con cincuenta y tres años de edad, regresa al país del Nilo. Con él está un joven de veinticinco años llamado Howard Carter.

Finalmente, Gaston Maspero fallecería el 30 de junio de 1916, después de toda una vida dedicada al estudio del Antiguo Egipto, dejando el país que tanto amaba convertido en una obra gigante que está a punto de entregar su tesoro más preciado.

Victor Loret

Victor Loret había nacido en Francia el 1 de septiembre de 1859. Había sido alumno de Gaston Maspero en París y en el año 1881 viajó a Egipto para unirse a la segunda campaña que un año antes había iniciado su maestro. Su llegada al Valle de los Reyes se produce en 1883, y pasa a formar parte del equipo de Eugéne Lefébure, un francés de cuarenta y tres años de edad que en ese mismo año había sido nombrado director del Instituto Francés de Arqueología Oriental. La misión de Loret fue la

Sarcófago de Thutmosis III. Fotografía de Nacho Ares.

recopilación de textos en las tumbas de Seti I y Ramsés IV. Así estuvo hasta que en 1887 es nombrado director del Servicio de Antigüedades de Egipto. Nos hallamos ante un hombre que, sin ningún tipo de dudas, fue uno de los pocos que excavó con auténtico cariño y amor, tratando a los obreros con digno respeto y siempre pensando en el bien de las piezas que acababa de descubrir. Este debió ser el motivo por el cual el Valle de los Reyes se portó tan bien con él. Después de lo que había ocurrido con la familia Abd el-Rassul, Loret prefiere mantener buenas relaciones con el clan, ya que estos han aprendido que es mucho mejor malvender una información que aventurarse por los designios de las cárceles egipcias.

A comienzos de 1898, Loret descubre la KV 32, que en realidad era una pequeña tumba desnuda de textos y objetos, por lo que se creyó que sería de algún alto dignatario. Victor Loret, ante la pobreza que mostraba el hallazgo, tampoco excavó demasiado. Las tareas de desescombro serían acometidas en el año 2000 por la Misión Siptah-Ramsés X, y se halló un juego de vasos canopes que llevaban inscritos el nombre de Tiaa, la madre de Thutmosis IV. A las pocas semanas, Loret halló la KV 33, que se presentó tan decepcionante como la anterior, por lo que empleó en ella tan sólo el tiempo justo.

Y en una de estas confidencias que el clan Abd el-Rassul dedicó a Loret, Mohamed Abd el-Rassul le da una información que le hace temblar las piernas. Le dice que en el valle hay una morada para la eternidad de la que nadie ha oído hablar y que tal vez esté repleta de tesoros. Loret, en un primer momento, no sabe como reaccionar, y piensa si acaso será un nuevo escondite como el de Deir el-Bahari. Ordena a un inspector del servicio, Hassan Hossni, que empiece de inmediato a preparar lo que sin duda será una excavación histórica. El 20 de febrero de 1898 ya se hallaba removiendo los cascotes. Loret descubrió que la tumba tenía realmente dos accesos, uno a través del interior del valle y otro siguiendo el camino que conducía hasta la aldea de Deir el-Medineh. La entrada estaba situada en un saliente a diez metros del suelo y el paso apenas tenía un metro de ancho. Cuando llegaron a la entrada, un fortísimo olor a madera de cedro invadió a todo el equipo. Para despejar toda la entrada a la tumba necesitaron diez días de duro trabajo. Se habían acumulado muchos cascotes que, con las riadas, se habían solidificado tanto que parecían hormigón armado. Finalmente, Loret se halla ante una puerta que mide 2,04 metros de altura y 1,35 metros de ancho. Se adentró por un corredor de diez metros de largo y descendió por una escalera que lo llevó hasta otro nuevo corredor que tenía nueve metros de largo. En medio de este corredor se abría un pozo de más de cuatro metros de profundidad. Tras varias horas de retirar los escombros que impedían llegar al pasillo que conducía a la cámara funeraria, Loret halló un cartucho en el que se leía el nombre de Thutmosis III. Había descubierto la KV 34.

La morada para la eternidad que se abría ante él era majestuosa. Los artesanos habían realizado un trabajo digno de un auténtico faraón. El corredor estaba finamente tallado y la decoración de la primera sala, que consta de dos pilares, recoge nada más y nada menos que setecientas setenta y cinco divinidades que regeneran continuamente el ciclo solar. Al noroeste, una escalera conduce a la cámara funeraria, la cual tiene dos anchos pilares rectangulares. La forma de la cámara es como la de un cartucho real; así el nombre de Thutmosis, inscrito en el sarcófago, tomaba un carácter eterno. La decoración de esta sala es sumamente espléndida y muchos egiptólogos opinan que no hay otra tumba cuyos relieves tengan esa destreza. Fue como si el mejor equipo de artesanos hubiera nacido en el reinado de Thutmosis III y, después de él, todo se volviera mediocre. Sobre uno de los muros está escrito el *Libro de la Cámara Oculta* y por todos lados la diosa Isis, que está amamantando al rey, aparece nombrada como su madre. El sarcófago de Thutmosis es de gres rojo y está totalmente decorado. Fue colocado sobre un zócalo de alabastro.

A pesar de que Thutmosis III había disimulado hábilmente su tumba, no escapó a la rapiña. En la cámara funeraria sólo se halló un pájaro de madera, algunos fragmentos de cerámica, unos bastones rituales, varias maquetas de barcos, osamentas de toro y babuino y dos momias de Época Tardía. Sin embargo, en el interior de las capillas se hallaron los restos del mobiliario fúnebre y los alimentos del banquete funerario. Todos los tesoros que el rey pudo haberse llevado a su tumba desaparecieron para siempre. Victor Loret tardó tres días en vaciar la tumba, pero mientras su equipo traslada todas las piezas a El Cairo, los trabajos en el Valle continúan. Lo que ocurrió a continuación ha sido tachado como un guiño del destino, aunque más bien parece ser que aquellos Abd el-Rassul sabían más de lo que contaban. Y es que a principios de marzo un grupo de cascotes llama la atención de los obreros. Tras haber despejado el terreno, apareció la entrada a una tumba.

El 9 de marzo de 1898, Victor Loret había descubierto la KV 35, la tumba de Amenhotep II. El haber descubierto un *Ushebti* con el nombre del rey le causó una profunda tristeza, ya que él sabía que por el mercado de antigüedades habían circulado un gran número de piezas con este mismo nombre. La tumba estaría más vacía que la de su padre.

En pocas horas Loret desciende los peldaños y a la luz de las velas llega hasta un primer corredor, el cual lo conduce hasta un pozo. Tras pedir algún objeto que sirva de pasarela, el joven arqueólogo eleva la vela hacia el techo, donde pudo distinguir un cielo dorado repleto de estrellas bajo un fondo azul. Al rato estaba en la cámara funeraria. Esta sala consta de dos pilares rectangulares. Sobre el suelo halló los restos de unos enormes buques de madera de cedro. Súbitamente, su sangre se hiela al descubrir una silueta que lo observa, de pie sobre uno de los barcos. Por unos segundos, Loret pensó en salir corriendo, pero, tras dominar su miedo, acerca la vela y descubre una momia totalmente martirizada. Su cuerpo estaba destrozado, los ladrones lo habían despedazado en busca de las joyas y era un auténtico milagro que siguiera todavía en pie, después de miles de años. Al igual que la tumba de su padre, la de Amenhotep II estaba repleta de fragmentos de cerámica, huesos de animales y restos de los alimentos del banquete funerario. Su sarcófago de gres, recubierto con un revoque rojo, estaba en un hueco excavado en el suelo. Loret ignora el sarcófago, pues sin ningún tipo de dudas se halla vacío como el resto de los que se han hallado hasta ahora. Así pues, su atención se centra en los relieves y en los textos que narran los episodios de la *Amduat* y el *Libro de la Cámara Oculta*. Cuando llega la hora de examinar detenidamente el sarcófago, el corazón de Loret se detuvo durante unos segundos. Amenhotep II está observándolo desde el Más Allá. Tiene un collar de flores sobre su cuello, un ramo de mimosas sobre su corazón y a sus pies una corona hecha de hojas. El hallazgo es magnífico: al fin una momia real que descansa en su sarcófago. A continuación, Loret se detiene a examinar la forma de la cámara funeraria. Es muy parecida a la de su padre, no obstante, una de las cámaras está cerrada con bloques de caliza, y eso es muy extraño. Nuevamente, casi le da un infarto cuando, tras retirar unos bloques de la pared, contempló atónito como en el interior de aquel nicho había nueve sarcófagos con las momias en su interior. Tras leer las etiquetas, se secó el sudor que caía a chorros por su frente. Estaba ante Thutmosis IV, Amenhotep III, Seti II, Siptah, Setnajt,

Ramsés IV, Ramsés V y Ramsés VI. Pinedjem I había dispuesto un segundo escondrijo para asegurar que sus ilustres antepasados consiguieran escapar de la rapiña de los saqueadores. En otra de las capillas había tres momias. Se trata de un hombre joven, una mujer de edad avanzada y una mujer joven. Ya hemos comentado el estudio de ADN gracias al cual supimos que la mujer pelirroja es Tiy y que la mujer joven es hija de Amenhotep III y madre del joven Tut.

Sin embargo, hay algo que no encaja. Es obvio que el traslado de las momias reales se produjo durante la XXI Dinastía y que Amenhotep II vivió durante la XVIII Dinastía. Si el saqueo de la tumba se produjo antes del traslado que Pinedjem ordenó efectuar, ¿cómo es que los ladrones no martirizaron el cuerpo de Amenhotep II igual que la momia que estaba sobre uno de los barcos? Y, si Loret tenía razón y el saqueo había sido obra de los sacerdotes que efectuaron el traslado, ¿habían sido ellos los que habían despedazado la momia que estaba sobre el barco? Inquieto con estas preguntas en su mente, comenzó a tomar notas sobre cómo estaban todos y cada uno de los objetos hallados, así como las momias reales.

En aquel año de 1898, Loret halló la entrada a la KV 26, que ya había sido mencionada por James Burton. El arqueólogo constató que la planta correspondía a las tumbas de la XVIII Dinastía, pero no había ninguna inscripción que identificara al ocupante, que sin duda debió de ser un alto dignatario. No contenía ninguna decoración, y las paredes estaban toscamente talladas.

El invierno ha llegado de nuevo, y la campaña que se emprende en 1899 parece realmente prometedora. El hallazgo de la campaña anterior lo ha colocado como uno de los arqueólogos más prestigiosos del momento. Comienza excavando en el barranco en el que se halla la tumba de Ramsés IX, que estaba abierta desde la antigüedad. Después de remover gran cantidad de tierra y piedras sin hallar nada, excava el hueco existente entre las moradas para la eternidad de Thutmosis III y Amenhotep II, con idéntico resultado. La suerte parece que lo ha abandonado, así que vuelve a cambiar de ubicación y se centra en el perímetro que rodea las tumbas de Seti II y Twosret, ambas también abiertas desde la antigüedad. A comienzos de marzo, halló un nuevo peldaño. Con la vela en mano, Victor Loret se introdujo en un corredor que lo llevó hasta una antecámara. Nuevamente, una escalera descendía hasta la cámara funeraria, que estaba tallada con forma oval, lo que le recordó a la tumba de Thutmosis III. Al fondo de la sala había una pequeña estancia para albergar los vasos canopes, que contenían las vísceras del rey intactas. Cuando se asomó al sarcófago de gres rojo y leyó el cartucho se quedó fascinado. Había descubierto la KV 38, la tumba de Thutmosis I, el más antiguo inquilino del Valle de los Reyes. No halló muchos objetos, tan sólo unos fragmentos de cerámica, un jarrón de alabastro con el nombre del rey y unas *ostraca* donde se habían iniciado unos textos de la *Amduat*; esto significaba que la morada para la eternidad de Thutmosis I es la primera que albergó en sus muros el *Libro de la Cámara Oculta*. Asimismo, se descubrió que las tumbas reales y el valle estaban simbolizando las etapas de la resurrección del dios sol.

En este año de 1899, Víctor se encuentra con un pozo que no llegó a terminarse, la KV 41. Ante la carencia de textos y de objetos, no se sabe quién iba a ser su propietario, aunque los expertos opinan que es muy posible que fuese una mujer perteneciente a la realeza.

Loret siguió excavando en aquella zona y a los pocos días halló un pozo que resultó ser la primera tumba intacta del valle: la KV 36, aunque no pertenecía a un rey. Tristemente, no anotó ni realizó fotografía alguna de este hallazgo, así que hemos perdido para siempre una valiosísima información. La cámara funeraria contenía un sarcófago con un conjunto de divinidades recubiertas de oro y dos ataúdes momiformes decorados con láminas de oro batido, pero estaban vacíos. Había otro sarcófago de madera de cedro negro con una momia en su interior. Lo habían abierto, ya que la tapa de madera estaba corrida, y tal vez incluso la momia estuviera en malas condiciones. Pero no era así, contenía la mayor parte de su ajuar funerario. Loret dedujo que tal vez los inspectores de Ramsés IX habrían abierto la tumba para comprobar si estaba intacta, y al hallarse ante un individuo que no pertenecía a la familia real, habrían sustraído algún objeto, ya que la momia estaba en un excelente estado. Su dueño era un hombre llamado Maihepri, y su sarcófago contenía la inscripción de 'Hijo del *Kap*', la institución donde se educaban los príncipes reales y los hijos de los altos dignatarios. Además contenía otra inscripción reveladora, 'Portaabanico a la derecha del rey', aunque no se mencionaba el nombre de ese soberano. Algunos opinan que sería Amenhotep II, dada la proximidad de la tumba. Otros manejan el nombre de Thutmosis III. Dos años después se inició el proceso de quitarle las vendas. La momia se conservaba muy bien, tenía los cabellos cortos y crespos y su piel era de color negro. Los arqueólogos se quedaron estupefactos al comprobar que se trataba de un habitante del país de Kush. El cuerpo de Maihepri no presentaba heridas de arma, así que no murió en el campo de batalla. No cabe duda de que su padre habría sido un intendente nubio, aunque también se habló en su momento de que tal vez su padre fuera un egipcio que llevase el título de virrey del país de Kush, que se hubiera casado con una mujer de raza negra. Bajo sus axilas se hallaron unos paquetes de cebada germinada, que simbolizaban la resurrección de Osiris. En su tumba también se encontraron numerosos objetos, tales como una reliquia osiríaca, un jarrón decorado con peces, gacelas y aves, varios recipientes de perfumes aún sellados, vasijas de óleos, un juego de *senet*, brazaletes y un equipo de flechas con su arco, símbolo inequívoco de su procedencia. También había dos collares para perro, uno decorado con escenas de caza y otro con caballos, pero no se encontraron las momias de los perros.

El cambio de siglo cogió a Loret en plena excavación. En aquel año de 1900 halló una tumba que, como poco, es misteriosa y poco usual, la KV 39. En principio, durante la XVIII Dinastía se excavó un pozo que mucho más tarde fue convertido en una tumba. Este hipogeo tiene forma de L y en el ángulo se abre un anexo que es una gran cámara. Donde finalizaría la L posteriormente se excavaron dos grandes brazos, que unidos forman una nueva L y terminan en una gran cámara. En aquellos días se sugirió que podía ser la tumba de Amenhotep I, ya que la descripción de esta tumba había sido recogida en algunos papiros. Las excavaciones que arrojaron nuevos datos comenzaron en el año 1992, y durante las mismas se recogieron varios fragmentos de cerámica y alabastro que contenían los nombres de Amenhotep I, Thutmosis I y Thutmosis II, por lo que la teoría expuesta por Arthur Weigall quizá no sea tan descabellada.

El trabajo de Victor Loret en Egipto es encomiable. El Servicio de Antigüedades ha visto como las vitrinas de su museo se llenaban con increíbles y valiosísimas piezas. Tan sólo excava durante dos temporadas, pero los resultados no podían ser mejores. Finalmente, la suerte abandonó a Loret por culpa de sus métodos de trabajo. Por aquellos días, Egipto había pasado a manos británicas, y los ingleses no querían ver a un francés dirigiendo el Servicio de Antigüedades. Así que para conseguir su dimisión lo acusaron de incapaz, aludiendo que no había notas ni registros de la mayor parte de sus descubrimientos. La presión se hizo insoportable y Victor Loret abandonó Egipto, una tierra aún repleta de tesoros que permanecían ocultos a los ojos profanos. Antes de partir, todavía descubriría la KV 40, pero ni siquiera se molestó en tomar anotaciones y la tumba carece de textos, por lo que representa un nuevo misterio. Una nueva oleada de egiptólogos acaba de llegar al país, y entre ellos se encuentra Howard Carter.

Gaston Maspero y Howard Carter

Al hablar del Valle de los Reyes es también obligatorio hablar de este joven británico que vino al mundo en Londres un 9 de mayo de 1874, en el barrio obrero de Kenginston, nacido en una familia numerosa de ocho hermanos. Desde muy pequeño había seguido los pasos de su padre, que era pintor animalístico al que precedía una excelente reputación. Nuevamente, un capricho del destino hizo que el joven Howard Carter tuviese su primer contacto con Egipto. Había pintando la acuarela de un caballo para Lady Almina, una mujer que sentía devoción por las pinturas del joven Carter. Cierto día, Lady Almina recibió la visita de un buen amigo de la familia, el cual se fijó en la acuarela y pidió conocer al joven artista. Alabando su acuarela del caballo, el caballero le preguntó si sería capaz de dibujar un simple pato. Y Howard, en un giro de muñeca, pintó el más bello pato que el inglés había visto en su vida. Resultó que aquel no era un caballero cualquiera, era el egiptólogo Percy Newberry, el cual ofreció a Carter un trabajo en el Museo Británico para realizar nuevos bocetos de los relieves del museo. Durante muchos meses, el joven le proporciona un trabajo digno del mejor pintor de renombre, sus acuarelas son de una fina y extremada belleza. Comenzó a pasar encerrado en su despacho tardes enteras, copiando aquellos enigmáticos símbolos, aun a sabiendas de que no tenía ni la más remota idea de lo que significaban. Pero aquello le daba igual. Lo que sus ojos veían eran las cosas más maravillosas que había visto nunca. Así fue como en 1892, cuando tan sólo tenía dieciocho años, Percy Newberry le ofrece unirse a la expedición que estaba a punto de partir hacia Egipto. La primera zona arqueológica de Carter fue la necrópolis de los nobles del Imperio Medio, en Beni-Hassan. Su trabajo mejoró con el transcurso de los meses y su reputación fue creciendo, a pesar de

Howard Carter
con diecisiete años.

no haber pisado en su vida una escuela de egiptología. Tan alto llegó su nombre que una mañana, en las excavaciones de Newberry, se presentó el mismísimo William Flinders Petrie, que había oído maravillas de aquel joven y necesitaba un buen dibujante.

Este fue el auténtico maestro de Howard Carter, ya que con sir William aprende gramática egipcia a base de copiar textos y traducir frases simples. Durante muchos meses recibió la educación adecuada: cómo se debe trabajar en un yacimiento arqueológico, qué cosas se deben hacer y cuáles se deben evitar a toda costa. Petrie le enseña a tantear el terreno, a imaginarse aquello que se oculta bajo la arena, cómo acometer la primera palada de tierra y, una vez llegado al destino, tomar nota hasta del último guijarro que rodea la pieza en cuestión. Es indispensable anotarlo todo, tenerlo todo controlado ya que el entorno nos dirá muchas cosas de aquello que acabamos de encontrar.

Cuando la expedición de Petrie se dirige hacia Deir el-Bahari. Ya domina la escritura jeroglífica y el hierático. Habla y escribe el árabe a la perfección, así como cualquier tipo de texto antiguo. Carter ha llegado a Tebas, y aquí se une al equipo de Edward Neville. Así transcurren los meses, al tiempo que Carter asiste como invitado de lujo a la gloria y decadencia de Victor Loret. Los ingleses habían pedido a Maspero que regresara a Egipto. Era cierto que desde su marcha se habían realizado grandes descubrimientos, pero se había perdido la oportunidad de estudiar a fondo cómo se habían llevado a cabo los funerales, en qué posición estaban los objetos o qué tipo de objetos habían podido ser sustraídos de algunas de las tumbas en las que se halló parte del ajuar funerario. Maspero accedió, sabiendo que el Servicio de Antigüedades necesitaba una gran reforma, pero sobre todo necesitaba mantener un control sobre todas las excavaciones, y Maspero dividió los parajes en cinco distritos. A cada distrito le asigna un inspector, que tendrá que velar no sólo por la seguridad de las excavaciones, sino que intentará además terminar con el tráfico de obras de arte. Entre los jóvenes candidatos a ocupar un puesto de inspector está un joven inglés que, a pesar de no haber cursado ningún estudio de egiptología, en su corta carrera ha sido instruido por los mejores profesionales. Su currículum es envidiable, es honesto, trabajador y, sobre todo, ama la egiptología. Con tan sólo veinticinco años, Howard Carter se convirtió en el inspector del Alto Egipto.

Aquí es donde las enseñanzas de Flinders Petrie se vieron recompensadas. Carter tenía intención de explorar todo el valle y traza un meticuloso plan de trabajo con el que ni un solo milímetro de tierra va a escapar de sus excavaciones. Pero excavar en el Valle de los Reyes es una tarea que precisa un montón de dinero, algo que el Servicio de Antigüedades no tiene. Mientras no llega el mecenas soñado, Howard acomete una serie de reformas en el valle. En principio las tumbas más deterioradas serán alejadas de los turistas, para que no se degraden en mayor medida. En otras, realizó las instalaciones de luz eléctrica y levantó algunos muros para impedir que los sedimentos se volvieran a colar en el interior con las lluvias que de vez en cuando anegaban el valle. Así llegó el año de 1900, cuando Carter se enfrenta a su primer gran éxito. En aquel otoño habían llegado a su oficina unos turistas pidiendo una autorización para excavar. Tras una breve charla medio amigable y medio interrogatorio, confiesan que les han hablado de una tumba desconocida y desean probar fortuna. Carter firma el permiso, pero sabe que tras esta extraña visita se encuentra nuevamente el clan Abd el-Rassul. Y tenía razón. Bajo el acantilado donde se hallaba la tumba de Thutmosis III se descubre la KV 42. Esta tumba tiene unas dimensiones muy pequeñas para ser una tumba real y sin embargo, está muy bien confeccionada. Su planta es muy similar a la de Thutmosis I. Una cámara funeraria con forma oval, donde se halla un sarcófago que no ha sido terminado de tallar, sin inscripciones. No parecía un hipogeo real, no obstante, se le atribuye a Thutmosis II. Lo curioso viene cuando, tras revisar las notas de Howard Carter, vemos que el egiptólogo identificó un depósito de cimientos, lo que vendría a ser como la primera piedra de fundación, con el nombre de Meritre-Hatshepsut. No obstante, la reina no fue enterrada en esta tumba. Carter llegó a la conclusión de que aquella morada para la eternidad habría sido construida en los años de Thutmosis III, muy posiblemente para un príncipe, tal vez el propio Thutmosis mientras reinaba Hatshepsut.

Sin embargo, la KV 42 tuvo un nuevo inquilino bajo el reinado de Amenhotep II; se trata de un influyente noble, Sennefer, el alcalde de Tebas. Junto a él se enterró su esposa Sentnai y otra mujer llamada Baketre, que llevó el título de 'Ornamento real'. Sin duda, Sennefer fue un personaje muy influyente cuando logró que su rey le otorgase como esposa a una 'Ornamento real'[105]. La verdad es que en la KV 42 no se halló ningún objeto con el nombre de Thutmosis II.

El 26 de enero de 1901, Carter entra en un hipogeo que supuestamente había sido excavado por Victor Loret, aunque este no lo reflejó en sus notas. La verdad es que así debió de ser, ya que Carter se hizo con la información gracias a unos antiguos obreros de Loret. Esta tumba está junto a la morada para la eternidad de Ramsés XI y está catalogada como la KV 44. Por motivos que desconocemos, fue vaciada totalmente y rehabilitada para albergar las momias de tres sacerdotes que eran cantores de Amón. Sus momias fueron halladas con coronas de mimosas, persea y loto azul. No existe ningún dato aclarativo al respecto, así que es muy posible que la incógnita de si Loret descubrió esta tumba o fue Howard Carter el primero en entrar en ella sea tan eterna como el propio valle.

1902 es el año en que la fortuna sonríe a Maspero. En aquel año, llegó a Egipto un abogado jubilado que además era terriblemente rico. Con Theodore Monroe Davis, el valle comenzó a desvelar algunos de sus más espléndidos secretos.

Theodore Davis y Howard Carter

Theodore Monroe Davis había nacido en Nueva York en 1837. Había pasado su vida como abogado y banquero de gran reputación en la ciudad de los rascacielos, donde amasó una inmensa fortuna. Sobre el año 1889

---

[105]Cabría recordar la extraña maniobra de Thutmosis III con el harén de Mer-Ur.

decidió que Egipto sería el lugar donde fuese a pasar sus vacaciones. Todos los periódicos importantes de los Estados Unidos reflejaban en primera plana los grandes hallazgos que allí se celebraban y los nombres de aquellos que contribuían a ello salían en letras bien grandes. Así que Davis pensó que no habría mejor forma de alcanzar la gloria que excavando en Egipto. Sería conocido mundialmente y de paso podría adquirir obras de arte milenarias. Así que en aquel año de 1902 se presentó ante Gaston Maspero con una importante suma de dinero para comprar la concesión del Valle de los Reyes. Davis quería aquel lugar para él solo y, además, exigía que el Servicio de Antigüedades le proporcionase como excavador al hombre más capaz que tuviera en nómina. La primera parte de la propuesta del americano fue aceptada sin discusión alguna. Davis venía con mucho dinero, y se le concedió un permiso que duraría trece años. A cambio, el Servicio de Antigüedades se guardaba una cláusula donde se reflejaba que se quedaría con parte de los hallazgos. La respuesta a la segunda propuesta de Davis estaba clara como el agua. No había nadie en aquellos días mejor que Howard Carter.

No obstante, la sociedad Davis-Carter estaba condenada al fracaso desde su inicio. Davis era un buscador de tesoros. No le importaba lo más mínimo si en un hipogeo hallaba un millar de jarras de cerámica; las pisotearía todas juntas con tal de averiguar si en su interior se hallaba una onza de oro. En el otro extremo estaba Howard Carter, para el cual cualquier trozo de roca desgastada por el paso del tiempo que aún conservara los restos de un pictograma jeroglífico, era un auténtico tesoro. Pero, ante todo, Carter era un hombre dedicado por entero a su trabajo y a Egipto. Así que cumplió sus funciones, ya que, al fin y al cabo, lo que más importaba era estar en contacto con el Valle de los Reyes, puesto que por aquel entonces ya comenzaba a sonar el nombre de un enigmático rey, yerno de Ajenatón, del cual se desconocía todo excepto su nombre: un tal Tut-Anj-Atón.

Había comenzado la campaña de 1902-1903 y no pudo empezar mejor, ya que el 25 de enero, cuando estaba excavando cerca de la KV 44, halló los escalones que conducían a la tumba de Userhat, un noble que vivió en la XVIII Dinastía y que fue supervisor del templo de Amón en el reinado de Thutmosis IV. La entrada estaba repleta de cascotes, los cuales dificultaban sobremanera la excavación. Se estima que tan sólo una tercera parte de esta tumba estaba libre. La tumba es muy simple, consta de un pasillo y una pequeña cámara. No hay ni un solo texto en las paredes y en el interior de la cámara funeraria encontró dos momias, aunque sólo pudo rescatar la máscara funeraria de Userhat y unos fragmentos de sus vasos canopes. Aquel fue un año seco en hallazgos, pero rico en esperanzas. Habían aparecido varios objetos con el nombre de Thutmosis IV, y en la campaña de 1903 Carter halló la KV 60, una tumba que nos dará mucho que hablar, ya que ocultaba una sorpresa faraónica. La propietaria de la tumba fue identificada como Sat-Re In, nodriza real.

Pero el primer gran logro de Carter llegaría el 18 de enero de 1903. Desde la campaña anterior, Carter había estado hallando objetos con el nombre de Thutmosis IV, por lo que dedujo que su tumba no podía andar muy lejos. Y así fue. La KV 43 fue encontrada finamente, aunque había sido saqueada. Por todos lados había fragmentos de todo tipo de objetos, jarras, estuches, cerámica, loza, madera. Eran los restos de un maravilloso ajuar funerario. El sarcófago reposaba sobre una cripta, aunque su momia había sido traspasada a la KV 35. Muy posiblemente, Thutmosis IV se hizo enterrar con alguno de sus hijos, tal vez el príncipe Amenemhat. Al fondo, sobre el suelo de una pequeña capilla, se hallaban los restos de una momia que, literalmente, había sido estampada contra la pared con una fuerza descomunal, tanto que su pecho se abrió en canal y su diafragma cayó sobre uno de los costados. En una pared, Carter halló una inscripción que decía que durante el año octavo de Horemheb un intendente del tesoro llamado Maia había inspeccionado el lugar. Es difícil saber por qué se produjo esa inspección, ya que en aquellos días el valle estaba custodiado día y noche y no se tiene noticia alguna de ningún saqueo durante la XVIII Dinastía. La morada para la eternidad de Thutmosis IV tiene una longitud de noventa metros, sus corredores tienen entre 1,98 y 1,99 metros de ancho y cuenta con 2,10 metros de altura.

Aquel estaba siendo un gran año, así que ¿por qué no probar fortuna en alguna de las tumbas que ya estaban abiertas? Carter escogió una que estaba enfrente de la tumba de la nodriza Sat-Re In, la KV 20. Aquella tumba, muy posiblemente, llevaba abierta desde la antigüedad más remota. Había sido catalogada en 1799 por Prosper Jollois y Edouard Villiers du Terrage. Posteriormente, Belzoni y Burton habían hecho alguna investigación, pero nadie la había excavado, nadie había entrado en el interior de aquel hipogeo, así que no se sabía qué podía haber dentro todavía. Así que desde octubre de 1903 hasta marzo de 1904 Carter se dedicó en cuerpo y alma a la KV 20. El trabajo fue muy dificultoso, ya que no esperaba encontrar una tumba tan profunda, que se hundía noventa y siete metros en la roca. El aire se hizo tan pesado que las lámparas se apagaban continuamente y el oxígeno faltaba por momentos. A medida que Carter avanzaba, iba recogiendo una gran cantidad de fragmentos de cerámica que contenían el nombre de Thutmosis I, de Ahmés-Nefertari y de Hatshepsut. En la cámara funeraria halló dos sarcófagos de cuarcita; uno pertenecía a Thutmosis I y el otro a Hatshepsut. Como hemos visto, la momia de Thutmosis I fue a parar al escondrijo de Deir el-Bahari, pero la de Hatshepsut no había aparecido por ningún lado. La tumba tiene una longitud total de doscientos metros. La anchura de los corredores es de entre 1,80 y 2,30 metros y su altura es de 2,05 metros.

Tumba de Merenptah. Fotografía de Nacho Ares.

En aquel año, Carter decidió probar suerte despejando otra tumba que estaba abierta desde la antigüedad. Se trataba de la KV 8, la morada para la eternidad de Merenptah. El hipogeo tenía una bella y suntuosa entrada, tipo *por aquí a la cámara del tesoro*, por lo que Carter sabía que no podía hallar gran cosa en ella. Debido a las lluvias acontecidas durante siglos, el interior de la tumba estaba lleno de cascotes y escombros solidificados, lo que dificultó las labores de excavación. Cuando los arqueólogos pudieron acceder a ella constataron que Merenptah había llevado a cabo ciertas innovaciones en lo que a la arquitectura se refería. Las medidas habían aumentado considerablemente. Tanto el alto como el ancho dotaban a la cámara funeraria de un aspecto que no había sido visto hasta entonces. Otra novedad fue la de excavar una especie de cripta en el suelo para acoger el sarcófago de granito, que ya por sí solo se trataba de una obra colosal. Estaba compuesto, en realidad, por cuatro sarcófagos encajados a modo de muñeca rusa. El último sarcófago, el que en su día albergó la momia del hijo de Ramsés II, era de alabastro, de una perfección asombrosa. Pero lo que más llamó la atención de Howard Carter fue la tapa de granito, cuyo pulido era increíble. Tenía la sensación de estar pasando la mano por una base de aire, como si hubiera una película invisible de aire entre la palma de su mano y la fría piedra. Carter dedujo que el ajuar funerario debía haber sido bastante lujoso, a raíz de los escasos hallazgos. Un detalle curioso lo proporcionó un trozo de *ostraca*, donde se había escrito que la tumba se había terminado en el año séptimo del reinado de Merenptah, lo cual indicaba que se habían necesitado, como mínimo, siete años para construirla. Su decoración es del tipo de la XIX Dinastía, es decir que contenía el *Libro de las Puertas* y el *Libro de la Cámara Oculta*. No obstante, se halló un nuevo elemento que consistía en la mención al juez del otro mundo, una fórmula que consiguió un notable éxito, ya que sería copiada por sus sucesores. La morada para la eternidad de Merenptah tiene una longitud de ciento quince metros, los corredores son de 2,60 metros de ancho y entre 3,10 y 3,27 de altura.

Aquel año de 1904 había sido fructífero en cuanto a hallazgos, pero Carter estaba muy disgustado con Davis. Maspero estaba muy satisfecho, pero las diferencias entre el excavador y el mecenas eran públicas y notorias. Maspero decidió entonces dar un golpe de efecto a la carrera del arqueólogo inglés, y lo nombró inspector del Bajo Egipto, lo que significaba que debería abandonar Tebas y regir los parajes de Saqqara y Gizeh. Este nombramiento causó una profunda tristeza en Carter, pero ya habría días mejores. Hizo sus maletas y se instaló en El Cairo. Aquí comenzó un tormento para Howard, cuando una noche un grupo de franceses que se habían emborrachado en exceso decidió visitar el Serapeum. Debido a las impertinentes horas de madrugada, el guardián les negó el paso. Los franceses insultaron gravemente al guardia, el cual no pudo contener su rabia y se lanzó contra ellos. Hubo un pequeño intercambio de golpes, pero Carter pudo parar la pelea y despidió a los alborotadores con su característico y peculiar cinismo inglés, lo cual causó más daño que los propios golpes. La cosa no habría pasado de ahí si los franceses no hubieran denunciado los hechos ante Maspero. Este explica a su inspector que los turistas tienen unas amistades muy importantes dentro del consulado inglés, el cual está dispuesto a olvidar el asunto a cambio de una disculpa oficial. Carter se niega; es un tipo íntegro y mucho más honorable que todos aquellos burgueses. No consentirá jamás que una tropelía semejante mancille su intachable conducta de caballero. Así que Carter se ve presionado por *Lord* Cromer, el alto comisionado británico, que además no le tenía mucha simpatía. Carter dimite y se aloja en El Cairo a espera de una mejor oportunidad. Hasta entonces, se ganará la vida como guía y vendiendo algunas de sus espléndidas acuarelas, sin perder nunca de vista su amado Valle de los Reyes.

Theodore Davis y su equipo de excavación

Aquel año de 1904 se presentaba un tanto incierto para Davis, el cual había contratado los servicios de James Edward Quibell para sustituir a Carter. Quibell había nacido el 11 de noviembre de 1867 en Newport. Cursó sus estudios de egiptología con Flinders Petri, y en 1893 viajó a Egipto para unirse a su grupo de excavación en Coptos. En los sucesivos años, trabajaría con el brillante arqueólogo en varias excavaciones por todo el país. Naqada, Tebas, Coptos, Saqqara y Hieracómpolis, donde en 1898 halló la Paleta de Narmer. En 1899 fue reclutado para el Servicio de Antigüedades de Egipto y fue nombrado Inspector del Egipto Medio y la zona del Delta. Entre 1904 y 1905 pasó a ocupar el vacante puesto que Carter había dejado en Tebas. No obstante, su gran hallazgo y prácticamente el único, se produjo en 1905, cuando descubrió la tumba de Yuia y Tuia. Había descubierto la KV 46.

La historia que rodea al descubrimiento de esta morada para la eternidad es un tanto peculiar. Era el mes de febrero de 1905 y los obreros de Davis estaban excavando en la línea que unía la KV 3 de los hijos de Ramsés III y la KV 4 de Ramsés XI, cuando uno de ellos advirtió la presencia de la parte superior de una puerta. Las voces de júbilo alertaron a Quibell, que se presentó de inmediato en el lugar. Tras haber practicado una pequeña abertura, introdujeron al hijo de uno de los capataces para explorar el interior. Cuando sus ojos se hubieron adaptado a la oscuridad, de entre la bruma surgieron los enormes tesoros. Cuando al fin pudieron entrar Davis, Quibell y Maspero, pronto aparecieron los nombres de los inquilinos: se trataba de los padres de la reina Tiy. Ante ellos apareció un ajuar funerario digno de un rey. Había sobrevivido a las centurias para mayor goce de aquellos atónitos hombres que no daban crédito a lo que estaban viendo. Carros de guerra, instrumentos musicales, sillas de madera con el nombre de Sitamón, un trono de la reina Tiy, camas de madera de cedro con el nombre de Amenhotep III, jarras repletas de natrón, jarras de vino, alimentos y gran variedad de estatuillas. Pero, sin duda alguna, no más increíble eran aquellos dos sarcófagos. El de Yuia había sido tallado sobre una narria y en su interior había tres catafalcos. El de Tuia contenía dos interiores. Dentro aguardaban sus momias, con rostros finos, demostrando una increíble dignidad ante la muerte. Yuia tiene el aspecto de un hombre maduro que sin duda tuvo gran encanto en vida, mientras que la momia de Tuia muestra una mujer que en su juventud debió ser muy hermosa, con un cuerpo esbelto y los cabellos rubios. Se habló en su día de que había signos de que la tumba había sido abierta en la antigüedad, pero no se halló ningún objeto roto, ni tampoco nada que hiciera sospechar la presencia de ladrones. Por tanto, debemos intuir que simplemente se trató de una inspección rutinaria tal vez durante la XIX Dinastía.

Edward Quibell era un alumno de Flinders Petrie, y esto significaba que, al igual que Carter, era un tipo muy meticuloso con su trabajo, paciente y sereno. Necesitaba su tiempo para tomar notas, pensar y actuar siempre en bien de la tumba. Pero Davis no estaba por esa labor y presionaba a Quibell para que se hicieran los trabajos en tiempo record. Finalmente,

Quibell optó por mandar a Davis a paseo y abandonó el equipo. Entre 1914 y 1923 fue director del museo de El Cairo. Finalmente, se retiró en 1925 y moriría el 5 de junio de 1935, tras haber vivido apasionadamente el descubrimiento de la tumba de Tut-Anj-Amón. Así pues, el siguiente de la lista fue Arthur Weigall.

Arthur Edward Pearse Weigall había nacido en 1880. Hijo de un militar británico muerto en Pakistán el mismo año de su nacimiento, cursó sus estudios de egiptología con el mejor de los maestros, con William Flinders Petrie, junto al el que trabajaría en las excavaciones de Abydos. En 1905 pasó a formar parte del Servicio de Antigüedades y fue designado para sustituir a Quibell. Pero tampoco Weigall era del agrado de Davis, ya que veía como el joven egiptólogo británico no se dejaba ningunear por el acaudalado mecenas, que realmente era un tipo insoportable con el cual todo el mundo tenía dificultades, a pesar de que era la única posibilidad de trabajar en el valle. Maspero decide que Weigall ejercería la función de supervisor, puesto que ocupó durante las campañas desde 1905 hasta 1908.

El nuevo excavador de Davis fue Edward Russell Ayrton, que había nacido en China el 17 de diciembre de 1882, pues su padre era cónsul inglés en la provincia de Wuhu. No obstante, recibió su educación en Londres, y a los veinte años comenzó a cursar sus estudios de egiptología bajo la tutela de Flinders Petrie. En 1899 se uniría a su equipo que excavaba en Abydos. En la campaña de 1904-1905 trabajó a las órdenes de Edouard Naville en las excavaciones de Deir el-Bahari, donde restauró parte del complejo funerario de Mentuhotep II, y en 1905 pasó a ser el excavador de Davis. Ayrton era un tipo bastante comedido, no solía levantar la voz y su carácter manso lo convirtió en el perfecto personaje que Davis había estado buscando. Y así comenzó su etapa en el Valle de los Reyes, explorando la KV 2, que pertenecía a Ramsés IV. Aquella tumba llevaba siglos abierta, pero no había sido excavada por nadie. Como era lógico pensar, estaría saqueada desde la antigüedad, pero las excavaciones anteriores habían demostrado que siempre quedaba algo por descubrir y, quién sabe, tal vez algún valioso tesoro para Davis. Así que Ayrton acometió su primera gran excavación. Las labores de desescombro fueron intensas y, cuando pudo acceder, el joven arqueólogo comprobó que la tumba de Ramsés IV era todavía más grande que la de Merenptah. La cámara funeraria y el sarcófago son los más grandes de todo el valle. El sarcófago tenía forma de cartucho real y el nombre del rey estaba inscrito en él, conformando así un carácter que proporcionaba la eternidad del faraón difunto. Lo que más llamó la atención de los excavadores fueron aquellos bellos relieves, que mostraban unas soberbias escenas que por desgracia habían sido dañadas por los primeros cristianos, los cuales las destruyeron en gran parte y tallaron cruces coptas en numerosos relieves. El contenido de los textos es un amplio tratado religioso que contiene las *Letanías de Re, el Libro de las Cavernas, el Libro de las Puertas* y numerosos pasajes de los *Textos para salir al día*. La escena que más impactó a Edward Ayrton fue aquella en la que Ramsés IV aparece ante Osiris para efectuar la confesión negativa, con su corazón en un extremo de la balanza y la pluma de Maat en el otro platillo.

A los pocos días, Ayrton halló la KV 53, que perteneció a un alto dignatario que vivió, posiblemente, bajo el reinado de Amenhotep II. La tumba constaba de un pozo con una cámara funeraria cuyos muros no albergaban ningún tipo de texto. Sin embargo, Ayrton halló un trozo de *óstraca* en el interior de la cámara funeraria con una curiosa inscripción: «El escriba Hor, servidor del Lugar de la Verdad». Prácticamente esto es lo único que se puede decir acerca de esta tumba, ya que su ubicación se ha perdido, quedando sepultada por miles de toneladas de cascotes de las excavaciones posteriores.

En noviembre de aquel mismo año Ayrton descubrió una nueva tumba real, la KV 47, perteneciente a Siptah. La tumba estaba totalmente obstruida por los cascotes que habían arrastrado las riadas. El paso de los siglos había solidificado tanto el material que las labores de desescombro fueron terribles. A medida que los excavadores se adentraban en la tierra, iban constatando que aquella tumba estaba en un estado lamentable y que el techo parecía que iba a caer sobre ellos de un momento a otro. Con el miedo como compañero, avanzaron lentamente. No obstante, la tumba estaba bellamente decorada con vivos colores. En medio de los escombros aparecieron numerosos restos de alfarería. Una vez llegaron al segundo corredor, toda la estructura amenazaba con venirse abajo. La momia del rey había sido trasladada a la KV 35, así que se decidió que mejor era no tentar a la suerte y abandonar la empresa. Los trabajos se reanudarían en 1912 por Harry Burton, que inició las tareas en la cámara funeraria. En el año 1992 el Consejo Supremo de Antigüedades inició una campaña de restauración de la tumba, que consistía en la restauración de los relieves y en la reparación de los muros y pilares dañados por las sucesivas riadas. En 1999 se emprendió la misión MISR, la Misión Siptah-Ramsés, con el objeto de restaurarla totalmente.

En la campaña de 1906 descubrió un pozo que conducía a un hipogeo de modesto corte, que sin embargo albergaba una espléndida momia. Había hallado la KV 48, la tumba de Amenemopet, gobernador de Tebas y hermano de Sennefer, el célebre cortesano de Amenhotep II. Se baraja la posibilidad de que Amenemopet tuviera un alto cargo en la corte, lo que le valió poseer una tumba en el valle. A pesar de haber sido saqueada, la momia reposaba en su sarcófago; el alto dignatario había sido recompensado con el honor de la eternidad junto a su soberano. En este mismo año, Ayrton descubrió junto a la tumba de Thutmosis III una copa de fayenza azul donde había inscrito un nombre que hasta la fecha no había aparecido en el valle, un tal Tut-Anj-Amón. Ayrton excavó en las proximidades de la KV 35 y allí descubrió un pequeño sepulcro que no contenía absolutamente nada, ni inscripciones ni momias, así que se limitaron a catalogarla como la KV 49. Luego reabrió la KV 60, la que había descubierto Howard Carter. Allí recordaremos que había dos momias, etiquetadas como KV 60 A y KV 60 B. Esta última fue identificada como la nodriza Sit-Re y la momia con su ataúd fue llevada al Museo de El Cairo. La otra inquilina, sin identificar, fue dejada donde la habían encontrado y la tumba fue cerrada. Con el transcurso de las excavaciones, los escombros se fueron acumulando hasta que la entrada quedó taponada nuevamente y, con los años, ya nadie recordaba donde se hallaba exactamente. Permaneció perdida hasta 1990, cuando fue descubierta por Donald Ryan, un egiptólogo americano. Entonces comenzaron las especulaciones acerca de la identidad de la momia KV 60 A, y una teoría que había sido expuesta en los años sesenta por la egiptóloga alemana Elizabeth Thomas cobró fuerza a favor de Hatshepsut. La momia era de una mujer madura, un poco obesa y calva. Lo que hacía sospechar que fuese una reina era la posición de su brazo izquierdo flexionado sobre el pecho, rasgo que caracterizaba a las reinas de la XVIII Dinastía. Además estaba el ataúd, que había sido preparado para un hombre, y que bajo el mentón tenía un agujero que parecía haber albergado una barba postiza. Sin embargo, aquella era, sin duda, la momia de una mujer. Así que la tumba volvió a precintarse. Zahi

Hawass accedió a realizar una serie de pruebas a la momia anónima que descansaba en la KV 60. Según la opinión de muchos, aquella era la momia de Hatshepsut, que nunca se había podido identificar. Sólo necesitaban un estudio comparativo de ADN entre la momia y unas vísceras halladas en el escondrijo de Deir el-Bahari (DB 320) en una caja de vasos canopes que contenían los nombres regios de la reina. La sorpresa fue mayúscula cuando en el interior del cofre no sólo se hallaron las vísceras, sino una pieza dental. El forense que iba a realizar el estudio de ADN sorprendió a toda la comunidad egiptológica cuando certificó que a la momia anónima de la KV 60 le faltaba la misma pieza dental, una muela, y que la que se había encontrado en el cofre de los vasos canopes encajaba a la perfección en el hueco que la momia, etiquetada como KV 60 A, también tenía. No sabemos si los egipcios creían también en el ratoncito Pérez, pero gracias a que se guardó la muela que la reina perdió cuando aún vivía se ha podido volver a pronunciar su nombre tras su muerte y el *Ka* de Hatshepsut volverá nuevamente a renacer diariamente. Gracias a este asombroso descubrimiento sabemos que la reina falleció casi con cincuenta años de edad y que su óbito no llegó de manera violenta, como se había estado señalando desde hacía décadas. Finalmente, hemos podido hacer justicia con una emblemática y gran mujer, a quien un mundo moderno impregnado de machismo le colgó una serie de etiquetas que no le correspondían en absoluto.

La campaña de 1906 iba a terminar para el equipo de excavadores cuando hallaron lo que en un principio creyeron era un nuevo hipogeo. A medida que fueron excavando Ayrton fue comprobando que no se trataba de una tumba, sino de tres simples fosas que fueron catalogadas con los números 50, 51 y 52. La más grande es la KV 51, pero todas fueron excavadas para animales. Se sospecha que algún rey decidió que sus mascotas debían reposar allí en el valle. En concreto, las notas de Ayrton hablan que la KV 50 contenía un perro y un mono en un perfecto estado de conservación. En la KV 51 hallaron tres patos, tres monos, un íbice y un babuino. La KV 52 albergaba tan sólo el cuerpo de un babuino. Todas las momias se hallaron en un estado de conservación absolutamente perfecto, y todas y cada una de estas singulares momias tenía su propio ajuar funerario.

Edward Ayrton emprendió con gran entusiasmo la campaña de 1907. En aquellos días, Ayrton comenzaba a estar bastante harto de Theodore

Momia de perro hallada por Edward Ayrton, Museo de El Cairo, Egipto.
Fotografía de Nacho Ares.

Davis y sentía por él un profundo aborrecimiento. Tras haber tenido con él una fuerte discusión, el día 6 de enero se dirigió al extremo sur de la tumba de Ramsés IX donde encontró unos escalones. Tras una primera limpieza de la entrada, se descubrió un muro de mampostería en el cual se había plasmado el sello real de la necrópolis de Tebas, así que estaba claro que se trataba de una tumba real. Maspero ordenó a Weigall que se personara en el lugar para supervisar todos los movimientos de Davis. Tras una primera inspección, se llegó a la conclusión de que el muro no pertenecía a la XVIII Dinastía, sino que había sido levantado mucho después para proteger la entrada de las riadas. Incluso era más que probable que allí dentro no hubiera nada de valor. A medida que los cascotes iban siendo retirados, salía a la luz un corredor que había sido tallado finamente y carecía de señales del desgaste producido a causa de las lluvias y el azote del viento. Así que estaba claro que aquella tumba había permanecido cerrada desde la más remota antigüedad, muy posiblemente desde que fue sellada. Había cientos de toneladas de piedra y arena que, tras haberse mezclado con el agua filtrada a través del techo agrietado, se habían convertido en una pasta tan dura como el cemento. Así que las labores fueron duras y lentas. La sorpresa fue mayúscula cuando en medio del corredor apareció un objeto que brillaba con gran intensidad. Se trataba de un panel de oro; eran los restos de una capilla de oro puro con relieves e inscripciones. Había caído sobre ella una gran cantidad de agua que había deteriorado los paneles. En aquellos momentos, Weigall echó de menos a Howard Carter, ya que se hacía necesaria la conservación de aquel panel, y todo indicaba que se iba a echar a perder. Así fue como, en vez de cerrar la tumba y hacer un inventario y fotografiar todo lo que iba apareciendo, marcar los relieves y etiquetar in situ todas las piezas, Davis dio orden de entrar a saco. El americano se había vuelto loco tras descubrir el nombre de la reina Tiy. Estaba convencido de que aquella era su tumba y, si estaba intacta, habría un enorme tesoro en su interior. Y él quería conseguirlo cuanto antes. Ignorando todas las normas de la arqueología, Theodore Davis avanzó hacia la cámara funeraria sin detenerse ante nada. La cámara era una habitación de gran altura, pero sus paredes estaban desnudas, no había ni un solo relieve. Sin embargo, Davis se fijó tan sólo en el sarcófago con láminas de oro con incrustaciones de piedras preciosas. Tenía el rostro desfigurado y los cartuchos donde se albergaba el nombre del propietario habían sido arrancados de cuajo. A pesar de que la tapa del ataúd contenía un *uraeus* real y una barba postiza de rey, Davis dijo que pertenecía a la reina Tiy, así lo anunció y así lo escribiría posteriormente en una obra. Los vasos canopes estaban en el nicho destinado a tal efecto y eran un claro ejemplo del arte de Ajet-Atón. En uno de los paneles se podía ver al rey Ajenatón adorando al disco solar, mientras Tiy participaba en el ritual en un segundo plano. De repente, el millonario americano tuvo un rato de lucidez y decidió que había que vaciar la cámara para poder fotografiarla y vender las fotografías. En un suspiro, todos los objetos desaparecieron como por arte de birlibirloque, y se perdió para siempre una oportunidad única de conocer algo más acerca del reinado de Ajenatón y, sobre todo, lo que en esta tumba reposaba. La pregunta no se hizo esperar: ¿de quién era esta momia? Se analizaron los restos óseos, y se determinó que el esqueleto pertenecía a un hombre de unos veinticinco años de edad. Fue entonces cuando el nombre de Ajenatón apareció, pero había un pequeño detalle que no cuadraba, y era la edad de Ajenatón a su muerte. Entonces, apareció el nombre de Smenjkare. Como no hay dos sin tres, el egiptólogo David Rohl expuso una hipótesis que no tiene desperdicio. Aseguró que los restos óseos hallados pertenecían a dos personas distintas. El cráneo era de una mujer, mientras que el resto del cuerpo era de un hombre. Descartada la posibilidad de una mujer, ¿Ajenatón o Smenjkare? Durante años esta pregunta fue la madre de los enigmas del Valle de los Reyes. Se rumoreó que el sarcófago habría pertenecido a Smenjkare y los vasos canopes a Kiya, y con esto, se llegó a la conclusión de que la KV 55 no era una tumba sino un escondrijo donde se ocultaron los últimos restos de la aventura de Ajet-Atón. La negligencia de Theodore Davis había provocado que un millar de preguntas quedasen sin respuesta. No obstante, como bien explicamos anteriormente, el enigma está resuelto. Una cosa era cierta: en la KV 55 se habían ocultado los últimos restos de Ajet-Atón, pero sí es una tumba, y los restos humanos que se hallaron son lo único que nos queda de Ajenatón. Ahora, las preguntas son otras. No cabe la menor duda de que el responsable del traslado, desde Amarna hasta el valle, fue el rey Tut, tampoco hay duda de que los sacerdotes de Amón mancillaron la tapa del sarcófago. Le arrancaron los nombres para que no pudiera ser recordado en la eternidad, le arrancaron la boca para que no pudiera hablar en el Más Allá y le arrancaron los ojos para que no pudiera ver en el Más Allá. ¿Acaso puede existir un castigo peor que el olvido eterno? Ajenatón regresó a Tebas, a pesar de que había prometido no hacerlo jamás. Y es posible que si su momia se hubiera quedado en El-Amarna la hubieran despedazado. Ahora, la pregunta es, ¿por qué su cuerpo no fue momificado? Sin duda, la KV 55 está todavía muy lejos de haber desvelado todos sus secretos.

En diciembre de 1907, Ayrton decide excavar una tumba que ya había sido registrada por James Burton, la KV 10, que se hallaba entre la KV 16 y la KV 11. Tras acometer las tareas de desescombro y atravesar un corredor un pasillo descendente, Ayrton se topó con un pozo. Tras sortearlo, pudo acceder a la cámara funeraria. La cámara contenía un anexo cuyo techo se había derrumbado, posiblemente durante la construcción de la KV 11,

Ataúd de la KV 55, Ajenatón, Museo de El Cairo, Egipto.
Fotografía de Nacho Ares.

que se sitúa justo encima. La tumba había pertenecido al rey Amenmeses, pero su nombre y su figura en los relieves habían sido cincelados. De esta forma, Ayrton pudo constatar que el rey había sido eliminado de la memoria de sus coetáneos, sin duda, por un horrendo crimen. Había una habitación donde se había enterrado su esposa, la reina Tajat. La morada para la eternidad de Amenmeses no llegó a completarse, ya que cuando los artistas llegaron a los dos últimos pasillos abandonaron el trabajo. Tampoco se llegaron a completar dos de los cuatro pilares de la cámara funeraria. El trabajo en esta tumba se retomó en 1991 por el egiptólogo americano Otto Shaden. La tumba había vuelto a llenarse de escombros y fueron necesarios siete años de duro trabajo para dejarla despejada. La excavación finalizó con los hallazgos del sarcófago de granito rojo de la reina y parte de los vasos canopes.

El 21 de diciembre de aquel año se halló un pozo en el cual se encontraron unas jarras que en su interior ocultaban unas bolsas de natrón, huesos de animales, flores, y unas bandas de lino que tenían inscrito el nombre de un rey del que, hasta ese preciso momento, no había aparecido ningún objeto con su nombre. Era la KV 54, y Davis, en su línea, afirmó que había hallado la tumba de Tut-Anj-Amón, un rey que había sido tan insignificante que ni siquiera le habían construido una tumba real. Así era Davis.

En enero de 1908, Ayrton excavaba en las proximidades de la KV 58 cuando descubrió un hipogeo privado. Su forma era la de un pozo y conducía a una cámara funeraria que estaba desnuda, sin textos. Había descubierto la KV 56. Debido a la entrada de una gran cantidad de agua, la cámara funeraria estaba inundada. Se había formado un lodo que se había secado con el paso de los siglos. Allí, el arqueólogo descubrió algunos objetos: dos pendientes de oro con un cartucho con el nombre de Seti II, fragmentos de joyas y piezas de oro, una anilla con dieciséis flores, dos guantes de plata, dediles de oro con los nombres de Ramsés II y Seti II, collares y amuletos de oro y brazaletes de plata con grabados que muestran a Twosret con su esposo Seti II. La hija de ambos había sido enterrada allí, pero no se sabe su nombre. Como de costumbre, Davis no tomó ninguna nota ni hizo fotografías, así que tal vez el nombre de la princesa se haya perdido para siempre.

Edward Ayrton fue un tipo afortunado, o tal vez era el hombre adecuado en el momento adecuado, ya que febrero no había terminado aún y sus obreros habían descubierto una nueva entrada. Los peldaños eran anchos y estaban muy bien tallados. Todo estaba cubierto, como de costumbre, por cascotes y lodos que se habían endurecido como el hormigón, así que las tareas de desescombro fueron bastante duras. Ayrton se quedó perplejo cuando observó el nombre del propietario, Horemheb. Había descubierto la KV 57. Después de tres días de duro trabajo, pudieron acceder al interior del hipogeo. Ayrton advirtió que la tumba tenía una forma distinta a las otras que se conocían del mismo período. El recorrido se hacía en línea recta, sin ángulos, y demostraba ya una tendencia hacia las entradas suntuosas que se tallaron durante la XIX Dinastía. Otro cambio que Horemheb había introducido eran los relieves en la tumba, en vez de las escenas dibujadas. En un estado excelente, los vivos colores brillaban en la propia oscuridad. A medida que las tareas de desescombro iban avanzando, era posible ver como el rey justificado había ofrendas a las divinidades. Por vez primera se recogía el *Libro de las Puertas*, y la dinastía ramésida adoptaría la innovación de Horemheb. En la cámara funeraria hay cuatro grandes pilares. Aquí, Ayrton halló un cofre para albergar los vasos canopes, tallado en alabastro y con forma de león y pantera. También había un juego de ladrillos mágicos. Otra joya es el sarcófago, que en sus cuatro esquinas alberga a las diosas Isis, Neftis, Neith y Serqet, las cuales con las alas desplegadas protegen el cuerpo momificado del rey. En las paredes del sarcófago se había representado la confesión negativa en la Balanza de las Dos Maat. En el interior se halló los restos de un cuerpo humano. No obstante, la momia de Horemheb había aparecido etiquetada en el escondrijo de DB 320 y se halló una inscripción donde se informaba de que la tumba había sido ocupada de nuevo, seguramente cuando se realizó el traspaso de la momia. Ayrton, en esta ocasión, tomó un montón de notas, pero Theodore Davis, al final, publicó lo que a él le pareció y las notas de Edward Ayrton jamás vieron la luz.

El descubrimiento de la tumba de Horemheb causó una gran conmoción debido a la belleza de sus relieves. Ayrton fue aclamado con un gran arqueólogo y comenzó a sentir la imperiosa necesidad de que Davis le reconociese estos valores. Ello debía iniciarse con un mejor trato e incluso una mejora salarial. Tras una discusión con su patrocinador, Edward Russell Ayrton decidió que lo mejor era dimitir, ya que la sociedad Davis-Ayrton estaba condenada.

En 1907, Davis había contratado los servicios de un dibujante inglés que prometía como arqueólogo, su nombre era Ernest Harold Jones. Aquella campaña de 1909, llena de grandes emociones para Jones, el joven aprendiz de arqueólogo descubrió algo en el barranco donde estaba la KV 35. Se trataba de un pozo funerario, la KV 58, que, a pesar de no ser una tumba, escondía una amplia cámara donde hallaron un panel de oro con los nombres de Ay y Tut-Anj-Amón. Representaba una escena de guerra, donde el rey niño vencía a sus enemigos libios. Asistiendo a la victoria del faraón estaban su esposa Anjesenamón y el propio Ay. Se trataba de un panel que había pertenecido a un carro de guerra, del cual se hallaron unos pequeños botones y encajes de oro del arnés. No había rastro del nombre del ocupante ni de su momia. Las últimas investigaciones apuntan a que el pozo habría sido excavado para poner a salvo los restos del ajuar funerario de Ay después de que los ladrones violaran su tumba, lo cual debió ocurrir durante el reinado de Ramsés IX. A lo largo de aquella campaña no se obtuvieron grandes hallazgos. De hecho, Harold Jones no volvió a realizar ningún descubrimiento de importancia, a pesar de descubrir la KV 61, que estaba totalmente vacía de objetos y textos. En su último año, volvió a entrar en algunas tumbas que estaban abiertas desde la antigüedad, pero no consiguió absolutamente nada. En 1908, Jones fue sustituido por el inglés Harry Burton hasta 1914, fecha en la que Davis renunció a la concesión para excavar en el valle. Todos los tesoros que la antigua necrópolis podía ofrecer habían ya sido sacados a la luz y Davis estaba ya demasiado viejo para aquellas aventuras. La gran mayoría de los descubrimientos que Theodore Monroe Davis realizó en el Valle de los Reyes se encuentran hoy repartidos entre el Museo de El Cairo, el Museo Británico y el Museo Metropolitano de Nueva York. Los hallazgos de Davis fueron recogidos en algunas obras, aunque todavía hay una gran cantidad de anotaciones en el Metropolitan que aún no han visto la luz. Finalmente moriría en Florida el 23 de febrero de 1915, completamente convencido de que el Valle de los Reyes había sacado a la luz todos sus tesoros. Pero como ya es sabido, estaba completamente equivocado.

Lord Carnarvon y Howard Carter

George Edward Stanhope Molyneux Herbert era el quinto conde de Carnarvon, había nacido en Inglaterra el 26 de junio de 1866, en el castillo de Highclere. Estaba casado con Almina Victoria Maria Alexandra Wombwell. Acostumbrado a la alocada vida de los millonarios ingleses de aquel momento, Carnarvon tenía una vida limitada a viajar por el mundo y competir con los coches de carreras, su gran pasión. Uno de los viajes que realizó en 1901 lo llevó hasta Alemania, donde sufrió un grave accidente de tráfico que le provocó graves lesiones. Su cuerpo había quedado tan debilitado que se vio obligado a huir de Inglaterra durante los inviernos, buscando climas más secos, ya que el crudo invierno inglés le provocaba unos terribles dolores. Así llegó a Egipto en el invierno de 1903, el país perfecto para tratar su terrible mal. Pero Carnarvon había sido toda su vida un hombre muy activo y en Egipto podría realizar una de sus pa-

Lord Carnarvon y su esposa *Lady* Almina.

siones, la arqueología. Así, decidió que imitaría a los nobles adinerados que visitaban Egipto con gran fervor: se convertiría en buscador de tesoros.

A pesar de que Egipto siempre le había causado una gran fascinación, Carnarvon no contaba con que, a medida que iba descubriendo los restos de las construcciones de los antiguos faraones, un sentimiento desconocido hasta la fecha iría naciendo en su interior, dominándolo poco a poco. Él mismo contrató a un grupo de obreros e inició unas pequeñas excavaciones en Tebas. Después de dos meses de trabajo duro bajo el sol tebano, su aventura como excavador tenía un pobre balance, pues tan sólo había encontrado la momia de un gato. Así que Carnarvon decidió pedir ayuda a su gran amigo *Lord* Cromer, el cual lo puso en contacto con el director del Servicio de Antigüedades de Egipto, Gaston Maspero. Lord Carnarvon era un hombre increíblemente rico, que podía patrocinar grandes excavaciones si tenía en su equipo al mejor excavador. Y casualmente, el mejor excavador de Egipto se hallaba sin trabajo y vivía en El Cairo, pintando acuarelas y sirviendo como guía turístico. Maspero organizó una entrevista y los dos ingleses se conocieron. Desde un primer momento el ambiente fue cordial. Maspero necesitaba a Carnarvon tanto como Carter, ya que desde la ausencia del alumno de Petrie la mayoría de las excavaciones tenían un balance estéril. Era el año de 1906, y Carnarvon había adquirido una concesión para excavar en Tebas-Oeste. Todo Luxor, y posiblemente todo Egipto, sabía que Carter había estado investigando acerca de la tumba de un desconocido rey llamado Tut-Anj-Amón, del cual no se había hallado ni una sola referencia. Carter aceptó la oferta de Carnarvon con la esperanza de que Theodore Davis se cansara de excavar. Se instaló en una pequeña casa que estaba a tan sólo veinte minutos del valle. Aquel 21 de diciembre de 1907, todo Luxor se revolucionó con una increíble noticia: Theodore Davis había encontrado la tumba de aquel enigmático rey llamado Tut-Anj-Amón. Carter corrió desesperado a ver el hallazgo con sus propios ojos y, cuando llegó, respiró aliviado al saber que aquel escondrijo no era, de ninguna manera, la tumba de un rey, a pesar de que Davis se empeñaba en decir lo contrario.

Lord Carnarvon había ampliado su concesión en la zona de Tebas-Oeste, que comprendía la necrópolis de los nobles, donde halló las tumbas de unos dignatarios de la XVIII Dinastía. Aquí descubrió una tablilla que contenía las *Máximas* de Ptah-Hotep; la conocida como Tablilla Carnarvon, donde se recoge la protesta que el rey hicso Apofis había planteado a Seqenenre Tao II diciéndole que los hipopótamos de Tebas no le dejaban dormir en su palacio de Ávaris. En las sucesivas campañas descubriría el templo de Mentuhotep II, donde hallaría la estatua del rey con su traje de la *Heb-Sed*. Encontró también algunos yacimientos de época romana. Durante cuatro años, el tándem Carnarvon-Carter excavó en Luxor, Karnak, la actual el-Qurnah y Dra Abú el-Nagah, donde realizó su último gran hallazgo en 1914, al descubrir una tumba que, según el propio Carter, había pertenecido al gran Amenhotep I. En aquel mismo año, Davis renunció a su concesión en el Valle de los Reyes, y *Lord* Carnarvon se hizo con los derechos de la excavación mediante un documento redactado por Gaston Maspero. El contrato deja bien claro que si consiguen hallar una tumba intacta, esta pasará a formar parte del gobierno, pero que los excavadores recibirían una compensación por sus esfuerzos. Por el contrario, si la tumba que pudieran hallar había sido saqueada en la antigüedad, tendrían derecho a escoger parte del tesoro hallado. Estos términos se redactaron por una simple razón: todo el mundo estaba convencido de que Theodore Davis había exprimido hasta el último centímetro del valle y que este ya no podía ofrecer ningún tesoro más. Pero Carter lo tenía todo estudiado y planeado. Iniciarían su campaña en octubre, en la que se contratarían a más de trescientos obreros. Carter tenía un plan de trabajo y estaba totalmente seguro de que los resultados no tardarían en llegar. Ya había fijado el lugar donde comenzaría a excavar: el triángulo que comprendía las tumbas de Ramsés II, Merenptah y Ramsés VI.

Todo parecía maravilloso, pero en el verano de 1914 estalló la I Guerra Mundial y la campaña se paralizó. Carter realizó algunas tareas como espía al servicio del gobierno británico, pero estaba totalmente sumido en las investigaciones que llevaba a cabo. En 1916, mientras Carter se hallaba elaborando un mapa del valle, moría Gaston Maspero y, con él, también moría un trocito de Egipto.

El mapa que Carter estaba trazando incluía todos y cada uno de los puntos donde se había acometido una excavación, y trazó una ruta en los lugares donde todavía no se había buscado nada, en lo que él creía que sería un buen lugar para excavar. En el otoño de 1917 se reinicia la campaña y en diciembre Carter había convertido la casa de Davis en un almacén. La verdad es que Carter estaba continuamente en el ojo del huracán. Los académicos lo acusaban de ser un muchacho sin preparación alguna. Cuando había sido nombrado inspector del Alto Egipto, una gran parte de la comunidad arqueológica sentía enormes celos de él, y ahora, cuando había convencido a Carnarvon para excavar en el valle, aquellos mismos hombres se burlaban de él. En todos los cafés había un único tema de conversación: aquel joven arrogante que había arrastrado al millonario inglés a una ruina segura. Carter había comprado los más modernos instrumentos de trabajo, dotó a sus excavaciones de unos raíles por los que se desplazaban las vagonetas que quitaban los escombros, había contratado a un gran número de obreros y estaba surtido con víveres y provisiones que muchos de los anteriores excavadores no habían podido ni soñar. La verdad era esa, que todos creían que Howard Carter era un visionario, un loco, un inconsciente e incapaz que ignoraba a los auténticos profesionales, y que caería en el mayor de los ridículos, mientras el viejo *lord* inglés acabaría arruinado.

En aquella primera campaña de 1917-1918, Carter y su mano derecha, el *reis* Ahmed Girigar, llegan a un nivel del suelo que era totalmente desconocido. Habían encontrado las cabañas de los obreros que habían construido la tumba de Ramsés VI. A finales de 1918 abandonó este sector, ignorante de que a pocos metros de distancia estaba la última tumba del valle.

Los hallazgos que Carter obtuvo en sus primeras campañas fueron demasiado pobres. Pero su poder de convicción era increíble. Había convencido totalmente a Carnarvon de que Tut-Anj-Amón descansaba todavía en el valle y el *lord* inglés, auspiciado por las palabras de Carter, llega a un acuerdo con el Metropolitan Museum para la obtención de las piezas que estaban por llegar. Esta operación proporcionó a Carnarvon una buena suma de dinero que le permitió sufragar los gastos de aquel año, pero también se ganó la enemistad del Museo Británico. En 1920 Carter realizó algunos hallazgos. Halló los depósitos de cimientos de Ramsés VI. Frente a la tumba de Ramsés II encontró un pozo que contenía restos del ajuar

Sarcófago de Ramsés VI. Fotografía de Nacho Ares.

funerario de Merenptah, que fue considerado como un tesoro de gran valor. En aquellas navidades descubrió el depósito de cimientos de Meritre-Hatshepsut, hija de Hatshepsut, esposa de Thutmosis III y madre de Amenhotep II. Cuando terminó la campaña de 1921, Carnarvon estaba decidido a abandonar, ya que en toda una campaña sólo habían hallado un objeto de valor, el vaso canope de la reina Tajat, la gran esposa real de Seti II. La decisión estaba tomada.

En aquel verano de 1922, Lord Carnarvon citó a Howard Carter en el castillo de Highclere. Carter sabía de antemano la noticia que su mecenas iba a darle. Su amistad estaba un poco resentida desde que Carter intentara tener una relación sentimental con la hija del lord, Lady Evelyn. No obstante, esperaba poder convencerlo de que patrocinara una última campaña. Cuando se reunieron, charlaron acerca de los pobres hallazgos que su sociedad había tenido en el valle. Cuando habían excavado en Tebas-Oeste habían podido hacerse con una buena colección, pero cada campaña arqueológica costaba alrededor de unos doscientos cincuenta mil dólares de hoy día. Demasiado dinero, y las cuentas de Carnarvon comenzaban ya a manifestar su agotamiento. Además, a sus cincuenta y seis años estaba muy enfermo. Tras un breve intercambio de opiniones, Carter garantizó que aquella iba a ser la campaña definitiva y que si Carnarvon no la financiaba, lo haría él mismo con su propio dinero. Algunos expertos opinan que, a lo largo de su carrera como excavador, Carter se hizo con una buena colección de obras de arte y, si las hubiera vendido y juntado sus ahorros, le sobraría dinero como para financiarse él mismo una temporada en el valle. Y Carnarvon también lo sabía, por lo que accedió a sus propósitos, pero si no se descubría nada la aventura habría finalizado.

El 28 de octubre de 1922 comenzó la última temporada de la sociedad Carnarvon-Carter. Compró las provisiones, las herramientas necesarias y se dispuso a descansar en la casa que tenía tan cerca del valle. Había comprado un canario amarillo, un pájaro que jugaría un curioso papel en los acontecimientos que iban a producirse. El día 1 de noviembre comenzó oficialmente la campaña de excavación de 1922-1923. Ha decidido que va a concentrar sus primeros esfuerzos excavando la zona donde estaban las cabañas de los obreros de Ramsés VI, ya que Carter sospechaba que aquel nivel del suelo era el que el valle tenía originalmente durante la XVIII Dinastía. Aquella zona había sido la primera en ser explorada y luego había sido abandonada inexplicablemente. Algunos autores sostienen que Carter sabía muy bien donde estaba la tumba del rey Tut-Anj-Amón, aunque parece poco probable que hubiera aguardado tanto tiempo para sacarla a la luz.

El 4 de noviembre, el niño que se encargaba de proporcionar agua a los trabajadores estaba jugueteando con un palo en el suelo cuando de repente se encontró con una roca sobre la arena. Intrigado, comenzó a excavar con su pequeña mano hasta que se dio cuenta de que aquello era un escalón de piedra. Presa de los nervios, el niño egipcio volvió a tapar lo que había encontrado y corrió lo más deprisa que pudo para avisar a su patrón. Cuando llegó al valle, Carter advirtió un silencio sepulcral. Los picos no sonaban, y tampoco lo hacían las vagonetas circulando por los raíles. Cuando vio el escalón de piedra ordenó que lo limpiaran. Y tras el primero apareció el segundo, y el tercero. Ya no tuvo ninguna duda, era una escalera que daba acceso a una tumba, y su forma era como las de la XVIII Dinastía. Las tareas de desescombro de la escalera se iniciaron de inmediato. Debieron de ser unas horas eternas, viendo como toneladas de cascotes iban despejando una preciosa y maravillosa escalera que conducía a una tumba, posiblemente real. La noche del 4 al 5 de noviembre Carter no pegó ojo y en su cabeza bullían sin cesar escenas de fracaso, ya que temía que aquello, en realidad, no fuera más que un simple escondrijo. El 5 de noviembre de 1922, casi al atardecer, Carter halló la parte superior de la puerta de entrada, donde había un sello estampado que era el sello de la necrópolis: un chacal y nueve asiáticos maniatados, los Nueve Arcos. Sin embargo, no aparecía por ningún lado el nombre del inquilino, así que Carter comenzó a derrumbarse, ya que había hallado un simple escondrijo. La puerta estaba tapiada con piedras y revocada con yeso. Practicó un pequeño agujero en la parte superior e introdujo una pequeña linterna. Había un corredor, pero estaba repleto de cascotes. Así que Carter decidió que era mejor volver a tapar la escalera con escombros y colocó una gran piedra con el sello de armas de su socio Carnarvon, y al día siguiente envió un telegrama a Highclere: «Al fin un descubrimiento maravilloso en el valle: una tumba magnífica con los sellos intactos, tapada como estaba hasta su llegada. Enhorabuena».

Carnarvon llegó a Egipto el 23 de noviembre, y junto con Carter y el reis Ahmed Girigar, se volvió a despejar la escalera de *La tumba del pájaro*

Howard Carter
y *Lord* Carnarvon.

dorado, tal y como los obreros de Carter habían bautizado al hipogeo, nombre que recibió gracias al canario que Carter había comprado a comienzos de aquella campaña. Los tres hombres descendieron por aquellos peldaños que tenían más de tres mil años de antigüedad. Por primera vez apareció la parte baja de la puerta, que también tenía plasmada el sello de la necrópolis. Cuando habían limpiado el primer sello, apareció un segundo: un cartucho real con el nombre de Nebjeperure Tut-Anj-Amón. En aquel reducido espacio estalló la locura y los tres hombres se abrazaron entre risas y lágrimas. El corazón de Carter latía fervorosamente. No, no era un loco ni un insensato, y mucho menos un incapaz. Una vez accedieron al interior del primer corredor, comenzaron a aflorar los primeros objetos que tenían grabados los nombres de Thutmosis III, Amenhotep III, Ajenatón y Smenjkare.

Por un momento surgió la duda de si sería un escondrijo donde se almacenaran los restos de los ajuares funerarios de estos reyes, pero Carter sabía que no, porque el sello de la necrópolis indicaba que aquel rey yacía en esa tumba. De todas formas, la suerte estaba ya echada, y la única manera de salir de dudas era continuar con la excavación.

Cuando Carter puso el hallazgo en conocimiento del Servicio de Antigüedades, el sucesor de Maspero, Pierre Lacau, debió pensar que aquel loco de Carter había hallado una especie de pozo funerario, así que no le hizo caso y no se presentó en el lugar. Después de dos días de librar el corredor de entrada de cascotes, Carter y Carnarvon estaban solos ante aquel corredor de más de siete metros de largo. El corredor terminaba en una segunda puerta, también sellada. Aquellos 7,60 metros separaban el descarnado mundo egipcio de 1922 de una época maravillosa que iba a transportarlos tres mil doscientos años atrás en el tiempo. No existen palabras para describir lo que a continuación ocurrió. Carter reconocería que se había sentido como un profanador de tumbas de la XX Dinastía, que el tiempo parecía haberlo transportado a aquellos años tan lejanos. Howard Carter, que había llegado a Egipto a los dieciocho años, se acababa de convertir en el arqueólogo más famoso de todos los tiempos. La estancia tenía ocho metros de longitud y 3,60 metros de ancho. Sus paredes estaban blanqueadas con yeso, y allí se agolpaban todo tipo de objetos. Estatuas, lechos de oro, jarrones, carros desmontados, un trono de oro, un cetro real, trompetas, joyas, vestidos, sandalias, cofres exquisitamente pintados, jarrones de alabastro, ramos de flores, cajas que contenían ropa y un sinfín de objetos. Aquella antecámara había reunido un tesoro de enormes proporciones, como ningún hombre moderno había visto jamás.

Howard Carter advirtió de inmediato que aquello era demasiado para él solo. Si querían hacer las cosas bien era imprescindible cumplir a rajatabla dos factores. Uno era ser paciente y meticuloso, y el otro era rodearse inmediatamente del mejor equipo de expertos. Así, al equipo de Carter se unió Herbert Winlock, egiptólogo del Museo Metropolitano; Harry Burton, fotógrafo oficial del mismo museo; Arthur C. Mace, el mejor especialista en conservación que existía por aquellos años en Egipto; Walter Hauser y Lindsley Hall, dibujantes; sir Allan Gardiner y James Henry Breasted, ambos eminencias en el campo de la lengua jeroglífica; y Alfred Lucas, director del Departamento de Química de Egipto.

Carter inventarió cada uno de los objetos, etiquetó y fotografió desde varios ángulos cada uno de los objetos con una cuadrícula exacta de la morada para la eternidad. Lucas habilitó la tumba de Seti II como improvisado laboratorio. El vaciado de la antecámara duró hasta finales de 1923. Prácticamente todo un año anotando, fotografiando y restaurando objetos de una belleza sin igual, la mayoría de ellos que no habían aparecido nunca en ningún relieve de ninguna tumba.

A la izquierda de la antecámara había otra más pequeña, donde se alzaba una gran estatua del dios Anubis con su forma de chacal sobre un escriño. Observaba a Carter como reprendiendo aquella intrusión, ya que el dios custodiaba todo aquel tesoro. Aparecieron también dos pequeños sarcófagos que tenían dos fetos de seis y siete meses de vida, una estatua de Amenhotep III en un sarcófago de oro y un mechón pelirrojo de la reina Tiy. Howard Carter estaba asombrado; el plano del hipogeo era maravilloso, no había ninguna otra tumba que se le pareciese. Carter pudo certificar una terrible sospecha que le había invadido cuando estaban despejando el primer corredor. Había hallado los indicios de una pequeña

Juego de Senet de Tut-Anj-Amón. Fotografía de Nacho Ares.

oquedad que se había excavado a modo de túnel, y luego encontró rastros que le indujeron a sospechar que la tumba había sido violada al menos en dos ocasiones. En la antecámara, en uno de los costados, halló un pañuelo que envolvía una estupenda colección de anillos de oro. Era la prueba de que los ladrones habían entrado y, al verse sorprendidos en el interior de la tumba, se deshicieron allí mismo de su botín a fin de poder salvar sus vidas, cosa que debió de ser poco probable. Al fondo de la antecámara, dos gigantescas estatuas que simbolizaban el *Ka* del rey, había una nueva puerta sellada. No obstante, sabemos que Howard Carter se deslizó a través de un hueco que hábilmente camufló con un gran cesto de juncos y colocó un entarimado para no estropear nada de lo que todavía había en el suelo. El 17 de febrero de 1923 comenzaron a derribar el muro que los separaba de la cámara del tesoro. Una vez que estuvieron dentro, hallaron una gran capilla de oro puro que en realidad eran cuatro, una metida dentro de la otra a modo de muñecas rusas. Sin embargo, el trabajo se prolongó durante otro año más, por motivos varios. Uno, la muerte de Lord Carnarvon el 6 de abril de 1923. Otro, la intromisión perpetua del gobierno egipcio en los trabajos de los arqueólogos. Y finalmente el último inconveniente, y el más peliagudo; que los trabajos del vaciado de la tumba exigían el más fino tratamiento con todos los objetos maravillosos que iban apareciendo. El propio Carter era consciente de que aquel trabajo era faraónico.

La muerte de Lord Carnarvon trajo a la vida de Carter algo más que la pérdida de un amigo. Lo cierto es que se ha escrito muchísimo acerca de los acontecimientos que rodearon a la muerte del aristócrata inglés. Y la pregunta casi resulta inevitable: ¿muerte natural o la madre de todas las maldiciones? Se han escrito toneladas de papeles describiendo esta maldición, y a fin de cuentas nos hallamos con un tonelaje completamente inservible. Todo comenzó unos días antes de muerte de Lord Carnarvon, cuando saltó a escena la muerte del canario de Carter. Se dijo que una enorme cobra lo había devorado y los obreros egipcios, tan ávidos de sentir pánico ante las historias de dudosa procedencia, ya hablaron entonces de que la mismísima diosa Uadjet había iniciado *La maldición de la tumba del pájaro dorado*. Si esto les parecía poco, tras la muerte de Carnarvon surgió el rumor de que en el interior de la tumba se había hallado una inscripción que rezaba: «¡Que la mano que se levante contra mi sea fulminada! ¡Que sean destruidos aquellos que ataquen mi nombre, mis efigies, mis imágenes!», y cosas por el estilo. Todo esto fue inventado por la novelista Mari Corelli y ratificado por una prensa egipcia que a toda costa quería boicotear como fuera el contrato que Carter había hecho en exclusiva con *The Times* de Londres. Cierto es que existen tumbas con maldición, pero esta se refiere únicamente a un tribunal del Más Allá y hace referencia a cualquiera que interfiera en los trabajos de los ritualistas o cualquiera que tratase la tumba de forma negligente. Se contó que Carter, cuando derribó el muro de la primera puerta, destruyó una inscripción que decía: «Las alas de la muerte caerán sobre aquel que perturbe el sueño eterno del faraón», pero lo cierto es que no se halló ninguna inscripción maldita en la tumba de Tut-Anj-Amón, y a fe que hubo un largo etcétera de muertos. Una pequeña lista de los que estuvieron en contacto directo con la KV 62 nos dará una idea aproximada:

Lord Carnarvon, 1923, tras haberse cortado con su navaja de afeitar, tuvo una picadura de mosquito que se le infectó. Su estado de salud era horrible, y su organismo no pudo defenderse. Jayl Gold, magnate americano que visitó la tumba, muere en 1923 de neumonía. George Benedicte, representante del Louvre, muere en 1923 de un golpe de calor. Richard Bethell, ayudante de Carter, muere en 1929 de afección respiratoria. Richard Adamson, el vigilante que dormía en la tumba, muere en 1980 de muerte natural. James Breasted, arqueólogo y visitante de la tumba en numerosas ocasiones, muere en 1935 de afección respiratoria. Harry Burton, el fotógrafo oficial del equipo, muere en 1940, muerte natural. Arthur Callender, miembro del equipo, muere en 1940. Allan Gardiner, egiptólogo que entró y colaboró en los trabajos de la tumba, muere en 1963. Douglas Derry, médico que examinó por vez primera la momia de Tut-Anj-Amón, muere en 1969. Lady Evelyn, hija de Carnarvon, muere en 1980. Pierre Lacau, del Servicio de Antigüedades, muere en 1965, Alfred Lucas muere en 1950, Herbert Winlock muere en 1950 y finalmente Howard Carter muere en 1939 de cáncer linfático. Como vemos, los que no murieron de viejos fallecieron por problemas respiratorios muchos años después. Curiosamente en el año 1962 se detecta en los cadáveres de algunos de estos arqueólogos un asesino letal, llamado *Aspergillus Níger,* y queda de manifiesto la negligencia, habitual en aquellos días, de desprotegerse de cualquier método, ni guantes ni mascarillas ni gafas ni nada. En días actuales, ha habido algún caso extraordinario de muerte de turistas a manos del

Aspergillus tras una visita a una tumba. Como vemos, no hubo maldición, y gran parte del auge de esta historia es por culpa de Arthur Conan Doyle, conocido escritor y amante de las ciencias ocultas. En 1923 le preguntaron acerca de esa maldición, y con frialdad respondió: «Es obvio que existe una maldición, y que todos ellos debieran preocuparse por ella...». También se rumoreó acerca de un extraño apagón que se produjo en El Cairo justo en el momento en el que Carnarvon expiraba su último aliento. Igualmente, se dijo que en el momento del óbito la perra del lord, que residía en Highclere, lanzaba un aullido de desesperación y caía fulminada en cuestión de segundos. Pero si somos sensatos, y debemos serlo, la maldición del faraón niño se resume a un virus mortal que sí custodiaba la morada para la eternidad más visitada del Valle de los Reyes, pero en absoluto era un virus que obedeciese ninguna orden de la *Amduat*.

La tumba de Tut-Anj-Amón se había convertido en el baluarte de la fuerza más radical de la política egipcia, que pronto alcanzaría el poder. No querían que los extranjeros tuviesen el control de semejante hallazgo. Los cerrojos de la primera capilla, que es de madera dorada con incrustaciones de bronce dorado, todavía tenían el sello, el pestillo había permanecido en aquella misma posición desde que el rey niño había sido enterrado en el año 1333 a. C. Carter fue el primero en hacer correr aquel pestillo de ébano. Los cerrojos de la tercera capilla también estaban intactos. La cuarta cámara contenía un sarcófago de gres que tenía una diosa en cada esquina, como el sarcófago de Horemheb. La cámara funeraria es la única de toda la tumba que estaba decorada con relieves, donde entre otras escenas podemos ver al nuevo faraón Ay realizando el rito de la 'Apertura de la boca y de los ojos' a la momia del rey difunto. El 12 de febrero de 1924, el equipo de Carter había desmontado las capillas y estaba preparado para acometer los trabajos con el sarcófago. Llegados a este punto, Carter cometió lo que algunos han catalogado como la mayor estupidez de su vida, y todo por la negación del gobierno egipcio, que presionaba muchísimo a Pierre Lacau. Lo único que Carter pedía era que las esposas de los miembros de la excavación visitasen la tumba antes que las mujeres de los ministros. El gobierno egipcio se negó en redondo, exigían que Tut-Anj-Amón fuera el máximo representante de Egipto ante el mundo y lo que no iban a consentir era que un inglés manejase un asunto de estado como si fuera el dueño de todo el país. Ante esto, Carter cerró la tumba

Máscara funeraria
de Tut-Anj-Amón, Museo
de El Cairo, Egipto.
Fotografía de
Nacho Ares.

con un candado y se negó a seguir trabajando. La excusa perfecta, que provocó su revocación del permiso y Carter se marchó de Egipto.

Algunos opinan que Howard Carter vivía todavía instalado en el Egipto colonial y que el hecho de ser británico aún le otorgaba un mando superior. Tal vez no era un tipo amigable, ni siquiera amable, pero el Servicio de Antigüedades de Egipto estaba siempre pinchando e importunando a los arqueólogos. Si no les exigían una entrada para los múltiples amigos poderosos se la exigían para los turistas, con el retraso que ello implicaba en los trabajos. Para hacerse una idea de cómo era el Servicio de Antigüedades, sobra decir que cuando los objetos de la antecámara viajaron desde Tebas a El Cairo, Carter optó por un medio de transporte rápido y cómodo, pues muchos de los objetos eran grandes y pesados. Así, ideó un sistema mediante raíles, una especie de ferrocarril. Para el trayecto de los nueve kilómetros que separan la tumba del Nilo, el Servicio le proporcionó raíles para tan sólo treinta metros. Para colmo, cuando los objetos llegaron al puerto de El Cairo, Carter se encontró con un perfecto tramo de vía desde el puerto hasta la entrada del Museo de El Cairo, y todo para que la prensa que se agolpaba en el muelle viera cómo los tesoros de Tut-Anj-Amón eran reconocidos como las maravillas su tan remoto antepasado.

Durante todo aquel año, viajó por el mundo dando conferencias y estuvo en España, en Madrid. Mientras tanto, los egipcios se vieron asfixiados ante el hallazgo. Nadie sabía cómo empezar, y reconocían que en realidad todos eran incompetentes para ese trabajo. Durante semanas, los trabajos en la tumba se paralizaron. Aquella tumba significaba el tesoro más grande que jamás nadie había encontrado. No había en todo el país un nombre que pudiera sustituir al de Carter. Nadie se atrevía a tocar aquel sarcófago, donde a tudas luces descansaba el cuerpo del rey. No sabían por dónde empezar, no sabían qué métodos utilizar y de los antiguos ayudantes de Carter sabían que no podrían obtener gran cosa. Además, había un problema añadido, y es que antes de irse, Carter había dejado la tapa del sarcófago suspendida con un sistema de poleas. La sola idea de que una de las cuerdas se rompiese se estaba convirtiendo en una auténtica pesadilla. A regañadientes, los egipcios, tras un acuerdo que favorecía al Servicio de Antigüedades, volvieron a llamar a Carter tras haberle hecho firmar un documento en el que el arqueólogo y los herederos de Lord Carnarvon renunciaban al reparto del tesoro. No obstante, si hubiera esperado un poco más, todo sería distinto, pues un atentado terrorista acabó con la vida de sir Lee Stack y el gobierno en Egipto volvió a ser británico. Howard Carter regresó a Egipto el 15 de diciembre de 1924, y el 25 de enero de 1925 volvía a su amado Valle de los Reyes. Tenía cincuenta y cuatro años y volvió al trabajo después de reunir a su antiguo equipo.

Howard Carter estaba asombrado ante el increíble peso de aquel sarcófago de madera chapada en oro. No lo entendía. Pero el motivo era que, dentro del primer sarcófago de madera, había otro del mismo material y, dentro del segundo, uno de oro macizo. Eran mil cien kilos de oro puro. Carter tardó varios meses en poder llegar hasta la momia y, cuando lo hizo y contempló el rostro de aquel joven que en realidad era la máscara de oro funeraria, rompió a llorar como un niño. Sin embargo, entre los cientos de piezas ocultos entre los vendajes de la momia asomaba un cuerpo en un deplorable estado de conservación. Los aceites y óleos sagrados habían hecho que todo se volviera una pasta uniforme y, para poder extraer la momia, tuvieron que emplear cuchillos calientes. Fue inevitable que la momia de Tut-Anj-Amón saliese de su sarcófago en varios trozos.

De entre las vendas de la momia, Howard Carter extrajo cientos de objetos. Dos de ellos, bellos por su hermosura y por su rareza, hoy pueden verse exhibidos en una vitrina de la sala n.º 3 del Museo de El Cairo. Se trata de dos puñales. Uno tiene la hoja de oro, material nada raro en este caso que tratamos. El segundo, que mide 34,2 centímetros de alto, es una de las piezas más raras de todo Egipto. En realidad, el objeto que nos interesa pasa muy inadvertido a todos los visitantes de la sala, dedicada por entero a los tesoros de Tut-Anj-Amón, y se trata de un puñal que estaba oculto entre las vendas de la cadera derecha del rey, pero a pesar de que sabemos que los antiguos egipcios comenzaron a trabajar el hierro más tarde del año 1250, ¿cómo es posible que este cuchillo tenga la hoja de hierro inoxidable? Si hacemos caso a los antiguos textos, y en concreto a los *Textos de las Pirámides*, nos hallamos una curiosa palabra, *bja*, que se traduciría como 'Metal del cielo'. Para explicar este curioso misterio, los especialistas aluden a que el cuchillo en cuestión fue un regalo de los hititas hacia Tut-Anj-Amón, pero el problema

Ushebti de Tut-Anj-Amón.
Fotografía de Nacho Ares.

se complica, porque sabemos que los hititas estaban enemistados con los egipcios en este período, y además que ellos trabajaban el hierro mineral y este cuchillo es de hierro inoxidable. Varios análisis sugieren que se trata de hierro meteórico. Y eso, inexorablemente, nos conduce a otra cuestión, si cabe, más peliaguda, ya que ¿desde cuándo saben trabajar los egipcios el hierro sideral?

Al igual que el cuchillo, entre las vendas de la momia de Tut-Anj-Amón se hallaron también unas curiosas piezas, unos amuletos con forma de reposacabezas. Miden unos cinco centímetros de alto y también son de hierro sideral, o sea, inoxidable. Si ahondamos en varias piezas que Carter halló en una caja, tenemos un juego de dieciséis cuchillas de hierro, aunque de estas, cuatro tenían un par de puntos de óxido en un costado, pero estaban prácticamente impolutas. Aún es más, varios pectorales del rey vemos que están comprendidos por un montón de filigranas de hierro inoxidable, en perfecto estado, que fueron confundidos con decoraciones de plata.

El vaciado completo de la tumba de Tut-Anj-Amón duró un poco más de diez años,: el mayor tesoro jamás encontrado había requerido un esfuerzo y desgaste descomunal, etiquetando, catalogando y estudiando los objetos. Con el paso de los años hemos sabido que el rey niño no tuvo un ajuar funerario propio. Tanto la máscara de oro como el ataúd de oro fueron retocados y adaptados para su uso. Es posible, según algunas pistas, que el sarcófago perteneciese a una mujer, y ante la identidad de esta desconocida se postula a Nefertiti como máxima aspirante. La máscara funeraria tiene una serie de retoques que los orfebres reales disimularon con mucha elegancia. La mayoría de los objetos que Tut-Anj-Amón se llevó al Más Allá pertenecían al ajuar funerario de los que compusieron la aventura de 'La ciudad del horizonte de Atón'. Ajenatón, Nefertiti, Smenjkare, incluso el propio Amenhotep III, surtieron al pequeño rey de todo un exquisito ajuar para la otra vida. El resto de las piezas, como la ropa, los bastones, los guantes, los collares, los juguetes, las camas, los cofres y baúles, fueron utensilios que el rey utilizó en vida. A finales del mes de febrero de 1932 se sacaron los últimos tesoros de la KV 62. Howard Carter había pasado toda su vida excavando en Egipto, en el Valle de los Reyes. Parecía que ya no tenía ambición por emprender una nueva empresa y, muy posiblemente, cuando deshizo el camino que tantas veces había emprendido hacia la tumba de su tan soñado rey niño, volvió a releer en su mente la frase que estaba inscrita en la cuarta capilla de oro, que protegía el sarcófago: «He visto el Ayer, conozco el Mañana». El fin de Carter fue un poco frío y oscuro, si cabe la peor de todas las maldiciones de *La tumba del pájaro dorado*. El gobierno británico no le concedió ningún mérito por su increíble hallazgo y simplemente se limitó a ignorarlo. El gobierno egipcio se las arregló para que tanto el propio Carter como los herederos de Carnarvon recibieran por su trabajo una minúscula parte del reparto del tesoro. Regresaría a Egipto en muchas otras ocasiones, pero jamás volvió a emprender una campaña de excavación. Se limitó a pasear dulcemente por su amado Egipto, a recordar tantas dichas y penurias que había pasado en su amado Valle de los Reyes. Como el propio Carter escribió: «El Valle de las Tumbas de los Reyes, el propio nombre está lleno de poesía, y entre todas las maravillas de Egipto, no hay ninguna, creo yo, que sea tan inspiradora para la imaginación».

Howard Carter fue el último de los egiptólogos románticos que llegaron a Egipto a finales del siglo XIX. La aventura más maravillosa y excitante de toda la historia de la arqueología terminó el 2 de marzo de 1939, cuando Howard Carter fallecía en Londres a la edad de sesenta y cuatro años de edad.

Kent Weeks

Realmente, desde 1922 no se habían producido hallazgos relevantes en el Valle de los Reyes, hasta que un curioso proyecto fue abordado por el americano Kent Weeks. Este egiptólogo, considerado como uno de los mejores expertos de nuestro tiempo, nació en Washington el 16 de diciembre de 1941. En 1965 participó activamente en el proyecto de la UNESCO para la salvación de los templos de la Baja Nubia, entre los que destacó el traslado de Abú Simbel. Después de haber trabajado en numerosas excavaciones en todo Egipto, en 1978 decidió iniciar un ambicioso proyecto para cartografiar todo el área de Tebas y en especial el Valle de los Reyes. Como ya mencionamos, el *Theban Mapping Proyect* es el resultado de un increíble trabajo llevado a cabo por un gran número de arquitectos, fotógrafos, arqueólogos, geólogos y personal administrativo que ha propiciado que las tumbas del valle estén totalmente registradas y controladas. Uno de los grandes éxitos de este programa fue la posibilidad de recuperar una tumba que ya se había olvidado. Era la KV 5, la misma que había descubierto James Burton. Kent Weeks echó mano de los mapas y anotaciones que habían hecho los aventureros de los dos siglos pasados para poder así facilitar las labores de elaboración del proyecto. Así fue como reparó en el mapa que Burton había trazado de la KV 5, ya que el propio Weeks pudo advertir desde un principio que no existía nada en el valle como aquello. En 1979, el *Theban Mapping Proyect* se había quedado sin fondos y decidió comenzar a excavarla, porque el poco dinero que quedaba hacía factible una primera excavación. Ya había realizado una gran parte del mapa del valle, con la posición exacta de la gran mayoría de las moradas para la eternidad que los antiguos egipcios habían excavado. Al tiempo que todo se sucedía un poco deprisa a Weeks le asaltó una duda: ¿a quién pertenecía una tumba de semejantes características? Estaba claro que aquella estructura no había sido diseñada para un solo individuo.

Cuando Kent Weeks encontró la entrada, necesitó varios meses para despejar los cascotes, que habían alcanzado una altura de tres metros. Los escombros taponaban toda la entrada y, al final de la puerta, halló el pequeño túnel que Burton había excavado tantos años atrás. La primera campaña se dedicó por entero al desescombro, y hubo que esperar a la segunda campaña para que los primeros textos jeroglíficos hicieran aparición. Se trataba de una mención a Ramsés II y a su primogénito Amenherjopeshef. Luego apareció otra escena que mostraba al rey con otro de sus hijos, que lamentablemente no ha podido ser identificado. Tras cinco años de trabajo, tan sólo habían salido a la luz un par de cámaras. Cuando se despejó la tercera cámara, los excavadores encontraron algo que los sobrecogió. Al final de la tercera cámara se abría un largo corredor, y en ambos lados había puertas que conducían a otras estancias, y estas estancias contenían otras puertas que conducían a otras estancias. Al fondo del pasillo había una estatua osiríaca de Ramsés II, era el propio rey quien recibía los cuerpos de sus hijos fallecidos. La KV 5 es un auténtico laberinto, sus habitaciones se extienden en todas direcciones, incluso a distinto nivel. En algunos de los muros de las habitaciones se puede observar cómo los bajorrelieves se cortan repentinamente, dando paso a lo que se conoce como el sistema de alisamiento de la pared. Esto significa que las habitaciones se fueron agrandando poco a poco, a medida que los hijos reales iban falleciendo.

A centenares de metros de la entrada se acumularon los restos de las riadas, que han formado una pasta tan dura como el hormigón. Algunas cámaras son accesibles tan sólo en parte, y las que están totalmente despejadas tienen el tamaño de la mitad de un campo de fútbol. Las labores de desescombro son muy lentas porque han de ser realizadas a mano. Los métodos que se pueden utilizar dentro de las tumbas no difieren demasiado de los que se empleaban durante el siglo XIX. Un problema añadido surgió cuando se comprobó que las cámaras avanzaban hasta llegar a la carretera que durante cincuenta años ha estado transportando a los turistas al valle, y los techos están muy deteriorados.

Sabemos que en la antigüedad esta tumba estuvo bellamente decorada, con vivos colores. Hoy, los relieves se han desprendido en parte o incluso han desaparecido del todo. Después de tantos años de trabajo, sabemos que la KV 5 contiene más de cien cámaras, donde se han hallado algunos restos óseos bastante mal conservados, ya que los ladrones despojaron a las momias de sus tesoros y abandonaron los cuerpos a su suerte. Cuando las riadas hicieron aparición, los cuerpos fueron cubiertos de lodo y escombros.

Es muy posible que Kent Weeks no vea culminado su trabajo, ya que lo que queda por excavar en la KV 5 es tan sólo comparable a la faraónica tarea de su construcción. Las campañas para excavar en esta tumba son tremendamente costosas, el gobierno egipcio colabora en la medida de lo posible y algunos patrocinadores privados permiten que Weeks pueda continuar con esta labor tan ardua y prolongada en el tiempo.

Kent Weeks escribió un libro titulado *The Lost Tomb*, que fue publicado en castellano por la editorial Península en 1999 con el título de *La tumba perdida*, donde se relatan paso a paso todos los hechos y descubrimientos de la KV 5.

Otto Shaden

El egiptólogo americano Otto Shaden, que era el director del proyecto de restauración de la tumba de Amenmeses, la KV 10, y había estudiado la WV 24 en el valle oriental en 1991, halló el 10 de marzo del 2005 una tumba intacta, aunque el anuncio ante la prensa no se produjo hasta febrero del año siguiente: la KV 63.

Se trata de un pozo que está a unos cinco metros de profundidad. Tras una puerta sellada, se halló una cámara de aproximadamente unos veinte metros cuadrados, donde se habían depositado siete sarcófagos, un gran número de vasijas y restos de cerámica.

El equipo de arqueólogos de la Universidad de Memphis, Tenneessee, constató que no se trataba de una tumba real, sino de un escondrijo en el que se habían ocultado los sarcófagos de cinco adultos, de un niño de corta edad y el último de un recién nacido. Junto a los sarcófagos estaban las jarras que contenían los materiales empleados en la momificación, por lo que las sospechas se ciernen sobre un posible taller donde se embalsamaba a las momias. Los trabajos de esta tumba se presentaban difíciles, ya que ante la ausencia de momias, la complicación había surgido con el deterioro que sufrían los ataúdes de madera, que estaban en tal mal estado que amenazaban con convertirse en polvo al más mínimo movimiento. Tras un intenso trabajo de restauración de los sarcófagos y de varios trozos de cerámica, se ha llegado a la conclusión de que en esta tumba pudieron haber sido enterrados los cuerpos de Kiya y Anjesenamón. Para situar a la esposa del rey Tut en esta tumba, los arqueólogos se basaban en los restos de un nombre, del que sólo se puede leer su última parte: *pa-atón*, que se trata, sin duda, del nombre original de la reina, Anjesenpaatón. Para situar a Kiya en esta *cachette* no hay ninguna prueba o evidencia; los arqueólogos sólo han podido hacer especulaciones aludiendo a la extrema proximidad de la KV 62. Además, Otto Shaden constató que la disposición de la tumba es prácticamente idéntica a la planta de la KV 46, perteneciente a Yuia y Tuia, por lo que se puede fechar con un alto índice de probabilidad que este hipogeo fue excavado en un determinado momento de la XVIII Dinastía. El propio Zahi Hawass ha confirmado recientemente, en una conferencia impartida en Madrid, que, efectivamente, Anjesenamón fue enterrada en este escondrijo, tal vez después de haber sido apartada del poder por su posible traición con el príncipe hitita. No sabemos cómo murió, ni qué es lo que ocurrió con la reina desde la muerte de su esposo hasta que se produjo su óbito. No obstante, esto no explica la presencia del resto de los sarcófagos. La KV 63 está todavía muy lejos de ser identificada, y los trabajos de investigación todavía continúan, aunque es muy posible que las respuestas lleguen en forma de otros dos posibles hallazgos.

LAS ÚLTIMAS TUMBAS DEL VALLE

En marzo del año 2008, el egiptólogo Zahi Hawass reconocía públicamente que el gobierno egipcio estaba buscando la tumba de Ramsés VIII, que no se ha encontrado todavía. Durante la búsqueda de esta tumba perdida aparecieron dos tumbas nuevas que fueron catalogadas como KV 64 y KV 65. Las excavaciones no se han iniciado todavía, pero se cree que la KV 64 puede estar datada en la XIX Dinastía, mientras que la KV 65 podría haber sido construida en la XVIII Dinastía. De cualquier forma, el valle está demostrando que todavía guarda algún secreto, y tan sólo los años nos dirán si todavía se halla alguna tumba intacta en sus entrañas. De todas maneras, no sólo existe el enigma de la tumba de Ramsés VIII, sino que no se sabe dónde están enterradas las reinas de la XVIII Dinastía. En la actualidad, en la montaña tebana hay alrededor de unas sesenta misiones arqueológicas que peinan todo el valle. Entre los trabajos no sólo está el hallar nuevas tumbas, sino que se están acometiendo grandes trabajos de restauración. Estos trabajos no sólo implican al *Sejet Aa*, sino que también se trabaja en el *Ta Set Neferu*, conocido como el Valle de las Reinas. Aquí, durante el reinado de Amenhotep III, se enterraron los príncipes reales de la XVIII Dinastía. A lo largo de la XIX Dinastía, junto a los príncipes también se depositaron los cuerpos de las grandes reinas. En la dinastía siguiente se volvería a la tradición de que aquella zona del valle fuese ocupada por los príncipes reales, pero el enigma se mantiene en lo que concierne a las grandes reinas de la I Dinastía del Imperio Nuevo. Conocemos algunas tumbas de las reinas de la XIX Dinastía, como la QV 38, que perteneció a Sit-Re, esposa de Ramsés II; la QV 66, perteneciente a Nefertari, o las QV 68 y 71, pertenecientes a Meritamón y Bintanat, ambas hijas y esposas de Ramsés II. No obstante, también existe una curiosa tumba, la QV 47, donde se hallaron los restos de una hija de Seqenenre Tao II, la princesa Ahmés, y el cuerpo de su madre, la esposa secundaria Sitdjehuti. En total se han catalogado un total de noventa y ocho moradas para la eternidad en este valle, que fue abandonado a finales de la XX Dinastía. Con el paso de los años, el lugar, al igual que el destinado a los reyes, fue ocupado por los primeros cristianos, que causaron unos daños irreparables. Hemos de tener en cuenta que en aquellos días los inquilinos vivían rodeados de antorchas para iluminarse, lo que provocó que las paredes y techos se fueran llenando de humo y hollín, al tiempo que iban destrozando las figuras de aquellos dioses andróginos que ellos consideraban encarnaciones del demonio. Afortunadamente, los trabajos de restauración han permitido que recuperemos parte de este legado histórico que es Patrimonio de la Humanidad, y que a todos nos concierne, en la medida de lo posible, cuidarlo y mantenerlo intacto para las futuras generaciones.

Listado de las tumbas del Valle de los Reyes

KV	Nombre	Descubierta en	Excavada por	Año
1	*Ramsés VII*	Abierta desde la antigüedad	*Edward Russell Ayrton*	1906
2	*Ramsés IV*	Abierta desde la antigüedad	*Edward Russell Ayrton*	1905
3	*Ramsés III*	Abierta desde la antigüedad	*Harry Burton*	1912
4	*Ramsés XI*	Abierta desde la antigüedad	*John Romer*	1979
5	*Hijos de Ramsés II*	Abierta desde la antigüedad	*James Burton* *Howard Carter* *Kent Weeks*	1825 1902 1987
6	*Ramsés IX*	Abierta desde la antigüedad	*Henry Salt* *George Daressy*	1817 1888
7	*Ramsés II*	Abierta desde la antigüedad	*Karl Richard Lepsius* *Museo de Brooklyn*	1844 1978
8	*Merenptah*	Abierta desde la antigüedad	*Karl Richard Lepsius* *Howard Carter*	1844 1903
9	*Ramsés V y VI*	Abierta desde la antigüedad	*George Daressy*	1888
10	*Amenmeses*	Abierta desde la antigüedad	*Edward Russell Ayrton* *Otto Shaden*	1974 1992

LISTADO DE LAS TUMBAS DEL VALLE DE LOS REYES *(continuación)*

KV	Nombre	Descubierta en	Excavada por	Año
11	*Ramsés III*	Abierta desde la antigüedad	*Giovanni Battista Belzoni*	1816
12	*Anónima*	Abierta desde la antigüedad	*Ernest Harold Jones* *Howard Carter*	1908 1920
13	*Bay*	Richard Pocoke, 1737	*H. Altenmüller*	1988
14	*Twosret y Setnajt*	Abierta desde la antigüedad	*H. Altenmüller*	1983
15	*Seti II*	Abierta desde la antigüedad	*Howard Carter*	1903
16	*Ramsés I*	1817	*Giovanni Battista Belzoni*	1817
17	*Seti I*	1817	*Giovanni Battista Belzoni* *Howard Carter*	1817 1902
18	*Ramsés IX*	1817	*Howard Carter* *MSIR Proyect*	1902 1998
19	*Montuherjopeshef*	1817	*Giovanni Battista Belzoni* *James Burton* *Howard Carter*	1817 1825 1903
20	*Hatshepsut-Thutmosis I*	Abierta desde la antigüedad	*James Burton* *Howard Carter*	1825 1903
21	*Anónima*	Abierta desde la antigüedad	*Giovanni Battista Belzoni*	1817
WV 22	*Amenhotep III*	Abierta desde la antigüedad	*Giovanni Battista Belzoni* *Howard Carter*	1816 1915
WV 23	*Ay*	Abierta desde la antigüedad	*Giovanni Battista Belzoni*	1816
WV 24	*Anónima*	Abierta desde la antigüedad	*Howard Carter* *Otto Shaden*	1908-1991

Listado de las tumbas del Valle de los Reyes *(continuación)*

KV	Nombre	Descubierta en	Excavada por	Año
WV 25	*Amenhotep IV?*	1817	*Giovanni Battista Belzoni* *Otto Shaden*	1817 1972
26	*Anónima*	Abierta desde la antigüedad	*Sin excavar*	
27	*Anónima*	1827	*John Gardner Wilkinson* *Donald Ryan*	1827 1990
28	*Anónima*	1827	*John Gardner Wilkinson* *Donald Ryan*	1827 1990
29	*Anónima*	1825	*James Burton*	1825
30	*Anónima*	1817	*Giovanni Battista Belzoni*	1817
31	*Anónima*	1817	*Giovanni Battista Belzoni*	1817
32	*Tiaa*	1898	*Victor Loret*	1898
33	*Anónima*	1898	*Victor Loret*	1898
34	*Thutmosis III*	1898	*Victor Loret*	1898
35	*Amenhotep II*	1898	*Victor Loret*	*1898*
36	*Maihepri*	1898	*Victor Loret*	1898
37	*Anónima*	1899	*Victor Loret*	1899
38	*Thutmosis I*	1899	*Victor Loret*	1899

LISTADO DE LAS TUMBAS DEL VALLE DE LOS REYES *(continuación)*

KV	Nombre	Descubierta en	Excavada por	Año
39	*Amenhotep I?*	1900	*Victor Loret*	1900
40	*Anónima*	1900	*Victor Loret*	1900
41	*Anónima*	1899	*Victor Loret*	1899
42	*Meritre-Hatshepsut*	1899	*Victor Loret*	1899
43	*Thutmosis IV*	Abierta desde la antigüedad	*Howard Carter*	1903
44	*Anónima*	1901	*Howard Carter*	1901
45	*Userhat*	1902	*Howard Carter*	1902
46	*Tuia y Yuia*	1905	*James Edward Quibell*	1905
47	*Siptah*	1905	*Edward Russell Ayrton* *Harry Burton* *Howard Carter*	1905 1912 1922
48	*Amenemopet*	1906	*Edward Russell Ayrton*	1906
49	*Anónima*	1906	*Edward Russell Ayrton*	1906
50	*Animales*	1906	*Edward Russell Ayrton*	1906
51	*Animales*	1906	*Edward Russell Ayrton*	1906
52	*Animales*	1906	*Edward Russell Ayrton*	1906

LISTADO DE LAS TUMBAS DEL VALLE DE LOS REYES *(continuación)*

KV	Nombre	Descubierta en	Excavada por	Año
53	Anónima	1906	Edward Russell Ayrton	1906
54	Pozo funerario de Tut-Anj-Amón	1907	Edward Russell Ayrton	1907
55	Ajenatón	1907	Edward Russell Ayrton	1907
56	Hija de Twosret	1908	Edward Russell Ayrton	1908
57	Horemheb	1908	Edward Russell Ayrton	1908
58	Pozo funerario	1909	Ernest Harold Jones	1909
59	Anónima	1825	James Burton	1825
60	Hatshepsut	1903	Howard Carter	1903
61	Anónima	1910	Ernest Harold Jones	1910
62	Tut-Anj-Amón	1922	Howard Carter	1922
63	Anjesenamón? Kiya?	2005	Otto Shaden	2005
64	Anónima	2008	Sin excavar	
65	Anónima	2008	Sin excavar	

Capítulo VIII
El final de un Imperio

EL III PERÍODO INTERMEDIO

Tras el Imperio Nuevo, la situación de Egipto se vuelve tan catastrófica que incluso podríamos afirmar que el fin de la XX Dinastía es el inicio de una muerte agónica que se extendería durante varios siglos. Habíamos visto como el último rey, Ramsés XI, vive sometido en la ciudad de Per-Ramsés, intentando gobernar un país roto que sufre una crisis profunda. La batalla entre el poder real y el clero de Amón parece inevitable. Aquello que los primeros reyes de la XVIII Dinastía habían levantado para el mayor gozo de su padre Amón era ahora un centro de avaricia, lujuria y una terrible ambición por alcanzar el trono real. El Ipet Isut que había maravillado al Antiguo Próximo Oriente era ahora dueño y señor de dos tercios de la tierra cultivable del país, poseía el noventa por ciento de los buques que navegaban en todos los mares y las expediciones eran financiadas por ellos, y eso significaba que, de todas las riquezas que llegaban a Egipto, como maderas nobles, piedras preciosas, materias exóticas y todo tipo de productos, el mayor beneficio tenía que recalar en Karnak. El primer profeta de Amón, de nombre Amenhotep, poseía el ochenta por ciento de las fábricas, lo que implicaba que poseía todo el monopolio que sustentaba el país: alimentos, papiro, telares, navieras, etc. La figura del rey, poco a poco, va cayendo en un segundo plano, y Ramsés XI, que otrora era el rey del pueblo, hoy es como un prisionero en su propio país, ya que sólo tiene el control en la zona del Delta. La otra mitad del país corresponde a Amenhotep. Finalmente, la guerra estalla sin remedio. Los mercenarios libios se rebelan contra Ramsés y tiene lugar la conocida como «Batalla de los impuros», donde cananeos, israelitas, amorritas, libios, fenicios y los egipcios partidarios de Ramsés avanzan hacia las tropas de Amenhotep, capitaneados por un tal Urisef, un sacerdote de Heliópolis cuya misión es someter a los rebeldes. Pero Amenhotep también tiene un pequeño ejército comandado por Panehesi, un general libio que había sido virrey de Kush. A pesar de que los datos acerca de estos hechos son un poco confusos, no es difícil imaginarse que la lucha debió de ser terrible.

Pianj es el fiel general de Ramsés XI, un hombre de origen libio, arraigado en las antiguas costumbres de los militares de la XIX Dinastía, ya que sus orígenes se remontaban a los días de Ramsés el Grande. Pianj se nos presenta como un hombre que ha sido educado en el respeto y la grandeza de aquellas grandes conquistas llevadas a cabo desde los tiempos de Thutmosis I. Es un valiente sin igual, un soldado de su rey, y para él va a recuperar el área de Tebas. Tras reunir un ejército con los mejores soldados, Pianj se dirige hacia Karnak donde provoca grandes bajas en las filas enemigas. Los soldados del rey luchan con tanto ardor que obligan a los rebeldes a refugiarse detrás de los muros del palacio que Ramsés III había construido en Medineth Abú. Durante el reinado de Ramsés XI las moradas para la eternidad del Valle de los Reyes estaban desguarecidas, desprovistas de vigilancia. Es muy posible, a juzgar por los textos que nos han llegado, que los guardias estuvieran sobornados por los saqueadores para hacer la vista gorda. Sólo así se explica semejante expolio.

Cuando Pianj se hizo con el control de Tebas, contempló horrorizado las abominaciones que el hombre había hecho en las tumbas de sus antepasados. Pianj se hizo con la documentación necesaria para encontrar la gran mayoría de las tumbas. Rescató las momias profanadas y las hizo trasladar hasta el templo funerario de Ramsés III, donde allí recibieron un nuevo trato. Las que estaban en peor estado fueron vendadas de nuevo, y es posible que los sacerdotes tuvieran que volver ungir con algunos óleos los cuerpos. Los dos encargados de anotar los trabajos de restauración de las momias reales fueron dos escribas, llamados Thutmosis y Butetamón. Algunos expertos opinan que Pianj tomó lo que quedaba de los ajuares funerarios para financiar las batallas que se habían librado; había que pagar a los soldados y acometer grandes reformas tras el cruento enfrentamiento. Es entonces cuando aparece un oscuro personaje llamado Herihor.

Este joven soldado era hijo de Pianj, había nacido en la ciudad de Bubastis y es muy posible que estuviera casado con una pariente de Ramsés XI, una mujer llamada Nedjemet. Es probable también que Amenhotep, el primer profeta de Amón, fuera muerto en este conflicto, ya que Pianj coloca a su hijo Herihor al frente del complejo de Karnak. Ramsés creía que la situación estaba restablecida, que nuevamente podía volver a gobernar un Alto y Bajo Egipto unificado. Cuando llegó su año decimonoveno de reinado, Ramsés XI nombra a Herihor virrey del país de Kush y visir del Alto Egipto. Los privilegios aumentaron, el poder se acrecentó, las riquezas aumentaron y se hicieron insuficientes. Entonces, Herihor hizo tallar unos relieves en los muros del templo de Jonsu, en Karnak, donde se representaba a sí mismo a igual tamaño que Ramsés. Esto era toda una declaración de independencia total y absoluta. Además, para que nadie tuviera ninguna duda de su poder, se hizo garante de lo que se denominó como 'Repetición de los nacimientos', lo cual indicaba que Ramsés XI, nuevamente, poco pintaba en el Alto Egipto. Herihor se hace llamar a sí mismo 'Hijo de Re' y toma el epíteto 'Hijo de Amón'. La osadía más grande que cometió Herihor fue inscribir su nombre dentro de un cartucho real. ¿Era Ramsés XI consciente de estos hechos, o por el contrario se hallaba recluido en Per-Ramsés? No hay datos que confirmen ni lo primero ni lo segundo, pero sí sabemos que tras haberse coronado a sí mismo como rey, Herihor envía una gran expedición al país de Bibblos. Los datos nos reflejan que la posición de Ramsés XI era crítica, ya que al regreso de esta expedición, Herihor ya controlaba todo el sur y la madera y el resto de la carga que trae la expedición no la envía al rey, que vivía en Per-Ramsés, sino que se la cede al gobernador de Tanis, llamado Nesibanebdjet, más conocido como Smendes, el cual tenía todo el control sobre el territorio del Bajo Egipto. No había duda de que Ramsés había muerto, muy posiblemente asesinado por este traidor, el cual se sospecha que era el hijo primogénito de Herihor.

La tumba de Ramsés XI en el Valle de los Reyes jamás fue ocupada. Ignoramos si Herihor ocultó la momia del débil monarca en algún lugar fuera del valle. Es muy posible, ya que Herihor tampoco se hizo excavar una tumba en el Valle de los Reyes. Al final, el Imperio Nuevo había sucumbido ante su propia grandeza. Herihor, ante las oleadas de robos y saqueos, puso a salvo varias momias que se habían restaurado en Tebas en una *cachette*, que más tarde volverían a ser serían trasladadas, unas a la KV 35 y otras al escondrijo DB 320, en Deir el-Bahari.

Con Ramsés XI muerto, el poder se lo repartieron estos dos hombres. Herihor gobernaba el Alto Egipto, mientras que desde Tanis, la nueva capital, Smendes I se ocupaba de regir los designios del Bajo Egipto. Así se volvieron a los remotos tiempos en los que dos reyes gobernaban un solo país, aunque Herihor consideraba a Smendes como a un vasallo. Seguramente era el poder familiar, y Herihor estaba tranquilo por la seguridad que le ofrecía su hijo que desde el norte controlaba las rutas comerciales hacia los países asiáticos, mientras que Herihor desde el Alto Egipto controlaba y regía los dominios de Amón y las tierras del Kush. Los dos frentes de poder están controlados. Amón continuaba dando la titulatura a los monarcas.

Herihor fallece sobre el año 1069, diez años después de haberse proclamado como soberano del Alto Egipto bajo los dominios de Amón. No se ha descubierto ningún objeto funerario suyo, tampoco de Ramsés XI, por lo que debemos pensar que sus tumbas no han sido descubiertas todavía y en algún lugar de Egipto yacen ocultos algunos de los últimos tesoros de los faraones. Con Herihor muere el último rescoldo del Imperio Nuevo, y el linaje que ha colocado sobre el trono de las Dos Tierras andará incauto y sin remedio hacia el declive más desastroso que Egipto había visto jamás.

Cuando la XXI Dinastía se instaura en Tanis, Egipto está fraccionado por dos poderes que ya no volverán a juntarse nunca más. El primer rey de la XXI Dinastía es, como hemos dicho, Smendes I, que muy posiblemente había sido hijo de Herihor. Durante veintitrés años gobernará su reino limitado, que posiblemente se extendía desde el Delta hasta Tayu-Djayet. Al tiempo, la otra facción de poder dominaba desde Tayu Djayet hasta la frontera sur con Nubia. Esta ciudad que marcaba el límite de los dos reinos es la moderna El-Hibeh, cuyo nombre significa 'El muro', pues Herihor había ordenado levantar una serie de murallas para limitar su reino con el del Bajo Egipto. En las sucesivas dinastías, este muro se irá agrandando y extendiéndose incluso por los límites de la tierra cultivable. Las distintas ramas familiares se fueron haciendo cada vez más grandes y entre ellas se repartían los distintos poderes, lo cual a veces provocaba grandes rencillas que amenazaban con desestabilizar las moderadas relaciones. Los dos reinos copian un sistema similar el uno del otro, porque la ocasión así lo requiere. Las diferentes ramas familiares iban teniendo cada vez más cargos de suma importancia, lo cual provocó que muchas ciudades se convirtieran en una especie de plaza fuerte, donde cada cual defendía su territorio. En Tebas ocurrió algo muy similar, pero la base del poder era el cargo del primer profeta de Amón, que se transmitiría de padres a hijos, asegurándose así el poder siempre en la misma familia, y las diversas ramas que iban surgiendo siempre ocuparían cargos de vital importancia. Incluso se llegaron a celebrar matrimonios cuyos cónyuges estaban emparentados en segundo o tercer grado con las mujeres de la familia reinante. Esto era como meter un infiltrado entre las posibles tropas enemigas, lo cual durante un tiempo causó el efecto deseado.

Pero los conflictos en Tebas no tardaron en llegar. Herihor había colocado a su hijo Pianj como Primer Profeta de Amón, y este a su vez había puesto a su hijo Pinedjem a mando del pontificado del dios tebano. Sin

Ruinas de Tanis.

embargo, el sacerdote Pinedjem no tardó en ansiar el poder del norte, así que sobre el año decimosexto del reinado de Smendes provoca algún que otro altercado, sin que la situación revista ninguna gravedad. Tan sólo quería dar un golpe de efecto, una muestra de su poder. Pinedjem deseaba unificar nuevamente el país, y este hecho sólo podía darse bajo el brazo de un hombre que previamente hubiera sido elegido por el oráculo de Amón. Y Smendes no era ese hombre. Durante unos años, Pinedjem se limitó a aumentar sus títulos y levantar una serie de monumentos que mostraban que él era un auténtico rey de Egipto, ya que Smendes no podía rivalizar con él en este aspecto. Se cree que alrededor de su año decimoquinto o decimosexto Pinedjem se hizo representar en Karnak portando los títulos de faraón. No está demasiado claro, pero es posible de que antes de que Smendes muriera Pinedjem se hubiera hecho con el control de Tanis. Así, colocó a sus hijos al mando del país. Masaherta al mando del pontificado de Amón, y Psusennes I reinando en Tanis, aunque quien gobernaba realmente era Pinedjem. Lo cierto es que, bajo su reinado, Egipto tuvo un auge económico que le permitió paliar un poco la crisis que sufría. El grano de Karnak incluso fue compartido con los territorios que pertenecían al Bajo Egipto, y ambas familias se habían repartido el control militar, económico y religioso. Parece ser que, mientras su padre vivió, los dos hermanos no tuvieron rencillas. Otro factor importante del que se valió Pinedjem fue el de restaurar los antiguos privilegios de las 'Divinas adoratrices de Amón', que antaño se conocían como las 'Esposas del dios'. Estas mujeres permitieron que los poderes de Tanis y Tebas consiguieran el equilibrio que permitía reinar con seguridad. La función de estas mujeres, que formaban una cofradía de vírgenes consagradas al culto de Amón, era intermediar en este reparto de poderes, aunque es cierto que en los primeros años este poder casi era inexistente. No obstante, a medida que se fueron asentando, las 'Divinas adoratrices de Amón' alcanzaron un poder que rivalizaba con el de los profetas de Amón. Se convirtieron en una dinastía femenina independiente que incluso, en determinadas ocasiones, llegó a ocupar el máximo poder, ante la ausencia de un rey fuerte que pudiera dirigirlo, porque hubo períodos en que el estatus regio de la realeza estaba fragmentado.

Al igual que siglos antes lo habían hecho las 'Esposas del dios', estas mujeres lograron mantener unidos el norte y el sur, y el hecho de que estuviesen emparentadas tanto con los reyes de Tanis como con los reyes

Collar de Pinedjem I.

de Tebas provocó una situación a modo de pacto de no agresión, lo cual dio al país quinientos años de cierta estabilidad.

Poco antes de su muerte, Pinedjem I acometió el traslado de las nueve momias reales a la KV 35, donde más tarde reposaría su propio cuerpo. Es posible que Pinedjem las rescatase de la KV 4, la tumba de Ramsés XI, que habría sido el lugar donde años antes las había ocultado Pianj.

En el aspecto comercial, la XXI Dinastía mantuvo unas excelentes relaciones con Asiria, Babilonia y las costas portuarias del Levante. No obstante, también hubo conflictos bélicos, sobre todo con las tribus filisteas y con las tribus de Israel, que acababa de nacer como estado entre el año 900 y 1000 a. C. con el rey David.

Cabría mencionar que la Biblia menciona el matrimonio entre el rey Salomón y la princesa Siamón, hija de Psusenes II. Este sería el último monarca de la XXI Dinastía. Había sido primer profeta de Amón hasta que, en algún momento de su reinado en Tebas, se alzó con los títulos reales tras la muerte de Siamón, el último rey de Tanis. Psusenes II no tuvo hijos varones que le sucedieran en el trono, pero sí había tenido una hija llamada Maatkare[106], que se casaría con Sheshonq I, el fundador de la XXII Dinastía.

Este monarca nacido en Tanis procedía de una familia militar de origen libio, y esta a su vez descendía de una tribu asentada en el Delta del Nilo desde hacía varias generaciones. Con Sheshonq I comienza lo que algunos egiptólogos denominan las dinastías libias, que se extendieron hasta la XXIV Dinastía, aunque también es cierto que otros expertos opinan que a pesar de que sus orígenes fueran libios, estos gobernantes eran como los egipcios nativos, habían adoptado perfectamente las costumbres y ritos del país del Nilo, llegando incluso a desconocer algunas de las costumbres practicadas en la tierra de sus antepasados. La llegada al trono de este rey coincide con la pérdida de poder por parte de los monarcas tebanos. Aprovechando esta debilidad, Sheshonq instaura una ley que obliga a que el primer profeta de Amón haya nacido en Tanis, lo cual le garantiza que sea de su propia familia. Así que Sheshonq coloca a su hijo Iuput al mando del gobierno de Karnak. Con este faraón se reemprenden las obras a gran escala por todo el país, y Tebas ve cómo nuevamente las grandes construcciones vuelven a convertirla en una urbe activa y bulliciosa. Naturalmente, para sufragar todos estos gastos las campañas militares vuelven a ser considerables. Los enfrentamientos se vuelven a suceder en Palestina, en Jerusalén, en Megiddo y en varios puntos de Asia. Su reinado fue bastante fructífero, ya que las riquezas conseguidas en sus campañas militares también le procuraron varias expediciones comerciales con Bibblos y algunos puertos del Levante, lo que propició que la economía se estabilizase nuevamente. El resto de los botines de guerra, oro, plata y otros materiales preciosos, sirvieron para levantar varios templos en Tebas. A la muerte de Sheshonq I, Egipto había vuelto a ver como el alimento abundaba y la gente no pasaba calamidades.

Pero varios años después, con la llegada de Osorkón II al poder, comenzó una nueva crisis económica. Las disensiones con Tebas se reiniciaron y los

---

[106]Maatkare era el nombre de *Nesu-Bit* de Hatshepsut. A lo largo de este período, muchos reyes emplearon los nombres de los grandes faraones, como si fuese un intento de que la magia del nombre consagrase su reinado.

continuos problemas amenazaban con la aparición de nuevas dinastías paralelas. No obstante, Osorkón II recurrió a la antigua fórmula de Pinedjem I. Se apropió de todos los títulos faraónicos, cedió el poder del clero menfita a su hijo y heredero Sheshonq III y a la esposa de este, Karomana. Acto seguido, se dirigió hacia Tebas y posiblemente obligó a que el primer profeta de Amón que estaba activo, Hariese, le cediera el puesto a su otro hijo Nimlot. Pero los planes no ocurrieron como este había deseado, ya que el hijo de Nimlot, Takelot, tomó los títulos faraónicos, se hizo coronar como Takelot II y formó la XXIII Dinastía, que reinó paralela a la XXII.

La superposición de dinastías durante este período no vino sino a causar una profunda ruptura en la estabilidad central y, por lo tanto, se empeoraron las condiciones de vida de la sociedad en general. La sucesión de monarcas contemporáneos provoca la desintegración del reino, porque la figura regia de la realeza había dejado de existir. Para colmo de males, había una nueva potencia que amenazaba las rutas que estaban bajo dominio egipcio: los asirios. No obstante, el ejército carecía de una fuerza impulsora, el poder central estaba quebrado y los ataques no fueron respondidos.

A pesar de que el poder que las familias reinantes ostentaban podría calificarse de ficticio, Takelot II gobierna una zona bastante amplia, que se extiende desde Heracleópolis hasta Nubia, siendo Tebas sede religiosa y capital administrativa. Takelot colocó a su hijo Osorkón como primer profeta de Amón, lo cual aseguraba la sucesión al trono del Alto Egipto, pero de las sombras surgió un poderoso enemigo llamado Pedubastis, que contaba con el apoyo del rey de Tanis, Sheshonq III.

Durante el año decimoquinto de Takelot II estalló en Egipto una nueva guerra civil. Si el país ya estaba mal económicamente, aquella confrontación lo sumió todavía más en la ruina. Durante nueve años los combates se suceden, causando una gran mortandad. Las tropas de Sheshonq III y Pedubastis provocan centenares de muertos en las filas tebanas, pero el rey del Alto Egipto resiste milagrosamente, y el año vigesimocuarto de su reinado se llega a un primer acuerdo de tregua, que en pocos meses se convierte en un tratado de paz. Pero durante dos años habrá continuos tira y afloja que provocarán de nuevo las hostilidades, y esta vez el príncipe heredero Osorkón es expulsado de Tebas y Pedubastis ocupa el trono.

Durante unos veinticinco años, Pedubastis asienta su gobierno en la zona tebaida y, para asegurar su linaje, nombra a su hijo Iuput como corregente. Es entonces cuando surge un nuevo individuo que se hará llamar Sheshonq IV, que muy posiblemente procedía de la familia real de Tanis, y que no estaba dispuesto a permitir que el tebano gobernase por más tiempo. Así pues, un nuevo rey se asienta en el trono del Alto Egipto bajo el auspicio de Amón, hasta que una nueva contienda asoma por el horizonte; un ejército capitaneado por Osorkón III depone al rey de Tanis, situándose como el nuevo monarca reinante. Esta situación deja patente la fractura del Estado. La figura del único rey, capaz y garante de la prosperidad del país, ha desaparecido, y hemos de entender que tan sólo la clase alta, que está bajo la protección de sus privilegios, era la única capaz de vivir en unos tiempos tan convulsos. El resto del grueso de la sociedad egipcia, la clase media baja, se ve obligada simplemente a sobrevivir como puede, viendo cómo el hambre y las enfermedades terminan de diezmar a una desdichada población que ya por sí sola vivía al borde de la desesperación.

La última parte de esta etapa debemos estudiarla superponiendo la XXII y la XXIII dinastías. Sheshonq V, uno de los últimos reyes de la XXII Dinastía, entre sus años treinta y seis y treinta y ocho de reinado, depositó una extrema confianza en uno de sus mejores generales, un hombre afincado en la zona del Delta, que parece ser que gozaba de una tremenda popularidad y el beneplácito de un gran número de nomarcas y nobles del Bajo Egipto, ya que era considerado como el segundo gobernante del Delta, justo por debajo de su rey Sheshonq V. Su nombre era Tefnajt, un príncipe libio, descendiente de las tribus de los antiguos *mashauash*, aquellos guerreros que se enfrentaron a los Thutmosis y que surtieron de ganado los templos de Amenhotep III. Pronto, a base de organizar reuniones secretas y prometer grandes beneficios para aquellos que se unieran a su causa, su poder se extendió más allá de las zonas normales de influencia que un personaje como él debiera tener, y su punto de inflexión fue la antigua Itchi-Tawi, la que había sido el centro político y administrativo del gran Amenemhat I. Aquí va forjando alianzas y tejiendo una tela de araña con la idea de alcanzar el trono tras la muerte de Sheshonq V. Finalmente, alrededor del año 735, Tefnajt funda una nueva dinastía paralela, la XXIV Dinastía.

Volvámonos ahora hacia el final de la XXIII Dinastía, con sus últimos reyes efectivos, Takelot III y Rudamón. Ya vimos que, durante las épocas anteriores, se había formado y consolidado la figura del virrey de Kush y, si es cierto que los últimos faraones de la XXI Dinastía reclamaron para sí este título, no llegaron a hacerlo efectivo. El motivo es que, ante la debilidad del estado faraónico, se dio el ambiente propicio para que se formara un gobierno muy fuerte en Kush, cuya capital Napata ya había sido anexionada al imperio egipcio durante la primera mitad del Imperio Nuevo. El primer rey de esta nueva jerarquía de Kush fue Kashta, un hombre poderoso y de gran influencia, el cual asumió los títulos faraónicos y extendió su poder hasta la frontera de Nubia y Egipto, tomando las ciudades más próximas a la primera catarata y fundando así la XXV Dinastía. Para instaurar un pacto de no agresión con los reyes tebanos, Kashta colocó a su hija Amenirdis como 'Divina adoratriz de Amón'. Una vez más, la fórmula de Pinedjem I salvaba a los debilitados tebanos de una guerra que tal vez no estuvieran en condiciones de ganar. A la muerte de Kashta, el mando del reino kushita recae en manos de su hijo Pi'anji. Esto sucede alrededor del año 730 a. C., y el nuevo faraón negro no está conforme con la forma de gobernar que ha tenido su padre. La realidad era que esta dinastía nubia gobernaba demasiado lejos de Egipto, por lo que era inevitable que en cuanto regresaban a Napata las conspiraciones para expulsarlos del poder comenzasen de inmediato. Para intentar mantener su propio gobierno, Pi'anji incursiona sobre el Alto País y toma el control de Tebas. Ordena a su hermana Amenirdis I que adopte como sucesora en el cargo de 'Divina adoratriz' a su hija, Shepenupet II. Es entonces cuando Tefnajt, fundador de la XXIV Dinastía, que llevaba unos cinco años de gobierno, siente que su posición está amenazada. No va a permitir que Pi'anji gobierne el Alto Egipto desde Kush, e interpreta que si el faraón negro tiene su capital tan alejada de Egipto es porque el reino no le interesa, no aprecia la tierra que ha sometido. Y así decide realizar una serie de incursiones. Parece ser que en un primer momento, Pi'anji no respondió a las agresiones, pero en cuanto se acercó demasiado a Tebas, el rey nubio se alza con su corona del Alto Egipto; no va a consentir semejante provocación.

Los hechos acontecidos nos han llegado gracias a una estela que el propio Pi'anji erigió en su capital, Napata. Según este texto, el rey consintió las brabuconadas de Tefnajt hasta que este salió de Itchi-Tawi para tomar por la fuerza la ciudad de Heracleópolis. Es entonces cuando los comandantes kushitas, que mantenían el nexo de unión entre Egipto y Napata,

Relieve de Takelot III en Karnak.

advierten el peligro que se cierne sobre ellos y envían un mensajero a la corte de Pi'anji. El rey se pone personalmente al frente de un gran ejército y se prepara para responder a las hostilidades de Tefnajt. Tras su llegada a Tebas, el nubio prefiere no iniciar los combates; se permite el lujo de celebrar unos festivales. Para ello, sacrifica a una serie de animales que honrarán al dios Amón, que le concederá la victoria contra su enemigo Tefnajt. Finalmente, la inevitable batalla tiene lugar en el área de Heracleópolis. El ejército de Pi'anji es tan numeroso que desde varios kilómetros de distancia se puede ver cómo sus buques de guerra bajan por el Nilo. Una a una, las fortalezas que estaban bajo el dominio de Tefnajt van cayendo sin remisión. En algunas de ellas, la fuerza no es necesaria, ya que ante semejante despliegue bélico el militar que está a cargo de su defensa prefiere deponer las armas. Otras, por el contrario, son totalmente arrasadas y sus ocupantes exterminados. Pi'anji no tiene piedad con su enemigo. Finalmente, el rey nubio avista Hermópolis, y Nimlot vio sometida su plaza fuerte a un sitio. Al comienzo pensó que podría aguantar, pero fue tan feroz que no le quedó más remedio que rendirse. Para que Pi'anji respetara su vida, tuvo que pagar un precio elevadísimo fijado en plata y oro.

El gran ejército del faraón negro avanzaba sin oposición alguna, y así somete la antigua El-Lahum y Meidum. Tras estas últimas conquistas, las murallas de Menfis prometen una feroz batalla. Allí estaba Tefnajt con unos ocho mil guerreros. Mientras los mensajeros iban trayendo noticias de las victorias de Pi'anji, Tefnajt había empleado sus recursos en reforzar las murallas, y lo había hecho de tal forma que el asedio parecía condenado al fracaso. Durante semanas, las hordas kushitas se estrellaban contra los muros sin que el enemigo se viera doblegado. Entonces, Pi'anji trazó un plan de ataque que, finalmente, le concedió la victoria. Tefnajt huyó a caballo y, tras instaurar el orden en todo el país, Pi'anji se retiró inexplicablemente a su reino de Napata.

Cuando llegó a su palacio, erigió un gran templo en honor de Amón y ordenó erigir una estela donde se recoge este relato. Para dejar constancia de que Pi'anji era un rey como hacía tiempo que no veían los egipcios, construyó este templo adosado a las antiguas construcciones que Seti I y Ramsés II habían construido en el Kush.

El gobierno que Pi'anji había dejado en el Bajo Egipto no era un gobierno regido por los nubios, ya que perdonó a los gobernadores que se habían unido a Tefnajt. Al fin y al cabo, no había reproche alguno en contra de su gestión. La XXIV Dinastía sólo tuvo dos reyes, el propio Tejnajt y Bakenrenef. El resto de la XXV Dinastía mantuvo un estrecho control sobre Egipto, defendió la franja de Siria y Palestina de la nueva fuerza militar que ya era la primera potencia del momento. Eran los asirios que, en un primer momento, mantenían unas buenas relaciones con Egipto. El rey asirio Sargón tenía una buena amistad con el rey nubio Shabaka, y los dos pueblos vivían en paz, sin ánimo de guerra, aun sabiendo que en aquellos momentos Asiria era mucho más poderosa que Egipto. Pero todo cambió a la muerte de Sargón, pues el poder lo alcanza un nuevo rey llamado Senaqenib. Este hombre era de carácter belicoso y en su primer año de gobierno se abalanza sobre Jerusalén, matando a una gran cantidad de gente y provocando un asedio en el palacio del rey judío Exequias, el cual pidió auxilio al rey egipcio Shabataka. La ayuda prestada salvó al rey de Jerusalén, pero en una segunda batalla las tropas de Shabataka fueron derrotadas y aniquiladas por el nuevo rey, Esaradón, que aprovecha la franja abierta en la defensa egipcia y sobre el año 687 intenta una incursión en Egipto que es frenada. No obstante, tan sólo tres años después volvería a intentarlo. Esta vez Menfis fue pasada a sangre y fuego, y el derrotado Taharqa se vio obligado a huir al sur. Esaradón nombra a Necao como faraón del Bajo Egipto, y se asegura así un vasallo fiel y leal. Egipto había sucumbido ante el imperio asirio. Con lo que no contaba Esaradón era que Taharqa consiguiera recuperar el control de Menfis tan sólo dos años más tarde.

En medio de esta confrontación, Esardón fallece y el imperio asirio es regido ahora por Arsubanipal, el cual presta ayuda militar a Necao y tiene lugar una nueva batalla. Esta vez, Taharqa no tiene tanta suerte y es derrotado en Menfis. Las tropas egipcio-asirias avanzan hasta Tebas, la cual sufre un asedio y cae bajo el poder de Necao y Arsubanipal. Una vez que Egipto está controlado, el asirio se retira a su capital, dejando que el gobernador se corone faraón y se haga llamar Necao I, el cual le ha jurado una absoluta fidelidad. Necao I nombra a su hijo Psamético como gobernador de Atrhibis, lo cual lo convierte en corregente.

Pero en el país de Kush la rebelión llevaba ya meses gestándose. El sucesor de Taharqa es Tanutamón, un bravo guerrero consciente de que sus raíces bélicas se remontan hasta los tiempos del gran Jufu, el constructor de la Gran Pirámide. Se ve humillado y expoliado y, en una campaña que fue sanguinaria, Tanutamón recuperó Aswan, Tebas y Menfis. Las contiendas fueron extremadamente sangrientas, ya que el rey kushita no respetó la vida de nadie. La lucha por el poder era tan encarnizada que Necao I y su hijo Psamético se ven obligados a pedir nuevamente la ayuda de los asirios. En aquella misma campaña, Asurbanipal arrasó Tebas y expulsó a Tanutamón a Napata. En esta batalla falleció Necao I, y su hijo Psamético se refugia en Siria. Los asirios han establecido el orden y colocaron sus centros de operaciones en Menfis y El-Fayum. Sin embargo, estalla la guerra entre Asiria y Babilonia, por lo que Psamético regresa a Egipto con un poderoso ejército y, con la ayuda de mercenarios griegos, se hace con el control del Delta del Nilo. El paso siguiente es aprovechar al máximo el frente abierto entre babilonios y asirios y, tras una gran confrontación, en el año 664 sube al trono Psamético I, unificando nuevamente el país y formando la XXVI Dinastía.

Con la XXVI Dinastía comienza la última etapa en la que Egipto caminará hacia sus últimos años de esplendor, es una auténtica recuperación económica. El reinado de Psamético I sitúa a Egipto en un peldaño superior al del resto de países que habitan en esta franja del planeta. Sin embargo, desde el punto de vista de algunos egiptólogos, Psamético no gozó de una independencia real, sino más bien se mantuvo fiel al control asirio hasta la desaparición de estos. Para otros, sí que gozó del poder suficiente como para controlar la práctica totalidad del país. Sin embargo, vemos que el nuevo rey, en realidad, tuvo la autonomía suficiente como para emprender sus propias campañas militares e incluso en un momento determinado luchar al lado de los asirios, pero no como vasallo, sino como aliado, lo cual es una diferencia notable. El motivo es fácil de entender; de este modo Psamético se cubría las espaldas en caso de que los asirios vencieran a los babilonios, que en aquellos días era lo más lógico. Una vez que Psamético se hubo impuesto a los distintos nomarcas que se repartían las riquezas del país, adoptó los títulos reales del Alto y del Bajo Egipto. Nos hallamos ante un período de tiempo relativamente corto, pues Psamético sólo consiguió el poder absoluto en el año octavo de su reinado. Un año después, el monarca adhiere Tebas a su dominio tras haber hecho un pacto de no agresión con el país de Kush. Para que este pacto fuera efectivo, Psamético consintió que la hija del rey de Kush, Shepenwepet II, fuera adoptada como 'Divina adoratriz de Amón'

Psamético I en la
tumba de Pabasa,
Fotografía de
N. Sabes.

por Nitokris, la hija de Psamético. El cargo de adopción implicaba que a
la muerte de Nitokris sería la princesa nubia la heredera del cargo. Como
vemos, aquello que tan buen resultado le había dado a Pinedjem I, volvió
a garantizar años de paz y prosperidad. Una vez había afianzado sus fronteras, Psamético inició una campaña de reconstrucción del país. Por un
lado, había muchos edificios administrativos y templos que habían sufrido las consecuencias de la guerra, y por otro lado la política interna necesitaba una reforma urgente, ya que estaba demasiado debilitada. Psamético I emprendió obras por todo el país, reconstruyó antiguas edificaciones
y levantó otras nuevas, y esto sólo era posible si la política exterior funcionaba bien, ya que era la que permitía que Egipto recuperara parte de

sus riquezas. Y lo que movía al mundo en aquellos años era el hierro, el metal que permitía obtener grandes victorias militares. Egipto comerciaba con todo el Antiguo Próximo Oriente a cambio de papiro y grano. Debido al poderío que iba adquiriendo, el país de Psamético pudo contratar mercenarios griegos y anexionarlos a sus filas para las campañas militares que se produjeron en este período. Sería el caso de Palestina, que cayó bajo el control de Psamético I, o sus múltiples frentes abiertos con el vecino país de Libia. Se levantaron una serie de fortalezas y puestos avanzados en el Delta y en los pasillos que conducían hasta Asia, lo que provocó que los griegos que luchaban en las tropas del rey se asentaran en múltiples puntos geográficos del norte. Pero el panorama exterior iba a cambiar de forma radical. Los asirios ya no volverán a ser un problema para Egipto, ya que el último rey Ashuruballit II ha muerto a manos de una terrible coalición formada por babilonios, medos y escitas. El imperio de Asiria es ya parte de la historia y Babilonia acaba de ocupar su lugar, y durante varios siglos se colocará al frente del mapa como la gran potencia del Antiguo Próximo Oriente. A pesar de que Psamético había luchado contra ellos, los babilonios se cuidaron mucho de hacer frente al ejército egipcio, y Egipto vuelve a ser respetado en el exterior. Las grandes ciudades adquieren un notable desarrollo, tal y como lo muestran las tumbas de este período. El centro administrativo, Menfis, recoge a una gran cantidad de embajadores extranjeros que realizan aquí sus transacciones comerciales, y esto propicia que Egipto se vea poblado por gentes de todo tipo de culturas existentes. Ya en los últimos coletazos del poder asirio, estos pidieron ayuda a Psamético para poder recuperar parte de los territorios perdidos en la zona de Palestina, pero cuando las tropas del rey se dirigían a socorrer a su antiguo aliado, la muerte alcanzó al anciano Psamético, después de haber estado gobernando su amado país durante cincuenta y cuatro años. Moría así uno de los últimos grandes gobernantes de Egipto.

Su hijo y sucesor fue Necao II, que gobernó Egipto durante quince años. Después de los funerales de su padre envió a su ejército hacia Palestina. Necao II tenía en mente ayudar a lo que quedaba del ejército asirio a cambio de obtener cierto control sobre las zonas conquistadas, y debió tener éxito su empresa, ya que su zona de influencia llegó hasta el Éufrates. No obstante, los asirios no mandaron en ninguna de estas ciudades conquistadas. Cuando llevaba algún tiempo luchando en Siria tuvo que rechazar el ataque del rey babilónico Nabucodonosor, el cual sin duda estaría algo ofendido ante la alianza que Necao II tenía con los asirios. Por aquellas fechas comenzó la construcción de un canal que unía a Egipto con el Mar Rojo, toda una obra de ingeniería.

Del resto de la XXVI Dinastía, cabría destacar sobre todo el final del reinado de Wahibre, un tanto convulso por la política exterior que este rey llevó a cabo. Ya vimos como Psamético I se había apoyado en distintas fuerzas que intentaban conquistar Babilonia y durante el reinado de Wahibre el hecho se repite. Así pues, se inician una serie de campañas militares contra Babilonia, que estaba comandada por las tribus israelitas. Aquí bien pudiéramos hallarnos ante un hecho singular, y es que durante el reinado de Wahibre había una serie de esclavos en Babilonia que fueron liberados por el faraón, lo que provocó una huida a pequeña escala hacia Egipto. Unas generaciones después, estos judíos estaban firmemente asentados en Elefantina. Algunos autores sostienen que esta colonia sería una de las dice tribus perdidas de Israel, y que durante le reinado de Wahibre se custodió en el templo de Amón nada menos que el Arca de la Alianza que Yavhé había entregado a los judíos tantos siglos atrás.

La campaña militar que pone fin al próspero reinado de Wahibre se cita en Cirene. En aquellos años, el comandante libio que gobernaba esta ciudad mantenía unos duros enfrentamientos con un grupo de sublevados de origen griego. Wahibre envió un ejército para sofocar aquella rebelión, pero la cosa resultó un completo desastre, hasta el punto de que ante el empuje de los bravos soldados griegos los egipcios se negaron a combatir. Aquello debió ser una carnicería. Los soldados egipcios temían tanto a los griegos que se sublevaron contra sus propios mandos. El rey asistía atónito a una situación sin precedentes: jamás había ocurrido una sublevación dentro del ejército egipcio. Wahibre envió a un nuevo contingente de tropas comandada por el mejor de sus generales, Ahmose, el cual, en vez de aplacar la sedición, aunó fuerzas con los sublevados y obligó a Wahibre a un destierro vergonzoso. El destino elegido por el rey derrocado fue Babilonia, donde se fraguó una auténtica amistad entre Wahibre y Nabucodonosor II, el cual preparó un contingente que estaba preparado para reconquistar Egipto. Sin embargo, las tropas de Ahmose II cayeron como un halcón sobre los babilonios, y en un tiempo récord los campos de batalla se vieron sembrados con los mutilados cuerpos de aquellos que antaño habían sido invencibles y que habían exterminado al imperio de Asiria. El reinado de Ahmosis II fue un momento de auge y prosperidad, ya que concentró todo el flujo de mercancías en la ciudad egea de Naucratis, lo que provocó un florecimiento de toda esta zona. Ante tal éxito, repitió la operación con otros puntos importantes del Egeo, y de esta manera muchas ciudades comerciales se vieron salpicadas por el progreso que Ahmosis II había conseguido para su país. No obstante, no estuvo exento de sobresaltos, ya que dos de los incansables enemigos de Egipto acechaban continuamente en la oscuridad. Uno era Babilonia, y el otro era aún más voraz que el primero, Persia. En la última etapa de su reinado, Ahmose inició una serie de construcciones por los puntos más importantes de Egipto, pero se vieron interrumpidas ante la terrible noticia que había llegado a la corte real. Persia había sometido a Babilonia y había puesto sus ojos sobre Egipto. La muerte de Ahmosis se produjo justo cuando las hordas de Cambises II entraban en el Delta del Nilo. Aquí aparece un temeroso Psamético III, que no tardaría en comprobar que su futuro era algo más que incierto.

LA ÉPOCA BAJA, EL ÚLTIMO ESPLENDOR

Con la Época Baja comienza la XXVII Dinastía, que también es conocida como el I Dominio Persa. Cuando Ciro II, rey de Persia, nombró a su hijo corregente con el título de rey de Babilonia, estaba casado con una joven persa, su reina. Pero al mismo tiempo, Ciro II tenía otra segunda esposa, una concubina de origen egipcio que era terriblemente bella, mucho más hermosa que cualquiera de las mujeres de Persia. La egipcia había cautivado el corazón de Ciro II hasta el punto de que rehusaba mantener cualquier contacto físico con su otra esposa, la cual, loca de celos, acrecentó un odio sin igual hacia los egipcios en el corazón de su hijo, que algún día sería rey y gobernaría el mundo con el nombre de Cambises. Es de suponer que esta historia de celos y pasiones desenfrenadas que Heródoto nos cuenta es a todas luces de dudosa realidad. No hemos de olvidar que Cambises no sólo sentía odio por Egipto, sino que odiaba cualquier raza y país que no fueran los suyos. Así, cuando entraron en Egipto, las tropas de Cambises II no encontraron oposición alguna, y Psamético III se convirtió en un auténtico pelele en manos del cruel rey. Gracias al relato de Heródoto en su obra *Los nueve libros de la Historia*, en el Libro II podemos ver como un Psamético horrorizado por la barbarie fue un juguete en manos de Cambises. Al hijo de Ahmose no le quedó otra que capitular, pero la rendición fue pactada. La condición era que Psamético se uniera al ejército persa con un rango de alta graduación, y que toda su familia debería ser respetada. Y Cambises II prometió que cumpliría su palabra. Si durante el reinado de los hicsos Egipto había tenido un gobierno extranjero, al menos estos no habían conseguido doblegar a todo el país. Pero esta situación era totalmente distinta. Como puntilla, a Cambises no le interesaba en absoluto ni la historia ni los dioses de Egipto, así que no dudó en arrasar muchos templos del país. Su crueldad llegó a tal extremo que incluso asesinó con sus propias manos uno de los toros Apis de Menfis. Era una clara señal de repudio hacia todo aquello que fuera egipcio. Los bienes de los templos fueron confiscados, y es fácil imaginarse las enormes caravanas que marcharían hacia Persia, cargadas de oro, plata y piedras preciosas. Cambises ni siquiera tenía en mente residir en Egipto y, tras profanar la tumba de Ahmosis II, colocó en Menfis a un gobernador de nombre Ajemenes, hermano del futuro Jerjes I. Así, Egipto se convirtió en una satrapía persa. Pero Amón, el Señor de los tronos de las Dos Tierras, todavía no había dicho su última palabra.

Por aquellos días, Cambises aún no había cumplido lo prometido, así que cuando Psamético le recordó el trato que habían hecho, el persa acusó al egipcio de conspiración y lo condenó a muerte. Pero antes de ejecutarlo, Cambises II disfrutó con el placer que le procuraron la humillación y la violencia con la que trató al otrora rey de Egipto. Lo sentó en un trono e hizo desfilar ante él a su hijo, vestido como un esclavo y atado de pies y manos, con una correa que se ceñía en su boca como si de una mala bestia se tratara. Junto al príncipe, desfilaron dos mil egipcios que eran gentes cualesquiera, sin razón ni condición aparente: era el pueblo de Egipto que desfilaba ante el abatido y depuesto rey. Luego, los asesinó a todos, dejando a Psamético para el final. Celebró una orgía de sangre, una matanza espectacular y sin parangón en la historia de Egipto. Cambises se convirtió en un huracán demoníaco que sembró la muerte y el horror por toda la tierra de los faraones. Tras aquella horrible jornada, declaró que adorar a las divinidades egipcias era un acto de traición y que había que deponer a los embusteros que se ocultaban tras los altares. Así, Cambises II declara que las jerarquías egipcias, la sacerdotal, los escribas, los políticos y los militares, ya no son necesarios en el país. Los santuarios son profanados y en los bellos pavimentos de gres se vierte la sangre de los sacerdotes que se niegan a abandonar a sus milenarios dioses. Cuando Cambises llegó a Karnak actuó con la misma crueldad y asesinó a la casta del dios tebano. Los amonitas habían sido los culpables del empobrecimiento de Egipto, y como pago a sus desgracias comprobaron cómo su casta, que había tenido incluso más poder que el propio faraón, desaparecía para siempre. Nos cuenta Heródoto que los más ancianos y sabios dijeron que aquella horrible tragedia había sido profetizada tiempo atrás por el oráculo de Amón, que estaba en la región de Siwa. Cambises, que tenía dos contingentes preparados para iniciar una campaña militar, reúne una sección más y los pone en movimiento. Una sección estaba destinada a la conquista de Cartago, cosa que no consiguió. La otra estaba destinada a la guerra con los etíopes, y era el propio rey quien la comandaba. El tercer grupo fue enviado al oasis de Siwa para exterminar a los sacerdotes y destruir el oráculo de Amón. Esta partida debió ocurrir sobre el año 525 o 524. El contingente estaba formado por cincuenta mil soldados y, cuando casi habían llegado al oasis, tuvo lugar un hecho que fue denominado por los egipcios como la venganza de Amón, el del brazo poderoso. Resultó que todo el contingente persa desapareció en el desierto. Y no hemos de olvidar que no sólo hablamos de los cincuenta mil soldados, sino también de los hombres que llevaban un gran número de carros. En estos carros iban las armas, los alimentos de la tropa y de los animales, botijos de agua, caballos y demás efectivos que se necesitan para mover una caravana de semejantes proporciones. Jamás se supo de ellos. Cuando Cambises se enteró de esto, se encolerizó como nunca lo había hecho antes. Envió una misión de rescate, pero no encontraron nada. Heródoto nos dice que, a pesar de que los egipcios otorgaron aquel milagro al dios Amón, no habría de ser sino una de las tormentas que a menudo se desatan en el desierto, que incluso pueden llegar a poder sepultar una ciudad entera. No obstante, también se pone en tela de juicio el número de soldados que Cambises envió para matar a unos cuantos sacerdotes ritualistas. No hay que olvidar que no iban a luchar, sino a enfrentarse a un puñado de hombres desarmados. Para asesinar a unos asustados e indefensos sacerdotes del dios Amón, Cambises no necesitaba cincuenta mil efectivos.

Durante muchos cientos de años el relato de Heródoto no fue considerado como real, sino que se pensaba que este autor había fanfarroneado acerca del número de soldados que comandaban aquella expedición. Hasta que a finales del año 2000 una noticia sorprendió a propios y extraños. Una expedición de geólogos que buscaba posibles embalses de petróleo había hallado los restos del ejército perdido de Cambises. Junto a los esqueletos, aparecieron puntas de flecha persas, cuchillos persas, bocados para los caballos, así como restos de ropa en un excelente estado de conservación. Como si por arte de magia se tratase, en el 2009 un equipo de la Universidad de Lecce halla más restos humanos, armas, ropas, brazaletes, pendientes y otros objetos que también eran de origen persa. Así pues, todavía estamos a expensas de dictaminar nuestra propia sentencia, si esto fue obra de la ira de Amón o más bien se trató de la tormenta perfecta.

Lo único cierto es que Cambises II murió en el 522 y que nadie en Egipto lloró su muerte. Del reinado de Darío I podemos destacar que, a pesar de no residir en Egipto, ordenó reconstruir varios de los templos que su antecesor había destruido y también mandó erigir obras nuevas, como una ampliación en el Serapeum, y terminó el canal que Necao II había comenzado a construir. Además, utilizó a Egipto como modelo a la hora de redactar las leyes que regirían a todo el Imperio Persa. Sólo visitó Egipto tres veces durante los treinta y cinco años de su reinado; un dato que refleja un buen gobierno, pero también despreocupado. Los egipcios vivieron a su modo, recuperaron sus tradiciones antiquísimas y nadie les prohibió adorar a sus divinidades milenarias. Con este acto, el odio que los egipcios tenían hacia los persas se vio ligeramente minimizado. Sin embargo, las cosas cambiaron hacia el final de su reinado, ya que comenzaron una serie de revueltas a gran escala. Los egipcios opinaban que si el rey que los gobernaba no deseaba ni siquiera venir una vez al año, ¿para qué querían que los gobernara? Sería Jerjes I el que pusiera fin a los conflictos por medio de las armas. El grueso de sus tropas se hallaba luchando en Grecia, así que envió un pequeño contingente que resultó bastante efectivo. El resto de los reyes persas tuvieron que convivir con las luchas de griegos contra persas y egipcios contra persas. Era un frente abierto en todos los aspectos que no tardaría en pasar factura. En una de estas revueltas, el sátrapa Ajemenes fue abatido a manos de un guerrillero egipcio llamado Inaros. Artajerjes II fue derrotado y expulsado de Egipto en el año 400, lo que propició que el trono fuera ocupado por Armiteo de Sais, y con él se proclama una de las últimas dinastías egipcias.

Realmente, hablar de la XXVIII Dinastía nos ocupará muy pocas líneas, ya que Armiteo de Sais fue el único rey de esta dinastía. De su reinado se sabe muy poco. Sabemos que la última revuelta de los egipcios contra los persas se produjo en el año 413, que Armiteo se proclamó rey sobre el año 404 y que en el año 400 era rey del Alto y del Bajo Egipto. La explicación que los egiptólogos e historiadores tienen para este hecho es que, dada la convulsa situación entre todos los países del Antiguo Próximo Oriente, Armiteo fue aliándose con cualquier estado que luchase contra Persia. Esto debió provocar una inestabilidad interna bastante grave, ya que los nobles comenzaron pronto a situarse en bandos distintos, lo que propició el peligro de la independencia. En la ciudad de Mendes surgió un rival muy poderoso que derrocó a Armiteo y lo hizo ejecutar en la ciudad de Menfis. Se trataba de Neferud I, y con él se funda la XXIX Dinastía.

Esfinge de Nefarud I, Museo del Louvre, París.

Este hombre llamado Nefarud debió alcanzar el poder a una edad avanzada, ya que solo reinó durante seis años. Su muerte fue toda una fatalidad, puesto que después de que fuera sepultado en una tumba menfita estalló la guerra por el poder. De toda la rama familiar, que se enzarzó en una cruenta lucha, salió vencedor su hijo Pasherenmut, que reinó por el corto espacio de un año. Fue suplantado por un tal Hagar, del cual se desconoce absolutamente todo. Así, debemos suponer que Pasherenmut fue asesinado y derrocado por una conspiración. Hagar, que gobernó durante trece años, emprendió una serie de edificaciones e hizo frente a un intento de los persas por recuperar Egipto. El secreto de este éxito arrollador fue que el rey incluyó entre sus filas a los mejores mercenarios griegos. En lo que se refiere a su política exterior, el comercio progresó gracias a una alianza con Chipre. Tras su muerte, fue sucedido por su hijo, Neferud II, el cual reinó menos de un año, pues fue depuesto por un personaje de Sebenitos, el cual fundó una nueva casa.

La XXX Dinastía fue iniciada por Najtnebef, pero la historia nos lo ha presentado como Nectanebo I. Había sido general de Neferud II, ocupando un cargo importante en la ciudad de Sebenitos, situada a unos treinta kilómetros de Mendes. Sabemos que durante su año quinto de reinado tuvo que repeler un nuevo ataque persa, ya que estos no le quitaban el ojo de encima a aquella tierra que tanto grano producía y que ellos tanto necesitaban. La suerte se alió con Nectanebo I, ya que la inundación del Nilo se anticipó, los caminos se hicieron intransitables y, para mayor ayuda, Persia entraba en guerra con Atenas. El reinado de Nectanebo I es muy próspero. Este hecho se deduce por el amplísimo programa constructivo que llevó a cabo durante sus años de gobierno. Allí donde construía dejaba claro que su origen no estaba en el seno de la realeza, algo que da una muy buena imagen de él. Además, se puede deducir que su programa de construcción sólo fue factible gracias a la paz que imperó durante su reinado. El edificio que mejor identifica a este rey es la parte antigua del templo de Isis en Filae. Hacia el final de su reinado, dos años antes de su muerte, se unió a la alianza que Atenas y Esparta habían consolidado para luchar contra los persas, que cada vez eran más belicosos. Fallecería en el año 362 y sería sucedido por su hijo Djedhor. Poco duró este reinado, tan sólo cinco años, ya que Djedhor se lanzó en un ataque contra los persas, cuyo resultado fue que su hermano Tjahapimu se sentase en el trono para que gobernara en su ausencia. Sin embargo, este derrocó a su propio hermano y sentó en el trono a su hijo, el cual sería el último faraón egipcio que reinaría en Egipto.

Nectanebo II es el último nativo que se convierte en rey. El resto de los gobernantes que están por llegar serán todos extranjeros. Tuvo que hacer frente a una serie de revueltas provocadas por los partidarios de Djedhor, los cuales lo veían como un usurpador. Algunos autores sostienen que Nectanebo II era primo del rey depuesto, pero hay indicios que pueden señalar que en realidad se trataba de su sobrino. La documentación de estas dinastías es tan confusa que también podemos señalar que algu-

Obelisco de Nectanebo II, Museo Británico, Londres.

513

nos egiptólogos opinan que hubo una guerra civil, pero parece ser que los enfrentamientos ocurrieron tan sólo en el área de influencia de Mendes, por lo que difícilmente podemos hablar de guerra civil. No obstante, Nectanebo II es de lejos el faraón que dio a Egipto mayor estabilidad y prosperidad desde la caída del Imperio Nuevo. Una vez que el país volvió a estar bajo su gobierno, tranquilo y en paz, emprendió un grandioso programa constructivo.

Las obras del Serapeum se ampliaron a lo grande y se comenzaron otros muchos monumentos destinados a rendir culto a muchos otros animales que allí eran momificados. Tras dieciocho años de reinado próspero, con un comercio exterior bastante aceptable dado el panorama de guerra, el azote persa regresó en el año 344. Los invasores encontraron una fuerte oposición, lo que permitió al rey huir hacia el sur. Durante dos años más mantuvo un cierto control en la zona que comprendía Edfú y Nubia. Finalmente, los persas lo derrotaron en el año 342 y tuvo que exiliarse en el país de Kush. Comenzaba el II Período Persa, y con este hecho, se ponía fin a un linaje egipcio nativo que había durado casi tres mil años. Hasta su anexión al Imperio Romano, Egipto sería ya siempre una satrapía.

La XXXI Dinastía comprende el reinado de tres reyes: Artajerjes III, Artajerjes IV y Darío III. Según la cronología de Dodson y Hilton, se extiende desde el año 342 hasta el año 332, cuando Alejandro Magno hace su triunfal entrada en Egipto. Son tan sólo diez años, pero son brutales en cuanto a violencia se refiere. Se llegó a un nivel de anarquía que jamás se había visto antes en Egipto. El motivo era que a los persas no les interesaba el gobierno, sino expoliar el grano y recaudar los impuestos que sufragaban sus guerras. Este hecho trajo muchas hambrunas y con ellas regresaron las revueltas. Pero el ejército persa siempre lograba imponerse, y daba severos castigos a la población. Aquellos que eran hallados culpables de traición eran ejecutados y la rueda continuaba girando una nueva estación, una nueva revuelta y más ejecuciones. La gente de a pie, campesinos, pescadores, alfareros, panaderos y ganaderos, era la que pasaba hambre, la que veía cómo día tras día, los persas quitaban el pan de la boca de sus hijos, y esto sólo generaba odio, resentimiento y violencia. Si había que morir, era mejor morir luchando que morir de hambre retirado en el exilio de una vieja y derruida cabaña. Con todo este panorama, no es de extrañar que los egipcios vieran en aquel joven conquistador a un libertador. A pesar de todo el poderío persa, Alejandro entró a sangre y fuego en las fronteras de Darío III, y este sólo pudo hacer una cosa, huir. Aquel joven poseía la fuerza de Amón, los brazos de Horus y la potencia de Amón-Re, el padre que lo aguardaba tranquilo y sereno en el oasis de Siwa.

LOS PTOLOMEOS, EL ÚLTIMO SUSPIRO

Darío III fue derrotado en la batalla de Issos a manos de Alejandro III, hijo de Filipo II de Macedonia. Todos los países que hasta entonces habían pertenecido al gobierno persa pasaron a manos del macedonio. Y Egipto estaba incluido en ese gigantesco territorio. Alejandro se hizo coronar faraón y adoptó los títulos regios. Su nombre de Horus fue Hor mek Kemet, 'El Horus que protege a Egipto'. Su nombre de *Nesu-Bit* fue Setepenre-Meryamon, 'El elegido de Re, el amado de Amón'. Su nombre de *Sa-Re* fue Aleksanders. Aquello era algo que hacía muchos años que no sucedía, y fue motivo de gran celebración. El lugar escogido para la coronación de Alejandro fue el oasis de Siwa. Allí, el macedonio escuchó la voz de Amón, el cual le desveló que él lo había engendrado, que llevaba muchos años aguardando su llega. Con este hecho debemos ver sobre todo que la opresión que los persas habían ejercido en Egipto había sido tan brutal que la figura de Alejandro Magno fue recibida como una bendición. Además, el valeroso guerrero era un hombre que no sólo respetaba las culturas de aquellos a quienes conquistaba, sino que iba tomando cosas de aquí y de allá que le ayudaban a conformar la idea que él tenía de un mundo perfecto. Durante diez años, el macedonio conquistó un territorio tras otro. Chipre, Fenicia, Tiro, Palestina, Siria, Egipto, la India. Todos los territorios caían, pero de todos ellos ninguno causó tanta huella en él como lo hizo Egipto. Visitó Heliópolis y Menfis, donde los sacerdotes lo instruyeron en los secretos de sus ancestros y su nombre fue inscrito en el árbol Ished. Durante un año entero, fue visitando las bibliotecas y empapándose de los manuscritos que habían sobrevivido a los desastres de los siglos. Ordenó que se comenzasen las obras de una gran urbe en el Delta, que sería el ejemplo para todo el mundo civilizado y llevaría su nombre: Alejandría. Aquí, en el paraje desierto, donde imaginaba imponentes edificios, Alejandro soñó con un lugar donde la cultura de todas las civilizaciones pudiera reunirse para el mundo, una gran biblioteca que albergara todo el saber y la ciencia de la historia del hombre.

Alejandro abandonó Egipto con rumbo hacia el este, donde moriría víctima de la enfermedad en el año 323. El imperio de Alejandro cayó en manos de su amigo de infancia, Ptolomeo, el cual crearía un linaje en Egipto que se extendería durante casi trescientos años, hasta la llegada de Octavio Augusto. Desgraciadamente para Egipto, la dinastía ptolemaica no trató demasiado con el pueblo y, de los veintiocho gobernantes, tan sólo uno de ellos, Cleopatra VII Filopátor, se preocuparía por aprender el idioma egipcio y conocer sus secretos más íntimos.

Pero antes de erigirse como faraón de Egipto, Ptolomeo tuvo que hacer frente a una situación rocambolesca, ya que hubo muchos que no aceptaron la decisión que había tomado el Gran Consejo en Babilonia. Allí

Ptolomeo I Soter,
Museo del Louvre,
París.

se repartió el reino de Alejandro Magno. Crátero fue nombrado regente y tutor de los hijos de Alejandro, Alejandro IV que aún estaba en el vientre de su madre, y Filipo II, hermanastro del Magno, que padecía una enfermedad mental. Pérdicas fue nombrado jefe del ejército. Antípatro se ocupó del gobierno de Macedonia y Grecia. No obstante, Pérdicas y Antípatro no aceptaron la política dictatorial de Crátero. Los tres cuerpos del ejército le fueron entregados a Seleuco, Casandro y Ptolomeo, y a los tres se les entregó un reino. Sería Ptolomeo quien se aliase con Antípatro cuando las hostilidades comenzaron entre los herederos de Alejandro Magno.

Según los historiadores, Pérdicas es el culpable de las tres guerras, llamadas las Guerras de los Sucesores de Alejandro. La primera se inició cuando Pérdicas quiso invadir Egipto. Sin embargo, sus propios oficiales le dieron muerte antes de que se enfrentaran al ejército de Ptolomeo, porque consideraban aquello una traición hacia el difunto conquistador. Crátero había muerto en combate contra los sirios, quedando Antípatro como único gobernante. Pero a su muerte estalló la segunda de las guerras, y la tercera se inició por el control del reino que había heredado Alejandro IV, que prácticamente era un recién nacido. Así que Alejandro IV cayó muerto a manos de Casandro en el año 309. La disputa finalizó cuando Ptolomeo adoptó los títulos de faraón en el año 304, inaugurando oficialmente su dinastía.

Ya como faraón de Egipto, continuó partido entre las distintas disputas que fueron surgiendo entre sus antiguos compañeros de armas, al tiempo que ampliaba su área de influencia hasta Rodas y Chipre. En Egipto, Ptolomeo I construyó en muchos lugares, pero sobre todo en Karnak y en Heliópolis, por los que sentía especial devoción. No obstante, el grueso de las obras estaba anclado en el Delta, levantando la ciudad que Alejandro Magno había diseñado. Su obra cumbre fue la Biblioteca de Alejandría, donde el sueño de Alejandro se vio realizado, y allí se reunió todo el saber del mundo antiguo. El hombre que llevó a cabo esta biblioteca fue Demetrio de Falero, un ateniense que había sido discípulo de Aristóteles y había gobernado en Atenas bajo el mando de Casandro hasta que fue expulsado en el 307. Recalaría en Alejandría reclamado por Ptolomeo. Desgraciadamente, jamás sabremos cuántas maravillas albergó la Biblioteca de Alejandría, pero por los datos que nos han llegado había tratados que abarcaban todas las ciencias, las obras de Sófocles, ediciones de la *Odi-*

sea de Homero, las obras de Eurípedes, la *Aegyptiaca* de Manetón y todos los papiros antiguos que habían sido rescatados de los templos egipcios. Entre estas joyas estarían tratados de medicina, de astronomía, de matemáticas y, quien sabe, quizá el secreto que desvelara la construcción de la Gran Pirámide y de cómo se erigían los grandes obeliscos. Todas estas maravillas se perdieron con la destrucción de la biblioteca. Su extinción vino dada en varias etapas, achacándose la primera de ellas a un incendio incontrolado creado por Julio César en el año 48, el ataque de Diocleciano a Alejandría en el año 296 d. C. y la revuelta organizada por el obispo cristiano Teófilo en el año 391 d. C., donde la última directora de la biblioteca, Hipatia de Alejandría, halló una horrible muerte a manos de una banda enloquecida de cristianos. Teodosio también se ocuparía de que la pequeña biblioteca que albergaba los restos de la gran biblioteca fuese aniquilada. Finalmente, lo poco que pudo salvarse, apenas unos cientos de libros según algunas crónicas, fue destruido por las manos de los árabes en el siglo VIII de nuestra era.

En el año 285 Ptolomeo I está viejo y cansado, y entrega el trono a su hijo, falleciendo poco después en el 282. Cuando Ptolomeo II sube al trono continuó con la expansión del imperio, extendiendo su reino hasta el Egeo y algunas zonas de Asia Menor. Al igual que su padre, construyó grandes obras en Karnak y Fiale, siendo su obra más magnífica el Faro de Alejandría, que fue levantado en la isla de Pharos, y se estima que alcanzó una altura de ciento cincuenta metros. Sin embargo, el máximo apogeo de esta dinastía vino de manos de Ptolomeo III, hijo de Ptolomeo II y la reina Arsinoe I. Al contrario que sus antecesores, sólo se casó una vez, con Berenice II. Su reino se extendió hasta Babilonia y, a pesar del asesinato de su esposa e hijo a manos de Seleuco II, no cejó en su empeño de conquistar nuevas tierras. La campaña de Siria se vio interrumpida por una revuelta en Egipto. Los nuevos amos no miraban por el pueblo, no se comportaban como lo había hecho Alejandro, y esto no gustaba al pueblo, que pasaba hambre. Los helenos vivían sumidos en una burbuja. En Alejandría sólo vivían los griegos y, mientras estos no pasaban ninguna necesidad y sus gobernantes se limitaban a vivir a lo grande en medio de fastuosos banquetes y enormes borracheras, el grueso del pueblo moría de hambre. El país comenzaba a decaer y el nuevo rey sólo vivía para sus conquistas. Las revueltas se sucedieron durante el reinado siguiente, donde

Cleopatra VII en Kom Ombo.

se produjo un hecho sin precedentes. A pesar de que Ptolomeo IV intentó aplacar los ánimos con grandes construcciones en Dendera, Edfú y Deir el- Medineh, un nomarca se alzó con el poder en Tebas en el año 206, un tal Horwennefer. Esa situación volvería a producirse bajo el reinado de Ptolomeo V, cuando un hombre llamado Anjwennefer reinó como faraón del Alto Egipto desde el 200 al 186. Los sucesivos reinados de los ptolomeos pueden resumirse en oscuras intrigas y asesinatos por el poder. Ptolomeo V y Ptolomeo VII murieron asesinados.

Ptolomeo VIII tuvo que huir a Chipre con su sobrina y esposa Cleopatra III. Esto provocó que un nuevo nativo se alzase como faraón en Tebas, Hariese II. Pero este sueño terminó al regreso del exiliado Ptolomeo VIII. A su muerte se forma un triunvirato formado por Ptolomeo IX y Cleopatra II y III. Sin embargo, tras la muerte de Cleopatra II, los dos gobernantes comienzan una serie de hostilidades entre ellos que provoca una guerra civil. Nuevamente, el rey debe huir a Chipre, y Ptolomeo X se alza con el poder durante dieciséis años. En este momento, regresa Ptolomeo IX y ejecuta al usurpador. A la muerte de su esposo, Berenice III contrae matrimonio con Ptolomeo XI, quien ordena asesinarla y, a su vez, este es ejecutado por el pueblo como represalia. Como vemos, el poder central de Egipto no existía como tal, era más bien una bravuconada. Y, finalmente, llegamos a Ptolomeo XIII y Cleopatra VII. Al igual que sus antecesores, los dos hermanos llegaron al trono en un ambiente de intrigas. En aquellos años, Roma era ya la primera potencia del mundo, y Egipto intentaba simplemente vivir sin hacer mucho ruido, pasar inadvertido ante aquella máquina de destrucción que era el Imperio Romano. Pero Roma no tenía interés alguno en Egipto. No en vano, cuando Ptolomeo X ofreció el trono a los romanos, estos renunciaron al dominio. En el año 49, Roma se ve sumida en una guerra civil donde se enfrentan las legiones de Julio César y Pompeyo. Este último se ve obligado a huir y escoge Egipto como lugar donde lamer sus heridas. Llega en el año 48, donde el rey Ptolomeo XIII acababa de intentar asesinar a su hermana. Cleopatra esquivó la muerte, pero tuvo que huir. Pompeyo llega a Egipto buscando refugio, y lo que halló fue la muerte. Ptolomeo XIII veía a César como el ganador del enfrentamiento, así que decapitó al desterrado. En este tiempo, Cleopatra huye a Roma y pide ayuda al senado, amparándose en el testamento de Ptolomeo XII, el cual había dejado bien claro que los dos hermanos deberían gobernar en conjunto. Así pues, Julio César llega a Egipto con dos misiones, detener a Pompeyo y poner orden en aquel país que estaba patas arriba. Con lo que no contaba Ptolomeo XIII era con que César no aprobase la ejecución de Pompeyo y, no sólo eso, sino que iniciara una guerra como represalia en la que el hermano de Cleopatra perdió la vida. Así llegó al poder Cleopatra VII Filopátor, la cual seduce al general romano, con el que tendrá un hijo, Ptolomeo XV. Entre los años 46 y 41 Cleopatra viajó a Roma como su amante, pero se ve obligada a regresar cuando Julio César es asesinado. A consecuencia de esta muerte, otra nueva guerra estalla en Roma, y Cleopatra vio en el general Marco Antonio un nuevo aliado. En el año 41 sedujo al militar, con el que tuvo dos hijos: Cleopatra Selene y Ptolomeo Filadelfo. Durante los años que vivieron juntos, Marco Antonio reorganizó sus legiones orientales y Egipto recuperó el brillo. Fueron años en los que el pueblo tuvo alimento, aunque no en abundancia. Pero tenía a una reina que se preocupaba por ellos, que no dudó en acostarse con César o con Marco Antonio si con ello lograba acallar el hambriento estómago de su amado pueblo. Con la unión que tuvo con Marco Antonio, Cleopatra logró que Egipto anexionase a su reino varios territorios del Mediterráneo, con lo cual mejoró mucho el problema del alimento. Sin embargo, este progreso y la actividad de Marco Antonio no eran bien vistas por Octavio, y las dos fuerzas se enfrentaron en la batalla de Actium el 2 de septiembre del año 31, de la cual Roma se alzó vencedora. Esta derrota hizo que el imperio ptolemaico desapareciera de un plumazo. De un día para otro, la obra de Ptolomeo I había dejado de existir. El 1 de agosto del año 30 se extinguió para siempre el reinado de los faraones. Egipto se convirtió en el granero de Roma, y la luz de la religión egipcia viviría todavía durante tres siglos más. El mundo recordó la historia de amor entre Cleopatra y Marco Antonio, tal vez intentando ver la belleza de un mundo que agonizaba. Después de tres mil años y treinta y tres dinastías, Egipto perdía todo el poder que había tenido en el Antiguo Próximo Oriente. Algunos de los más grandes emperadores romanos se hicieron representar en los muros de Karnak, pero era tan sólo un sentimiento de atracción hacia una tierra extremadamente exótica y hermosa. Con la llegada del cristianismo Egipto se desvaneció en el tiempo, a la espera de que llegaran mejores tiempos.

Capítulo IX
Epílogo

NUESTRA ALMA FARAÓNICA

A lo largo de todas estas páginas hemos hecho un viaje a lo largo de tres mil años de historia. Hemos conocido la vida de hombres que vivieron un tiempo tan lejano que hoy día apenas es perceptible, y sólo la arqueología ha podido devolvernos algunos furores de ese pasado. El tiempo en el que el Antiguo Egipto fue grande y esplendoroso fue el tiempo en el que el hombre comenzó un viaje que ha propiciado lo que nosotros somos hoy día, pero sin embargo todavía no se ha visto culminado. Suele tenerse una visión demasiado equivocada de Egipto. Vemos la civilización del Nilo como un yugo constante y arrollador ante los pueblos que les servían de fronteras. Si al llegar al final de este libro hemos cambiado la opinión que teníamos antes de leerlo, habrá merecido la pena escribirlo. Todavía nos queda mucho por aprender de Egipto, las continuas excavaciones que se realizan todos los años van aportando nuevos datos que, poco a poco, van componiendo una visión diferente que suele echar por tierra teorías pasadas, pero en eso consiste el avance del conocimiento. Si algo está equivocado, hay que corregirlo. Así es como poco a poco, la civilización faraónica va recuperando un lugar que jamás debió perder. Los logros que alcanzó la civilización del Nilo fueron tantos y tan importantes que nuestro mundo occidental se ha salpicado de ellos totalmente. La llegada de los primeros visitantes griegos fue uno de los primeros puentes con los que

Egipto saltaría al mundo occidental. Heródoto nos contó que toda la antigüedad se vio dependiente de la medicina egipcia, pues el rey Ahmose II envió a la corte persa de Ciro un médico especialista en la medicina de los ojos porque se estaba quedando ciego. Si Ahmose hubiera sabido lo que Cambises planearía años después, seguramente habría dejado que se quedara ciego. Y sin embargo, mucho antes de que Heródoto naciera, el mundo faraónico ya había tenido contactos con el mundo del Mediterráneo, tal y como nos lo contó Homero en su *Odisea*, cuando las naves espartanas de Menelao llegaron a adentrarse por el Delta del Nilo. Cuando las escuelas de medicina griega se instalaron en Alejandría, ya con Ptolomeo I, Egipto llevaba miles de años curando un sinfín de enfermedades, y los primeros médicos griegos que llegaron a Egipto se quedaron sorprendidos ante la gran amplitud de variantes que trataban. Enfermedades de la cabeza, de la vista, de los huesos, de los dientes, del estómago, de los pies. Cuando el griego Hipócrates, que vivió sobre el año 425 a. C., llegó a Egipto, pasó casi cuatro años empapándose del saber científico que había nacido durante el Imperio Antiguo. De hecho, los griegos no tuvieron reparo a la hora de admitir que Egipto había sido la cuna de la medicina y de las ciencias en general. No hemos de olvidar que Pitágoras acudió a la corte de Ahmose II cuando este llevaba pocos años reinado, y que Platón reconoció que él, que era una máxima autoridad en Atenas, se había sentido como un alumno de parvulario cuando visitó por primera vez Egipto.

Otro legado que se trasladó a las cortes de todos los reinos de la Europa medieval fueron las construcciones fortificadas. Ya desde los tiempos del Imperio Antiguo se habían levantado una serie de fortificaciones de defensa que con el tiempo fueron evolucionando. Durante el Imperio Medio alcanzaron un gran nivel de efectividad, pero sobre todo fue a lo largo de la XVIII Dinastía cuando los países asiáticos que vivían bajo la tutela de Egipto se convirtieron en auténticos fortines militares. Quién le iba a decir a Thutmosis III que cuando los primeros cruzados llegaron a la ciudad de Jerusalén y a la antigua fortaleza de Qadesh tomarían buena nota de todos aquellos bastiones que eran casi inexpugnables y que sus planos rudimentarios provocarían el nacimiento de los grandes castillos medievales en Europa. Pero no cabe la menor duda de que donde mejor se camufló la herencia faraónica fue en el cristianismo y en los textos de la Sagrada Biblia.

Mucho antes de que los primeros cristianos apareciesen en el mundo, los dioses egipcios ya vivían instalados en las culturas del Mediterráneo. Uno de los primeros impulsores de este viaje fue Alejandro Magno. Por aquellos días, Isis era la diosa que más poder tenía en todo el panteón egipcio, si cabe más incluso que el propio Re. Alejandro se fascinó por las estatuas de aquella mujer inmortal, que sujetaba a su hijo en brazos e incluso lo amamantaba y que tenía la capacidad de realizar cualquier tipo de milagro; no en vano era la señora de la magia. Así que, en aquel mundo de navegantes, Alejandro III sustituyó al joven Horus por un ancla marina, por lo que Isis comenzó a ser conocida como la patrona de los navegantes. Allí donde las embarcaciones griegas llegaban, lo hacían con una figura de su patrona, que poco a poco se extendió por todos los puertos del Mediterráneo. Cuando los romanos se colocaron como primera potencia del mundo, ya conocían a aquella diosa tan peculiar, a la que rindieron un culto muy fervoroso, y de esta forma, la figura de Isis llegó pudo asentarse en un lugar tan lejano como la Galia, y el resultado de aquella aventura que la había llevado tan lejos de su hogar fue representación de una barca egipcia, símbolo de la Isis marina, en el escudo de armas de la antigua ciudad de París. Incluso podríamos decir que aquellas imágenes de Isis amamantando al infante Horus llegaron hasta nosotros de mano del pintor español Luis de Morales, e incluso su culto llegó al otro lado del océano, a Bolivia.

A mediados del siglo III a. C., con el gobierno ptolemaico, un comité de sabios judíos llegó a redactar una primera compilación del Antiguo Testamento en lengua griega, lo cual llegó a conocerse como la Septuaginta, ya que el número de sabios era de un orden de setenta. No cabe duda de que la gran mayoría de los pasajes que se relatan en este primer libro sagrado de los hebreos fue extraído de los cientos de miles de libros que ya existían en Egipto, y que algunos tenían casi dos mil años de antigüedad. Antigua también era la vida de los hebreos en Egipto. Lo cierto es que la aparición de este pueblo a orillas del Nilo es muy difícil de precisar para los especialistas. No eran esclavos, ni tampoco vivían una vida tormentosa. Realmente, estos hebreos estaban totalmente egiptizados, hasta tal punto que en las escenas que nos muestran algunas tumbas tebanas solamente son reconocibles por las extrañas formas de sus cabellos y su barba. En general, los extranjeros que se habían asentado en Egipto allá sobre el siglo XV a. C. habían llegado a una simbiosis tan profunda que, incluso sin quererlo, transportaron legados egipcios a sus países de origen. Se llevaron consigo costumbres funerarias, costumbres religiosas y costumbres cotidianas. Entre estas últimas se encuentran ejemplos claros de nombres egipcios que fueron sensiblemente alterados por las lenguas que los adoptaron, y así en la Biblia vemos nombres como Meir, que proviene de la alteración Merai, que a su vez proviene del egipcio Meri, como por ejemplo Meri-nefer. Otro nombre curioso sería el de Festo, nombre que es mencionado en los Hechos de los Apóstoles, y que provenía del nombre egipcio Per-Âa, o sea, Faraón. Otro nombre que adoptaron los hebreos, y que ha llegado hasta nuestra civilización, sería el de Susana. Los hebreos habían adoptado un nombre sensiblemente alterado, que era Shushannah, y que estaba compuesto por la palabra *Shus*, nombre de la azucena, y la palabra *Hannah*, que significa agraciada. Y este nombre derivaba de su original en egipcio *Sheshem*, que los egipcios utilizaban para referirse al nenúfar azul. Los nombres de Aaron y Moisés son egipcios, derivando el primero del nombre de Aanen, y el segundo de Meses. Y que vamos a decir de nuestra hermosa isla de Ibiza, cuyo nombre deriva del enano dios Bes.

Uno de los primeros vínculos que citan al pueblo hebreo con Egipto nos viene dado de José, el cual llega a Egipto como esclavo, aunque lo realmente interesante es el significado del sueño tan extraño que tiene el faraón. El período citado en la Biblia como los *Siete años de vacas gordas y siete años de vacas flacas* no sólo lo padeció Egipto en aquellos años, lo padeció todo el Antiguo Próximo Oriente durante incontables ocasiones. Otro aliciente egipcio en medio de este sueño son las siete vacas gordas, que ya se recogieron en los relieves de las primeras tumbas tebanas de la XVIII Dinastía, y que formaban parte de un pasaje de los *Textos para salir al día*, las siete vacas y el toro encargado del rebaño, que simbolizaban, según los propios egipcios, el *buen Nilo*. Si seguimos buscando puntos de unión, los tenemos en la muerte de Jacob, que murió a los ciento diez años y fue embalsamado como un egipcio. Los ciento diez años fueron las edades soñadas por todos los sabios del Antiguo Egipto, desde Ptah-Hotep, Amenhotep, el hijo de Apu, o el sabio Ani. Pero sin duda, lo que más sorprende es saber que ya al rey Netherijet le había sucedido algo parecido y por eso se construyó la estela de la isla de Sehel, curiosamente, en tiempos ptolemaicos. Y la historia de José transcurre en la On bíblica, es decir, la ciudad de Heliópolis. Si José se convirtió en el visir del rey, ¿nos hallamos ante un recuerdo de Imhotep, aquel al que en tiempos de Ptolomeo incluso los hebreos acudían a pedir milagros? No sería de extrañar.

¿Qué podemos contar sobre Moisés? Cuando nos paramos a pensar en la historia de Moisés, nos vienen a la cabeza las imágenes de seiscientos mil hebreos huyendo de Egipto desesperadamente, mirando aterrorizados cómo dejan atrás esa horrible tierra de los faraones, en la que tantos y tantos hermanos habían sucumbido bajo el yugo del faraón. En efecto, la Biblia nos habla de que un faraón que vivía en Per-Ramsés esclavizó al pueblo hebreo, y siempre hemos mirado a Ramsés II como el faraón del Éxodo. Para llegar a una conclusión seria acerca de la figura de Moisés, hemos de desglosar al hombre que la Biblia nos presenta. Nos hallamos ante un anciano de ochenta años, el cual tras haber tenido una revelación divina se opone a la, por entonces, inapelable palabra del faraón.

Por sí sola, la historia de Moisés es asombrosa. No sería extraño, y seguro que no fue la primera vez que ocurrió, que un egipcio cualquiera se hiciera cargo de un niño a la muerte de los padres de este. Ahora bien, presentarnos a un anciano en la corte del rey, el cual tiene la osadía de amenazar al sol de Egipto, eso es impensable. Principalmente, porque llegar hasta la persona de Ramsés no era nada fácil, no podías llegar al palacio real y pedir cita con el rey como quien hoy día va al médico de cabecera. Los trucos de magia que realiza ante el rey ya se habían recogido en numerosos papiros del Imperio Antiguo, la muerte de los infantes era algo con lo que todo el mundo antiguo había aprendido a vivir y las plagas que, según la Biblia, cayeron en Egipto, solían ocurrir de vez en cuando, todas relacionadas con el Nilo. La primera plaga nos dice que el agua del Nilo se convirtió en sangre, que los peces se murieron y el río se infectó. Pues bien, cada verano, los egipcios aguardaban este preciso momento, la inundación, que daba a la tierra negra toda su riqueza. ¿Cómo iba a ser una maldición la llegada del limo negro? Las lluvias torrenciales que nacían más allá de las cataratas del país de Kush llegaban a Egipto llenas de lodo y barro. Así, siempre adquiría ese color rojizo, que al mismo tiempo provocaba que los peces no sólo no fueran comestibles, sino que morían y, por efecto de la contaminación, el agua no era potable. La segunda plaga es la de las ranas, que se nos dice que invadieron las ciudades justo a los siete días de haberse cumplido la primera plaga (otra vez el mágico número siete). Posiblemente, no ocurrió a los siete días, sino al día siguiente de haber comenzado la crecida. Y no sólo las ranas huían del agua, sino que todos los animales que habían sobrevivido tenían la necesidad de buscarse alimento, ya que la contaminación había interrumpido su ciclo ordinario. Las ranas huían a las zonas secas, porque allí también migrarían las moscas y mosquitos de las que estas se alimentaban. Los cocodrilos también buscaban las zonas secas, en busca de alguna presa que llevarse a las fauces. No había nada de extraño en ver a las ranas huyendo de la contaminación del Nilo, así como también era habitual, por estas fechas, ver numerosas bandadas de pájaros que emigraban hacia latitudes más propicias para la supervivencia. La tercera y cuarta plaga nos hablan de los mosquitos, tábanos y piojos. Uno de los motivos por los que los egipcios solían afeitarse la cabeza era para evitar los piojos. Los mosquitos y los tábanos todavía hoy son una plaga en este país cuya climatología casi lo convierte en un país tropical. La quinta plaga sí es curiosa, ya que la Biblia nos dice que: «Pereció todo el ganado de los egipcios y no murió uno solo de los israelitas. El animal sagrado del faraón pereció también por la mano de Yavhé» (Ex. 9, 6). El animal sagrado al que se hace referencia es el toro Apis, y esta plaga resulta curiosa por dos motivos. Uno es que precisamente durante la época de Ramsés es cuando este animal goza de mayor culto, ya que fue Jaemwaset el que magnificó el Serapeum. El otro motivo es que, si los hebreos eran esclavos, si trabajaban de sol a sol sin sueldo, con una comida a base de agua y pan, sin posibilidad alguna de visitar ningún lugar que no fuese de casa al trabajo y del trabajo a casa, ¿cómo es posible que hubiera hebreos que poseyeran rebaños? ¿Acaso desconocían los exegetas que los ganaderos que poseían ganado propio eran comerciantes? Además, resulta muy sospechoso cuando la Biblia nos dice que huyeron de Egipto con el ganado. ¿Qué ganado, si el de los egipcios había perecido y ellos, como esclavos, no tenían ganado alguno? La sexta plaga nos habla de las úlceras y sarpullidos. Durante el reinado de Ramsés II no hay constancia de hechos similares, pero sí que tenemos referencias de enfermedades que provocaban síntomas parecidos durante el reinado de Ajenatón. De hecho, se sospecha que una de sus hijas, la princesa Meketatón, pudo haber muerto de peste. La séptima plaga es la de las lluvias torrenciales. La lluvia era algo tan inusual en aquellos días, decían los más ancianos del lugar que cuando llovía era la ira del dios Seth que se había desatado, y que su rugido era aterrador. La ira eran los relámpagos, y su rugido eran los truenos. Esto no sería un milagro divino, sino un fenómeno meteorológico. La octava plaga nos habla de un eclipse. Ya hemos relatado la importancia de los astrónomos del Antiguo Egipto, y no se trata en absoluto de un hecho paranormal, sino de un milagro del universo. La novena es la plaga de las langostas, las cuales incluso se producen hoy día, llegando a cruzar el estrecho desde Marruecos a nuestra península ibérica. La última plaga de la que nos hablan las sagradas escrituras es la de la muerte del primogénito de Ramsés. Este hecho sí que merece la pena estudiarlo con detenimiento, ya que por un lado tenemos

Cruz copta en el templo de Filae. Fotografía de Nacho Ares.

lo que la Biblia nos cuenta y por otro lado tenemos los restos arqueológicos. Ramsés fue coronado con veinticinco años, muriendo en su sexagesimoséptimo año de reinado, cuando tenía noventa y dos años. La Biblia nos relata que el nacimiento de Moisés ocurrió cuando se estaba construyendo la ciudad de Per-Ramsés, por lo que el rey contaba con treinta años. Ahora imaginemos que Moisés nace justo en el año quinto del reinado de Ramsés. Si Moisés se presenta ante Ramsés con ochenta años, debemos sumar esos ochenta a los treinta que tenía el rey cuando inició las obras de Per-Ramsés, lo cual hace un total de ciento diez años, la edad a la que aspiraban llegar todos los sabios. Además, sabemos que el primogénito del rey, Amonherjopeshef, murió en el año cuarenta de Ramsés.

La salida de los hebreos de Egipto debió ser algo grandioso, ya que era un número de seiscientos mil, aparte las ovejas, bueyes y un gran número de animales. Si los hebreos querían salir rápido de Egipto con dirección al Mar Rojo, los únicos caminos que pudieron tomar para salir de Egipto fueron el 'Muro del príncipe' o 'El camino de Horus'. Pero estas dos rutas que comunican directamente con el Sinaí están en Menfis. Para llegar a estos caminos deberían remontar el curso del Nilo y permanecer semanas en territorio egipcio, y lo único que estos querían era salir sin más demora. Es de suponer que, antes de partir, debieron tener en su poder un documento escrito y con el sello del rey o bien del visir, ya que sólo así se podría confirmar esa orden. De otra manera no hubieran podido, ya que, de ser esclavos, se tendrían que haber enfrentado a un gran número de problemas en los puestos de guardia fronterizos que no hubieran podido solucionar. Pero Ramsés se arrepiente y envía seiscientos carros para matar a los hebreos. Si tenemos en cuenta que en un carro egipcio iban dos ocupantes, un conductor y un arquero, tocaba a mil hebreos por cada carro y, dado que el conductor no puede manejar el arco y guiar los caballos, eso significa que cada arquero debería ir equipado con mil flechas. ¿Tan peligrosos eran los hebreos que Ramsés envió un ejército que podría conquistar cualquier fortaleza? Las aguas del Mar Rojo se abrieron dejando un pasillo por el cual los hebreos huyeron, y al paso de los carros egipcios volvieron a cerrarse. Estas mismas aguas se habían abierto más de mil años atrás, cuando la joya que tenía la remera de Snofru se había caído al lago sagrado. Así podríamos estar analizando todo el Éxodo y quedarnos boquiabiertos.

Nos encontramos con que, una vez que los hebreos están en el Sinaí, Yavhé dice a Moisés:

> Di a los hijos de Israel que me traigan ofrendas, vosotros las recibiréis para mí de cualquiera que de buen corazón las ofrezca. He aquí las ofrendas que recibiréis de ellos: oro, plata y bronce, púrpura violeta y escarlata, carmesí, fino lino y pelo de cabra, pieles de carnero teñidas de rojo y pieles de tejón, madera de acacia, aceite de lámparas, aromas para el óleo de unción y para el incienso aromático, piedras de ónice y otras piedras de engaste para el efod y el pectoral. Hazme un santuario y habitaré en medio de ellos. Os ajustaréis a cuanto voy a mostrarte como el modelo del santuario y de todos sus utensilios (Ex. 25, 2-9).

¿De dónde iban a sacar los hebreos el oro, la plata, el bronce, la púrpura, la acacia, el aceite de lámparas, la mirra y el incienso, las piedras de engaste y el pectoral? No hablemos de la fabricación del arca, de la mesa y del candelabro de oro, el *efod* de oro fino, el pectoral, la diadema hecha con láminas de oro. Se necesitan unos grandes conocimientos de orfebrería, tener talleres, herramientas y un gran número de avances técnicos que no poseían los hebreos en aquel momento, sin olvidar que durante su vida de esclavitud en Egipto no moldeaban el oro, sino que solo fabricaban ladrillos de barro.

No estamos negando la veracidad de los hechos que la Biblia nos cuenta, simplemente exponemos que aquello que los exegetas escribieron lo heredaron del Antiguo Egipto, ya que ellos no tenían herencia que ofrecer. De ser certero este relato, el haber dado semejante paliza a los ejércitos de Ramsés era algo que, a todas luces, incitaría a muchos enemigos milenarios a lanzarse a la conquista de Egipto, véase libios o nubios. Si aparecieron las copias hititas del tratado de paz, ¿por qué no se recogió en otros textos ninguna mención a esta derrota tan humillante? Tal vez porque jamás existió.

El inicio de la religión cristiana en Egipto es un calco de todo el refinamiento que la sociedad egipcia había conseguido a lo largo de los siglos. Todo el movimiento que se originó tras la muerte de Jesús de Nazareth revolucionó el panorama social de aquel siglo I. Por doquier, las imágenes de dioses y diosas del Antiguo Egipto fueron destruidas por ser consideradas encarnaciones del diablo. Durante el siglo IV de nuestra era, en Egipto se dio cita una orgía de sangre y destrucción que provocó la desaparición de los adeptos a la antigua religión, ya que solo existía una ley, convertirse o ser asesinado.

Con el Imperio Romano totalmente convertido al cristianismo, los emperadores romanos, en un intento de limitar el poder de culto que todavía ostentaban los sacerdotes egipcios, habían concentrado el control de los santuarios bajo el mando de un único funcionario romano que legislaba cada templo. Cuando el cristianismo se hubo asentado en todo el territorio egipcio, las creencias en los antiguos dioses no se habían debilitado tanto como los cristianos deseaban, ya que en las grandes urbes todavía se adoraban a los dioses locales con una gran devoción. En el año 535, Justiniano decreta el cierre del último bastión de Isis, el templo de Filae. Allí se produjo una matanza sin igual, una orgía de sangre y destrucción que hizo tambalear los cimientos de tres mil quinientos años de historia. Con la caída de Filae, cayó también el último hombre en la tierra capaz de leer y escribir los *medu-neter*, las palabras de Dios, y el mundo fue sumiéndose poco a poco en una terrible oscuridad, donde las ciencias y el saber eran presencias no gratas.

La vida de los monjes conversos, como san Onefre, no tenían nada de particular. San Onefre nació en Tebas allá por el año 300 y, por increíble que parezca, su padre era un personaje de gran relevancia en la antigua capital, posiblemente un gobernador. De lo que no existe duda alguna es que el padre tenía una gran devoción al dios Osiris, y de hecho bautiza a su hijo con el epíteto del dios Unnefer, que con el idioma copto derivó en Onefre. Su mayor discípulo fue san Pacomio, un soldado romano que se convirtió al cristianismo tras un viaje a Egipto, donde acabó sus días en el monasterio en el que residía su maestro. En Egipto es donde se forjan los conceptos de la Santísima Trinidad, esas tres figuras santas y regias que, al modelo de Amón, Jonsu y Mut, se aparecieron con la imagen de santidad que les concedía la aureola o nimbo que lucían sobre sus cabezas. Aquel aro luminoso es otro símbolo exclusivo de Egipto, un vestigio de las diosas egipcias, que solían aparecer representadas con una corona en forma de disco solar, emanación de Re. Finalmente, sobre el siglo v fue adoptada para todas las imágenes de la Virgen, Jesús y todos los santos. Hoy en día, la Iglesia Copta de Egipto no tiene reparo alguno a la hora de admitir todos estos hechos, y de hecho continúa siendo el único nexo

Vista del templo de Isis en Filae. Fotografía de Nacho Ares.

de unión entre la religión faraónica y el cristianismo. Es más, los coptos sostienen que Dios puso en la tierra a los faraones para que preparasen el camino del cristianismo.

De igual forma, podemos ver una terrible similitud entre el nacimiento de Jesús y el nacimiento de Horus. Lucas, en su evangelio, nos cuenta que María y José se ven obligados a pernoctar en un pesebre donde reposan una vaca y un buey, ante el inminente nacimiento de su hijo. De camino ya vienen esos curiosos personajes para rendir homenajes al niño. Habría que aclarar que la Biblia no menciona en ningún momento si los Reyes Magos eran tres, cuatro, seis u ocho, así como tampoco menciona sus nombres. Lo único cierto es que en algunas de las pinturas medievales que recogen este hecho por vez primera se presenta a cuatro personajes. Pues curiosamente, camino del pesebre, los Reyes Magos se encuentran con Herodes, el cual quiere dar muerte al bebé que, según la profecía, está destinado a sentarse en el trono que él ocupa. Finalmente, María alumbra a su hijo en medio de un pesebre en compañía de una vaca y un buey. Ahora, dirijámonos al santuario de Filae, donde podemos ver una curiosa escena. Un relieve que se halla en la sala de nacimientos nos muestra a Isis dando a luz en los vergeles del Delta. Al poco de haber nacido su hijo Horus, Isis recibe la visita de cuatro personajes, los cuatro puntos cardinales, conocidos como los cuatro pilares que sostienen la cúpula celeste. Estos llegan para honrar a Horus, que acaba de nacer, y le traen regalos, que casualmente son incienso, mirra y oro. El incienso y la mirra porque son el perfume y la germinación de los dioses y el oro porque es la carne de los dioses. Pero, ¿qué es lo que traía el cuarto personaje? El cuarto pilar trae a Horus el *Libro de Seth*, manual para destruir al asesino de su padre. Curiosamente, en los evangelios apócrifos se menciona que uno de estos Reyes Magos traía un libro denominado el de Set. Y qué decir de los animales que acompañaron a María en su parto, la vaca y el buey. Ya hemos visto que, en los nacimientos divinos, las reinas parían acompañadas de las diosas. Pues ahí tenemos al buey imagen de Apis, muy venerado en época grecorromana, y a la vaca sagrada, Hathor, que en estos años se había fundido con la imagen de Isis. Así pues, María alumbró a su hijo rodeada de divinidades, como mandaban los cánones. Lo que sucede a continuación es sorprendente, ya que la sagrada familia debe huir, y la pregunta es ¿a dónde? Y la respuesta es: ¿qué mejor lugar que Egipto para que un dios se forme? Curiosamente, el único que menciona este hecho es Mateo. Ni Lucas, ni Marcos, ni Juan hacen mención a esta huida, que sin duda es un momento crucial para salvar la vida del niño. Una vez que han llegado a Egipto, en vez de pasar desapercibidos en una remota aldea, se asientan en los puntos más importantes. Basta, Mostroud, Belbeis, Sumaroud, Saca, son ciudades donde hoy se alza una iglesia copta en honor a estas paradas. El lugar donde se establece la Sagrada Familia es Heliópolis. Lucas nos explica que Jesús leía y hablaba el hebreo, una lengua que en aquellos años ya estaba muerta, por lo que Jesús sólo podía hablar o el latín o el arameo. La única forma de que Jesús hubiera aprendido el hebreo habría sido que permaneciera durante muchos años en un lugar de iniciación, cosa que no es mencionada. La complejidad con la que el niño, ya adulto, se expresa sólo puede ser entendida con una refinada educación, y está claro que tuvo que aprender en las mejores escuelas, si acaso la de Heliópolis, en donde se impartían los mismos preceptos que luego impartió Jesús, y que miles de años antes que él, ya lo habían hecho Ptah-Hotep, Ani, Amenhotep el Hijo de Apu y otros tantos más. Tras este encuentro en el templo se abre un vacío que va desde los doce a los treinta años, sin que nadie a día de hoy pueda explicar lo que ocurrió con Jesús en este lapsus de dieciocho años, que se antojan demasiados.

Inevitablemente, volvemos al punto de inicio, pues ¿cómo era posible que Jesús hubiera conseguido una educación que le permitiese entrar en Jerusalén de semejante forma? María, identificada con Isis, es colocada por muchos investigadores como una iniciada de los misterios de Isis, y esto no sería extraño, ya que no sólo era un lugar idóneo para pasar desapercibido, sino que en esos años Isis era la madre de las diosas, y esta es la mejor explicación para entender la presencia de Jesús en un templo a la edad de doce años.

Con todo esto que hemos expuesto no se intenta responder a la autenticidad o no de los hechos, sino que lo que realmente importa es saber si se puede adivinar aquello que está escrito entre líneas, si la existencia de la trascripción de los textos egipcios a los textos bíblicos tiene alguna base digna de credibilidad. Y esto, parece innegable, máximo sabiendo que, desde Abraham, pasando por Jacob o el mismísimo Noé, son hechos que se pretende hacer creer fueron recogidos por personas que no sabían ni leer ni escribir. Así fue como a lo largo de los años la religión cristiana se hizo con el poder, siempre apoyándose en sus propias creencias que en un primer momento intentaron incluso despojar de autoridad a los textos judíos. A lo largo de la historia de la humanidad, hemos visto cómo la religión que es poderosa, da igual la fe que profese, oprime y destroza al pueblo. La fe nada tenía que ver con la religión, puesto que mientras la fe mueve montañas, la religión movilizaba las cúpulas del poder, colocaba y quitaba a los reyes de sus tronos, llevaba y traía a los hombres de las guerras iniciadas en nombre de Dios, y se convirtió en un invento para controlar al pueblo, sumirlo en la bruma de la ignorancia y, si esto fuera poco, asesinar a cualquiera que no estuviese de acuerdo en ellos, acusándolo de brujo, de bruja o de ser incluso hijo del mismísimo Satanás.

Volviendo a lo que aquí nos ha reunido, echemos una última mirada y maravillémonos ante la gran herencia egipcia que rige una parte de nuestro modo de vida actual, desde las antiguas costumbres hasta las bellas procesiones por el mar que llevan a la Virgen en ceremonia como el testigo de la antigua fiesta de Opet, así como los nombres de tantos vecinos, amigos y seres queridos que componen nuestro pequeño universo particular. Hoy día, cada vez es más aceptado que las bases de la religión católica son nuestra herencia del Antiguo Egipto, y que la Biblia contiene más parábolas que hechos verdaderos. No obstante, esto no fue siempre así, ya que hubo tiempos en los que admitir esta gran verdad podía ser motivo de pena de muerte. En realidad, vivimos en lo que sin ninguna duda es el último reducto de la diosa Isis y, si acaso, sólo nos resta admitir que aquellos primeros cristianos, que querían a toda costa borrar los recuerdos de la religión pagana, no supieron llevar a cabo su misión. Todavía quedó en Filae un último sacerdote egipcio que hizo perfectamente su trabajo, supo disfrazarse hábilmente y aguardó pacientemente a que el paso de las centurias hiciese el resto, ya que con la llegada del huracán napoleónico, Egipto resurgió de sus cenizas, hasta los días de hoy.

Bibliografía

ALFRED, Cyril. *Akhenatón, faraón de Egipto*. Madrid: Edaf, 1995.

ARES, Nacho. *Egipto insólito*. Málaga: Corona Borealis, 1999.

—, *Egipto el Oculto*. Málaga: Corona Borealis, 2000.

—, *El Valle de las momias de oro*. Madrid: Oberón, 2000.

—, *El Guardián de las pirámides*. Madrid: Oberón, 2001.

—, *Un viaje iniciático por los templos sagrados del Antiguo Egipto* Madrid: Edaf, 2001.

—, *Egipto, hechos y objetos inexplicables del Egipto Faraónico*. Madrid: Edaf, 2002.

—, *Tutankhamón, el último hijo del Sol*. Madrid: Oberón, 2002.

—, *El enigma de la Gran Pirámide*. Madrid: Oberón, 2004.

—, *Egipto, Tierra de Dioses*. Madrid: Oberón, 2004.

BAUVAL, Robert. *La Cámara Secreta, en busca de los dioses del Antiguo Egipto*. Madrid: Anaya, 2001.

BAUVAL, R. y GILBERT, A. *El misterio de Orión*. Madrid: Edaf, 1995.

BEDMAN, Teresa. *Nefertari, por la que el sol brilla*. Cuenca: Aldebarán, 1999.

—, *Reinas de Egipto, el secreto del poder*. Madrid: Oberón, 2003.

BRIER, Bob. *Momias de Egipto*. Barcelona: Edhasa, 1996.

—, *El asesinato de Tutankhamón*. Barcelona: Planeta, 1999.

—, *Los misterios del Antiguo Egipto*. Barcelona: Ediciones Robinbook, 2008.

CARTER, H. y MACE, A. C. *El descubrimiento de la tumba de Tutankhamón*. Palma de Mallorca: Juan José de Olañeta, 2007.

CLAYTON, Peter Allan. *Crónica de los faraones*. Barcelona: Destino, 1996.

DAMIAZO, Maurizio. *Origen y desarrollo del arte de los faraones.* Barcelona: Folio, 2006.

DESROCHES N. C. *La mujer en tiempos de los faraones.* Madrid: Complutense, 1999.

—, *Ramsés II, la verdadera historia.* Barcelona: Destino, 2004.

—, *Hatshepsut, la reina misteriosa.* Barcelona: Edhasa, 2005.

—, *La herencia del Antiguo Egipto.* Barcelona: Edhasa, 2006.

DESROCHES N., C. y ELOUARD, D. *Símbolos de Egipto.* Barcelona: Paidós Ibérica, 2005.

DODSON, Aidan. *Jeroglíficos del Antiguo Egipto.* Madrid: Libsa, 2002.

DÍAZ, Guillermo. *Hipatia de Alejandría.* Málaga: Aladena, 2009.

DODSON, A. y HILTON, D. *Las familias reales del Antiguo Egipto.* Madrid: Oberón, 2005.

EDWARDS, I. E. *Las pirámides de Egipto.* Barcelona: Crítica, 2003.

EL MAHDY, Christine. *Tutankhamón, vida y muerte de un rey niño.* Barcelona: Península, 2002.

FAGAN, B. M. *El saqueo del Nilo: ladrones, tumbas y arqueólogos.* Barcelona: Crítica, 2005.

GALÁN, José Manuel. *El Imperio egipcio, inscripciones.* Madrid: Trotta, 2002.

—, *En busca de Djehuty.* Barcelona: RBA Libros, 2006.

GUIDOTTI, M. C. y CORTESE, V. *Antiguo Egipto: arte, historia y civilización.* Madrid: Susaeta, 2004.

HANCOOK, Gram. *Las huellas de los dioses.* Madrid: Edaf, 2002.

HOWING Thomas. *Tutankhamón, la historia jamás contada.* Planeta, 2007.

JACQ, Christian. *El Egipto de los grandes faraones.* Barcelona: Martínez Roca, 1988.

—, *Akenatón y Nefertiti.* Barcelona: Martínez Roca, 1992.

—, *El Valle de los Reyes.* Barcelona: Martínez Roca, 1994.

—, *Las egipcias.* Barcelona: Planeta, 1997.

—, *El enigma de la piedra.* Barcelona: Ediciones B, 1998.

—, *Los sabios del Antiguo Egipto.* Madrid: La esfera de los libros, 2008.

JANOT, Francis. *Momias reales, la inmortalidad en el Antiguo Egipto.* Madrid: Libsa, 2008.

KEMP, Barry. *El Antiguo Egipto, anatomía de una civilización.* Barcelona: Crítica, 1992.

—, *Jeroglíficos, introducción al mundo del Antiguo Egipto.* Barcelona: Crítica, 2006.

LALOUETTE, Claire. *Memorias de Ramsés el Grande*. Barcelona: Crítica, 2005.

LARA PEINADO, F. *El Libro de los Muertos*. Madrid: Tecnos, 2002.

LEFÉBRE, Gustave. *Mitos y cuentos egipcios de la época faraónica*. Madrid: Akal, 2003.

LEHNER, M. y FORBES, D. *Tierra de Faraones*. Barcelona: Folio, 2006.

LOTTI, Pierre. *Egipto, el fin de una época*. Girona: Abraxas, 2004.

MALEK, J. y Baines, J. *Cultura y sociedad del Antiguo Egipto*. Barcelona: Folio, 2002.

MANNICHE, L. *El arte egipcio*. Madrid: Alianza Editorial, 1997.

MARTÍN VALENTÍN, J. F. *Amen-Hotep III, el esplendor de Egipto*. Cuenca: Aldebarán, 1998.

—, *Los magos del Antiguo Egipto*. Madrid: Oberón, 2002.

MARTÍN VALENTÍN, J. F. y BEDMAN, Teresa. *Sen-en-mut, el hombre que pudo ser rey de Egipto*. Madrid: Oberón, 2004.

—, *Hatshepsut, de reina a faraón de Egipto*. Madrid: La esfera de los libros, 2009.

MONTET, Pierre. *La vida cotidiana en Egipto en tiempos de los Ramsés*. Madrid: Temas de Hoy, 1993.

MÜLLER, F. M. *Mitología egipcia*. Barcelona: Edicomunicación, 1990.

NUNN, J. F. *La medicina del Antiguo Egipto*. México: FCE, 2002.

O'CONNOR, David-Freer Rita y KITCHEN, Kenneth. *Ramsés II*. Barcelona: Folio, 2006.

PADRÓ PARCERISA, J. *El Egipto del Imperio Antiguo*. Madrid: Alba Libros, 2005.

PARRA ORTIZ, José M. *Historia de las pirámides de Egipto*. Madrid: Complutense, 1997.

—, *Los constructores de las grandes pirámides*. Alderabán, 1998.

—, *Gentes del Valle del Nilo*. Madrid: Complutense, 2003.

—, *Momias, la derrota de la muerte en el Antiguo Egipto*. Barcelona: Crítica, 2010.

PÉREZ LARCHAGA, A. *Egipto en la época de las Pirámides*. Madrid: Alianza Editorial, 1998.

PÉREZ LARCHAGA, A. y GARCÍA MONTERO, L. *Egipto y el exterior, contactos e influencias*. Madrid: Universidad de Alcalá de Henares, 2004.

PÉREZ LARCHAGA, A. y GÓMEZ ESPELOSÍN F. J. *Egiptomanía*. Madrid: Alianza Editorial, 1997.

REEVES, N. *Akhenatón, el falso profeta de Egipto*. Madrid: Oberón, 2002.

—, *Todo Tutankhamón*. Barcelona: Destino, 1991.

REEVES, N. y WILKINSON, R. H. *Todo sobre el Valle de los Reyes*. Barcelona: Destino, 1998.

SCHOCH, Robert. *Escrito en las rocas*. Madrid: Edaf, 2002.

SHAW, I. y NICHOLSON, P. *Diccionario del Antiguo Egipto*. Madrid: Akal, 2004.

SHAW, Ian. *Historia del Antiguo Egipto*. Madrid: La esfera de los libros, 2007.

SILIOTTI, Alberto. *Pirámides de Egipto*. Madrid: Libsa, 2005.

VV. AA. *Egipto, el culto de la muerte junto al río de la vida*. Madrid: Edimat, 2008.

VÁZQUEZ, S. *El tarot de los dioses egipcios*. Madrid: Edaf, 2001.

WEEKS, Kent R. *Los tesoros de Luxor y el Valle de los Reyes*. Madrid: Libsa, 2006.

WILLINSON, R. H. *Todos los dioses del Antiguo Egipto*. Madrid: Oberón, 2003.

WOLFGANG MÜLLER, H. y THIEN, E. *El oro de los faraones*. Barcelona: Folio, 2006.

OTRAS OBRAS DE INTERÉS

BAUISEr, Silvie. *Egipto y los faraones*. Madrid: Ediciones SM, 2003.

DAVIS, Theodore Monroe. *The Tomb of Queen Tiy*. Londres, Archibald Constable & Co., 1910.

GANERI, Anita. *Faraones y momias*. Madrid: Ediciones SM, 2004.

GODADR, J. *Les thebaines*. París: Le livre de poche, 2004.

HAWASS, Zahi. *El reino de los faraones*. Barcelona: Círculo de Lectores, 2006.

—, *Tutankhamon, los tesoros de la tumba*. Madrid: Akal, 2008.

HEDELLIN, P. y FLORES, H. *En tiempos de los faraones*. Madrid: Ediciones San Pablo, 2004.

HUSSON, G. y VALBELLE, D. *Instituciones de Egipto: de los primeros faraones a los emperadores romanos*. Madrid: Cátedra, 1998.

JACQ, Christian. *Guía del Antiguo Egipto*. Barcelona: Planeta, 2003.

MAHFUZ, Naguib. *Akhenatón, el rey hereje*. Barcelona: Edhasa, 2003.

MANGADO, Alonso, Mª Luz. *El vino de los faraones*. Barcelona: Llibres a Mida, S.L., 2003.

NIGHTINGALE, F. *Cartas desde Egipto*. Barcelona: Plaza & Janés, 2002.

PEÑA NALDA, R. *Destino solar: realidad y mito del Egipto faraónico*. Madrid: Libertarias-Prodhufi, 1996.

POCHAN, André. *El enigma de la Gran Pirámide*. Barcelona: Plaza & Janés, 1977.

REDFORD, Donald. *Hablan los dioses*. Barcelona: Crítica, 2003.

—, *De esclavo a faraón*. Barcelona: Crítica, 2005.

REEVES, Nicholas. *El Antiguo Egipto: los grandes descubrimientos*. Barcelona: Crítica, 2001.

ROBINS, G. *Las mujeres en el Antiguo Egipto*. Madrid: Akal, 1996.

RUBIO CAMPOS, J. *Thutmosis III, el faraón que creó el Imperio egipcio*. Cuenca: Aldebarán, 2009.

SAMSOM, J. *Amarna, city of Akhenaten and Nefertiti*. Warmister: Aris and Phillips Ltd., 1978.

SCHWALLER DE LUBICZ, R. A. *El templo del hombre: arquitectura sagrada y el hombre perfecto*. Madrid: Edaf, 2007.

SMITH, W. S. *Arte y arquitectura del Antiguo Egipto*. Madrid: Cátedra, 2009.

SOLÍS MIRANDA, J. A. *Faraones golfos: el erotismo en el Antiguo Egipto*. La Coruña: El Arca de Papel, 2003.

STRUDWICK, H. *Enciclopedia del Antiguo Egipto*. Madrid: Edimat, 2007.

VANDERSLEYEN, C. *L'Egypte et la Vallée du Nil*. Barcelona: Clío, 1995.

VV. AA. *La tumba de Thutmosis III, las horas oscuras del Sol*. Madrid: Fundación Central Hispano, 2004.

WEEKS, Kent. *La tumba perdida*. Barcelona: Península, 1999.

WILKINSON, T. *El origen de los faraones*. Barcelona: Destino, 2004.